斎藤 哲

消費生活と女性

ドイツ社会史
(1920〜70年)
の一側面

明治大学社会科学研究所叢書

日本経済評論社

目　　次

序　論　本書の課題と分析視角 …………………………………………1

 1．消費生活の発展と本書の課題　1

 2．研究史　9

 3．本書の構成　15

第 1 部　資本主義の下での消費生活――ヴァイマル時代から「経済の奇跡」まで

 はじめに――第 1 部の課題　21

第 1 章　ヴァイマル時代における勤労女性と余暇 ………………………25

 はじめに　25

 第 1 節　ヴァイマル時代の余暇を巡る問題状況　26

  1．2 つの文化と余暇　26

  2．女性就労者の労働時間　35

 第 2 節　未婚女性就労者と余暇　37

  1．女性の就労と「自分のため」の時間　37

  2．映画とスポーツ　43

 第 3 節　主婦の時間　53

  1．余暇概念とジェンダー　53

  2．既婚就労女性と「自由」な時間　54

  3．家事の分担と家族　59

 第 4 節　「自由な時間」から組織された余暇へ　64

第 2 章　家事と消費生活 …………………………………………………75

 はじめに　75

 第 1 節　1920 年代から第 2 次世界大戦終了まで　78

1．ヴァイマル時代における消費生活の拡大と家事の合理化　78
　　　2．ナチス時代における家事を巡る教育活動　92
　　第2節　「経済の奇跡」と家庭生活　98
　　　1．「経済の奇跡」の意味するもの——1950年代における「近代化」　99
　　　2．「経済の奇跡」と家庭生活　104
　　　　　1）食生活の変化　105
　　　　　2）家電製品の普及と主体としての女性　116
　　第3節　過去との連続と断絶　122

第3章　西ドイツにおける「アメリカ化」と若者文化
　　——1950年代を中心に ………………………………137

　　第1節　「アメリカ化」、「アメリカニズム」とは何か　137
　　　1．「アメリカ化」はいつから始まったのか　138
　　　2．第2次世界大戦後　141
　　第2節　映画と若者文化　143
　　　1．50年代ドイツ映画の表現するもの　144
　　　　　1）戦争映画と「郷土映画」　144
　　　　　2）若者世代と親世代のズレ(1)——兵役を巡って　146
　　　　　3）若者世代と親世代のズレ(2)——家庭の秩序　150
　　　2．「経済の奇跡」と「不良」——アメリカ映画と若者文化　153
　　　3．エルヴィス・プレスリー——ジェンダー秩序と社会的階層秩序の乱れ　159
　　第3節　「アメリカ化」とナショナル・アイデンティティ　164
　　　1．映画『ベルンの奇蹟』　166
　　　2．あるべき家庭の秩序と子の反抗　167
　　　3．「アメリカ化」とナショナル・アイデンティティ　170

第1部　まとめ　………………………………………179

第2部　現代社会主義の下での消費生活——ウルブリヒト時代の東ドイツ

はじめに——第2部の課題　185

第4章　SED/DDR の消費政策 ……………………………………199

はじめに　199

第1節　重工業重視の中での消費財生産　202

1. 戦後再建と社会主義化の強行　202
2. 「普通の生活」　211

第2節　「新経済システム」　215

1. 「新経済システム」の導入　215
2. 耐久消費財の普及とその限界　220

第5章　消費生活の実情とその認知 ……………………………229

はじめに　229

第1節　消費生活に関する認知の枠組み　231

1. 史料とその意味　231
2. 消費生活に関する認知の枠組み　234
   1) 引照基準としての戦後　235
   2) 公正さ　236

第2節　供給危機——壁の建設前後　239

1. 供給危機とそれに対する人々の反応　239
2. 消費の変化と人々の不満　242

第3節　「新経済システム」下の消費者意識調査　249

1. 消費者意識調査　249
2. 消費生活は向上したのか？　250
3. 商品の供給状況　253

第 6 章　消費生活と女性 ……………………………………265

　はじめに　265

　第 1 節　女性の就労　268

　　1.「義務」としての就労　268

　　2. 女性の就労に関する調査　269

　第 2 節　消費生活　276

　　1. 買い物と共助のネットワーク　276

　　2. 週休 2 日制と余暇　284

第 2 部　まとめ ……………………………………………………293

参考文献　303

あとがき　337

索　　引　343

序論　本書の課題と分析視角

1. 消費生活の発展と本書の課題

　本書は主に消費生活の発展と女性の生活との関連に焦点を当てながら、1920～60年代末までのおよそ半世紀にわたるドイツ社会の歴史を描き出そうとするものである。言うまでもなく、この時期のドイツは政治的に見ても、最初の民主主義体制であるヴァイマル共和国、20世紀の妖怪ナチズム、第2次世界大戦後の冷戦の中での東西ドイツへの国家の分断という、大きな変動を経験してきた。経済的には第1次世界大戦後の「天文学的な」インフレーション、世界大恐慌期の膨大な失業、第2次世界大戦後の西ドイツにおける「経済の奇跡」と東ドイツ社会主義の下での「奇跡の経済」を経験するなど、政治同様その変動には眼を見張らせるものがあった。このダイナミックな変化の半世紀を消費生活の変化に焦点を当てて眺めるとき、そこにどのような特徴が現れるのだろうか。

1. 消費生活は人々の日常生活の一部であり、それゆえ消費生活についての歴史学的な分析は日常史研究の一端を構成する。1980年代にかつての西ドイツでそれまで隆盛を誇っていた社会科学的な歴史学——ビーレフェルトの歴史家たちを主導者とした社会史——への批判を含みながら、大学の内外で発展し始めた日常史研究は、人々が過ごす労働の場、家庭等々での日常生活の物質的な諸条件と、それらの場における人々の精神生活のあり方を探ろうとするものである。歴史学は人間の経験に即して出来事の因果の連鎖を解明するものであるが、なかでも日常史においては、諸個人は家族の中で、職場や家庭で、街頭で、隣近所で、行きつけの居酒屋で、あるいは家族や職場の仲間と共に余暇を過ごす場所で行動する主体として、またこうした場所で意見を表明し、感情を表すことによって他者と交流する主体として取り上げられる。本書の中では個人は

消費の主体として捉えられるが、このような日常史研究の基本的な見方からすれば、諸個人の行動と消費に関わる意見や態度は、個々人とその消費の対象となる特定のモノとの関係を超えた、より広い社会的なコンテクストの中におかれることによって、初めてその歴史的な意味が明らかになるといえるだろう。

社会的なコンテクストの中ではモノは象徴としての価値を有する。例えば自家用車は、それを所有する個人にとって移動の手段としての使用価値を有するばかりではなく、他者との関係では所有者の社会的な位置を示す象徴ともなりうる。あるいは所有者の個性の表現でもありうる。このように、消費とはあるものを所有し消費する人間をアイデンティファイするような社会的かつ文化的な営みなのである。そしてモノが置かれた広い社会的なコンテクストとは象徴の連関といってよいだろう。

消費に関わる象徴の連関は、ヴァイマル共和国から第2次世界大戦後の東西両ドイツに至るまでの政治と社会の歴史的な変化のなかにおかれている。周知の通り、ドイツ社会史学派は19世紀以来のドイツの歴史を高度の経済的な発展と、政治的な後進性との矛盾の発現として捉えてきた。そこでは人々の日常生活は全く無視されることはなかったにせよ、言わばこの矛盾の発現過程の中に巻き込まれ、翻弄される客体として扱われてきた。したがって、諸個人の日常生活が、例えば戦争や体制転換あるいは大きな経済的変動などによって表現されるような、歴史的な過程を構成する要素として理解されることはなかった。だが日常史の観点に立てば、大きな社会的、歴史的な変化を生み出す過程には、エポック・メーキングな政治的な事件や突然の経済変動などと同様に、モノのもつ象徴的な価値や意味を手がかりに行われる人々の日常的な消費行動もまた、一定の作用を及ぼしているのである。

2. 生産の対概念としての消費は、言うまでもなく、生産が始まったときからある。そのような消費もまた日常生活の一部を構成しているが、このことを確認するだけでは現代に固有の消費のあり方は明らかにならない。本書で取り上げる消費生活とは、消費社会の中で営まれる消費を中心とした日常生活のことである。かつて消費は存在したが、消費社会は存在しなかった。消費社会とは、

特別な意味での消費に社会の圧倒的多数の人々が参加しているような社会なのである。ここで「特別な意味」とは、消費が第1に、資本主義的な交換制度の中で、第2にまた、ますます拡大していく商品交換に関わる制度と規範の中で行われるということであり、第3に、消費がますます個人のアイデンティティを示すようになるという意味である[1]。また第4に、このような意味での消費に圧倒的多数の人々が参加しているという点では、消費社会とは大衆的消費社会である。

このような特別な意味での消費社会の中で、諸個人は衣食住に関わるすべての物を、そして衣食住が満たされた後には、あるいはそれらが十分に満たされなくとも、衣食住と直接関わりのない物まで、その意味では必要のない物まですべてを商品として購入し、しかる後それを費消する。人々は車の運転からコンピュータの使用法や外国語の習得に至るまで、様々な技術と知識を、商品として購入する。スポーツ観戦や旅行に代表される余暇の過ごし方は、いずれも商業化され、人々は代価を払って余暇を「購入」する。人々の日常生活を構成するあらゆるものが商品として購入されることによって、初めて消費の対象となる。人々の消費がこのような形をとっている社会、あらゆるものが商品化されている社会、消費社会が形成されたのは決して古いことではない。

周知の通り、本格的な消費社会が最初に形成されたのは両大戦間期のアメリカにおいてであり、西ヨーロッパ諸国や日本で、アメリカの圧倒的な影響の下に、アメリカをモデルとした消費社会が本格的に展開するのは1950年代からの高度経済成長期以降のことである[2]。アメリカの政治的、経済的、さらには文化的な面での圧倒的な影響の下に、戦間期にアメリカで生じたのとほぼ同様の特徴を持って、西ヨーロッパにおける消費社会化も進展し、1960年代末までにその過程は完成する。要するに消費社会の形成とは20世紀、とりわけその中葉の現象であった。この時以降、人々の生活のあり方を特徴づけるのは生産ではなく、消費となった。工業社会から消費社会への転換である。とはいえ、西ヨーロッパにおいてはすでに19世紀末以来、都市生活者の間でのちの消費社会に特有の消費生活は現れ始めていた。つまり、消費社会は第2次世界大戦後に突然出現したのではなく、すでにそれ以前から徐々に形成されていたので

ある。そしてこの点からすれば、西ヨーロッパの消費社会化の過程にはアメリカのそれとは異なる独自の特徴も備わっていた。

　本格的な大衆消費社会の形成と、そこでの消費生活の発展が一度に、ある日突然生じたのではないとすれば、つまり、19世紀の末から1960年代末頃までの長い時間の中で生じたのだとすれば、大衆消費社会の形成過程においては大衆消費社会以前の日常生活のあり方と、消費社会的な日常生活との並存、せめぎ合いがあったはずである。上に述べた表現を用いるならば、工業社会と消費社会の並存、競合である。この並存・競合の時期には人々の消費行動は独特の様相を呈するだろう。われわれはそれを何を手がかりとして解明することができるだろうか。

　言うまでもなく都市生活者のうちで、今日的な消費生活を享受できるようになるのが最も遅かったのは労働者階級であった。モノを作る労働者階級こそは工業社会を代表する存在であった。だが、工業社会の発展は皮肉にもモノを作ることの意味を次第に失わせ、代わって消費の規模を爆発的に拡大させることになった。労働者階級もまたこの過程を逃れることはできなかった。労働者階級は消費社会化が進展する過程で、その中に完全に組み込まれ、少なくとも外見上は他の階級と区別がつかなくなった。その限りでは消費社会は、かつて存在したとされる労働者に固有の生活世界を消滅させたのである。このことからすればもちろん、工業社会と消費社会の並存と競合という状況の特徴が最も鋭く現れてくるのは、労働者階級の場合であるといえるだろう。労働者階級の消費行動を追跡するならば、大衆消費社会が形成されていく過程での人々の消費行動に含まれる独特の様相が明らかになるだろう。この意味でわれわれの関心の1つの焦点は労働者に置かれる。

　消費社会化の進展が労働者に固有の生活世界を失わせ、その限りでまた労働者階級自体をも「消滅」させたのだとすれば、この過程の中で消費社会の主要な担い手として登場してくるのが都市の平均的なホワイトカラーである。彼らの存在は、工業社会と消費社会という2つの社会が織りなす競合関係のなかに置かれた労働者の場合とは異なる、独特の意味を表している。それにもかかわらず、本書におけるホワイトカラーの扱いは労働者に比べて二義的である。な

ぜなら本書で考察対象とされる時期のドイツは——他のヨーロッパ諸国の場合も同様であるが——第二次産業への就労者が多く、工業社会的な色合いを強く残していたからである[3]。

われわれの関心の1つの焦点が労働者（階級）にあるとすれば、第2の焦点は女性にある。ただしこのことは、以下に述べるように、消費生活の発展の中で女性の重要性が労働者に比べて低いということではない。女性の場合には、労働者階級全体とは異なる意味で消費生活の特徴が現れてくるのである。

周知の通り、本書で扱う時代においては、今日でもそうであるが、特に女性の男性に対する経済的な依存は強かった。消費生活の発展する場である都市において、独身女性の一部を別とすれば、圧倒的多数の女性は夫や親に経済的に依存する存在であった。言い換えれば、彼女たちには消費のために自由にできる原資が十分にないということになる。つまり女性は消費の主体とはなりえないはずであった。実際、消費が生産の対概念であるとすれば、生産活動に従事していない、あるいは一般に就労していない女性の消費能力が低いのは言わば当然のことであった。だが実際には、18世紀以来、西欧では消費は女性と結びつけてイメージされていた。生産が男性の領域として捉えられたならば、消費は女性の領域であった。男性は「一家の大黒柱」、パンの稼ぎ手であり、女性は男性、夫のもたらしたものを消費するだけの存在とみなされた。消費に関するこのようなジェンダー化された議論は、ドイツの場合、20世紀についても変わらない。例えば、1920年代以降若い女性の消費行動は一種の「社会問題」として、政治や評論・研究、またメディアにおいて注目を集めた。さらに第2次世界大戦後の西ドイツにおいて「経済の奇跡」と呼ばれた経済発展の中で、女性、特に家庭の主婦は消費生活の主要な担い手として、その重要性が経済の舵取りをするL. エアハルトによっても称揚されたとはいえ、要するに、女性は消費しかしない存在、消費という点でしか社会に貢献できない存在と見なされていたことは紛れもなかった。

このように、女性は男性が作り出す社会に消費を通じてのみ関わる存在であるという言説が作り出されてきたとするならば、工業社会から消費社会への転

換の中で女性の消費行動の持つ意味を理解するには、女性の消費行動を男女の関係、つまりジェンダー秩序の中において捉える必要があるだろう。ジェンダー秩序の中で、女性は消費に関わる様々な局面において、どのような考えと行動をとったのか、それが労働者固有の生活世界の変化にどう影響したのか、消費社会の形成にどう作用したのか、そしてまた女性の消費行動は1920年代から1970年代までの半世紀にわたるドイツの政治的、社会経済的な面での構造的な変化とどう関わっているのか。これらの問題は本書の中心的なテーマとなるのである。

ところで、ジェンダー論の視点からなされた消費社会の発展についての研究の中には、先に述べた「特別な意味」での消費が女性を男性への経済的な依存という意味以上に、一層無力化させるものであると主張する研究もある[4]。こうした議論に立てば当然の事ながら、消費生活の向上は女性の家事・育児からの、また男性への経済的な依存からの解放、さらには差別と抑圧からの人間の解放を意味する、というような主張に対しては批判的な姿勢をとることになるだろう。他方このような研究とは逆に、消費行動が生み出す解放的な側面を強調する研究も存在する。すなわち、消費社会の発展はそれまで女性を閉じこめていた狭い家庭の枠を超えた活動の場を女性に与え、今や女性は消費を通じて社会に主体的に関与しうる存在となったというのである[5]。

このように矛盾する、正反対の見解が生まれるのは、消費行動には一種の「革命的な」性格が付着していることによる。すなわち消費行動はあらゆる種類の「境界」や「通念」を超えたり、それらに挑戦する行為としての性格を有しているのである。例えば戦争や巨大な災害時のような危機の中でのもっぱら私的な利益を追求するような消費行動は、しばしば国民の生活に責任を負うべき国家の責任＝主権への挑戦となる。そのようなドラスティックな場面でなくても、本書第2部で述べるように、東ドイツにおける人々の消費行動にはこのような性格が表れていた。また、こうした支配と自己利益の矛盾とは別に、第1部第3章で検討するように、息子や娘の消費行動が親の権威に対する挑戦となることも珍しいことではない。

消費行動の持つこのような「越境」的、挑戦的な性格は女性の消費行動だけ

に限定されるのではないことは言うまでもない。しかし、日常的なレヴェルで言えば、女性の消費行動の中にそうした性格が表れる可能性は比較的高いだろう。なぜなら、日常的な消費行動は圧倒的に衣食に関わるが、性別役割分担が一般的である社会にあっては、そうした日常的な消費行動は多くの場合に女性によって担われるからである。

　ここでの関心は、消費行動の持つこうした独特の性格に留意しつつ、男女の関係の中で、消費に関して女性がどのような態度と行動をとったのかということであり、また、消費行動が女性の、したがってまた男性のアイデンティティの形成にどのように影響したのかということである。このような問題関心は、女性の消費行動を取り上げる場合でも、消費が女性の領域に限定されるものではないこと、したがってまた男性を生産あるいは労働世界へ、女性を消費世界へと世界を2分することが妥当ではないということに、われわれの関心を誘っていくことであろう。それはまた労働・社会を公的領域とみなし、消費・家庭を私的領域とするような2分法をも、そのままにしておくことはないだろう。こうして女性と消費というテーマは、このように拡大された問題関心の中で、ドイツの消費社会がどのように形成され、男女の関係という点から見て、そこにどのような特徴があるのか、その特徴は20世紀ドイツ社会の構造的な変化とどのような位相で関わっていくのか、を解明することに向けられるのである。

3. 本書の第3の課題は、戦後ドイツの東半分に生まれた社会主義の下での消費生活の発展の跡をたどることである。一言で述べるならば、東ドイツ社会主義における計画経済は、消費水準の向上という国民の絶えざる要求に応えるという課題に、一貫して失敗してきた。長期的にみるならば、そのことこそが1989/90年の東ドイツ社会主義の崩壊を引き起こすことになったことは否定できないだろう。1989年のクリスマス商戦の時期に西ドイツに出かけた東ドイツの人々がデパートをはじめとする商店に殺到したことが、このことを物語っている。

　東ドイツの支配政党と国家が計画経済の下で国民の求めるような消費水準を達成できなかったという事実からすれば、東ドイツにおける消費生活発展の跡

をたどることは、要するに東ドイツ経済がいかに「不足の経済」であったかを明らかにするにすぎないという見方も当然可能である。だがここでの関心は、こうしたいわば自明のことを確認することとは別のところにある。第1に、理論的な問題である。われわれの定義によれば消費社会とは資本主義的交換様式を前提に成立する。当然のことながら、この定義からすれば、現代社会主義の国であった東ドイツには消費社会は存在しないことになる。加えて、消費がますます拡大することが消費社会の特徴であるならば、国民の消費水準向上への要求に応えることのできなかった東ドイツについて、消費社会ということを言いうるかどうかは大きな問題であるだろう。だがそうであるならば、東ドイツのような現代社会主義の下での「消費」という問題を取り上げるためには、どのような視角があるだろうか。本論で述べるとおり、本書では東ドイツについて、「消費社会」という資本主義と密接に結びついた概念ではなく、より価値中立的な「消費文化」という概念を用いて、その消費生活の発展にみられる特徴を検討する。「消費文化」とは消費に関する人々の意識や考え方と行動の総体をさすが、この言葉をも用いることで、例えば、ジェンダー秩序の変容のような（西）ドイツでの消費社会の発展の中で生じてきた問題を、資本主義的な意味での消費社会が存在しない東ドイツについても取り上げることができるだろう。つまり、資本主義の発展に結びつけられた「消費社会」という概念を避け、「消費文化」という概念を用いることで、いくつかの問題を社会経済的な体制とは関係なく比較することができるようになるだろう。

　われわれは先に、ヴァイマル時代から西ドイツの「経済の奇跡」の時代まで消費社会の発展を、労働者と女性あるいはジェンダーに焦点を当てて検討することを課題として設定した。この視点は消費社会の存在しない東ドイツについても当然適用されねばならない。だが、このことは東ドイツについていえば、特別の意味を有している。1920年代以降次第に進んできた労働者に固有の生活世界の衰退と「消滅」という事態は、西ドイツでは「経済の奇跡」の中で完成するが、自国を労働者と農民の国家と規定していた東ドイツの場合、消費生活の変化の中で同様の事態は生じたのであろうか。建前から言えば、東ドイツは消費社会の発展に伴って生じた労働者階級の消滅という傾向を押しとどめよ

うとする体制であった。すべての人が等しく豊かな消費生活を享受するという理想を提示することで、東ドイツはこの壮大な実験を正当化しようとした。しかし現実の東ドイツはそうした理想に遠く及ばないままに、1989/90年の崩壊を迎えることになるのである。「消費文化」ということが問題になるのは、まさにこの理想と現実とのギャップの中でのことである。つまり、理想に遠く及ばない現実の中で、消費について人々がどのような考え方と行動をとるのかということのなかに、東ドイツにおける消費生活の特徴ばかりではなく、東ドイツという現代社会主義の特徴自体も浮き彫りにされるだろう。

　また、西ドイツでは消費社会の発展は消費のジェンダー的性格を浮き彫りにする一方で、ある特別な意味で女性の主体性の確認を促す側面を有していた。東ドイツは女性の社会的な解放を社会主義建設の最も重要な柱のひとつとしていたが、東ドイツにおける消費生活の発展は果たして女性の解放に寄与したであろうか。西ドイツに見られたような女性にとっての解放的な側面が、東ドイツにおいても認められたであろうか。こうした問題についても考察することによって、われわれは東ドイツ社会主義の特徴について紋切り型ではない理解を得ることができるだろう。

　以上述べてきた第2の問題関心は、第3の問題、すなわち冷戦の問題へとつながる。言うまでもなく、冷戦研究には膨大な蓄積がある。とはいえその多くは政治史や国際関係論などであり、冷戦期の社会史あるいは日常史に関する研究ではない。だが東西に分断された戦後ドイツの歴史を冷戦から切り離すことはできないし、実際、東西両ドイツにおける消費に関する政策、消費文化等は冷戦と密接に結びつきながら発展してきた。そうであるからこそ、東ドイツの歴史の前半期における消費生活の発展の跡をたどることで、ちょうど「経済の奇跡」の時期の西ドイツにおける消費生活を検討することと同じく、冷戦期の社会史、あるいは冷戦の1側面を明らかにできるだろう。

2. 研究史

1. 消費社会に関する研究は古くは、Th. ヴェブレンやW. ゾンバルトなどによるもの、さらにはフランクフルト学派によるものがある。贅沢への飽くなき

欲求こそが資本主義の成立を促したとするゾンバルトの著作を別とすれば、こ
れらはいずれも消費社会とそこでの大衆的な余暇のありようへの鋭い批判の書
である。だが同時にこれらの書物は消費社会の具体的なあり方を歴史的に分析
したものではない。

　20世紀の消費社会についての歴史学的分析、それも「普通の人々」の日常
的な経験に視点をあてた研究が本格的になされるようになったのは、およそ
1970年代後半からのことである。ドイツについては、1980年代に入ってトイ
テベルクのグループによる食や住についての個別研究が出ているが、消費「社
会」を主題的に取り上げた研究の登場は遅く、1980年代前半に出たJ. クチン
スキー『ドイツ民衆の日常史』が早いものである[6]。これは大規模な階級闘争
ではなく、それとの相補的な関係において、衣食住、家庭、女性の生活等々に
視点を据えながら、1600年から1945年までの人々の日常生活を描き出そうと
した研究である。補遺を含めて全6巻、総計2,220頁にも及ぶこの書は、その
ほとんどが引用で埋め尽くされており、消費に関わる日常史を分析するための
独自の方法の展開も見られない。読者はこの書に引用されたり、紹介された史
料や先行研究等の内容を検討しながら、日常史の立場から消費の歴史を扱うに
はいかにすればよいかを、それぞれに考えてみるより他にないだろう。旧東ド
イツの研究者ではさらに、クチンスキーと同様に、社会主義体制の時代から非
マルクス主義史学の成果を取り入れるばかりではなく、民俗学と歴史学の境界
領域で日常史の研究を行ってきたW. ジャコバイトが、妻のジグリトとともに
1995年に日常史に関する研究を発表している[7]。本書でジャコバイトは、20
世紀前半の不安定な経済状況、戦争、革命の中で人々がいかに生活を維持しよ
うとしたのかを、豊富な図版を交えて展開している。

　以上の2つの研究がドイツにおける消費社会の発展に関する端緒的研究であ
るとすれば、以下に取り上げる研究は、扱われている時期に相違があるとはい
え、いずれも本格的かつ包括的な消費社会研究である。まず、U. ベッヒャー
による研究[8]は「近代的生活スタイル」の「表現形態」としての食、住、余暇、
旅行をとりあげて、「18世紀以来の生活諸形態の発展」を追跡しようとしたも
のである。M. ヴェーバーの議論を援用しながら、ベッヒャーは「生活スタイ

ル」を、名誉の観念に導かれて行われる生活の習慣化の中で生まれた儀式化された生活行為、つまり「生活の様式化」と捉えたうえで、歴史的な経験に即するならば、それは社会的な次元と文化的な次元でテーマ化されるとする。なぜなら、生活とは一定の社会秩序に対応しながら、文化的な価値志向性によって形成されるからである。したがって、「生活スタイル」の表現形態を理解するには、一定の「生活スタイル」を持とうとする人々の意欲を文化的な規範に関連させると共に、その表現形態を人々の経済的、社会的な生活の構造とも関連させねばならないのである[9]。ベッヒャーは「生活スタイル」をこのように捉えた上で、食、住、余暇、旅行の中に現れた生活諸形態の発展を歴史的に追跡しようとしているが、「生活スタイル」という概念の中での社会的な次元と文化的な次元との連関が定かではなく、20世紀の大衆消費社会の特徴を明らかにすることに成功しているとは言えない。

　同様に、W. ケーニヒによる研究[10]も大衆消費社会固有の特徴を歴史的に明らかにすることに成功しているとは言い難い。彼は、「生産と消費の複雑な相互関係」を、19世紀以来の消費社会の発展を軸として、主に2次文献によりながら、しかしまた可能な限り同時代文献も利用しながら、アメリカとドイツを例に比較史的に追跡している。彼が対象とした消費の領域は衣食住にセクシュアリティである[11]。その際彼は、「消費の技術化と技術の消費化」[12]という2つの概念を用いて、「生産と消費の複雑な相互関係」を説明しようとしている。だが、ほとんど500頁にも及ぶケーニヒの研究は、人々が「消費の技術化と技術の消費化」にいかに対応したかを、可能な限り同時代文献を用いることによって歴史的に解明するという、その意図を達成しているとは言い難いものである。その意図するところとは異なり、実際には同時代文献もほとんど用いず専ら2次文献にのみ依拠し、かつ通常の歴史学的な手続きも踏まないまま、アメリカとドイツ、さらにはそれ以外の国々へと、思いのままに目を転ずる彼の研究は、消費社会の発展を歴史的に研究する上で理論的には益するところがない。

　以上は比較的包括的研究であるが、全体として20世紀ドイツの消費社会に関する研究は決して多いとはいえない。しかも、第2次世界大戦後の西ドイツの「経済の奇跡」の時期に主な研究が集中していることも、特徴的である。そ

の中で、M. ヴィルト による「経済の奇跡」の時期における労働者家庭の消費生活を扱った研究[13] は、戦後西ドイツ経済の急速な発展にもかかわらず、労働者家庭における消費の水準はささやかなものであったこと、だがそれでも「経済の奇跡」が終わる頃までにはドイツの労働者階級はもはや「プロレタリアート」ではなくなったことを、豊富な統計と女性雑誌の記事を手がかりに明らかにしている。本書も彼の研究に依拠するところ大であるが、消費行動、特に家事に関わる消費行動の中に女性の新しい主体性の発展をみる彼の立場については、詳細な検討が必要であるだろう。

　ヴィルトの研究同様に画期的であるのは、A. シルトによる研究である[14]。主に1950年代の西ドイツでの余暇の過ごし方とその手段についての考察から、戦後の体制転換やアメリカに対する人々の意識のあり方を分析することを通じて、戦後初期から西ドイツ建国期の特徴を示す「時代の精神」にまで及ぼうとする浩瀚な研究は、社会の近代化とは何か、同時代的な現代史にとって「現代」（モデルネ）とは何かを考えるうえで、きわめて重要である。そもそもドイツ現代史にとって「戦後」とはいつを指すのかが、統一後15年以上を経た今日改めて問われるようになっている中で[15]、確かに1950年代をもって「戦後」の終わりとする彼の立場には批判的な検討を要するだろう。だが他方では、社会の近代化あるいは現代化が1945年以降の政治的変革の前後を貫く過程として人々には意識されていることを明らかにしている点で、彼の研究は1945年を歴史の画期とする見方への批判となっている。そればかりではなく彼は、1950年代の経済発展の反面に節約と長時間労働があり、そこでは今日理解されるような余暇社会、消費社会と呼べるような状態はなかったことを浮き彫りにすることで——この点で彼の議論はヴィルトの議論と共通する——1945年の前後を貫く近代化が1960年代以降よりもむしろ戦前の社会につながるものであり、その意味で「経済の奇跡」が1つの「神話」であることを暴露している。

　ヴィルトやシルトの研究でも女性は戦後の消費生活の発展を支える存在として重視されているが、E. カーターは戦後西ドイツの再建過程をジェンダーの歴史ととらえることで、研究の地平を大きく拡大している[16]。彼女の基本的な

観点は、消費の担い手として戦後再建過程の中で重要な役割を果たした女性は、「消費者的生活スタイルの文化的生産者」としてジェンダー的な秩序をはじめとする階統化された文化的な秩序を形成することに寄与したというものである[17]。女性雑誌や映画、世論調査、都市計画等々を通じて、消費の担い手としての女性について、どのような言説が作られたのか、そしてまた男性がそれらをどのように受け止めたのかについて検討するカーターの議論は非常に刺激的であり、示唆に富む[18]。だが、カーター自身が述べているように、その言説が実際に消費する女性のアイデンティティに一致するかどうかについての社会史的な分析を行うことは、彼女の研究の範囲を「超えている」として視野の外に置かれている。

カーターの研究には欠けている社会史的な部分をある程度まで補おうとしたのが、J. A. ローリンである[19]。ローリンは、戦後西ドイツ経済の「奇跡」は家庭内での性別役割分担を強固なものとすることで日常生活の中にまで浸透したことを、雑誌とインタビューを通じて明らかにしている。1950年代を生きた女性へのインタビューを史料として用いた点にカーターとの相違がある。

以上の研究と趣を大きく異にするのがA. アンダセンによる研究である[20]。「幸福な生活」（das gute Leben）を約束するはずだった西ドイツにおける「経済の奇跡」は、実際のところ経済危機、環境破壊、アイデンティティの危機という、まさに「幸福な生活」とは正反対の結果をもたらしたとアンダセンは主張している。戦後西ドイツの消費生活についての研究の中で、本書は影響力が大きいとは決していえないが、この四半世紀以上にわたって、なぜ消費が歴史学や社会科学において研究対象とされるようになったのかを示す貴重な研究である。

2. 最後に東ドイツにおける消費生活の発展に関する研究について若干述べておこう[21]。1990年のドイツ統一以来すでに15年以上を経過し、かつての東ドイツについての研究は相変わらず隆盛を極めているが、消費生活についても他の分野についても、大雑把に言えば、そこには3つの傾向が認められる。第1に、東西分裂時代の東ドイツ研究の流れをくむもので、東ドイツの支配政党や

国家の展開する表向きの議論と現実との矛盾を明らかにしようとするものである。代表的な研究としてはA. カミンスキー によるものを挙げることができよう[22]。第2の傾向は、東ドイツ社会主義の下でも現代社会一般にみられる現象が貫徹していたことを述べるものである。例えば消費について、東ドイツでも現代における消費に一般的な傾向、すなわち単純な再生産のための必要を満たすことから、欲求を満たすこと、具体的には「余暇利用の必要を満たすこと」へと人々の消費行動が変化したと、イナ・メルケルは述べている[23]。メルケルに代表される議論の大きな特徴は、東ドイツ社会の中に近代化ないしは現代化に向かう可能性が内在していたことを強調すること、だがこの可能性は支配政党や国家が押し出す平等主義的な主張と、より高い消費水準を望む国民の声との矛盾の中で押しつぶされたとすることである。容易に推測できるように、この第2の傾向に同調する研究者の中には、1989/90年に崩壊した「現実に存在する社会主義」とは異なる民主的な社会主義が東ドイツにはありえたのではないかと、その可能性を探ろうとするものも少なくないのである[24]。

以上2つの傾向の下にある研究は、概括的に言うならば、東ドイツにおける消費生活の問題を東ドイツだけの問題として、外部とは断絶したいわば閉じた空間内部にある問題として取り上げているといえよう。それは東ドイツに関する他の問題についての研究と同様の傾向を示しているのである。しかるに、近年になってこうした流れとは異なる傾向が現れてきた。この第3の研究傾向は、例えば東ドイツの諸問題を1950年代あるいは1960年代のドイツ史の、または冷戦期の諸問題の一環として取り上げようとするものである。こうした傾向は、A. シルトらの手になる一連の論集[25]にふくまれる東ドイツ関連の論文にみることができるし、また近年のアメリカにおける東ドイツ社会主義研究[26]にも顕著である。言うまでもなく、こうした研究にあっては東西両ドイツを比較したり、同時代の1つのドイツ史を構成しようとする視点が色濃く現れているが、その根底にある発想は、戦後のドイツにとって果たして西ドイツの歴史の方が東ドイツのそれよりも重要なのであろうかという疑問であろう[27] 言い換えれば、東ドイツの歴史に独自の存在意義を認めようとする姿勢が、そこには顕著である[28]。このことからまた、こうした研究にあっては、他のソ連圏諸国との

比較を通じて、ソ連とソ連圏諸国の関係を前者による後者の一方的な支配——それを簡単に表現する言葉が「衛星国家」である——とはせず、相互的な関係として捉えるような見方も強まっている。このように、最近の東ドイツ研究はドイツ現代史研究の新しい潮流を形成しつつあると言えよう。その中で消費生活は最も重要なテーマとして取り上げられるのである。

3. 本書の構成

　本書の構成は以下の通りである。第1部「資本主義の下での消費生活」ではヴァイマル時代から戦後西ドイツに至るまでの、資本主義ドイツの下での消費社会発展の特徴を検討する。第1章「ヴァイマル時代における勤労女性と余暇」では余暇の問題を取り上げ、余暇が労働者階級に属する勤労女性にとってどのような意味を持っていたのかを検討する。その際、労働者文化と大衆消費文化とのせめぎ合いの中で、余暇が女性に「自分のため」の生活を作り出すきっかけを与えるとともに、他方では、余暇活動を通じて女性は、必ずしも労働者に固有とは言えないような大規模に組織化された社会へと組み込まれる可能性に直面していくことなどが、明らかにされる。この後者の事態の中には、労働者階級の「消滅」と言われる状況の端緒が現れているだろう。なお、この章では女性労働、青年と余暇の関係などに関する同時代の調査や実証的研究、あるいは女性労働者の手記や回想録などを主な史料として利用する。

　第2章「家事と消費生活」は、女性にとって消費の最も具体的な表現である家事を取り上げ、「アメリカ的生活」として追求されてきた家事の合理化と機械化——それは実体的にはしばしば耐久消費財の購入となって現れた——は女性、特に主婦をして消費を通して社会に積極的に参与する主体たらしめることになったことを論じる。ただしこのことは、女性が性別役割分担やそれを正当化するイデオロギーから解放されることを意味するものでもなかった。

　第1章と第2章では、第1次世界大戦後から始まる消費社会化の過程が、この間の政治体制の変換にもかかわらず連続した過程として成立してくることが明らかにされるが、第3章「西ドイツにおける『アメリカ化』と若者文化——1950年代を中心に」では消費という現象に現れたドイツ社会の連続性は、戦

後の「経済の奇跡」の中でうち破られる可能性に直面することを、戦後の若者文化を例に検討する。その際、ドイツの消費文化の連続性への批判や挑戦はまたいわゆる「過去の克服」という問題に関連していることを明らかにしたい。その点からすれば、第3章は若者の消費文化という観点から「過去の克服」の社会史を考察したものである。

第2章と第3章では女性や若者と消費生活との関連を戦後西ドイツの女性雑誌の記事や商品広告、さらには映画などを主な史料として検討する。特に売り上げ部数100万部を超える女性雑誌は女性の消費者意識の形成に大きな影響を与えていたと考えられるから、消費と女性の関係を巡ってどのような言説が形成されたかを考えるとき、無視できない史料といえよう。

第2部「現代社会主義の下での消費生活」は東ドイツの歴史の前半をなすウルブリヒト時代を取り上げて、消費生活の面から東ドイツにおける社会主義の特徴を解明しようとしたものである。同時にそれは、冷戦の中で消費生活の面で西ドイツと対抗しようとした東ドイツの社会史、冷戦の社会史でもある。

第4章「SED/DDRの消費政策」では、東ドイツにおける消費政策が、社会主義の建設という目標と西ドイツとの競争という現実との狭間で絶えず動揺していたこと、国民の消費意欲を満たす消費政策の実行可能性にこそ、体制の存続がかかっていたことを明らかにする。

第5章「消費生活の実情とその認知」では、人々が政治を運営する社会主義統一党と国家の消費政策とその具体的な結果を、何を基準にして、どのように判断していたかを検討する。そこではまた社会主義に対する人々の関心がきわめて低く、消費生活が比較的順調なときでさえもそのことは変わらなかったことも明らかにする。

第6章「消費生活と女性」では、社会主義の下での消費文化のありようが主に女性を対象に検討され、消費の問題を巡って、支配の要求と国民の自己利益実現の要求との間に複雑な関係が生じていること、また独特の消費文化が東ドイツ社会主義の安定化と長期存続を可能にしていたことを解明する。

第2部では主に、消費に関わる社会主義時代の未公開史料、特に支配政党である社会主義統一党による消費政策の策定に関わる史料や、住民の意識調査を

用いるが、消費文化の形成に大きな影響を持った雑誌の記事もまた利用する。

注
1) Victoria de Grazia, Introduction, in : Victoria de Grazia et. al. (eds.), *The Sex of Things*, p. 4.
2) このようなアメリカとヨーロッパの時間的なズレを主題的に取り上げて、戦後西ドイツにおける消費社会の形成を考察した M. ヴィルトによる研究は、A. シルトによる研究と並んで、単に消費の歴史についてではなく、戦後ドイツ史をどのように時期区分し、その総体的性格をどのように理解するかについて研究したものとして、戦後ドイツ史研究に強いインパクトを与えている。Michael Wildt, *Am Beginn der ,,Konsumgesellschaft"*; Axel Schildt, *Moderne Zeiten* またアメリカにおいてすらも、普通の労働者にとっては消費社会と呼びうるような状況は 1920 年代末になってようやく現れはじめたにすぎないとする L. Cohen の研究は、消費社会をその現実とイメージの両面から研究することの重要性を示しているだろう。Cf. Elisabeth Cohen, *Making a New Deal*, p. 119.
3) 参照、斎藤哲ほか編『二〇世紀ドイツの光と陰』、p. 304。
4) Erica Carter, *How German is She?*
5) M. ヴィルトや A. シルトの議論にはこうした側面がみられる。
6) Jürgen Kuczynski, *Geschichte des Alltags des deutschen Volkes*. この書についての批判的な検討は、拙稿「研究ノート 日常史を巡る諸問題」、pp. 233-322 を参照されたい。
7) Wolfgang Jacobeit et. al., *Illustrierte Alltags-und Sozialgeschichte Deutschlands 1900-1945*.
8) Ursula A. J. Becher, *Geschichte des modernen Lebensstils*.
9) Ebd., S. 12-15.
10) Wolfgang König, *Geschichte der Konsumgesellschaft*.
11) Ebd., S. 7-13.
12) Ebd., S. 17.
13) M.Wildt, *Am Beginn der ,,Konsumgesellschaft"*, a. a. O.
14) A. Schildt, *Moderne Zeiten*, a. a. O.
15) Klaus Naumann (Hg.), *Nachkrieg in Deutschland*.
16) E. Carter, *How German is She?* loc. cit.
17) Ibid., p. 7-10.
18) カーターの方法と着目点は、DDR についての Irene Dölling による研究、*Gespaltenes Bewußtsein* とも共通する。
19) Jennifer A. Loehlin, *From Rugs to Riches*.
20) Arne Anderson, *Der Traum vom guten Leben*.
21) 最近の東ドイツ研究に関する最も詳細な研究動向整理に次のものがある。Corey

Ross, *The East German Dictatorship*. なお、拙稿「最近の DDR 研究——女性史、ジェンダー研究を中心に」、pp. 277-288 も参照されたい。
22) Annette Kaminsky, *Wohlstand, Schönheit, Glück*.
23) Ina Merkel, *Utopie und Bedürfnis*.
24) 彼らの議論は例えば *hefte zur ddr-geschichte, ANsicht zur Geschichte der DDR* のような研究誌を通じて知ることができる。
25) A. Schildt u. a. (Hg.), *Modernisierung im Wiederaufbau* ; ders. u. a. (Hg.), *Dynamische Zeiten*.
26) 例えば、Mark Landsman, *Dictatorship and Demand* ; Judd Stitziel, *Fashioning Socialism*; Katherine Pence, *From Rations to Fashions*.
27) 必ずしも東ドイツを直接取り上げているわけではないが、注 15 にあげた K. ナウマンらによる研究にはこうした観点が貫かれている。
28) Cf. David F. Crew (ed.), *Consuming Germany in the Cold War*, p. 1.

第1部

資本主義の下での消費生活

——ヴァイマル時代から「経済の奇跡」まで

はじめに——第1部の課題

　第1部では、ヴァイマル時代からナチズムを経て戦後西ドイツでいわゆる「経済の奇跡」がほぼ終わりを迎える1960年代末までの、資本主義ドイツにおける消費生活の発展の跡をたどる。言うまでもなく、この間のドイツ資本主義は2度の大戦での敗北による一時的な弱体化を経験したとはいえ、世界的には一貫して十分に強力であった。しかし、個々人の消費生活に眼を向けるならば、そこに現れる図柄は意外に貧弱である。「節約」は人々の消費行動を支える一貫した原則であった。節約しながら消費する——今日から見れば、地味でささやかな消費生活、「節約」を旨としなければならないような消費生活のなかで、日々の直接的な必要を満たすのではないようなモノの消費のために、人々はどのように行動し、またそこで何を考えたのであろうか。

　第1部で取り上げる問題領域の1つは余暇である。余暇こそは消費社会の到来を告げる最も重要な指標なのである。かつて人々は生活の直接的な必要を満たすために、主に労働をして時間を使い、衣食住のために必要不可欠な商品を購入し、それを費消した。単純化して言うならば、資本主義社会の最も重要な担い手である労働者にとって、働くことと食べて寝る以外に使うことのできる時間も、経済的なゆとりもなかった。

　だが第2帝政期もヴィルヘルム時代になると、労働者も含めて次第に人々の生活に変化が現れ始めた。その変化は、これもまた単純化して言うならば、必要からの解放であった。例えば労働時間の短縮は、生活のために必要な労働の時間とは別の時間、もはや生活すなわち自己と家族の再生産のために使う必要のない時間、すなわち余暇を生み出した。なるほど第1次世界大戦前には多くの人にとって余暇は未だ存在しないにも等しかったが、ヴァイマル時代になると、余暇ははっきりとそれとして意識されるようになった。正に余暇が「誕生」したのである。しかもそれはまた商品の消費と密接に結びついていた。

　それでは余暇の出現は人々の意識と行動にどのように作用し、また人々は余

暇をどのように過ごしたのであろうか。第1章では、この問題をヴァイマル時代の勤労女性に焦点を当てて検討する。ここで勤労女性を取り上げるのは、一方では消費社会の発展に伴う勤労女性の余暇活動のなかに、のちに「労働者階級の消滅」と言われるような傾向が現れてくること、他方では余暇を過ごすこと、すなわち消費することに自己のアイデンティティを見いだすような人間類型が生まれてくること、この二つの事態の端緒が余暇と彼らの関係のなかに見えるからである。

　ところで勤労女性にも余暇が生まれたとはいえ、元来、女性は余暇から最も遠い存在であった。そもそも、本書が扱っている時期について言えば、家庭外で就労する女性の数は決して少なくはなかったが、それでも女性の本来あるべき場所は家庭であると、当の女性自身を含めて考えられていた。勤労女性はいわば例外的な存在なのである。性別役割分担の下では女性の最も重要な活動は家事（と育児）であった。言うまでもなく、家事と育児にあっては活動と休息の間に明確な区分は存在しない。いわば24時間の活動なのである。そのような女性の活動を支えるエートスが家族への献身であるとされた。このような考え方に立てば、女性にとって余暇の生ずる余地はないだろう。加えて、余暇とは労働の対概念である以上、労働ではない（と考えられている）家事と余暇とが結びつくはずもないのである。

　それにもかかわらず、消費生活の発展は次第に女性が行う家事のあり方にも影響を及ぼし、既婚女性の場合でさえも余暇ということを語ることもできるようになるのである。それが可能になるのは、家事が女性の消費行動の中核をなしていたからである。余暇活動もまた消費行動である限り、両者は通底しあう。両者はともに消費社会の重要な側面を表現しているのである。ここに消費社会の発展と女性の関係を見ていく場合に、第2の問題領域として家事が浮上する。第2章では、ヴァイマル時代から戦後西ドイツの「経済の奇跡」が終わるまでの時期に、消費生活の発展が家事にどのような影響を及ぼしてきたのかということを検討する。言い換えれば、どのような消費行動として家事が行われてきたのかを問うのである。その際、消費生活の発展に伴って、家事や育児を支える家族への献身というエートスに加えて、家庭生活のなかに「合理化」とか

「専門化」という観念や「科学的な」知見等がいかに深く浸透していったか、また家庭内のジェンダー秩序を維持しようとする力がいかに強く働いたかが、明らかにされるだろう。

　家事に焦点を当てて1920～70年のドイツ社会を見るとき、この時期が政治的、経済的に大きな変動を経ているにもかかわらず、消費に関する限り人々の行動面では比較的変化に乏しく、「節約」を旨とするような消費行動が持続していたことは否定できない。だが表面に現れたそのような持続性にもかかわらず、消費生活の発展は社会的にみすごせない変化を引き起こしていた。なかでも重要であったのは、消費に関わる階級的、階層的な差異が次第に縮小していき、人びとの消費行動は表面的には均質化してきたことである。その結果、例えば労働者階級に固有の生活のあり方、それを象徴する労働者文化いうようなことを述べることがだんだんと困難になっていったのである。つまり消費生活の面から見れば、第1部で扱われる時期は持続と変化が併存する時期であった。

　第1～2章では消費生活と女性の関係とに焦点が当てられるが、第3章では、消費生活の発展のなかに見られる持続と変化の複雑な関係を明らかにするため、戦後の西ドイツにおける若者文化を取り上げる。消費生活の発展のなかで若い未婚の男女が果たした役割は大きいが、戦後西ドイツにおける若者文化もまた、消費生活の重要な一面を表していた。戦後西ドイツの経済発展は何よりも家庭内に耐久消費財が普及することを通じて人々に実感されたが、同時に若者向け消費市場の成立もまた戦後経済発展の重要な指標の1つであった。戦後の若者文化はその若者向け消費市場と密接に結びつきながら発展したのである。

　ヴィルヘルム時代から若い女性にとって消費がアイデンティティの表現であったのと同様、戦後の若者にとっても消費は、意識せざると否とに関わらず、社会的に特定の意味を持つ行為であった。すなわちそれは、しばしば親世代が頑なに守ろうとした消費行動の原則に対する異議申し立てであり、親世代に体現されている伝統的な秩序意識や規範意識に対する抗議でもあった。しばしば1960年代末までの西ドイツ社会はきわめて保守的であったと言われ、またナチズムという過去など存在しなかったかのような、過去についての「沈黙」が支配していたようにみえ、消費生活の発展がそうした外観を支えていたことも

否定できない。だが実際には、戦後ドイツ社会の内部にはそうした保守性への反発も潜んでおり、それもまた他ならぬ消費によって爆発のためのエネルギーを与えられたのである。そればかりではなく、若者の消費文化には、性別役割分担に端的に表れていたような社会のジェンダー秩序を揺さぶりかねないような、危険な因子もまた含まれていた。このように、消費行動に表現された戦後の若者文化は、保守的と言われ、その意味で伝統的な要素を強く残していたドイツ社会を、変化させる可能性をうちに含んでいたのである。

第1部「資本主義の下での消費生活――ヴァイマル時代から『経済の奇跡』まで」が、資本主義的な大衆消費社会とそこでの人びとの消費行動の特性として注目するのは、消費行動や消費文化のなかに含まれる以上のような社会秩序の根底を揺るがす可能性である。もちろんわれわれは、そうした可能性に注目するとき、この間のドイツに生まれた政治体制のあり方を無視することはないだろう。人びとの消費行動や消費についての考え方と政治的な秩序の関係ついては、多くの注意が払われるはずである。しかし、消費のあり方から直ちに政治体制の差異についてなにがしかの結論を得ることはなされないであろう。言うまでもなく、政治体制のあり方を規定する要因は多様であり、消費生活のあり方は政治体制への人びとの支持の度合いを定める1つの要因ではありえても、唯一の要因ではないからである。むしろ、若者文化に関する第3章の議論が明らかにするように、われわれは消費という現象を見ることで、政治生活のある側面を見ることができるのである。

第1章　ヴァイマル時代における勤労女性と余暇

はじめに

　産業革命以来、第2次世界大戦が終わるまでの間、ドイツに限らず西ヨーロッパ諸国では、長期的に見るならば、労働者の労働時間は短縮され、生活の中で労働以外に人が自由に使うことのできる時間が次第に長くなっていった。生きるための労苦が労働であるとすれば、労働以外の時間が増えることは、そうした労苦から次第に人々が解放されるようになってきたことを意味するだろう。とはいえ、20世紀前半までについて言うならば、戦争と極端な経済的な不安定さの中で、人々は望むと望まざるとに関わらず、仕事＝労働から引き離され、命の危険にさらされたり、困窮にあえぐことになり、生きるための労苦から解放されたとは言い難かった。まさにそうであるからこそ、生きるための労働から解放された時間を仮に余暇と呼ぶとするならば、余暇を持つことは豊かな生活を送ることのできた人間の特権であった。贅沢という意味での消費には余暇、あるいは端的にどのようにでも使いうるような時間が必要であったということは、ゾンバルトの指摘をまつまでもなかった[1]。ヴェブレンは消費のためのそうした時間を持つことができるところに「有閑階級」の根本的な特徴を見いだしていたが[2]、彼らこそ消費社会を形成してゆく主体であった。

　このように歴史をたどるとき、余暇の拡大、つまり労働以外の自分で自由にすることのできる時間の拡大と、そうした時間を享受し、そこで商品を消費しうる人間の増加こそ、「有閑階級」だけから成り立つのではないような大衆消費社会成立の見やすい指標であると言えるだろう。このような大衆的消費社会が（西）ドイツで本格的に成立するには第2次世界大戦後、特に1960年代を待たねばならなかったが[3]、すでに1920年代にははっきりと大衆的消費社会化の傾向が現れていた。他ならぬ余暇を過ごす手段の中にそれが現れたのである。1920年代にはラジオや映画のような新しいメディアが発達し、ジャズや

ダンスが流行り、サッカー、ボクシング、オートレース等の観るスポーツが人々を興奮させた。グラフ雑誌や広告を通じて新しいファッションが紹介され、人々特に若い女性の肉体が視覚化されるようになった。1920年代半ばには、ドイツでは1日200万人が映画を見、ほぼ700万人がスポーツクラブに組織されていた。ヴァイマル共和国最後の年には、全世帯のほぼ4分の1にラジオがあった[4]。今日から見れば、余暇活動に当てることのできる時間と費用、余暇を過ごすための手段のいずれをとっても、極めてささやかであったとはいえ、ヴァイマル時代のドイツでは、人々の余暇はまさにこうした大衆文化に向けられたのである。余暇の形成と大衆文化の発展とは不可分であった。

本章はこの大衆文化の発展という状況の中で、女性特に勤労女性の余暇がどのように形成されたのか、余暇の過ごし方の中にどのような特徴、すなわちヴァイマル時代のドイツ社会に対する女性たちのどのような関わり方が現れているのかを、検討しようとするものである。

第1節　ヴァイマル時代の余暇を巡る問題状況

この節では、本章の課題に関連してどのような問題群があるのかを、ヴァイマル時代に余暇が労働者や職員層のようなごく一般的な都市勤労者の意識に浮上してくるようになった事情とあわせて検討してみよう。

1．2つの文化と余暇

1．ヴァイマル時代のドイツ労働者階級の生活様式には、この時代にしか見られない独特の特徴があった。われわれはその特徴を2つの文化的な傾向のせめぎ合い、すなわち労働者に特有な生活環境と人間関係、固有の価値観と行動形態によって形成される日常生活の総体として把握することが可能な労働者文化[5]と、商品化と余暇によって特徴づけられ、階級の差異に関わりなく存在するような大衆文化との競合関係の中に見いだすことができる[6]。一例を挙げれば、労働者政党や労働組合が行う労働者教育運動は第1次世界大戦前からの伝統があったが、ヴァイマル時代にはその受講生を獲得する上で、労働者組織は映画やラジオのような大衆メディアとの競合に苦しまねばならなかったのであ

る[7]。そして2つの文化傾向の競合関係は基本的にはヴァイマル時代だけに出現したのであるが、ヴァイマル時代の労働者の生活様式に根本的な変化をもたらし、その影響は部分的には1960年代にまで及ぶことになるのである。他方、ナチス時代には労働運動が徹底的に破壊され、それにあわせて19世紀以来の労働者文化運動も消滅した結果、商業化された大衆的余暇文化と大量消費に結びついた生活様式が一般化する方向へと、社会は大きく転換した。そしてそのような生活様式は第2次世界大戦後にはより力強く拡大していくことになるのである。

だが今はヴァイマル時代だけに視野を限定しよう。D. ミュールベルクによると、労働者階級の生活様式の根本的な変化は、「近代化傾向の中で」、階級とミリューによって刻印された生活様式の内部に、より一般化され、他の社会諸階層とより通底した生活様式がますます強力に浸透してきたことによって生じた[8]。このことは言い方を変えるならば、労働者階級に属する人々の日常生活の中での関心が労働者階級に特有のそれから、他の社会諸階層と共通するそれへと変化してきたということである[9]。言うまでもなく、関心が変化する時、その根底には人々の「新しい欲求」(ザルダーン)が潜んでいたであろう。

ここでヴァイマル時代に2つの文化の競合関係が、どのような社会層の下で特に顕著に現れたのかを概観しておこう。周知の通り、就労人口の中で20世紀に入って急増してきたのが——ドイツに限ったことではなかったが——男女のホワイトカラーであった。後述するように、ヴァイマル時代になると、特に若い女性の事務職員や商店員の増加が目立つようになった。この広義の女性ホワイトカラーと同じく若い女性労働者、それに主に労働者階級出身の若い男性が、商業的に提供されるようになった大衆的な余暇文化の主な受け手であった。そしてまた、若い男性ホワイトカラーも労働者とは一線を画そうとはしたものの、教養市民層に比べた場合に明らかに大衆文化の方に惹かれる傾向を示していた。だが、都市の若い勤労者が総じて大衆文化の磁力の中に引き込まれたとしても、実際には本章で詳しく述べるように、まさにこの社会層においてこそ、2つの文化の競合関係がはっきりと表れてくるのである。19世紀以来の労働者文化運動がその発展の頂点に達したのがヴァイマル時代であったことを想起す

れば、このことは理解できるであろう。

労働者に固有の労働者文化と、労働者に限定されることなく、誰に対しても開かれた大衆文化との競合関係の中で、主として都市勤労者、すなわち労働者およびそれと経済的に見ればほとんど差のない中下級の職員層（官吏、事務職員、商店員等）の間で、1920年代になると、仕事の後の「自由」な時間を余暇として捉える意識と、それに対応する行動とが発展してきた[10]。当時の労働時間の長さや、休暇の少なさなどを考えれば、余暇として捉えることのできる時間は決して長いものではなかった。その点からすれば、1920～30年代初めの時期における、余暇の観念は今日のそれとは同じではありえない。

ところで今日、この余暇の一部を構成する都市の消費文化を当時の人々の意識と行動に即して、「黄金の20年代」の象徴的側面と考えることが一般的である。もとより客観的に見るならば、普通の労働者や職員層にとっては1920年代は決して「黄金」の時期ではなかった。ヴァイマル時代のうちで比較的安定していた時期は1920年代半ばの数年間だけであったが、その時期を含めてさえも、労働者や職員は周期的に失業の嵐に見舞われたように、彼らの存在は根本的に不安定であった[11]。余暇を仕事の後の「自由」な時間と理解する限り、失業者にとって余暇が存在しないことは言うまでもなかった。ヴァイマル時代の労働者や職員の存在が失業によって根本的に規定されているとするならば、彼らにとって余暇とは、人生の束の間、ほんの一時期のことでしかなかった[12]。つまり、ヴァイマル時代に余暇への関心が高まり、実際に余暇活動が拡大したとしても、このことは1人の人間の人生の中でも、また社会層としても均質的に当てはまることではなかったのである。

以上述べてきたように、ヴァイマル時代には都市の勤労者にとって余暇はわずかしか存在せず、しばしば客観的には余暇を享受しうる状況ではなかったにも拘わらず、1920～30年代初めにかけて余暇に対する人々の関心が高まり、またそのことに対応して都市勤労者の余暇についての言説が拡まったことのうちには、2つの側面が存在していた。1つは余暇と大衆文化とが結びついていたことへの有産市民層の反発であった。ザルダーンが詳しく述べているように、映画、ラジオ、通俗小説等、都市の若い勤労者たちが余暇を過ごすために手に

した手段を統制し、あるいは一定の方向に誘導しようとする有産市民層の姿勢の中には、第 1 次世界大戦の敗戦、革命、インフレーション等々によって、その安定性を崩されてしまった彼らの不安感が反映していた。実際、かつては有産市民層の特権であった余暇を、労働者を初めとする都市の勤労者が享受するようになったことほど、第 1 次世界大戦後のドイツ社会の変化を象徴するものはなかった[13]。

　第 2 の側面は、主に男性熟練労働者、特に組織労働者の若い労働者に対する反発であった。だが、それはもちろん単なる世代間の対立ではなかった。労働者、都市の勤労者による余暇の享受が 1920 年代に問題となったということは、この時期に労働者の生活に大きな変化が生じていたことと密接に関連していたのである。この時期は、労働＝工場、居住区、労働者組織の三位一体（トリアーデ）によって形成され、そこで労働者が自己のアイデンティティを確認できたような、労働者に固有の社会的な生活環境（ミリュー）が急速にその意味合いを失っていく時期であった[14]。言うまでもなく、こうした生活環境は労働者の誰にでも等しくあったわけではない。トリアーデの一角を労働者組織が占めていたことからもわかるように、この生活環境は主に労働者組織に所属する労働者、それも男性熟練労働者のそれであったが、労働者組織に所属する労働者自体も相対的には多くはなかったから、この生活環境は実体的であるよりは理念的であった。今、この理念的な生活環境が崩れていくということは、当然のことながら、個々の労働者にとってよりも、労働者組織にとってこそ重大問題であった。労働者組織が量的に拡大しうるかどうかが問われることになるからである。とはいえ単にそれだけのことで、労働者に固有の生活環境が崩れていくことが問題となったのではない。

　しばしば指摘されるように、労働者的生活環境の中で行為する主体として想定されていたのは主に男性熟練労働者であった[15]。ところが、労働者文化と大衆文化という二つの文化形態の競合関係の中で、都市労働者の文化が旧来の男性中心の労働者文化、あるいはより正確には、労働者文化運動の担い手の側から鋭く問題視されるようになるのは、主として女性についてであり、また、男女を問わず若い独身世代についてであった。彼らの大衆文化への関わり方が、

まさに崩れゆくトリアーデの一角に位置を占めると想定されている側から問題とされるようになったのである。換言すれば、労働者生活世界の中での行為主体たる「労働者」として暗黙のうちに想定されていた、労働組合に所属する既婚の男性熟練労働者にとって、若い女性たちが、そしてまた若い労働者たちが「自由な」時間としての余暇への関わりを強めていくとき、それはトリアーデの中にあって初めて成り立ちうる自らの生活様式の側方をつく、1つの問題領域として現れたのである。

　さて、ヴァイマル時代に労働者や中下級の職員層にとって、仕事のあとの「自由」な時間が余暇として現れたとしても、例えば労働者の場合でも——上述の労働組合に所属する既婚男性労働者の場合が最も典型的であったが——世代と性によって、その現れ方は異なっていた。このことは余暇に当たる時間をどのようにして作り出すかという点でも、またその余暇をどのようにして過ごすかという点でも言えることである。若い女性労働者にとって、労働時間の短縮ばかりではなく、家事を手伝わないで済むことが余暇をもたらすかもしれない。また熟練労働者にとっては、週に1度居酒屋でビールを飲み、カードをすることが楽しみであるかもしれないが、それは同時に労働組合活動の一環であるかもしれない。このように余暇を作り、それを過ごすことは個人の問題であるばかりではなく、同時にまた人間関係の問題でもある。

　ところで、人々が仕事のあとの時間を余暇として過ごすことの中には様々な願望、期待、要求、それらの実現を望む気持ち等が含まれている。言うまでもなく、人々の要求や期待は特定の社会集団、ここでは階級としての労働者に固有の経験に由来する側面を持つと同時に、個々人に即してみるならば、要求や期待は個々人の具体的な経験の中から生まれてくる。それゆえにこそ、願望や期待は世代や性によって異なるのが言わば当然のことなのである。そうであるならば、労働者階級が余暇をどのように過ごしたのかということの中に、ある世代の人々の、また男女いずれかの性の、どのような体験が潜んでいるかを問うことは、労働者階級がヴァイマル時代に被った生活様式の根本的な変化の具体的な内容を明らかにするという意味で重要である。他方、余暇がある集団に固有の価値観や行動様式によって形成される日常生活の一部をなすものである

ならば、余暇はそのようなものとして文化をなしている。労働者階級の文化も内部に多様な生活の様式を持つ、複合的な文化である。すなわちそれは、一方では変化していく状況に適応する必要性と、他方では伝統的に受け継がれてきた価値とそれに基づく行動様式の緊張関係の中にある。ここでの議論の文脈で言えば、ヴァイマル時代の労働者階級の文化は大衆文化と労働者文化の競合関係の中にある。それゆえ、労働者階級の余暇のあり方は、この階級内部の世代間の関係、両性間の関係に即してだけではなく、世代や性が複合的な文化とどのような関係を取り結んでいるのかという点からも、捉えられる必要があるだろう[16]。

　以上述べてきたことをふまえて、ヴァイマル時代には世代と性によって余暇の利用に仕方に関してどのような違いがあったのかという問題を、本章では主として勤労女性に焦点を当てて考えてみたい。男性については女性との関係で間接的に述べられるにとどまる。問題解明のために、一方では未婚の女性労働者あるいは職員や商店員を取り上げ、他方では既婚の女性労働者を取り上げる。女性たちが余暇を過ごそうとするとき、そのことが家庭内外での女性の位置にどのような影響を与えたのかを見ることによって、都市の勤労女性の生活様式がヴァイマル時代にどのように変わったのか、その変化と2つの文化の競合関係とはいかなる関係を持つのかを検討したい。

2．ヴァイマル時代になされた女性の生活ないしは労働の世界に関する様々な調査[17]は、就労している女性、特に労働者と職員の余暇に関する意識と行動が多くの要因によって形成されていることを示している[18]。女性就労者の余暇に対する関わり方を規定する諸要因のうちで特に重要なものは、家庭生活における再生産機能を女性がどのように果たしているかということである。なぜなら、女性は就労行動において差別されるばかりではなく、家庭内においても、家事を専ら負担しなければならないということだけからも、男性から差別される存在であり、まさにそれゆえに、仕事のない時間の過ごし方とそれに関する意識の点では、男性と決定的に異なっていると考えられるからである[19]。ある女性労働者は、「男性は土曜日に出勤する必要がないときは、あちこちと出か

けることができるし、家であたふたとかけずり回る必要もない」[20]と述べて、余暇に対する男女の関わり方の相違を明らかにしている。

　家族の再生産は男女間の役割分担を基礎とした家庭内分業を通じてなされる。言うまでもなく男女間の役割分担は、男性が家庭外の生産過程に組み込まれる一方、女性は生産過程からは排除され、家庭において家族の衣食住全般を管理する形でなされる。こうした役割分担において、男性のなすことは仕事とみなされるのに対し、女性のなすことは仕事とみなされないことが特徴である。仮に、未婚の女性たちが工場で働く場合でも、それは結婚までの一時的な就労とみなされるのが普通であった。さらにもう１点重要なことは、労働者の家庭ではこうした役割分担には、しばしば、フィクションとしての性格が付着していたことである。なぜなら、男性労働者の賃金は必ずしも家族を養うに足るだけのものではなく、したがって、女性と子供が家計補助のために様々な家庭外労働をすることは決してまれではなかったからである。だが、そのような場合でも女性が家事を担当するという、男女間の役割分担の形は基本的に変わらなかった。女性の二重負担といわれる所以である。要するに男女間の性差は、女性のみが多重負担を引き受けるような、男女間の位置関係として現れるのである。

　さらに、このような事情は労働者階級の女性だけに限られるものではなかった。小ブルジョワの子女たちも、その少なからぬ部分は、例え結婚するまでの短い期間であるにせよ、就労することを必要としていた。そうした女性たちの多くは企業の会計係、タイピスト、その他の事務職員、電話交換手、あるいはデパートを含む商店の店員として働いていた。しかし彼女たちの場合も、就労活動は結婚までと考えられ、彼女たちの本来あるべき場所は家庭と想定されていた。

　以上のように、女性と家庭とが言わばセットとして考えられていたがゆえに、例えば第一次世界大戦前には、女性問題とは働く女性、とりわけ未婚女性に関わる問題であるというような考えが通念とされていたのである[21]。そしてヴァイマル時代にもこのような考え方は、労働者や職員の余暇が一種の「社会問題」化したとき、若い未婚女性がその焦点となるという形で現れた。

女性の本来いるべき場所が家庭であるという社会的な了解のもとでは、ヴァイマル時代に吹き荒れた失業の嵐は女性たちにも襲いかかった。特に 1920 年代半ばの合理化は、単に工場だけではなく事務職の分野でも遂行されたから、多くの女性が解雇されたし、また 29 年以降の世界恐慌の中では、特に既婚の就労女性を標的とした「共稼ぎ反対」キャンペーンが展開され、女性を家庭に戻すことが試みられた。このように、女性の役割を家庭の領域に固定する性別による役割分担を女性に強制するような社会的な圧力は、ヴァイマル時代には一貫して働いていたのである。したがって、勤労女性にとって余暇を過ごすということは、単に何をして過ごすかという楽しみ、選択の問題であるのではなく、このように牢固として存在している性別役割分担とその観念にいかに対応するかという問題でもあったのである。

ところでヴァイマル時代のドイツでは、現在のわれわれの場合と同じく、女性が責任を負うことになった家庭生活の少なからぬ部分は、家庭外の制度によって管理されていた。特に、生産過程で必要な労働力を再生産する手だては、教育制度については言うまでもなく、健康面については国家による健康保険制度、余暇については労働者組織によって提供された制度あるいは商業的な制度または国家や自治体による様々な余暇制度の形で、家庭外に用意されていた。またヴァイマル時代に拡がった公営住宅の建設も、都市の勤労者が健康で文化的な生活を営むためには不可欠であった。こうした制度の存在は女性の二重負担の解消を目的とするものでなかったのは言うまでもないし、実際、——例えば今日の保育園や幼稚園の例からもわかるように——必ずしも二重負担を解消するものでもないが、女性が家庭内で果たすべき役割と、その遂行を通じて形成される他の家族成員との、とりわけ男性に対する関係とに影響を与えるだろう。この問題については次節以下で詳しく取り上げる。

上にも述べたように、家族の再生産、特に労働力の再生産に関連して教育は重要な位置を占めていた。ヴァイマル時代には、労働者の家庭でも子供の教育とその将来のよりよい生活への関心が高まった[22]。家族成員が労働過程にできるだけ困難なく適合できるよう、肉体的のみならず精神的にも給養を与えることが家庭の、したがって性別役割分担の下では主として主婦の重要な任務であ

るが、今や労働過程への適合と将来の生活保障のために学校教育と職業教育とが家庭の大きな関心を占め、この両面の教育から生じる緊張を緩和することもまた家庭の重要な機能となるのである。このような子供の教育とそこから生じる問題に専ら女性が関わるのか、それとも男性も関わるのか、その場合、男女の間の関係はどのようなものであるかという問題もまた、家族の再生産への女性の関わり方を規定する大きな問題であり、したがってまた、女性就労者の余暇のあり方を見る場合にも、取り上げるべき問題の1つとなるのである。他方、教育が公的な学校制度の下で果たされることは、労働者文化の中で重要な位置を占めていた労働者教育運動に対してばかりではなく、家庭内での世代間の経験の伝達、居住地域や労働現場での仲間との交流、経営者や警察との紛争等を通じて果たされていた若年層の社会化に対しても影響を与えるが、他面では、教育の機会を得ることは、労働者の子女に親の世代が知らない展望を与え、私的な場面での様々な問題解決の手段を拡大させる可能性を与えることにもなった。まさにそうした可能性があるからこそ、親は子供の教育に対する関心を高めたわけであるが、その結果は余暇の過ごし方における世代の差を作り出すことにもなったのである。

　以上のように、余暇の過ごし方と家族の再生産の問題は相互に密接に関連しあっている。女性による家族の再生産機能の遂行は常に、性別役割分担を基礎とした男性による女性支配と関連している。また家事労働にあっては、家族の再生産のために使われる活動の時間とそれ以外の時間との区別がつかない。この2つのことを踏まえるとき、女性による余暇の過ごし方、あるいは余暇を「自分のために」過ごせるようにするその仕方は、女性による独自の生活様式の形成であり、女性「解放」の1つの現れでもあるということになろう。ここに述べた全ての側面を取り上がることはできないとはいえ、本章では就労女性の家事労働のあり方と関連づけて、余暇がどのような形で過ごされる場合に、それは就労女性の「解放」や「自立化」へとつながるのかということを考えたい。

2. 女性就労者の労働時間

以下の議論の前提として、ヴァイマル時代の工場労働者一般と女性就労者の労働時間について、簡単に見ておこう。

1920年代が余暇の時代であったにしても、言うまでもなく、商業的な大衆文化の形としてであれ、伝統的な労働者文化の形としてであれ、労働者階級の誰もが余暇を余暇として享受し得たわけではない。このことは単純に、余暇として利用可能な時間の面からも言いうることであった。

1923年12月21日に発布された労働時間に関する法律は8時間労働日を規定していたが、1924年4月の労働大臣による施行規則によって、多くの例外規定が設けられ、その結果、労働総同盟の1924年の年報には「8時間労働日は消滅した」と述べられたのである[23]。事実、1924年には労働時間は週平均50.4時間に達していた[24]。全体としてみるならば、1928年までには労働時間は次第に短縮され、60％以上の労働者が週48時間以下の就労となったが、それ以前には完全就労者の半数以上は週48時間以上就労していたし、分野により就労時間はまちまちであった。例えば、家内工業として営まれることが多く、また女性の就労が伝統的に多かった繊維産業の場合、1924年には全体の82％以上が、1927年でも約75％が週48時間以上就労していた。同じ時期の金属産業ではそれぞれ約63、57％が、また化学産業では44〜45％が48時間を超えて就労していた[25]。さらに1928年10月の時点で工場労働者のおよそ20％は週51時間以上働いているか、あるいは短時間労働者であった[26]。だが大雑把に言えば、1924〜28年には労働総同盟に組織された労働者のおよそ76〜81％は週に48〜54時間働いていたのであり[27]、これが全体の傾向を反映しているとするならば、余暇が問題となるのも、労働時間の面から言えば、元来これらの労働者についてだけであった。

ここで余暇を過ごす上できわめて重要な長期休暇について触れておけば、すでに帝政期にわずかながら存在していた長期休暇の制度は、ヴァイマル時代に入ると制度として本格的に定着するようになった。すなわち、1920年には賃金協約を締結している労働者の未だ約66％程度しか休暇が認められなかった

が、25年には86％以上が、さらに29年には90％以上の労働者が、勤務年限に応じて、年に3～14日の休暇を得たのである。第1次大戦前からすでに制度が定着していた職員の場合には、ヴァイマル時代になると2～3週間の休暇が普通であった。とはいえ、本章で主として取り上げる未婚の若い女性の場合、恐らく全体の60～70％は1週間以下の休暇しか得られなかったであろう[28]。

　以上のように労働時間は48時間程度にまでなり、また休暇制度も存在していたとはいえ、そこから生まれる時間を余暇として享受できる可能性がこれらの労働者全てに開かれていたわけではない。ヴァイマル時代の勤労者は繰り返し失業の嵐に見舞われ、就労と失業の間で不安定な歳月を送っていたからである。「ドイツの労働者階級は資本主義の歴史の中では前例がない程までに、生産過程の中に投げ込まれては再び投げ出される」[29]という状態におかれていたのである。そうした状況では、制度としては存在し得た余暇に相当する時間を享受できる可能性は、個人にとっては大きく制約されざるをえなかったであろう。また、同一産業分野でも労働時間には差があり、余暇の享受可能性には不均衡があった。さらに産業分野の相違や性差が余暇の享受可能性に大きく影響する場合もあった。例えば農村住民とりわけ農業労働者や、二重負担から逃れることのできない既婚女性労働者などの場合がそうであった[30]。

　ここで女性労働者の労働時間について述べておこう。ドイツ繊維労働者組合の調査によれば、1928年に繊維産業で働く女性の労働時間は、就労時間と家事のための時間とを合わせて1日13時間45分であった。このうち8時間45分が職場での時間であり、5時間が家事のための時間であった。繊維産業の労働時間は他の産業分野に比べると幾分長く、例えば金属産業の場合、86％の女性労働者が8時間労働日であった。しかし、就労時間の差は家事を含めた全労働時間の長さから見れば僅かなものでしかない。加えて、繊維産業で働く4,000人の女性労働者を対象に、1920年代末に行われた調査によれば、約3分の1の女性は通勤時間に往復2時間を見込まねばならなかった[31]。このように通勤に時間がかかるのは、男女を問わず労働者の多くが経済的な事情から徒歩通勤をしていたことによる。これらの数字からもわかるように、女性労働者、就中既婚女性労働者の場合、労働時間の面から言えば、余暇を享受できる可能

性はきわめて限られていた。こうしたことを考慮するならば、労働時間が48〜54時間で、余暇を享受しうる労働者を1927年末の時点で全勤労者のせいぜい3分の1にしか当たらないとしたレックの数字はあながち誇張とは言えないだろう[32]。しかしそれでも、二重負担に苦しむ既婚女性労働者まで含めて、余暇ということが問題となったところにヴァイマル時代の特殊性がある。

　1920年代の余暇の享受者を世代的に見るとき、特に商業的な大衆文化として提供される手段を享受し得たのは、当然のことながらそうした手段に対して現金を支出しうる人間であり、したがって労働者の中でも比較的安定的に仕事に就き、かつそれにより恒常的な収入を得ることのできるものが1つの極を構成していた。具体的にはそれは既婚の熟練した労働者とその家族であり、あるいは一定のランク以上の職員層とその家族であった。だが周知の通り、ヴァイマル時代にはこれらの層と並んで、25歳以下の独身青年男女が、就労者であろうと無かろうと、労働者であろうと職員であろうと、余暇を享受するもう1つの極をなしていた。後述するように、彼らにとって余暇は商業的な大衆文化の手段を媒介とした仲間との共通の時間、その中での行為として存在するか、あるいは労働者文化運動を通じての余暇や「青年団体の制度化された余暇」として現れたのである[33]。

第2節　未婚女性就労者と余暇

1. 女性の就労と「自分のため」の時間

1． 20世紀の初頭以来、だが特にヴァイマル時代に入ると、女性、とりわけ家庭外で就労する労働者階級の既婚女性にとって、家事を含めた意味での労働以外の時間の拡大は端的に時代の「成果」であり、「進歩」であると受け取られるようになった。なぜなら、そのような時間の中に女性にとっての「自由」な時間が存在すると感じられたからである。二重負担に苦しむ既婚の勤労女性の間でさえもこのような受け止め方が現れたことの中には、女性の就労を取り巻く環境に様々な変化の生じたことが示されている。そうした変化の1つは家庭外の労働に現れた。そもそも第1次世界大戦前と異なり、ヴァイマル時代に

なるとますます多くの女性にとって、就労は生活の絶対的な必要からというよりも、よりよい生活、よりよい人生のチャンスを求めての行為へと変化していった。もちろん、大戦の結果増加した寡婦の場合がしばしばそうであったように、絶対的な必要に迫られて就労する人間も少なくなかったし、また家庭外での労働が労苦であることに変わりはないとしても、労働過程が合理化されたり、職場の衛生環境の改善が進んだこと、女性労働の保護が促進されたことなどの結果として、苦労の度合いは以前に比べれば減少したのである。また家庭においても、ガスや水道が普及した結果、家事についての合理化が進み、幾分なりとも女性の負担が軽減されることになった[34]。

さて、我々はこれまで家事を含めた意味での労働以外の時間を「自由」な時間、余暇と捉えてきたが、正確には、そうした時間の全てが直ちに「自由」な時間となるわけではない。そこにはまだ、自分自身の労働力を再生産するために必要な休息時間も含まれているからである。この休息時間を除いた、どのようにでも自分のために「自由」に使える時間こそが本来の余暇であった[35]。前節で見た繊維産業で働く女性労働者の労働時間をもとにすると、仮に睡眠時間を7時間、通勤時間を往復1時間とすれば、およそ2時間15分が残ることになる。実際にはこのうちのいくらかが自分の「自由」な時間ということになるだろう。この僅かな時間は主観的には「自分にとって」意味のある時間であるが、だが同時に社会にとっても特定の意味を持った時間である。その意味とは「自由」な時間になしうる行為、あるいは行為の選択可能性と深く結びついていたのである。

それでは、この主観的にも、社会的にも意味を持った時間である「自由」な時間は、どのような女性にとって現実性をもって現れたのであろうか。このことを明らかにするために、女性の家庭外就労の全般的傾向についてみておこう。

19世紀以来一貫して拡大傾向にあった女性の家庭外就労は、20世紀に入ってからもヴァイマル時代末期まで止むことなく続き、就労可能年齢（16～65歳）にある全女性中に占める就労者の割合は1907年には30％を超え、1925年に約35％に達して後は、その割合はほぼ一定していた[36]。1925年の全国就労調査によれば、工業および手工業で働く女性労働者の数はおよそ220万人で、

そのうち190万人が女性工場労働者であった。だが、ヴァイマル時代に人々の注目を集めたのは女性労働者ではなく、女性の事務職員および商店員の増加であった。1907～33年の間に、工業分野での女性職員数は約5倍に、商業分野では約2.2倍になった。1925年には工業分野で働く職員の約3分の1、商業分野では約45％がそれぞれ女性であった[37]。女性労働の重心は工場労働者から事務職員あるいは商店員へと移動していたのである。そして、主として事務職員と商店員からなる職員層のこうした急速な増加ゆえに、当時、女性職員層は勤労女性の典型とみなされたのである。

　年齢的には、女性就労者中最も多い年齢層は20～25歳であり、1925年には全体の51.8％は25歳以下であった[38]。中でも女性職員層の65％がこれら若い女性たちであったが、その中では商店員の方が事務員よりも若く、半分以上は20歳以下であり、30歳を超えるものは10％程度であった[39]。とりわけ、ヴァイマル時代の消費文化を特徴づけるデパートの女性店員の実に70％近くは14～25歳であった[40]。また女性職員層のほとんどは未婚であった。他方、全女性就労者の約32％は結婚しており、女性工業労働者の21～28％（1925～33年）が既婚女性であった。さらに、工場労働者の妻の約4分の1が家庭外で就労していた[41]。言い換えれば、労働者の妻の圧倒的多数は専業主婦であった。家庭外で就労している既婚女性の大多数には子供がいた。

　就労女性の多くが25歳以下であり、既婚者は全就労女性の3分の1程度であることからも窺えるように、女性たちは独身時代に就労し、結婚を機に退職することが一般的であった。そして、結婚後はパートタイマーとしてあるいは数年おきに就労することが珍しくはないとはいえ、その主たる行動の場は家庭となり、家族の再生産のための活動が女性の任務となる。家事や育児にかかる時間と肉体的な負担を考えるならば、就労女性について余暇が現実性をもって現れるのは、既婚女性の場合であるよりも、未婚女性の場合であることは明らかであった。特に、親元にあって、しかも家事の負担をかなりの程度まで免れることのできた未婚の就労女性の場合が、余暇を最もよく利用できた[42]。ヴァイマル時代に様々な女性性の総称としていわゆる「新しい女性」像が生まれてきたとき、それがスポーツ、ダンス、映画、モード等々、商業文化を中心とし

た余暇文化の発展と結びつき、若い未婚の勤労女性、とりわけ女性職員層の姿と重なったのは、決して偶然ではなかったのである[43]。それでは比較的短い就労期間に若い女性たちはどのように余暇を過ごし、それは彼女たちの人生にとってどのような意味を持っていたのか。

2. 1920年代に工場や事務所、官公庁、商店等々で女子行員、速記者、タイピスト、会計係その他の事務職員として、あるいは店員（＝売り子）として、さらには教師やソーシャルワーカーなどとして働く若い女性たちは、そのほとんどが1900年以降の生まれであり、多くは都市に居住していたが、大半は親と同居していた。とはいえ、第1次世界大戦前とは異なり、ヴァイマル時代には未婚の就労女性にあっても親元を離れて暮らすものが増えていた。そこにはしばしば親子間の価値観の相違が作用していることが少なくはなかった。親は娘の行動を理解できず、親子の間に軋轢が生じたが、まさにそれを嫌って若い女性たちも親元を離れることが増えてきたのである[44]。

だが親元で暮らそうが1人暮らしをしようが、若い女性たちの手にする収入は決して多くはなかった。一般に、ヴァイマル時代の女性の賃金は男性の60～75％程度であるが[45]、1920年代の末で女性職員層の約80％は月収200マルク以下であり、25歳以下では大半が160マルク以下であった（いずれも税込み）。20歳以下が大半を占める商店員の給料が事務職員のそれより低かったことは言うまでもない。他方、労働者の場合には、業種、職種、地域等による差が大きく、一概にその標準的な収入を示すことは困難である。ある調査によれば、繊維産業で働く女子工員の場合、ほぼ70％は週給16～30マルクであり、18～24歳までの年齢層では週給21～25マルクが最も多かった[46]。

総じて女性の賃金は高くはなかったが、独身の女性労働者の場合、その多くは親元で暮らし、家計を助けるためにであれ、そうでないにしろ、その乏しい収入を親に渡さねばならなかった。その額は収入の30～90％にも及んでいたが、半数以上の女性たちは80～90％を家に入れていた[47]。その結果、女性たちの経済的な自立性は同年代の男性に比べると遙かに制約されることになったことは言うまでもない。独身女性たちはしばしば収入の「全て」を親にとられ

ていると感じ、彼女たちの多くがそのことに不満を持っていたことは、当時すでに、自分の収入を自分で処理することは当然であると彼女たちが考えていたことにも現れている[48]。それでもとにかく、彼女たちがささやかにではあれ「自分の金」を手に入れることができたことは[49]、彼女たちが親から一定の経済的な独立性を得ることを意味したばかりか、行動面でもいくらかの自由を得ることを可能にしたのである。

　若い女性たちは、例えば商店員ならば夜の8時から8時半頃に帰宅したが、それでも家事を手伝うことが期待され、実際そうすることも珍しくはなかった。だが、少なくとも週末には、自分のものの洗濯や片づけなどをすること以外には家事を免除された[50]。彼女たちは映画にでかけ、ダンスをおこない、ウィンドウショッピングを楽しみ、スポーツ観戦をし、さらにはハイキングにでかけ、あるいは様々な労働者文化運動や青年組織の活動に参加した。女性の完全就労者であれば、年に3〜6日程度とることのできた休暇は、既婚女性の場合は家事を中心として家族のために使われることがほとんどであったのに対して、1900年以降に生まれた若い女性の場合には、特に未婚であれば、親族を訪問するためが大半であったとはいえ、地方に出かけたりすることで「自分のために」使われるのが普通であった[51]。

　「自分のために」様々な余暇の機会を利用しうるからこそ、自由になる時間がそれほど多かったわけでもない独身の女性工場労働者でも、自分たちの余暇の時間が少ないとは感じていなかった[52]。一見したところ余暇の過ごし方に男女の差がなくなったばかりか、18歳前後からは彼らがともに余暇を過ごすことが次第に当たり前になった。男女を問わず若者たちは「年寄り」、つまり両親と出かけるよりも「友達」や恋人と出かける方が自然と考えていたのである[53]。ヴァイマル時代のホワイトカラーについて研究したS．クラカウアーは、女店員の場合には「収入が少ないから、親がいない場合には男友達を捜さなければならない」ことが珍しくないと述べている。ただし彼は同時に、「そもそも彼女たちはかなり堅いのだ」と述べて、このことが若い女性の性的乱脈を意味するものではないことを明らかにしている。若い女性は年長者からはしばしば、メディアによって伝えられる「新しい女性」と重ね合わせてとらえられる

ことが少なくなかったが、「新しい女性」についてつきまとっていた性的放縦というイメージと現実の若い女性の行動との間には乖離があったということである[54]。だがとにかく友達や恋人と出かけるという経験を背景に、結婚後に女性たちは「自由」な時間を夫と共に過ごすことを当然とするようになったのである。男女が共に過ごす余暇の場として特に人気があったのはダンスホールと映画館であった。若い人々にとって、同じ職場の人間とつきあうことは必ずしも良いことではなかったから、ダンスホールは異性と知り合う場としても重要であった[55]。

働く若い未婚の女性たちの余暇に関わるこうした行動は、金銭面だけからでも多くの制約を免れるものではなかったが、それでも、親の厳しい監督下にある結婚前の女性という因習的な女性像とは矛盾するものであり、そこに女性たちの自立への志向性が現れていたし、収入の大半を親に渡したり、家事を手伝うことに象徴されるような「他者のため」の生活ではなく、「自分のため」の生活を作ろうとする欲求が潜んでいたことについてはすでに多くの指摘がある。労働者階級に属する未婚の女性たちはホワイトカラーに比べるとはるかに多く、帰宅後に父や兄の世話をさせられたが、彼女たちは「仕事が終わった後の、この他ならぬ家事の義務を果たすこと嫌さに、家の外にいて、友達と一緒にとにかく映画でも何でも可能なことで気晴らしをする」のである[56]。

実際、性別役割分担の下で女性に対して「他者のため」に時間を使うことが求められているのだとすれば、「自分のため」に時間を使うことを目的としたいかなる行動といえども――例えば、余暇を過ごすために提供されている様々な手段の中から、何か1つを選択するという最低限の行為でさえもが――女性の自立化に向けた一歩ということになるだろう。「自分の時間を使えるということは、客観的にはささやかであるとしても、それでも人生の中では重要であるような、日常の中の小さな自由を作り出す。その自由は自己の創意と独立性とを発展させるような自由なのである」[57]さらに、若い未婚の女性が働くことによって「自分の金」を手にすることは、ダンスホールの場が典型的であるように、余暇の機会を利用して家庭および職場とは異なる人間関係を形成する前提でもあった。

そうである限りは、例え僅かではあっても、「自分の金」で余暇を過ごせるようになるということは、女性にとっては化粧をすることと同じく、人生の中での1つの段階、親と共にある家庭から離れる段階に到達したことを意味している。つまり、若い女性にとってその独立性あるいは自立性とは、働く場での労働対象との関わりや、対象を媒介とした同僚との関係から形成されてくるのではなく、働いたあとにどれだけ自分のための時間、自分のための金が残るか、というところから形成されてくるのである[58]。若い未婚の女性職員層の出現に象徴されるような女性労働の変化とは、このように就労が「他者のため」にではなく、「自分のため」の人生を形成するきっかけとなることを意味していた。このことはさらに言い換えれば、自分のための人生は労働とは別の場面にあるということでもある。このとき、余暇こそは「本来の生活」、「自分の生活」として理解されるだろう[59]。

ところで、「自分の金」が余暇つまり自分「本来の生活」を過ごすことを可能にするのだとしたら、余暇と大衆的な消費文化との結びつきは強くならざるをえないだろう。映画やダンスあるいはカフェの利用の方が、週あるいは月に1回程度の労働者合唱サークルや労働者スポーツ運動よりもはるかに利用―参加しやすいからである。こうして、男女を問わず若い労働者の自立性、独立性の確保という点からみた場合に、労働者文化運動は大衆的な消費文化と厳しい対抗関係に立つことになるのである。

以下に、労働者文化と大衆的消費文化との狭間にある若い女性の具体的な余暇活動の内容を通して、「自分のため」の「本来の生活」が何を意味するのかを考察しよう。

2．映画とスポーツ

1．ヴァイマル時代の労働者や職員にとって最大の娯楽の1つは映画であった。言うまでもなく、それは仕事によって生じた緊張を解きほぐす手段として好まれたのである。1920年代に映画が「見込みのある」産業であったことは、1920年には全国で約3,700館あった映画館数が29年には5,000館以上になったことに見て取ることができる。このような映画館数の増加は観客の増加と相

関していた。1920年代半ばには毎日およそ200万人が映画を見ていたと言われる[60]。だが1933年に行われた全国調査によると、若者の場合、男女を問わず平日よりも休日に映画を見ることが多かった。なぜなら、平日の僅かな時間を映画鑑賞に当てる気がしなかったからであり、また両親と共に暮らしている場合には、しばしば親が夜の外出を快く思わなかったからである。もっとも若い女性にあっても、年齢が高くなるにつれて、こうした「親の教育的監督に対する一種の怒り」が強まる傾向にあった。そもそも女性の場合、16～17歳で恋人がいることが珍しくはなかったから、このことは当然であっただろう。興味深いのは、若い女性の場合、平日に映画を見る割合が男性の2倍に達していることであった。その理由として、平日の方が映画館がすいていること、また料金が安いことがあげられている。さらに映画を見たあとその映画について「もう1度考えるために、時間がほしい」とする女性が少なくなかったが、男性にはそうした答えはなかった[61]。

　映画館と観客数の増加とは逆に、1920年代に映画の制作本数は1922年の646本から29年の175本へと大幅に減少したが、それは作品の長編化によるところが大であった[62]。だが映画が人気産業であり、作品の長編化が進んだということは、必ずしも映画作品の「文化」的な水準が向上したということを意味するものではない。例えば、1920年代半ばに制作された映画の25～30％は18歳未満の鑑賞が禁止されたポルノ映画であった、と言われる[63]。こうした状況に対して、それが19世紀以来の市民文化に対する挑戦であり、文化的、かつ教養的な映画の制作と上映を推し進めることが文化を守るために必要であるという主張や、社会の現実とその変革可能性を明らかにするような映画が必要であるというような主張も展開されたが[64]、それらはいずれも大きな支持を得ることがなかった。特に後者については、社会民主党や共産党の支持者からもほとんど受け入れられることはなかった[65]。

　フランクフルト社会調査研究所の調査によれば、労働者や職員の間での映画や演劇に対する関心は若い層ほど高く、また労働者は演劇よりも映画を好む傾向が強かった。とはいえ、それは職員層が映画を見なかったことを意味するのではない。職員がどちらかといえば演劇を好むというのは、むしろ映画は芸術

ではないという中産階級の間に拡がっていた偏見を職員層が共有し、映画についての態度を隠そうとしたことから生じた調査結果にすぎない[66]。

　ではなぜ、人は映画に行くのだろうか。1933年に行われた若者と映画の関係についての調査によれば、女性の場合、「退屈だから」、「時間つぶしのため」に映画に行くと答える割合は60％を超えていた。言うまでもなく、映画に行けば「楽しめる」という予想があって映画に行くのであって、無目的な時間つぶしの機会として映画鑑賞があるわけではない。また、4分の1強の女性は映画の内容自体に興味があって映画を見に行くと答えている。その内容は、例えば教養に関わることであり、またある場合には好きな俳優のゆえであり、ある場合には日常生活から逃れるためであった[67]。

　以下に若い女性がなぜ映画を見るのか、映画を見ることで何を求めたのかを、検討してみよう。

　次に紹介する、ブレースラウ出身で第1次世界大戦末期からベルリンで暮らしていた、あるブティックのお針子兼会計係の女性はヴァイマル時代を回想して次のように述べている。

　　「芝居より映画によく行きました。このころ映画は雨後の竹の子のように次々と作られていたのです。私はよく友達と一緒に映画に行きましたが、しばしば1人でも行きました。誰にも邪魔されたくなかったからです。……私はハンス・アルバースを特によく覚えています。……ハンス・アルバースは本当によい俳優でした。……1925/26年になって、映画はまたもやものすごく流行り始めました。そのころトーキーが現れたのです。……私たちは映画から多くのことを学ぶことができました。私は、人がどのようにして何かを手に入れたのかを見るのが好きでした。しかし大抵の場合、人は何も手に入れることはできませんでした。手職からでは人は100万長者にはなれないのです。……ところがたくさんの映画がありました。」[68]

　この証言はわれわれに多くのことを教えてくれる。第1に、映画は友達と行くことが多いということである。実際に、先に挙げた調査でも若い女性のほぼ

70％は同性かあるいは異性の友達と映画を見に行っている。上の女性のように1人で行く女性はきわめて僅かであったが (5.9%)、そうした女性は映画を見ている間、「誰にも邪魔されたくない」、「煩わされたくない」というのが、1人で行く理由であった[69]。第2に、映画に行くのは、例えば好きな俳優を見るがためであった。第3に、映画を見るのはそこから何かを学ぶためであった。学ぶ内容は何か歴史や自然あるいは他国などに関すること、つまり教養的なことや、自分の人生の指針を見いだすためであった。例えばある若い女性は映画を見ることで、「人生にある様々な危険からいかに身を守るかを学ぶ」と述べていたし、また別の若い女性は「映画は若い女性にとっては1つの警告なのであって、そこから将来について学ぶことができる」と考えていた[70]。第4に、上のブレースラウ出身のお針子は、映画が人々に「夢」を売る機能を果たしていることを示唆している。「手職からでは人は100万長者にはなれない」のに、あたかもなれるかのような映画が「たくさん」あった、という表現がそれを示している。実際、映画は明らかに満たされない現実を代替するものとして存在していた。小さな商店の若い女性店員が映画に行けば、彼女は夢の世界に入ることができたのである。上記の調査によれば、若い女性が映画に行くのは「心配事と悩みを忘れ」、「心おきなく陽気な気分になり」、「1～2時間、笑うことができるため」であった[71]。

　とはいえ、どのような映画でも彼女たちの関心を引いたというわけではない。映画が仮に彼女たちの厳しい現実を描いたものであれば、それは彼女たちの関心を呼ぶことはなく、かえって現実とかけ離れた生活を描き出す、非社会的なメロドラマ的な映画や、リリアン・ハーヴェイが歌う歌の文句のように「この世の何処かにささやかな幸せがある」ということをほのめかす映画こそが、彼女たちの関心を引き、仲間内での話題となったのである[72]。言うまでもなく現実の若い女性は、若い就労女性の中では比較的恵まれていた事務職員の場合でも、僅かばかりの余暇を乏しい経済力の中で楽しもうとするような存在であって、喧伝されているような「新しい女性」、つまり社会的な行動においても、性的な行動においても、第1次世界大戦前には見ることのできなかった（といわれる）ような自立性をもった女性などではなかった。彼女たちには、若い女

性店員についてクラカウアーが述べたこと、つまり現実が厳しく単調であればあるほど、「自由」な時間にはせめて現実から離れたものに喜びを見いだそうとする、という行動様式が当てはまったのである[73]。

　以上のことはまた、1920年代半ばに次々と制作され、大都市に暮らす中下層の人々の現実を描き出した多くの「境遇映画」ないし「街頭映画」が女性に人気がなかった理由を説明するものでもある。「境遇映画」は、しばしば優れた大作品ではあったが[74]、平均的な映画ファンである若い女性の行員や職員たちにとっては、あまりにも彼らの日常生活に密着しすぎていた。すなわち転変していく大都市にあって、もはや見通すこともできなければ、コントロールすることもできないような1つの過程の中にある自分の人生を、それらの「境遇映画」は見るものに思い起こさせるものであった。

　急速に進展する合理化の中で、また20年代末ともなれば恐慌の中で、絶えず失業の危機に脅かされているか、あるいは就労しているにしても仕事は単調であり、仕事を通じて何事かを成し遂げたり、今の自分とは「別の」何者かへと変われる見込みがないからこそ、仕事のあとの「自由」な時間は彼女たちにとって楽しみのための時間なのであり、「自分のため」の生活の時間なのであった。その意味では、それが彼女たちにとっての真正な時間であった[75]。現在と将来の不安定さ、見通しのなさこそが、今の余暇を唯一確実な時間として存在させることになったのである。そうした時間には、彼女たちをしばしば打ちのめす現実よりも、現実を忘れさせ、「夢」の世界へと誘う映画、「自分たち」のような「普通の人々」の持つ——ありもしない大富豪との結婚から「ささやかな幸せ」までの——「夢」を感じさせる映画が好まれたのは当然のことであった[76]。1920年代末から30年代にかけてオペレッタ映画が人気を呼んだのも、このことに関連していた。仮に「黄金の20年代」ということが1920年代半ばについて言いうるとするならば、それがこの時期だけが若い人々にとって、ここに述べたような意味での余暇、想像の上で「夢」と結びつくような余暇を過ごすことが可能であったからに他ならない。

　以上のように、働く若い女性たちにとって映画は彼女たちを「夢」の世界へと誘う魔法の光であったが、映画の意味をこのことだけに限定することは誤り

であろう。すなわちわれわれは、若い女性がある積極的な意志を持った映画観客であることを、無視すべきではないだろう[77]。例えば、自立した「自分のため」の生活を望みながらも、それをすることのできない女性たちが、決してメロドラマの主人公とは言えない『嘆きの天使』（M. ディートリヒ主演、1930）に共感を寄せるとき、彼女たちは憲法によって制度的には保証された女性の——男性と対等な——社会的な地位が現実には実現していない状況、「他人のため」の生活を送らざるをえない状況に対する怒りを、そこにおいて燃焼させているのである[78]。映画のヒロインであるディートリヒ演ずるところのローラ・ローラが、そのセクシュアリティを通して男性を誘惑し、無力化させるような存在、その意味で伝統的な女性のイメージに合致していることは、ここでは問題ではない。まさにその伝統的な女性像自体が「他人のため」の生活を送らざるをえない若い女性たちに、自らの「力」を感じさせることにもなっただろう。

　このような映画とそれを見る若い女性観客との関係は、ルイーゼ・ブルークス主演の映画について、さらにはっきりと現れてくるだろう。L. ブルークスは「新しい女性」を具象化した存在とも言うべき女優であったが、映画を見る若い女性たちは映画に登場する「新しい女性」の中に自分たちの気持ちを読み込んでいたのである。L. ブルークス主演の映画『パンドラの箱』（1929）を見るとき、「新しい女性」ブルークスが体現していたのは、女性たちが日常的に感じている家父長的、抑圧的な権威に対する、性を武器とした反逆であった[79]。ヒロインのルルはセクシュアリティを女性のアイデンティティの自然な表現として捉えているように見えたから、特に若い女性に共感をもって迎えられたのである[80]。

　以上述べてきたように、映画は就労を通じて自立への可能性をつかんだ女性たちの「夢」を表現するものであった。それは一方では、若い女性たちのささやかな自立を可能にしたものが収入を得ることであったとするならば、都市の提供する様々な財と機会を今以上に利用できるようになるだろうという「夢」であった。そのような「夢」は、最もわかりやすい形では、個々人の消費生活の拡大・向上となってあらわれるだろう。だが他方では、映画の表現する「夢」は彼女たちを未だ「他者のため」に存在せしめるような社会の抑圧的、

権威主義的な構造への反逆の「夢」でもあったのである。就労を通じて若い未婚の女性たちが得た自立性の内容はこのような性質のものであった。

1920年代の若い未婚の就労女性に即する限り、彼女たちが得た自立の可能性の中に含まれた2つの「夢」がどのような方向へ収斂するかは分明ではなかっただろう。だがヴァイマル時代の就労女性にとって、未婚であれ、既婚であれ、専業主婦としてあることが彼らの人生経路の内で最も重要な目的をなしていたから、女性にとって抑圧的、権威主義的な社会構造、つまり男性優位の構造に対して反逆する方向での「夢」の達成は、多くの若い女性のとるべき方向では決してなかっただろう。とはいえそのことは抑圧的、権威主義的な秩序の内に自らが閉じこめられることを、それ自体として容認することとは必ずしも一致しない。言い換えれば、そうした構造への反逆の「夢」が一定程度まで満たされるか、あるいは「夢」を必要としなくなる状態が達成されねばならないのである。

女性の本来いるべき場を家庭へと限定しつつ、家庭と家族の再生産の役割を果たすことにおいて、女性の社会的な価値は男性と同等であると主張するナチズムのイデオロギーは、まさに反逆の「夢」を必要としなくなる条件を作るものであった。なぜなら女性が再生産機能を果たしうるような場は——妊娠に至る可能性のある性行為を別とすれば——男性が介入することのできない場なのであって、そこでは女性が主役であり、男性に対する反逆は必要なくなるのである。そして、男性の介入することのできない場の確保をもって男女の社会的な価値の同等性が実現したものとされ、他方で、若い女性たちが持ったもう1つの「夢」、つまり消費生活の拡大が実現していくとき、2つの「夢」は1つの方向へと収斂することになろう。ナチズム期から戦後西ドイツの高度経済成長期の家族とはまさに2つの「夢」が結びついたところに成立した家族であったのである。

2．余暇への関わりの中で、若い女性たちが「他者のため」の生活を強制する圧力への反逆の気持ちを燃焼させたのは、映画の場合だけではなかった。ヴァイマル時代にその発展のピークに達した労働者文化運動、とりわけ労働者スポ

ーツ運動の場合もそうであった。ヴァイマル時代も労働者スポーツ団体は結社法では「政治団体」とみなされていたとはいえ、実際のところ第2帝政期のような警察による規制の対象となることもなく、観戦も含めたスポーツ熱の昂揚の中で大きく発展したのである[81]。最盛期にはメンバーのおよそ20％は女性であり、その大多数は若い未婚女性であった[82]。労働者階級やそれに近い下層中間層に属し、しばしばその劣悪な住環境からしてもスポーツや身体を動かすための十分な場所がなく、また仕事以外の時間には家事を手伝うことが期待されているような若い女性にとって、労働者スポーツ運動への参加にはいろいろな意味があった[83]。

第1に、娘が労働者スポーツ運動に参加することは、家事手伝いを期待する親の歓迎せざる行為であった[84]。だが、すでに述べたように、家庭外で就労している娘たちを、週末までも家事で家庭に縛り付けておくことは困難なことであった。

親が娘のスポーツ運動への参加を好まなかったのは、それがまた親の目の届かないところで行われる行為でもあったからである。だが、まさにそうであるからこそ、若い女性たちは「自分のため」の生活の一部として労働者スポーツ運動に参加することを好んだ。それはあたかも、映画鑑賞に関連して、年齢が高くなるほど若い女性たちが親の「教育的監督」を嫌ったことと同様であった。

女性たちが労働者スポーツ運動への参加を好んだのは、それが提供する余暇の内容自体によるところが大であった。労働者文化運動一般と同じく、労働者スポーツ運動も、特定の競技や体操を行うというスポーツ本来の目的だけではなく、様々な付随的な行事がその活動の重要な柱をなしていた。運動への参加者は気心の知れたもの同士で、そうした行事を楽しんだのである。例えば、復活祭や聖霊降臨祭の休みには既婚、未婚の男女が泊まりがけの徒歩旅行を行うことは稀ではなかったし[85]、また夏に、特に若い女性に人気のあった水泳ないし水浴びをするとき、男女が裸のままであることも少なくなかった[86]。まさにそれはスポーツが生の喜びを表出するものであることを如実に示していた。また、スポーツクラブでは練習のあとにクラブハウスか居酒屋でくつろいだりすることもあった。ここにあげたような行動は、狭く劣悪な住環境からの解放で

あるばかりではなく、「他者のため」の生活を求める親や社会の圧力からの解放でもあれば、平日の労働の中で強いられた緊張からの解放であり、都会生活からの解放でもあった。一言で言えば、人々は労働者スポーツ運動の中で日常生活を一定の時間は忘れることができた。こうしたいろいろな意味での解放が、労働者スポーツ運動に参加することの持つ第2の意味であった。

　ここに述べたような行動への参加は必ずしも経済的に大きな負担となることはなく、仮に失業していても、僅かばかりの金額ならば仲間が負担するのが常であった[87]。労働者文化運動の中には互助会的機能を持つ運動もあったが[88]、そうでなくてもメンバー間の相互扶助的な機能は重要であり、労働者スポーツ運動における失業者への配慮にもそうした機能に近いものがあった。こうしたことからもわかるように、労働者スポーツ運動は一種の社交と保障の場なのであり、人々はこの中で安心とくつろぎを覚えることができたのである[89]。このことは女性にとっても同じ事であった。したがって、スポーツ運動への参加は女性にとって、第3に、コミュニケーションの場への参加であった。労働者スポーツ運動が提供する様々な余暇活動の機会を通じて、若い女性たちは――そして男性たちも――異性と結びつくことができた。それだけではなく、スポーツ運動への参加を通じて人々といろいろな形で交流しうるということは、男性に比べて就労の中で生ずる緊張を緩和するための機会と手段に乏しい女性にとっては、特に重要であったのである[90]。

　以上のような労働者スポーツ運動への参加に含まれる意味については、他の労働者文化運動の場合も同じように言いうることであった。そうであるならば、若い未婚の就労女性にとって、労働者文化運動は余暇を過ごすための機会や手段という意味では、商業的な余暇の手段と異なるものではない。

　だが、労働者スポーツ運動も含めて、労働者文化運動には商業的な余暇の機会とは大きく異なる点があった。一般に労働者文化運動は政治的な労働運動の一部であり、労働者スポーツ運動の場合も例外ではない。確かにスポーツ運動への参加者にとっては、余暇を満足のいく形で過ごすことが重要なのであって、政治問題、まして政党間の争いの問題はほとんど関心外であった。しかし、仮に労働者政党や労働組合がスポーツ運動、労働者文化運動への参加者に対して

直接的に、労働者政党のメンバーとなることを求めることはないにしても、労働者政党の側から見れば、労働者スポーツ運動、労働者文化運動のメンバーが労働者階級の一員であることを自覚すること、そのような人間として行動することは、労働者文化運動の場合には自明のことであった[91]。さらにブルジョワ的スポーツクラブが参加者の個人性、個人としての記録の向上を追及する、したがって、その競技性あるいは戦う性格を強調したのとは逆に、労働者スポーツ運動は参加者の集団性を強調した[92]。そこには運動に参加する労働者をブルジョワ階級と明確に区別しようとする志向性が顕著に表れていた。このような性格を持つがゆえに、労働者文化運動に関わることを拒否するもの、関心を持たないものなど、様々な人間がいた。また職員層はしばしばこのような労働者文化運動を、自分たちとは関わりのない労働者の運動とみなしていた[93]。そして一般に、労働者文化運動の持つ上述のような志向性を煩わしく感じる人々は、ダンスや映画などの商業的な余暇の機会を利用し、ブルジョワスポーツ運動に参加したり、スポーツ観戦を行ったのである[94]。

　このように見てくれば明らかなとおり、労働者文化運動の発展は労働者固有の運動としての性格を希薄化するにつれて、参加者のために余暇の機会を提供するという以上の意味を持たなくなり、その点で商業的な余暇の機会との垣根は低くなるのである。ヴァイマル時代における労働者文化と商業的な大衆文化との競合関係とは、ここに述べたような事態を指していた。もちろん、労働者文化運動には先に述べたように労働者の相互保障というような側面もあり、決して労働者に固有の性格を失うものではないが、そのような互助の必要性が例えば公的な社会保障制度によって埋められるようになれば、労働者にとって労働者文化運動は単なる文化運動となるであろう。ここにおいて、労働者文化運動の持つ集団性の強調などは、「自分のため」の余暇を求める人々、特に「他者のため」に存在することを求めるような圧力に不断にさらされている若い女性にとっては、かえって煩わしいものともなるであろう。

　こうして、ヴァイマル時代における労働者文化運動の発展は、その内実において、「自分のため」の余暇、「自分のため」の時間を求める若い女性たちの志向性と矛盾するものを含んでいたのである。換言すれば、労働者文化運動は

「自分のため」の時間を必要とする若い女性たちの日常生活に対しては、その有効性の面で限界があったということである。まさにそれは週末だけの、しかも場合によっては特定の週末あるいは休暇期間だけの余暇の手段なのであり、他の曜日には余暇のための別の手段が利用されることになった。若い未婚の就労女性にとって、経済力が許すならば、その代替手段とは容易に利用可能な商業的な余暇の手段であったのである。

第3節　主婦の時間

1. 余暇概念とジェンダー

労働外の時間が延長されることを積極的に評価する傾向は男女を問わず広く見られたが、既婚女性の大半を占める専業主婦の場合も、このことは家事に関わる時間の短縮によって自分の「自由」になる時間が延長あるいは拡大されるという風に意識された。就労女性の「夢」がしばしば専業主婦となることにあったのも、そうなれば「自由」な時間がもてるということがその大きな理由であった[95]。自分の「自由」になる時間の拡大が最も困難であった社会層の1つが既婚の女性労働者であったが、彼女たちにとっても、実際に余暇があるかどうかはともかくとしても、余暇は当然あってしかるべきと感じられていた。

「私には自由な時間は本当に僅かしかありませんが、それでも日曜と土曜の午後というものは、いつでもとても楽しみなものです。……以前に半ドンもなかったような長い労働時間の時は、いったいどんな状態だったのだろうかと、私はよく考えます」[96]。

ここに紹介した繊維女工（既婚）の言葉は、働く既婚の女性にとっても週末は楽しみな時間であったことを示しているが、若い女性にとっては自明であった余暇の存在が、既婚女性にとっては過去との比較、すなわち時代の変化の結果として理解されていたことをも示している。このことは余暇が歴史的に形成された時間であること、また余暇の理解について世代的な差があったことを物

語っている。そうであるならば、家庭外での労働と家事や育児との多重負担に苦しむ既婚就労女性の余暇の問題については、余暇がいかに過ごされたのかという余暇の内容よりもまず、いかにして余暇が作り出されたのかが問われねばならないだろう。

　この問題を考えるに当たって、あらかじめ留意する必要があるのは「余暇」の概念が持つジェンダー的な性格である。普通、女性の労働という場合、その就労活動を指すのであり、金銭的収入をもたらすことのない、家庭内で女性が果たす仕事は労働とはみなされない。本章で用いている定義では、女性にとって余暇とは、1日24時間から、家事を含めた労働時間（含通勤時間）と自己の労働力を再生産するための睡眠時間や食事の時間等々を除いた時間を意味していた。男性の場合、通常家事は行わないから、そもそも男女で余暇の意味が異なっていることになる。加えて、妻＝母が行わねばならない家事はあらゆる意味で家族の生活を支える Ernährung（給養）としての意味を有していた。すなわち妻＝母は夫や家族の求めに応じて彼らを支えることが期待されたのである。だがそのような仕事は言わば24時間勤務であり、それを行っている時間とそうではない時間との区別は無きに等しかった。このように考えると、「仕事のない時間」という余暇概念の中核部分がとりわけ既婚の就労女性には当てはまりにくいことがわかる。一言で言えば、われわれの定義も含め、通常の余暇概念＝労働のあとの自由な時間という考え方は、就労する男性にこそ当てはまるが、そしてまたある程度までは未婚の就労女性にも当てはまるが、既婚の就労女性には適切な概念とは言い難いのである。

2．既婚就労女性と「自由」な時間

1．以上のことに留意しつつ、既婚の就労女性にとって「自由」な時間を拡大することがいかにして可能になったのかを見てみよう。女性に限らず労働者の場合は、言うまでもなく、職場での労働時間の短縮は個人のなせるところではないから、「自由」な時間、すなわち余暇を拡大するための既婚就労女性の努力は、労働組合運動のような集団的な行動によるのでないならば、再生産の領域、つまり家庭生活の場へと集中されざるをえなかった。このことは具体的に

は、既婚女性労働者の圧倒的多数が帰宅後に行わねばならなかった家事を合理化する形でなされた。

とりわけ——先の繊維女工の言葉からもわかるように——1918年以降は土曜の就業は昼までであったから、週末にどれだけ「自由」な時間を作れるかは働く女性にとってきわめて重要な問題であった。「少しでも自由な時間を作るためには、どのようにしたら仕事を早く片づけることができるかをいつも考え」[97]、家事の時間を節約するための工夫がなされた。買い物はまとめ買いをし、夕食は冷食を中心とし、日曜の食事は全て前もって作り、掃除は毎日少しずつ部分的に行い、さらに可能ならば、家事を他の家族員に分担させた[98]。このようにして週末の時間を空ける工夫がなされたのである。家事の合理化とはここに述べたような時間の節約、仕事の分担を意味していた[99]。なお、家事の分担については娘が特に当てにされていたことは先に述べたとおりであるが、例えば夫が家事を手伝うことがあるにせよ、調理や洗濯を行うことはなく、家事においても性差の区分があった。

ここに述べたような時間の節約という行動規範が全ての既婚女性労働者に当てはまるかどうかは定かではない。例えば女性繊維労働者の生活を記した『私の労働——私の週末』に手記を寄せた女性労働者は元来、きわめて自己規律能力の高い女性であったことは十分に考えられるからである。むしろ注目すべきは、こうした女性労働者が時間を節約する習慣を労働過程の中から得てきたことである[100]。工場や事務所における就労時間は、その内部に一定のリズムや合理的な時間配分を有し、私的な時間とは区別される。これに対して女性、なかでも既婚女性の場合には、家事の負担が彼女1人にかかっている限り、家族の絶え間ない要求に応じるか、あるいは少なくともその用意はしていなければならない。その意味で、家庭における彼女の「私的」な時間は必ずしも「自由」な時間ではなく、「自分のため」の時間と「他者のため」の時間の区別は存在しない。この点に既婚就労女性の余暇の特徴があるだろう。この家事に関わる時間と私的な時間との区別の曖昧な既婚女性の「私的な」時間を合理化することを、既婚女性就労者は労働時間の中での経験の中から学んだのである。幾分比喩的な表現を用いるならば、女性は労働者や職員として就労することで

初めて、「自分」の時間、「自由」な時間というものを持つ可能性を得たのである。就労後の時間をいかに「自分のため」の「自由」な時間へと組織化するか。勤労既婚女性にとっての余暇はこの問題と密接不可分であった。

　労働過程の合理化が急速に進められた1920年代に余暇の問題が本格的に登場したのは偶然ではない。労働過程の合理化によって強いられた緊張から精神と肉体を解放するために、仕事のあとに「自由」な時間を過ごすことは男女を問わず必要なことであった。しかし1920年代以降に特徴的であったことは、この「自由」な時間が緊張からの回復の時間としてよりも、「自分のため」の本来の時間として意識されるようになったことである。そしてこの「自分のため」の時間を過ごすために準備する時間の使い方が、労働過程の合理化と同じ観念によって支配されるようになった。そればかりではなく、「自由」な時間の使い方自体も、一刻を惜しむかのように、合理化されていくのである。

2．注目すべきもう1つの問題は、「自由」な時間を作るための再生産領域での女性たちの努力が、基本的には家族を単位としてなされていたことである。すでに20世紀の初めに、社会民主党員のリリー・ブラウンは女性を二重負担から解放するために家事を共同化する必要を唱えていたが[101]、ヴァイマル時代においても労働運動の中で、特にストライキに際してしばしば、それは実行に移されていた[102]。とはいえ、ヴァイマル時代に働く既婚女性たちが余暇との関係で「自由」な時間を作ろうとしたとき、ストライキ運動などの場合を別とすれば、共同給食や共同保育というような集団的な努力によって家事を合理化し、「自由」な時間を作るということはほとんど問題にならなかったのである[103]。

　多くの場合、家事を合理化するのは家族の間での仕事の分担によっていた。ここにはヴァイマル時代の労働運動にとって第2帝政以来の壁、つまり労働者の枠を超えることがなかったという事情の継続していることが現れている。だがそればかりではなく、ここにはまた家族が社会生活の基本的な単位となっている事実と、その家族の中では女性が中心的な役割を担っているという事実が反映していると言えよう。ただし、女性の家事労働が労働として認知されない

ということは、女性が家事を計画し、管理しながら家庭で中心的な役割を果たしても、そのことが社会的には認められず、相変わらず家の外で働き、収入をもたらす男性＝夫＝父親が一家の中心とみなされていたということを意味している。

　今日でも珍しくはないように、ヴァイマル時代には女性が（専業主婦として）家事を行うことこそ女性にとって重要なことであるという認識は、女性の間に広く認められた。このような認識は特に既婚就労女性にとって意義のあるものであった。なぜなら、総じて女性は職場において男性に比べて差別され、二次的存在としてしか扱われないからこそ、家庭においては普通の主婦あるいは有能な主婦として家族や周囲から見なされることは、彼女たちのアイデンティティにとって重要であったのである[104]。問題はそうした女性の自己認識と女性に対する社会的な評価とには大きなギャップがあったことである。その下では女性は社会的に二流の、男性に対して劣位にある存在と女性自身が把握せざるを得なくなるだろう。周知の通り、女性の再生産領域での活動についての評価の矛盾こそが、性別役割分担を前提とした男女の平等という議論に力を与えていた。女性を家庭に戻そうとしたナチズムもまたそうした議論を全面的に利用していた。ここには、ヴァイマル時代にしきりに唱えられた家事の合理化という議論がナチズムの中へと収斂していく径路が見えていると言ってもよいだろう。

3．さて、就労している既婚女性が家庭単位で家事を合理化しようとするとき、その方法はこれまで述べたように、時間の節約であり、家族の中での仕事の分担であった。妻の仕事の多さはかなりのものであり、仮に調理や洗濯を行うことはないにしても、それ以外の分野での夫の協力がなければ家庭崩壊を引き起こしかねない場合も珍しくはなかった。だが、言うまでもなく、家事の合理化は家族の協力のみでなされるのではない。電気、ガス、水道の普及が家事の合理化に寄与したことは言うまでもない。もっとも労働者について言えば、こうした「文化」的な住居は地方や小都市ではほとんど望むべくもなかった。しかし、都市部では家事を合理化するための様々な生活機器が次第に普及し始めて

いることも事実であった。さほど豊かではなくとも、月賦でラジオ、掃除機、電気アイロン、ヘアドライアー、オーブンなどを購入する家庭もあった[105]。生活機器の中で最も必要であったのは、週末の主婦の仕事を軽減する洗濯機であったが、言うまでもなくその普及は第2次世界大戦後のことであり、ヴァイマル時代には新型共同住宅の地下に共用の洗濯機があれば、恵まれている方であった。洗濯機以外では、電気アイロンやオーブンなどが求められ、事実それらは上記の家庭の場合のように比較的普及していた。また圧力釜も比較的普及していた。

家事の合理化がこの側面、つまり近代的な生活機器を生産する産業によって支えられていることに着目するならば、家事の合理化とそれを目指す運動は、それらの製品を購入することができ、かつ第1次世界大戦後の家事使用人の急激な減少によって家事に直接関わることを余儀なくされつつあった中産階級の運動なのであって、労働者家庭の運動ではなかっただろう。だがそれにも拘わらず、1920年代にはこのような家事の合理化は労働者家庭にも浸透し始めていた。「イデオロギーとしても実践としても合理化はドイツの中産階級と労働者階級の生活のあり方に挑戦し、それを変えた」と言われる[106]。確かに、「合理的に家事を行うための道具の一部でも持っていたら、多くの時間を節約できるだろうに」[107]という嘆きの声が、収入の乏しい家庭ではあげられたが、少なくとも一部の労働者世帯にとっては、生活機器の購入だけではなく、それを利用することのできるような新型住宅への入居もふくめて、家庭単位での生活の合理化が目標となっていた[108]。このことは労働者階級と他の社会層との生活様式の接近を表現していたのである。

余暇を生み出すための時間の節約は、以上のような機器の購入によってなされただけではなく、食料品については調理済み食品の購入によってもなされたし、かつては自家生産された多くのもの、例えばザウアークラウトやピクルス、ジャム、あるいはハム類などが次第に食料品店で購入されるようにもなった[109]。

以上のように家事の合理化は消費生活の拡大とセットになっていた。逆説的にも、このことから逆に家事の合理化はその反面に支出の増大を伴ったばかり

か、購入された機器その他の商品にあわせた生活形態をとることを必要とするようになり、それはしばしばかつてと同じように多くの時間を女性から奪ったのである[110]。例えば、様々な食料品の購入が当たり前となれば、女性は商店の閉店時間に自分の行動時間を合わせる必要が出てくるばかりか、職場からの帰宅経路をそれに合わせることにもなる。また日曜日が夫や子供と過ごす「自由」な時間となり、親族や友人を招いたり、あるいは訪問し、特別な食事をし、普段口にしない菓子や酒、タバコ等をその機会に食する習慣が広がるにつれて[111]、平日はそのための準備の時間としての性格を持つようになる。そうした「特別な」商品の購入は、その家庭の収入の範囲内であったにせよ、特に時間をかけて入念になされたからである。要するに、1週間の時間全体が週末の余暇に向けて、その使い方が定められていくのである。

3. 家事の分担と家族

１．家事に費やされる女性の時間を節約するためには、家事を家族で分担することが有効であり、また必要でもあった。だが、妻または母親が家事を家族に割り当てたり、あるいは家事を家族が分担するとき、家族構成員の間の関係、特に夫と妻の関係はどうなるのであろうか。以下にこのことを考えてみよう。

　家事の分担については何よりも、子供特に未婚の娘が母親を手伝う労働力として最も期待され、事実、彼女たちは家事を分担していたことは先に述べたとおりである。しかし、妻の側からはしばしば夫が家事に参加することが期待された。もちろん、女性の解放を旗印とする労働運動の活動家ですら、女性が労働組合や政党の活動に参加することを拒む空気が濃厚であり、しかもその理由として家事と育児に忙殺されている「妻には時間がない」ということをあげるほどであったから、夫の家事への参加がヴァイマル時代にすでに広がっていたと言うことはできない。だが子細にみるならば、幾分異なった姿も見えることに注意しなければならない。すなわち、夫が妻の家庭内での仕事を何らかの形で手伝うことは、仮にそれが夫の「好意」によるものであるとしても、都市労働者の間では第1次世界大戦前からすでに珍しいことではなくなっていたのである[112]。

そして 1920 年代には労働者階級の女性の間には、単に男性の「好意」を当てにするのではなく、男性の家事への参加を求める空気、少なくとも男性が手をこまねいていることを許容しようとはしない空気が広がっていた。例えば、繊維産業で働くある女性工員（既婚、32 歳）は、夫が望もうと望むまいと家事を手伝うのは当たり前であると述べている[113]。なかには、「家族のなかで権威を有しているのは母親」で、彼女は週 2 回パートタイマーとして短時間働くだけであったが、郵便局員をしている夫をはじめとする「家族の他のメンバーに強い圧力を行使する」などという家庭さえも存在した[114]。このような家庭は決して多くはなかったであろうが、一体に、比較的若い女性ほど父、夫、兄弟など、総じて男性が家事を行わないことに批判的な目を向けていた[115]。

　そうした批判的な眼差しは、夫が労働運動に係わったとき、特に強くなったようである。27 歳のある女性労働者は、「夫たちは妻を伴侶としてではなく、女中としてみている。……多くの男性たちは組合員証や党員証をポケットに入れただけで事足れりとしているのです。しかし真の労働組合員というものは、まず自分の家庭の中で社会的関係をきちんとすべきものなのです。彼は自分の妻が自分と同権であることを認めなければなりません」として、さらに夫が家事を分担し、妻がそれによって二重負担から解放されて初めて、妻にも「より多くの余暇が生まれる」と述べている[116]。ここには建前としての女性解放を掲げながら、現実には性別役割分担を基礎とした男性による女性支配に完全に乗ってしまっている、労働運動に対する痛烈な批判がある[117]。女性が男性ほど多く労働運動に関わろうとしなかったことは決してゆえなしではない。それは彼女たちの生活実感を背景としていたのである。

　男性に対して家事への参加を求める気持ちの強まりは、一般的には就労による女性の自立性の高まりを背景としていたが、そもそも女性の就労自体が、労働者家庭の場合には特別の意味合いを有していたことにも関係している。総じて男性労働者は自分の妻が家庭外で働くことを好まなかったし[118]、女性も男性の 6〜7 割という低賃金と、劣悪な労働条件の下で働くことを望まなかった。それを敢えて家庭外で就労するのは、第 1 に夫の収入の絶対的な不足を補うためであった。工場で働く既婚女性の 4 分の 3 以上は、夫の収入が足りないと考

えていたが、多くの非熟練工の場合、実際に妻が働かざるをえないような低賃金であった[119]。他方、既婚女性が家庭外で就労する第2の理由は、物質的によりより生活の実現を求めてのことであった。それは将来に備えて、とりわけよりよい住環境を手にするために貯金をしようとしてのことであったり、よりよい服を着たり、休日に夫や子供と出かけることができるためであった。また子供の教育に備えるためであることも珍しくはなかった[120]。

このように労働者階級に属する既婚女性が家庭外で就労するには積極的な理由が存在していたが、特によりよい生活を求めて就労するという場合には、それは明白に消費と関連していた。例えば、よりよい生活が家事の合理化を可能にする機器の購入によってなされるとするならば、それは余暇に関わっていた。あるいはまた上述した就労理由からも窺えるように、豊かな生活がよりよい消費財の購入を意味したり、あるいは商業的に提供される手段を媒介に余暇をより豊かに過ごせるようにすることであるかもしれない。いずれにせよ、就労は消費と相関し、その消費の少なからぬ部分は直接、間接に余暇に関わっていた。

ここに現れた就労と余暇と消費のトリアーデは女性の男性に対する姿勢を、潜在的にせよ変えつつあったのであり、男性に家事への参加を求める気持ちの強まりもその表れであった。しかも女性が自由な時間を、例えば買い物、映画、ダンス等、商業的に与えられた余暇活動の機会を利用したり、あるいは郊外への行楽などで夫と過ごそうとし、夫もまたそれを望む場合には、時間が限られている以上、夫に対する家事参加の要求は強まらざるを得ないだろう。つまり、単に女性が家庭外で就労しているということによってではなく、その就労行動によって作り出された余暇の存在とそこでの消費行動が、性差に基づく男女間の位置関係を変えていく可能性を含んでいたのである。言い換えれば、女性が家庭外で働いているかどうか、その労働時間が長いかどうかということは、それ自体としては、男女の性差による位置関係に関係がなかったのである[121]。このように余暇と消費行動がジェンダー秩序に影響を及ぼしうるということからわれわれは、大衆的消費社会の下での消費には、ある種の「革命的な」性格の付着していることを見て取ることができるだろう。工業社会から消費社会への転換とは、単なる比喩以上の意味を有しているのである。

2．既婚就労女性の余暇は大体において家族中心に過ごされた。労働者家庭における余暇、特に週末の過ごし方として最も手軽で人気があったのは郊外に出かけること、すなわち家庭菜園で過ごしたり、ハイキングを行うことであった。このことは労働者の家庭にとって手軽な余暇の手段が市街地にないことの表れでもあった。労働者家庭の余暇が家族中心に過ごされるものである限り、それは余暇を過ごす場所の面からいっても、独身者の余暇の過ごし方とは異なっていたのである。若い独身者の余暇活動は、それが商業的な形で行われている限り、映画、ダンス、ウィンドウ・ショッピング、スポーツ観戦などが中心であり、したがって市街地でなされるものであった。また共稼ぎの労働者家庭では、余暇を過す場所がしばしば市街地を離れていただけではなく、余暇を過すための手段の面でも商業的なそれとの結びつきは弱かった。例えばハイキングの途中あるいは目的地に着いてから飲食店で食事をするというようなことは、大抵の場合難しいことであった。仮にそうした食事までするということになれば、「ハイキングさえも高すぎる」というのが実情であり[122]、したがって、ハイキングには弁当やお茶を持参するのが普通であった[123]。

春先から秋口までの週末には、都市の労働者家庭では家庭菜園で時間を過ごすことが珍しくはなかった。特にブレーメン、キール、ハノーファーなどでは、労働者に仕事のあと、屋外で精神と肉体の健康を取り戻させる目的で、家庭菜園の建設が公的に支援されてきた。「家庭菜園では家族が自由でのびのびしていると感じることができ、それが自分の家であるという感情を持つこと」が期待されたのである[124]。事実行政側のこうした期待は満たされた。労働者とその家族にとって、日曜日に家庭菜園に出かけることは大きな楽しみの1つであった。家庭菜園でどのように時間を過ごすか、どのような作業を行うかを、女性と子供たちは何日も考えるのである。楽しみのなかには家庭菜園での他者との交流も含まれていた。それは菜園コロニー内部での交流であった。ここには、従来は労働者に一般的であったような職場の同僚や近隣の人々との間で行われる交流とは異なる、別種の交流のありようが窺える[125]。

総じて、これまで見てきた週末における既婚就労女性の時間の使い方は、家族と共に過ごすものでありながら、そしてその際しばしば女性は「家事」を行

わねばならなかったにも拘わらず[126)]、労働運動にも煩わされないで済む「自分のため」の、あるいは純粋に「自由」な時間として意識されていた。繊維産業で働くある女性労働者は、週末に行われる労働組合主催の婦人集会に参加する女性が非常に僅かしかいないと嘆いているが[127)]、そのような状況もこれまで見てきたような女性労働者の余暇に対する気持ちによるものだろう。こうした意識は労働運動の活動家の間にさえ見られるのであり[128)]、余暇を私的な「自由」な時間と意識し、それを労働運動とその文化から切り離す傾向の現れとみなすことができよう。

　しかしそうした傾向の存在から直ちに、労働者家庭も商業的な形で提供される余暇の手段を享受したということや、労働者文化に関わりを持たなかったという結論が出てくるものではない。ハイキングや家庭菜園に出かけること以外の、様々な形で商業的に提供される余暇の手段つまりダンスホール、劇場、コンサート、外食等は、「ハイキングですら高すぎる」労働者家庭にとっては、それらに対する欲求と、そのための時間はあっても、現実には手の届かないものであった。こうして多くの労働者家庭にとっては映画や、ウィンドウショッピングが商業的な形で与えられる余暇の手段として、手にすることのできる数少ない手段であった。逆に、商業的な形では手にすることのできなかった余暇の手段を労働運動の側から提供するとき、個々の労働者にとっては労働者文化運動もまた、商業的な場合と同じく、余暇を過ごす手段として意味を持つのである。ヴァイマル時代に労働者文化運動が発展するのも、労働者にとって余暇が拡大したにも拘わらず、それに対応する手段が労働者の側に欠けていたことを背景としていたのである。労働者にとって与えられたいずれの手段を選択するかということは――経済的な事情を別とすれば――選択された活動の種類によって決まるのではなく、選択するという行為に伴う他の行為に対して、選択者がいかなる意味を付与するかにかかっていたのである。そして、このようにして手にすることが可能になった余暇の手段を夫婦あるいは家族全体で利用することが、次第に家族のあるべき姿として骨格をなしてきたのが、この時代であった[129)]。

第4節　「自由な時間」から組織された余暇へ

１．本章では就労女性にとっての余暇を、家事を含む仕事とそれに関わる時間の後の、労働力を再生産するための食事や睡眠の時間とその他の休息時間を除いた、「自由」な時間と捉えてきた。それは若い未婚女性の場合には特に顕著に「自分のため」の時間と理解され、そのような時間として用いられた。就労している既婚女性の場合にも、余暇は「自分のため」の「自由」な時間ではあり得たが、例えば数週間に一度は必ず「大きな洗濯の日」として週末が使われてしまうことに典型的に現れていたように、家事が女性の時間から個人的な性格を奪ってしまう可能性が常に存在していた。言い換えれば、女性、特に既婚女性の場合には、余暇を「家事を含む仕事の後の時間」として取り出すことができないのである。その意味で、余暇の概念はきわめてジェンダー的な性格を有していると言えよう。

　女性にとって余暇がこうした性格を有しているがゆえに、既婚女性の場合にはせいぜいのところ、計画的な時間配分、生活機器の利用、家事の分担などによって節約された時間をいかに有効に利用するか、という形でしか余暇は存在しなかった。そして既婚女性たちはしばしばそうした時間を家族と共に使うことで「自分の時間」としていた。家事負担が主婦にかかり、その結果、家事と余暇との区別が分明ではない以上、これは言わば当然のことであった。仮に本当に「自分のため」に時間を使いたいときでも、たいがいの場合、例えば、一緒に散歩に行こうという夫の要求を「拒むことはできなかった。なぜなら、そんなことをすれば夫が自分を非難するであろうから」である[130]。ここには、「自由」な時間が「自分の時間」となるかどうかは、自分自身と夫および家族が女性の「自由」な時間をどのように考えるかにかかっていることが現れている。したがって、先に述べたような、妻の側の夫に対する家事の分担要求も、それがどこまで実行できるかは夫側にかかることになったのである。こうして既婚就労女性が余暇を「自分のため」に利用できる可能性はきわめて制限されているばかりか、「自分の時間」を家族と共に使う場合にも、二重負担のゆえに、言い換えれば、その時間が節約によってようやくにして作り出された時間

であるがゆえに、余暇の手段を選択する可能性は著しく制約されざるをえなかったのである。

　以上のことからも明らかなとおり、労働者階級の既婚就労女性にとって余暇の拡大は二重負担からの解放にかかっていたのである。だが、女性が家事を負担するということが自明視されている限りは、そしてまた家事の社会化が問題外であり、家事の「合理化」も一定の範囲でしか女性の負担を軽減するものではなかった以上、二重負担からの解放は女性を就労活動から「解放」する以外に道はない。こうして、ヴァイマル時代末期の「共稼ぎ反対」キャンペーンからナチズムによる女性就労の制限に至るまで、既婚の勤労女性をその負担から「解放」するというキャンペーンは常に一定の反響を女性の間で持つことになったのである。

　だが就労から「解放」されて専業主婦化した女性にとって、例え家事以外の時間が「自分の時間」と感じられようと、その時間に女性がなしうることは決して多くはない。なぜなら、既婚就労女性は二重負担ゆえに、夫や家族に対して家事の分担を求め、「自分の時間」を持つ権利を主張しえたのであり、逆に就労の機会を失った女性はもはやそうした権利を主張しえないのである。したがって、「自由な時間」に行うべきことを家族に対して要求することもできない。まさに、夫の要求を拒むことはできないという先の引用にもあるとおり、夫の選択した余暇の手段に自らも従わざるをえないのである。現実には、二重負担から「解放」された後も余暇の手段は、それ以前と基本的に変わることはないであろうし、余暇の手段が与えられている場合には、「自由な時間」があるだけそれを利用できる可能性も拡がるが、どのような手段を選択するかについてもはや積極的に発言すべき根拠がそこには欠けてしまうのである。こうして、就労既婚女性にとっては二重負担から「解放」される共に、余暇活動は選択行為を伴う主体的な営みであることを止めるのである。ここからナチズム的な組織された余暇活動までの距離は決して遠いものではない。

2. 若い独身女性にとっては、余暇が「自分のため」の時間であるということは既婚女性の場合よりもはるかに明確であった。余暇は「自分の時間」として、

自らの自立性を確認する手だてとなったのである。その際、余暇をいかなる手段を用いて過ごすかは、さしあたりは重要ではなかった。若い女性たちにとって重要であったのは、余暇の場を通じて、職場や家庭とは異なる人間関係を作ること、あるいはそのことも含めて「他者のため」の生活を強制する圧力から解放されることであった。ところで、労働時間や収入について述べたところからも明らかなとおり、若い未婚の女性たちにとっても余暇のための機会とその手段とは限定されていた。時間に乏しい若い人たちにとって、余暇を通じて他者との交流を図ろうとするならば、ダンスや映画のような比較的安価な手段に頼り、逆に比較的時間にゆとりがある場合には、それを満たすだけの金銭的余裕の欠如をカヴァーするために、ハイキングのような手段が執られた。こうして、若い未婚の就労女性にとっての余暇は直接、間接に商業的な余暇と結びついていたのである。

　ハイキングなどが労働者文化運動やあるいは社会主義的青年運動によって提供されるとき、それを享受する側にとっては、それらの運動は単なる余暇の手段なのであり、その固有の「政治的」性格は二次的な意味しか持たなかったのである。それどころか、余暇のなかで他者との交流を通じて「自分のため」の時間を過ごすことで、「自分の生活」を作ろうとする若い未婚女性にとって、そうした「政治的」な性格は邪魔でさえあった。すでに述べたように、労働者文化運動の持つ政治的な性格が労働者階級に固有の文化を表現するものであるとすれば、若い未婚女性の間での余暇文化の広がりは、それを解体する方向へと作用するものであった。大衆的で商業的な余暇文化の発展が労働者階級に固有の文化の解体を準備するものであることが、ここからは窺えるであろう。とはいえ、このことの根底にある「自分のため」の生活を求める女性の願望は、未だ余暇のなかにしかその姿を現してこなかったし、また余暇のなかでの他者との交流も労働者文化運動に代わる新たな社会関係を展望させるものではなかった。その意味では、二つの文化の競合関係がどこに向かうか、その帰趨は未だ定かではなかった。同時に若い女性の自立化傾向の行き着く先も不分明であり、余暇の手段が大規模に組織的に提供されるならば、その中に吸収されていく可能性も存在していたのである[131]。

こうして、既婚の就労女性が二重負担から「解放」された先に、余暇を選択する手段を失い、かえって組織された余暇のなかに組み込まれていく可能性があったように、未婚の若い就労女性たちは多様に存在する余暇の可能性を選択することで、「自分のため」の生活、自立化への道を得たように見えながら、かえって組織された余暇へと吸収される危険性を自らの内に抱え込んだのである。

注
1) ヴェルナー・ゾンバルト『恋愛・贅沢・資本主義』。
2) ソースティン・ヴェブレン『有閑階級の理論——制度の進化に関する経済学的研究』。
3) 西ドイツで労働時間よりも労働外の時間の方が長くなるのは 1964 年のことである。Vgl., W. König, a. a. O., S. 129 ; A. Anderson, a. a. O., S. 209.
4) Adelheid von Saldern, Neue Bedürfnisse veränderter Menschen, S. 271.
5) 労働者文化に関するこのような理解の仕方は、Gerhard A. Ritter, Einleitung, in : ders. (Hg.), *Arbeiterkultur*, S. 1-14 、特に S. 1 : これに対する批判的な見解として、Dieter Kramer, *Theorien zur historischen Arbeiterkultur*. 彼は、労働者文化を「階層に特有の生活様式」ととらえるリッターは、確かに労働者文化に関する理論の面で重要な貢献をしたが、言うところの労働者の生活様式が持つ質的に固有な側面を明らかにすることができず、単に労働者の生活様式が支配的な社会構造に統合されたと述べるに止まっている、と批判している (S. 96-101)。
6) Vgl., Adelheid von Saldern et. al., Kontinuität und Wandel der Arbeiterkultur, S. 226 ; Dietrich Mühlberg, Modernisierungstendenzen in der proletarischen Lebensweise, S. 34 ff.; Friedhelm Boll (Hg.), *Arbeiterkulturen zwischen Alltag und Politik*, S. 243 ff.; Josef Mooser, *Arbeiterleben in Deutschland 1900-1970*, S. 224 ff. 特に S. 228。なお、労働者階級の「ブルジョワ化」という観念がヴァイマル時代に特に議論されたのも、ここで取り上げた 2 つの文化形態の競合関係に関係していた。
7) Vgl., Dieter Langewiesche, Freizeit und 〉Massenbildung〈, S. 223-248, hier S. 244.
8) D. Mühlberg, Modernisierungstendenzen, a. a. O., S. 34.
9) cf. A. v. Saldern, *The Challenge of Modernity*, p. 17.
10) Vgl., Andries Sternheim, Zum Problem der Freizeitgestaltung, S. 338.
11) クチンスキーによれば、比較的経済が安定していた 1925～28 年までの隔年の平均失業率は 8.3～17.9% の間で上下していた。今日でもそうであるように、失業者数の推計は難しく、研究者により数値に幅があるが、クチンスキーのあげた数字が特に過大ということではない。Vgl., Jürgen Kuczynski, *Die Lage der Arbeiter in Deutschland von 1789 bis zur Gegenward, Bd. 1, II.Teil, 1871 bis 1932*, S. 221, 236.; Michael Schneider, *Kleine Geschichte der Gewerkschaften*, S. 508.

12) 人生の中で余暇がどのような意味を持つかということについて歴史学的に研究することの重要性は、例えばジュボテクによってつとに指摘されていながら、瞥見の限りでは、未だ十分な研究はないようである。本章でもこの問題を取り上げることはできないが、それは史料的な制約によるところが大である。Arnold Sywottek, Freizeit und Freizeitgestaltung, S. 13 ff.

13) A. v. Saldern, Massenfreizeitkultur im Visier, S. 21-58, hier S. 55 ; Gerlinde Irmscher, Zur Arbeiterfreizeit um 1930, S. 263.

14) A. v. Saldern et. al., Kontinuität und Wandel, S. 227.

15) この問題についての研究史的な整理としては、さしあたり以下の論文を参照。Kathleen Canning, Gender and the Politics of Class Formation, p. 736 ff.; Marina Cattaruzza, Arbeiterkultur, Arbeiterbewegungskultur, männliche Kultur, S. 256 ff. Wolfgang Kaschuba, Popular Culture and Workers' Culture as Symbolic Orders, p. 169 ff. また労働者文化運動を直接の主題とするものではないが、この問題との関連で政治史研究の新しい方向を示すものとして、非常に示唆に富むのが次の研究である。Eve Rosenhaft, Women, Gender, and the Limits of Political History in the Age of 〉Mass〈 Politics, p. 149 ff.

16) D. Langewiesche, Arbeiterkultur, S. 10.

17) 本書のために利用できたのは主に次の文献である。Deutscher Textilarbeiterverband(Hg.), *Mein Arbeitstag-mein Wochenende. 150 Berichte von Textilarbeiterinnen*, Berlin 1930 ; Vorstand des Deutschen Metallarbeiterverband (Hg.), *Die Frauenarbeit in der Metallindustrie*, Stuttgart (1930); Rosa Kempf, *Die deutsche Frau nach der Volks-, Berufs-und Betriebszählung von 1925*, Mannheim u. a. 1931 ; Frieda Glaß, Dorothea Kische, *Die wirtschaftlichen und sozialen Verhältnisse der berufstätigen Frauen. Erhebung 1928/29 durchgeführt von der Arbeitsgemeinschaft Deutscher Frauenberufsverbände*, Berlin 1930 ; Hildegard Jüngst, *Die jugendliche Fabrikarbeiterin. Ein Beitrag zur Industriepädagogik*, Paderborn 1929 ; Elisabeth Oehlandt, *Deutsche Industriearbeiterinnen- Löhne 1928-1935*, Rostock 1937.

18) ヴァイマル時代の労働者や職員、特に若い人たちの余暇の過ごし方についても、同時代にいくつかの優れた実証的研究が出ているが、本書で用いることができたのは主に以下のものである。Bernhard Mewes, *Die erwerbstätige Jugend. Eine statistische Untersuchung*, Berlin und Leipzig 1929 ; Günter Krolzig, *Der jugendliche in der Großstadtfamilie. Auf Grund von Niederschriften Berliner Berufsschüler und-schulerinnen. Im Auftrag des Deutschen Archivs für Jugendwohlfahrt*, Berlin 1930 ; Gertrud Staewen-Ordermann, *Menschen der Unordnung. Die proletarische Wirklichkeit im Arbeitsschicksal der ungelernten Großstadtjugend*, Berlin 1933 ; Alois Funk, *Film und Jugend. Eine Untersuchung über die psychischen Wirkungen des Films um Leben der Jugendlichen*, München 1934.

19) Sabine Begemann, Familiäre Bedingungen und Zeitverhalten von Industriearbeiterinnen in den 1920er Jahren, S. 76-77. Claire Langhamer もこれまでの余暇研究

第1章 ヴァイマル時代における勤労女性と余暇 69

は男性中心であり、就労女性における余暇が男性の場合と異なるものであることへの理解が欠けていると批判している。Cf. C. Langhamer, Towards a feminist framework for the history of women's leisure, 1920-60, p. 198 ff.
20) *Mein Arbeitstag*, a. a. O., S. 208.
21) Vgl., Karin Hausen, *Frauen suchen ihre Geschichte*, S. 9.
22) D. Mühlberg, Modernisierungstendenzen......, a. a. O., S. 47.
23) *Jahrbuch des ADGB*, 1924, S. 116.
24) Ulrich Borsdorf（Hg.）, *Geschichte der deutschen Gewerkschaften*, S.345-346；Michael Schneider, *Streit um Arbeitszeit*, S. 115.
25) Ebd., S. 120.
26) Heinrich A.Winkler, *Der Schein der Normalität*, S. 61.
27) Ebd., S. 59, Tab. 7 より計算。
28) M. Schneider, a. a. O., S. 121；Detlev J. K. Peukert, Das Mädchen mit dem 〉wahrlich metaphysikfreien Bubikopf〈, S. 161；Vgl., D. J. K. Peukert, *Jugend zwischen Krieg und Krise*, a. a. O., S. 192-193.
29) Eva C. Schock, *Arbeitslosigkeit und Rationalisierung*, S. 166；参照、拙稿「日常史を巡る諸問題」p. 293 以降。
30) Vgl., Jürgen Reulecke, „Auch unsere Körper müssen einen Sabbat, auch unsere Seelen einen Sonntag haben", S. 154.
31) 以上、*Mein Arbeitstag*, a. a. O., S. 219；*Die Frauenarbeit in der Metallindustrie*, a. a. O., S. 101；Angela Meister, *Die deutsche Industriearbeiterin*, S. 80, Anm. 1.
32) Siegfried Reck, *Arbeiter nach der Arbeit*, S. 29；D. J. K. Peukert, Das Mädchen......, a. a. O.
33) D. J. K. Peukert, *Jugend zwischen Krieg und Krise*, a. a. O., S. 243.
34) ヴァイマル時代に初めて福祉政策の一環として大規模の公営住宅の建設がなされたが、新設住宅に入居したのは主に下級の事務職員であり、労働者はごく一部しか入居しなかった。労働者には新しい住宅の家賃を支払うだけの経済的な余力がなかったからである Vgl., A. v. Saldern, Gesellschaft und Lebensgestaltung, S. 61.
35) Vgl., W. König, *Geschichte der Konsumgesellschaft*, a. a. O., S. 128；D. J. K. Peukert, *Jugend zwischen Krieg und Krise*, a. a. O., S. 190.
36) Vgl., Stefan Bajohr, *Die Hälfte der Fabrik*, S. 18.
37) Gabriele Wellner, Industriearbeiterinnen in der Weimarer Republik, S. 535；Ute Frevert, Traditionale Weiblichkeit und moderne Interessenorganisation, S. 514；Werner Abelshauser et. al.（Hg.）, *Deutsche Sozialgeschichte 1914-1945*, S. 108. ただし、R. Kempf のあげている数字では女性の比率はこれより低く、商工業全体で職員中女性職員の占める割合は25％以下である。Siehe, R. Kempf, *Die deutsche Frau*......, a. a. O., S. 81.
38) Ebd., S. 33.
39) Vgl., Susanne Suhr, Die weiblichen Angestellten, S. 334.

40) D. J. K. Peukert, *Jugend zwischen Krieg und Krise*, a. a. O., S. 109.
41) Anna Geyer, Die Frau im Beruf, S. 210 ; A. Meister, a. a. O., S. 184 ; Helene Kaiser, *Der Einfluß industrieller Frauenarbeit auf die Gestaltung der industriellen Resevearmees in der deutschen Volkswirtschaft der Gegenwart*, S. 42. 就労分野別の既婚女性数と既婚女性の占める割合については、*Wirtschaft und Statistik*, 1929/6, S. 277 を参照。
42) S. Begemann, Familiäre Bedingungen......, a. a. O., S. 77, 82-83.
43) Cf., Patrice Petro, *Joyless Streets*, p. 109-110.
44) Karen Hagemann, *Frauenalltag und Männerpolitik*, S. 87.
45) S. Bajohr, *Die Hälfte*......, a. a. O., S. 53-55.
46) 以上の数字は、F. Glaß, D. Kische, *Die wirtschaftlichen und sozialen Verhältnisse*, a. a. O., S. 20 ff, 83 ff. による。
47) Ebd., S. 99 ff. 19世紀の末以来、都市部の若い女性職員や商店員は独身の女性労働者に比べるとその経済的な自立性が強かったが、それでも家族と同居している場合には、彼女たちも「収入のほとんど全て」をとられ、「あとにはほとんど何も残らない」という感じを持つ場合が少なくなかった。Ebd., S. 67.
48) D. Mühlberg, Modernisierungstendenzen......, a. a. O., S. 61, Anm. 30.
49) 1920年代末から30年代初めの頃、大都市の若い勤労女性の小遣いは週におそらくは2マルク以下であった。Siehe, D. J. K. Peukert, Das Mädchen mit dem, a. a. O., S.161.
50) Günther Dehn, *Proletarische Jugend*, S. 40. デーンによれば、若い男性も親と同居している間は休日の午前中には母親の家事を手伝うのが普通であった。
51) *Deutsche Sozialgeschichte*, a. a. O., S. 62 ; S. Begemann. a. a. O., S. 82.
52) S. Begemann, a. a. O., S. 82 ; D. J. K. Peukert, a. a. O., S. 161.
53) G. Dehn, a. a. O.
54) S. クラカウアー『サラリーマン』、pp. 97-98. ただしこのことは、19世紀のブルジョワ的な性規範がヴァイマル時代になってもなお、強い規制力を持っていたということを意味するものではない。1920年代にはすでにブルジョワの子女の間でも結婚まで処女であるということは自明ではなくなっていた。Vgl., Cornelie Usborne, *Frauenkörper-Volkskörper*, S. 132.
55) Vgl., *Deutsche Sozialgeschichte*, a. a. O., S. 142 ff.; Irmgard Weyrather, „*Ich bin noch aus dem vorigen Jahrhundert*", S. 180 ff.
56) Lisbeth Franzen-Hellersberg, *Die jugendliche Arbeiterin*, S. 47.
57) Elisabeth Beck-Gernsheim, Vom ›Dasein für andere‹, zum Anspruch auf ein Stuck ›eigenes Leben‹, S. 321.
58) Ebd., S. 320.
59) G. Dehn, a. a. O.
60) D. Langewiesche, Freizeit und ›Massenbildung‹, a. a. O., S. 244 ; W. ラカー『ワイマル文化を生きた人びと』、p. 287.
61) 以上、A. Funk, *Film und Jugend*, a. a. O., S. 51-53.
62) W. ラカー、前掲訳書。

第 1 章　ヴァイマル時代における勤労女性と余暇　71

63) A. v. Saldern, Massenfreizeitkultur……, a. a. O., S. 30.
64) Ebd., S. 30, 43.
65) Bruce Murray, *Film and the German Left in the Weimar Republic*, p. 226.
66) Erich Fromm, *Arbeiter und Angestellte am Vorabend des Dritten Reiches*, S. 158. ただし、実際職員層の方が入場料の高い演劇に金を費消する金銭的余裕があったことも事実である。つまり、金銭的な余裕の多寡が消費行動に影響を与えているのである。Vgl., W. König, *Geschichte der Konsumgesellschaft*, a. a. O., S. 126.
67) A. Funk, a. a. O., S. 54.
68) I. Weyrather, a. a. O., S. 248.
69) A. Funk, a. a. O., S. 60-63.
70) Ebd., S. 55-56.
71) Ebd., S. 57.
72) P. Petro, *Joyless Streets*, a. a. O., S. 14-17.
73) S. クラカウアー『大衆の装飾』、p. 262 ff.
74) 代表的作品に G. W. パプスト監督『喜びなき街』（1925）がある。
75) Vgl., G. Wellner, Industriearbeiterinnen……, a. a. O., S. 553 ff.
76) W. ラカー、前掲訳書、p. 304 ff.
77) クラカウアーの映画論にはこの視点が欠けている点については、多くの指摘があるが、例えば次注の R. McCormick、あるいは Stephen Lamb, Women's nature?, p. 124 ff. を参照。
78) Cf., Richard W. McCormick, From *Caligari* to Dietrich, p. 661.
79) Vgl., Wolfgang Jacobsen u.a. (Hg.), *Geschichte des deutschen Films*, S. 94.
80) L. ブルックスについては、大岡昇平『ルイズ・ブルックスと「ルル」』。
81) Hartmann Wunderer, *Arbeitervereine und Arbeiterparteien*, S. 42. 第 2 帝政期の労働者スポーツ運動の発展については、以下を参照。Günther Heere, Arbeitersport, Arbeiterjugend und Obrigkeitsstaat 1893 bis 1914, S. 187 ff.
82) Hajo Bernett, Die Auseinandersetzung mit dem bürgerlichen Sport, S. 52.
83) 総じてヴァイマル時代の労働者文化運動が女性にとってどのような意味があったのかについての研究は欠けているといわれる。Cf., A. v. Saldern, *The Challenge of Modernity*, op. cit., p. 11. なお、ヴァイマル時代末期には 150 万世帯が有していた郊外の家庭菜園では休日に家族が共に過ごすことが多く、また、一般に、若い未婚女性の場合、余暇を家族と共に過ごすことが多かったことは、繊維労働者の手記（*Mein Arbeitstag-mein Wochenende*）などからも窺える。
84) Gertrud Pfister, Die Frau im Arbeiter-Turn-und Sportbund, S. 41.
85) 社会民主党系の労働者スポーツ組織の 1 つである「自然友の会」は、宿泊施設を持ち、メンバーに安く旅行の機会を提供していた。ナチズム期の歓喜力行団によるパック旅行の提供は、ヴァイマル期のこうした労働者スポーツ運動を引き継ぐ性格を有していた。
86) H. Bernett, a. a. O.; H. Lohmann, 〉Frisch-Frei-Stark und Treu〈. Die hannoversche Arbeitersportbewegung, in : A. v. Saldern u. a. (Hg.), *Wochenende und schöner*

Schein, S. 67 ; Klaus Sühl u. a., 〉Von der Wiege bis zur Bahre……〈, S. 218.
87) H. Lohmann, a. a. O., S. 66.
88) このことは死亡共済制度を内に含んでいた社会民主党系の自由思想家（無神論者）運動の場合に特に顕著であった。Vgl., K. Sühl u. a. a. O., S. 225 ff.
89) K. Sühl u. a., a. a. O., S. 212. 一般に労働者文化運動にはこうした性格が付随しており、まさにそれゆえに、労働者文化運動の中に「新しい人間」の形成、将来の社会主義の胚芽を求めようとする傾向が労働者文化運動の指導者の中には存在した。Vgl., W. L. Guttsman, Arbeiterkultur in der Spannung von Systembejahung und Klassenkampf, S. 13-40.
90) Herbert Dierker, Theorie und Praxis des Arbeitersports in der Weimarer Republik, S. 52 ; H. Bernett, a. a. O., S. 56-57.
91) このことは19世紀以来労働者文化運動に一貫する特徴であった。Vgl., G. Heere, Arbeitersport…… a. a. O., S. 189.
92) K. Sühl u. a., a. a. O., S. 220 ff.
93) S. クラカウアー『サラリーマン』、p. 114 ff.
94) Ebd., S. 233 ff.; Gert -Joachim Gläßner, Wissen ist Macht- Macht ist Wissen, S. 241.
95) この点について詳しくは、拙稿 Zur kommunistischen Frauenpolitik am Ende der Weimarer Republik, S. 7 ff. を参照されたい。
96) *Mein Arbeitstag*, a. a. O., S. 135.
97) Ebd., S. 106.
98) Ebd., S. 201-202.
99) 家事の合理化についてのこうした考え方と行動は日本でも、例えば羽仁もと子などにより1920～30年代にかけて唱えられた家事の合理化と共通するものがあった。ただし、羽仁の場合、その対象としたのは主に都市の新中間層に属する女性であった。参照、斉藤道子『羽仁もと子――生涯と思想』、1988。
100) S. Begemann, Familiäre Bedingungen……, a. a. O., S. 79.
101) Lily Braun, Reform der Hauswirtschaft, S. 275 ff ; Vgl., Elke Kleinau u. a. (Hg.), *Geschichte der Mädchen und Frauenbildung. Bd. 2 : Vom Vormärz bis zur Gegenwart,* Frankfurt, S. 238. 周知の通り、家事の共同化という考え方は古くからユートピア論の中でみられたし、ドイツ社会民主党の運動中でも A. ベーベルによっても唱えられていた。
102) ストライキ運動の中での家事の共同化は、主に給食活動として展開されたが、それが有していた独特の性格については、次の拙稿を参照されたい。「ヴァイマル時代末期のドイツ共産党とジェンダー」、p.129.
103) Vgl., *Mein Arbeitstag*, a. a. O., S. 179. ドイツ共産党は主として1928/29年以降、ヴァイマル共和国あるいは資本主義に代わる新たなシステム（＝ソヴェト・ドイツ）のモデルとしてソ連に関する宣伝を強めた。その中で女性の二重負担が家事や育児の共同化によって解消されると唱えた。しかし、労働者階級の女性が示した上述のような傾向か

らすれば、そうした宣伝は女性たちにとっては全く魅力のないものであったであろう。

104) Vgl., A. v. Saldern, Gesellschaft und Lebensgestaltung., a. a. O., S. 129.
105) Alice Salomon, Marie Baum (Hg.), *Das Familienleben in der Gegenwart*, S. 32.
106) Mary Nolan, ›Housework Made Easy‹, p. 549.
107) *Mein Arbeitstag*, a. a. O., S. 182.
108) Vgl., Helgard Kramer, Weibliche Büroangestellte während der Weltwirtscahftskrise, S.139.; K. Hagemann, *Frauenalltag und Männerpolitik*, a. a. O., S. 100 ff.; Ursula Schneider, ›Wie richte ich meine Wohnung ein?‹, S. 74 ff.
109) このような食料品購入の増加にも拘わらず、生計の中で食費の占める割合は19世紀以来確実に減少していた。言い換えれば、労働者を含めて人々の所得は増加していたのである。Vgl., W. König, *Geschichte der Konsumgesellschaft*, a. a. O., S. 166.
110) Vgl., Anneliese Neef, Feierabend und Freizeit in Arbeiterfamilien, S. 70.
111) Ebd.
112) 拙稿「第1次世界大戦前のバーデン繊維産業と女性労働——労働・技術・家庭」p. 163 ff.
113) *Mein Arbeitstag*, a. a. O., S. 182.
114) A. Salomon, M. Baum, a. a. O., S. 49.
115) *Mein Arbeitstag*, s. s. O., S. 34-35.
116) Ebd., S. 94. 若い未婚の女性たちも、例えば労働者クラブのなかで自分たちが「兄弟の召使いのようにみなされている」ことに強い怒りを感じていた。Siehe, L. Franzen-Hellerberg, *Die jugendliche Arbeiterin*, a. a. O., S. 47.
117) この問題については拙稿、Die Geschlechterpolitik in der KPD, pp. 19-36 を参照されたい。また、ドイツ労働運動と女性解放との関連については、Gisela Losseff-Tillmanns, *Frauenemanzipation und Gewerkschaften (1800-1975)*; Werner Thonnessen, *Frauenemanzipation*; Richard J. Evans, *Sozialdemokratie und Frauenemanzipation im deutschen Kaiserreich*; Jean H. Quataert, *Reluctant Feminists in German Social Democracy 1885-1917*.
118) E. Fromm, a. a. O., S. 182 ff. Vgl., D. J. Peukert, *Jugend zwischen Krieg und Krise*, a. a. O., S. 62.
119) A. Meister, a. a. O., S. 20-21.
120) Ebd., S. 27 ; vgl., D. Mühlberg, Modernisierungstendenzen……, a. a. O., S. 42.
121) Vgl., Heidi Rosenbaum, Frauenarbeit im Arbeiter-Milieu und ihre Bewertung, S. 627.
122) *Mein Arbeitstag*, a. a. O., S. 106.
123) Ebd., S. 157.
124) Elmar Wellenkampf, ›Mit dem Handwagen nach Großvaters Garten……‹, S. 51.
125) Ebd., S. 59-60 ; Vgl., D. J. Peukert, *Jugend zwischen Krieg und Krise*, a. a. O., S. 199 ff.

126) K. Hagemann, a. a. O., S. 344.
127) *Mein Arbeitstag*, a. a. O., S. 175.
128) Ebd., S. 98.
129) K. Hagemann, a. a. O., S. 344 ff.
130) *Mein Arbeitstag*, a. a. O., S. 106-107.
131) Vgl., A. Sywottek, Freizeit und Freizeitgestaltung, a. a. O., S. 9.

第2章　家事と消費生活

はじめに

　1950年代半ばから60年代末までの、戦後西ドイツの「経済の奇跡」は、驚異的な経済発展という事実そのものによって注目を集め、それについての多くの議論を生み出してきた。実際、1950年代初めまでには戦前の経済水準に復帰し、その後1980年代初めまでには国民所得が人口1人当たり4倍化されたとあっては[1]、これもまた当然であった。また政治的には、「経済の奇跡」は戦後西ドイツ国民の政治的自己認識を生みだす中核的な手段となり、ボン民主政治の正当性を支える根拠となった。大衆的消費社会の出現が、消費の「平準化」、ライフスタイルの「均質化」を生み出しているかに見える限り、「経済の奇跡」とボン民主政治とが人々の意識の中で結びついたとしても何ら不思議ではないだろう。だが、驚異的経済発展によっても、所得の階層格差は基本的に「経済の奇跡」が始まったときと、したがってまた戦前と変わらなかった以上[2]、「経済の奇跡」と呼ばれる現象にはまさに1つの「神話」としての性格が付着していたと言わざるをえない。

　「経済の奇跡」を家庭生活との関連で見ると、そこには次のような特徴があった。第1に、「経済の奇跡」は戦後家族が形成されるにあたり、その物質的な基礎を提供した。戦中から戦後にかけて、バラバラになり、またしばしば家族にとっての他者を含んでいた家庭は、「経済の奇跡」の過程で、基本的には核家族という形態をとって、その安定性を回復し、社会の基礎をなしたのである。戦後、アデナウアー政権は家族の再建に国家の再建を賭けていたが[3]、それはまさに「経済の奇跡」を土台にして達成されたのである。

　第2に、戦後西ドイツ経済の発展は、何よりも家庭の消費生活の変化として現れたが、それは前章でみたようなヴァイマル時代に始まる消費生活の拡大を継承しつつ、家庭の消費水準を向上せしめたのである。だが戦後の経済発展の

意味はそれだけに止まらなかった。1940年代末頃までは、成人男性のいない家庭、戦傷者の家庭、東部からの避難民、空襲により住居を失った人々、闇市に関わることのできる人々と、そうではない人との間の、消費に関わる社会的な差異は巨大なものがあった[4]。だが通貨改革以降の経済発展により、そうした差異は次第に表面には現れにくくなり、その意味である程度まで消費の「平準化」が生じた。もちろん、実際の消費生活には社会階層毎に大きな差があったことは言うまでもない。しかし国民の多数にとって、差異が実際ほどに大きく見えないことの心理的な影響は決して小さくはなかった。「経済の奇跡」が国民的アイデンティティの核となる所以である。他方、一般的な家庭における消費水準の向上は少なくとも60年代末頃までは、逆説的ながら、消費を犠牲にすることにより達成された[5]。この点からすれば、「経済の奇跡」は経済的に見ても「神話」であった。

　第3に、家族の安定性、消費生活の質的な向上等は、家族の中核に専業主婦が位置することを伴っていた。このことは言い換えれば、性差によって社会的な役割が明確に区別されることを意味している。それは一見したところ、ナチスが強権をもってしてもなしえなかった男女の活動領域の区分を、「平和的」に成し遂げたかのようであった。周知の通り、1930年代後半になると女性の就労は再び増加に転じ、女性を家庭に戻そうとするナチスの政策は所期の成果を上げたとは言い難かったのである。しかるに戦後西ドイツの社会では「経済の奇跡」の中で、専業主婦の存在が核家族的戦後家族のシンボルとなったのである。だがこれを単純に、「経済の奇跡」はナチズムのなしえなかった性別役割区分の定着を実現したと考えてよいのであろうか。「経済の奇跡」は、それが全面的に展開していく中で、ナチス時代とは社会を大きく変えていた。何よりもナチス経済は国民の生活を第1とする経済ではなかったが、戦後の経済発展は国民生活の向上を大きな柱としていた。このことからしても、性差による社会的な役割区分の持つ意味は、ナチス時代と戦後では同じではありえなかったのではないだろうか。

　上に上げた3つのキーワード、「核家族」、「平準化」、「性差」で捉えられる状況は、戦後になって初めて生じたのではなく、前章で余暇の拡大についてみ

たように、すでにヴァイマル時代には主として都市生活者の家庭の中に現れていた。戦後の「経済の奇跡」によってもたらされたのは、そうしたすでにあった傾向の発展という側面を有していた。そこで本章では、消費生活の発展と家庭生活との関連という観点から見た場合に、ヴァイマル時代からナチス期を経て「経済の奇跡」に至るまでの間、正確にはその前期が終わる1950年代末までの間、家庭生活はどのように変化し

表2-1　勤労者世帯の収入と支出
(1926/27, 100%)

	労働者	職員	公務員
収入			
1.世帯主	80.7	87.2	87.8
2.その他	19.3	12.8	12.2
3.収入計	100.0	100.0	100.0
支出			
1.食費及び嗜好品	45.3	34.5	33.2
2.住居費	17.5	20.5	22.1
3.衣料費	12.7	12.6	13.9
4.その他	24.5	32.4	30.8
5.支出計	100.0	100.0	100.0

(出典) Heinrich A. Winkler, *Schein der Normalität*, Berlin/Bonn 1985, S. 89.

たのか、家庭生活の中での消費の拡大は、家庭内での女性の役割、特に家事のあり方にどのように作用したのかということを中心に、20世紀前半のドイツにおける女性と消費生活との関係を検討する。言うまでもなく、性別役割分担の下では家事は女性の最も重要な活動内容をなしていたから、消費生活の発展と家事の関係を問うことは、女性と消費生活との関係の中心に位置してくるのである。なお、ここで「家庭」というのは都市の一般的な勤労者家庭、すなわち労働者やホワイトカラーの家庭をさすものとする。なぜなら、商品の消費という形で家庭生活をおくるのは、都市生活者の場合に最も顕著だからである。

さて、これらの問題を考える際には、以下の諸点について留意しておくことが必要であろう。まず第1に、何が消費されるべき商品であるのかが問われねばならない。ヴァイマル共和国時代について言えば、普通の労働者家庭の場合、商品とは何よりも食料品を意味していた。貨幣収入の圧倒的な部分が食費に費やされていたからである。だが、労働者家庭にあってさえも余暇が生まれてきたように、消費の対象は単に食料品だけではない。余暇もまた商品による消費生活の中に組み込まれねばならない[6]。そして、第2次世界大戦後の「経済の奇跡」の中で、消費としての余暇はヴァイマル時代やナチス時代とは比較にならないほど、個々の家庭さらには個々人にとって重要となる。同時にまた、ヴ

ァイマル時代には労働者家庭を初めとする比較的所得の低い層にはほとんど関係がなかった耐久消費財が、「経済の奇跡」の中で重要な消費対象となって現れてくる。このような消費対象の変化は人々の消費行動だけではなく、消費の場となる家庭のあり方にも影響を及ぼすであろう。

　第2に、家事や消費の中で、労働することと商品を用いることとがどのように調整されるのかという問題がある。例えば、週末のために特別の料理を用意しようとする場合、ヴァイマル時代には、特に既婚の勤労女性にあっては1週の間、そのために家事を行う時間のやりくりをしなければならないことが少なくなかった[7]。それでは、耐久消費財に囲まれた専業主婦という、「経済の奇跡」の中でモデル化された既婚女性の場合、家事労働と商品消費との関係はどのようなものであったのか。消費を犠牲とすることで大衆消費社会が生まれるという逆説は、既婚女性や家庭が商品消費に関連してどのような行動をとったのか、そしてまたそこにどのような女性像が生まれてくるのかについての、詳細な検討を求めるのである。

第1節　1920年代から第2次世界大戦終了まで

1. ヴァイマル時代における消費生活の拡大と家事の合理化

1. 1950年代から始まる西ドイツ「経済の奇跡」を経て実現してくる「豊かな社会」は、人々からしばしばアメリカ的な社会と意識されていた。そこで「豊かな社会」の形成を仮に「アメリカ化」と呼ぶとすれば、その決定的な特徴は消費生活の拡大にあった。M. ヴィルトの巧みな表現を用いるならば、「消費とは商品を購入することや飲食することだけで尽きるのではなく、消費自体が「作り出さ」れねばならないように、使用し、費消することが消費を形作り、また変えるのである」[8]。消費自体を作り出すというこの後段部分こそ、アメリカ的な「豊かな社会」における消費の核心をなしていた。だが商品を購入し飲食をするという前段部分にしても、ドイツの場合それが十全に展開するには「経済の奇跡」を経ることが必要であった。なぜなら、初期には激しいインフレーションに、末期には未曾有のデフレーションの双方に見舞われたヴァ

イマル共和国時代には、労働者は言うに及ばず、下層のホワイトカラーにとっても、豊かな消費生活を約束するような生活の安定性に恵まれていなかったからである。そうした安定性が実現するのはようやく1950年代のことなのである。

とはいえ、家庭生活の中で、住居費を除いて、商品の購入によって収入の60％以上が費消される状態は、19～20世紀への世紀転換期には労働者家庭にあってもごく当たり前のことであったし、第1次世界大戦後には日常生活自体がますます商品購入と、その使用を軸とする消費によって形作られるようになっていた。その限りで消費社会化の進展は遅くもヴァイマル時代にはもはや後戻りできない段階にあった。そして消費社会の中での生活のモデルがアメリカにあるとするならば、ドイツにおいても20世紀に入って、だがとりわけヴァイマル時代になって、生活の「アメリカ化」の趨勢が否定しがたいものとなっていることは、誰の目にも明らかであった。その意味で、アメリカ的な「豊かな社会」の前段階には、ドイツはすでにヴァイマル時代に到達していたのである。［表2-2］はそのことを示している。

それでは商品消費と家庭生活との関連を問おうとする場合に、「豊かな社会」の前段階とは、具体的にはどのような状態を指していたのか。第2次世界大戦後の社会発展に通じる、いかなる変化がその前段階に生じていたのか。そしてまたそうした変化は女性と家庭生活にどのような関わりを持っていたのか。わ

表2-2 家計に占める「その他の支出」
(1927/8, %)

費目	労働者家庭	俸給生活者家庭	公務員家庭
家賃	10.0	11.5	12.0
住居維持費	3.9	5.5	6.4
光熱費	3.6	3.5	3.7
衣類とリネン	12.7	12.6	13.9
入浴料	0.8	1.0	0.8
衛生	0.6	1.6	1.8
保険	7.9	7.8	3.2
教育	2.0	2.9	3.7
娯楽	0.9	1.5	1.3
スポーツ、旅行	1.1	2.2	2.5
交通費	1.2	1.2	1.1
組合費、会費	2.3	1.3	0.9
税金	2.5	4.4	4.6
電話料金	0.1	0.3	0.3
小遣い、交際費	1.5	2.5	3.6
その他	1.2	2.6	3.7
合計	52.3	63.2	65.5

(出典) Anthony McElligot, *The German Urban Experience 1900-1945. Modernity and Crisis*, London, New York. 2001, p. 133.

れわれはこれらの問題を、ヴァイマル時代とナチス時代について見ておこう。

2. ヴァイマル時代の女性と家庭生活や消費社会化の進展との関係を考える際に、当時しばしば議論の的となってきた家庭外で就労する女性の増加の問題を取り上げておく必要がある。だがこの問題については前章で比較的詳細に取り上げたので、ここでは数字を挙げて議論することは控えよう。その代わりに、女性の就労を巡ってどのような言説が形成されることになったのかを、「家事」との関係においてみておこう。実際、女性の行う家事、家族のための労働は、第1次世界大戦後には国家と社会の発展にとって決定的な意義のあるものとして、広範な議論の対象となったのである[9]。

人々が家庭外での賃労働に従事するようになればなるほど、そしてそれによって得られた貨幣収入が日常生活のための商品購入に充てられるようになればなるほど、貨幣収入をもたらさない家事や育児のような家庭内で女性によって行われた仕事を、「労働」とは見なさない傾向が助長された。だが、貨幣収入を得ることのできる仕事のみが「労働」と認められ、得ることのできない仕事が、その価値を認められないとするならば、伝統的に女性の役割と見なされてきた家事や育児は、いったいどのように評価されるようになったのか。

言うまでもなく、この問題については1880年代から、女性は家族の再生産を支えることで社会の健全な発展を保証しているとして、女性が家庭内で果たす家事や育児のような「労働」の持つ社会的な価値を高く評価する主張が、市民的女性解放運動や社会改良家たちから出されてきた。女性に対してここに、貨幣による収入を得ることのない、家庭内での「労働」を通じて社会に貢献しうる道が開かれたのである。後述するように、ヴァイマル時代における家事の合理化論も、そうした議論の流れの中にあった。

このように女性の家庭内での「労働」の社会的な価値を認める議論の傍らでは、しかしながら、女性の家庭外就労に対する批判的な議論もまた拡大した。このことについてはすでに1860年代より、経済的な次元とは別の次元で様々な議論が展開されてきた。すなわち女性の工場労働の増加によって、家事や育児が疎かにされ、その結果、家庭の秩序、児童の健康や教育などが危機に瀕す

ると論じられた。言い換えれば、就労という経済活動に対して、道徳的な観点から家事や育児の意味がとらえられたのである。

　ヴァイマル時代になると、そうした議論はますますかまびすしいものとなった。家庭外で就労する女性の存在は一方で、主として都市のサービス産業や事務職に就労する未婚女性の行動あるいはその規範の問題として、他方では、既婚女性の家庭外での就労が家族、特に夫に対する関係や子供の教育に与える影響の問題として、議論の対象となったのである。つまり、議論の的となったのは女性就労者の数の増加ではなく、むしろ男女間の役割分業内部に生じた新しい方向性と、そのことが女性像や女性の社会的な位置に及ぼした影響であったのである[10]。例えば、家庭にあっては男性は、かつては全ての領域において力を持ち、妻に対しては性の領域に至るまで教育することができる存在であるとされてきた[11]。未婚の女性の「自由な」行動は、まさにこのような男性の力を脅かし、結婚という制度そのものを危機に陥れるものに見えたのである[12]。既婚女性の就労も、「女性の止まるところを知らないエゴイズム」の結果であり、社会の基礎となる結婚と家庭を解体の危機にさらしていると非難された[13]。

　このように女性の就労が社会のジェンダー秩序を脅かすものとして危険視されている間にも、生活全体が商品購入によって規定される状況はますます拡大していった。そこで次に取り上げるべき問題は、家庭における商品購入の拡大が女性の行う家事や育児に、どのように影響したのかということである。実際、商品購入による消費生活の拡大は、家事や育児、特に家事のあり方を次第に変えていった。つまり経済的には無価値と見なされるようになった家事への、女性たちの関わりに変化が生じたのである。それがどのような変化であったのかを、次に見てみよう。

3．消費生活の拡大が家事に及ぼした直接の影響は、それまで家庭内で女性の手によって作られていた食料や衣類などが、次第に商品によって置き換えられるようになったことである。もちろんどこまで置き換えられるかは、何よりもその家庭の収入に依存するところが大であった。事実、労働者の中では収入の多かった熟練工の家庭でも、特に衣料品への支出を抑えることは珍しいことで

はなかった。それが家計の節約のための最も手っ取り早い方法であったからである[14]。他方、商品の購入をどこまで行うかは、家庭の生活習慣にも関係していた。だが、節約や生活習慣が消費生活を制約していたとしても、それでも、例えば都市の家庭では古くから購入されることが多かったパンに加えて、ハムやソーセージの類も次第に購入されるようになっていった。これらのものをかつてのように隣近所や、親族と共同で作ることが無くなるならば、それに合わせて人々の他者との交流の仕方も変わることになるが、ここではとりあげることができない。

　生活必要品を自家生産することから商品として購入する方向へと消費生活が拡大したことの影響は、人間関係のあり方だけに止まらなかった。それはまた主婦の家事のあり方にも大きな影響を与えた。その１つが買い物であった。専業主婦は毎日の細々とした買い物に、また週に１度は「大きな買い物」をするために家を空けるが、例えそれが主婦のかなりの時間を取ることになるとしてもなお、それは主婦が家の外に出る貴重なチャンスであり、また他者との交流のチャンスでもあった。ヴァイマル時代には労働者階級の場合でも生活が次第に家族単位となっていくが、それは決して家族とその構成員が他者と交流しないということを意味するのではない。人々は様々な形で他者と交流を持ったのである。

　主婦特に専業主婦にとって、買い物はそうした関係を持つための重要な機会の１つであった。歩道で、店で、市場での他者との交流を通じて、主婦は買い物自体についての情報ばかりではなく、他人の生活についての情報をも得たのである。もちろん、その時々で情報の内容に相違があったにせよ、人々の日常生活自体が商品購入を通じてなされている以上、商品の値段や新しさに関する情報は——食料品の場合には特に——貴重であっただろう。多くの家庭にとって、「贅沢な」食事をすることは論外であったとはいえ、ヴァイマル時代になると、栄養価が高く、しかも安く、かつそれなりに「おいしい」食事への要求は高まっており[15]、主婦にはそうした調理ができることが求められたのである。まさにそうであるがゆえに、主婦にとって、商品——ここでは食料品——についての情報は極めて重要であったのである。要するに買い物とは単に商品を購

入することだけを意味するのではなく、その商品についての情報を入手することや、場合によっては情報入手に必要な他者との交流までも含む一連の過程を意味しているのである。

なおここで主婦の場合に他者との交流とは、何よりも家庭生活のために購入しようとする商品に関する情報を得ることを目的としていることも重要である。なぜならそれは、主婦にとっての他者との交流の目的とするところが何よりも家庭生活に関わっていることを示しているからである。つまり消費生活の拡大とは女性、なかでも主婦にとっては家庭生活が自己の行動、他者との交流のいわば核となることを意味しているのである。ヴァイマル時代の都市勤労者の家庭においては仮にまだこのことははっきりと姿を現してはいなかったとしても、第 2 次世界大戦後の「経済の奇跡」の中で、家庭内外において性別役割分担が事実上は制度化されたような、いわゆる核家族が家族の常態化するにつれて、このことは顕在化してくるのである。

ところで前章で述べたように、女性にとって家庭生活は女性が「他者のため」にあることを最も端的に表していた。そうであるならば、ここで消費生活が拡大する中での女性による他者との交流が家庭生活を成り立たしめるための行動であるということは、女性を一層家庭のための存在、その意味での他者のための存在たらしめるのであろうか？ これは簡単には答えられる問題ではないとはいえ、次の諸点には注意をしておく必要があろう。第 1 に、19 世紀以来ドイツの市民的女性解放運動の多数派は、女性が家庭のための存在であることに女性の社会的な意味を見いだし、その点で男性と女性との価値的同等性を確認してきた。そしてそれはナチズムにも引き継がれた論理であった。それは女性が日常的に行っていることを社会的に認知することを意味していたからこそ、男女を問わずそれを歓迎するものが少なくなかったのである。第 2 に、女性は商品の購入に関連して他者と交流するが、何のために、どのように、誰と、いつ交流するか、そしてその結果をいかに活用するかはすべて女性の判断に任されていた。そうであるならば、どれほどそうした交流や判断が自分自身のためであるより、家庭のためであるにしてもなお、そこに消費に関わる女性の「主体性」が現れていることを無視すべきではない。その主体性は女性が「自

分のため」の生活を切り開いていく上での1つの契機となるかもしれないのである。この問題は第2次世界大戦後に消費社会が大規模に展開する中で、よりはっきりと表面化してくるが、ヴァイマル時代はそれが端緒的に現れてきたのである。

　消費生活が拡大する中で女性が他者と交流するということには、以上のように、必ずしも女性を家庭のための存在、「他者のため」の存在とするとばかりは言えないような側面が含まれているのである。

　最後に、商品の購入に関わる主婦の行動について上に述べたことを、より一般化して、消費社会における人々の消費行動を規定する要因は何かという点に簡単に触れておこう。食料品を中心とした主婦の商品購入に関わる行動からわかることは、人々の消費行動は　①商品がどれだけ提供されるか　②商品の価格が購入可能な範囲内にあるか　③また商品自体とそれに関する以上2点についての知識があるかどうか、という3点によって規定されるということである。人々の消費行動はなるほど、そこに商品の購入可能性という規定要因がある以上、実際上は自己の帰属する階級や階層によって制約されざるをえない面がある。だがそうであってもなお、消費行動は他の要因によっても規定されるとするならば、消費生活の拡大は次第に人々の消費行動を階級や階層による拘束を離れたものへと変化させることになるだろう。流行に敏感な若い女性の消費行動はそれをうかがわせるに足るものであった。ヴァイマル時代はまさにそうした方向への変化がはっきりと姿を見せ始めた時期であったのである。

　消費生活の拡大が家庭生活に及ぼした影響として次に取り上げるのは、家事のための道具、生活機器が家庭内に浸透してきたことである。それは社会全般の技術的な変化が家庭内にまで及んできたことのあらわれであった。例えば、家事のための手動の道具はすでに第1次世界大戦前から家庭内に浸透しつつあった。代表的なものは調理器具——挽肉機、皮むき器など——や、ミシンであった。調理器具が調理の際の労力を軽減する道具であるとするならば、特にミシンは内職の道具としても必要であり、多くの家庭で見ることができた、経済的な道具であった。

しかし社会生活における技術的な進歩の影響が家庭にまで及んだという点で、このような手動の道具よりもはるかに重要であったのは電気やガスの普及であった。とりわけ、1920年代に電気が一般家庭にまで通るようになったことは、ガスとともに人々の生活を様々な面で大きく変えた。実際電気とガスは家事における「技術革命」を引き起こす原動力となったのである[16]。それだけではなく、特に電気は——ガスよりも利用可能性がはるかに高かったから——家庭生活のあり方すら大きく変えることになった。例えば電灯によって、室内の空気がランプ

図2-1　家電製品の広告（1928）
（注）上は電気オーブン、左下が掃除機、右下は洗濯機。
（出典）*Illustrierte Zeitung*, 6. Dez. 1928.

の場合よりもはるかに浄化されたが、他面では室内の汚れが目立つようにもなり、部屋の清掃が従来よりも求められることになったのである。ヴァイマル時代における電気掃除機の急速な普及は、このことを抜きにしては考えられないだろう[17]。それはあたかも、1950年代後半以降の電気洗濯機の普及が、衣服や肉体の清潔に関する人々の意識を根底的に変えたことと、同様であった。電灯以外に一般家庭に普及したのは電気アイロンと電気ポットであった。なかでもアイロンの普及はめざましく、1930年頃までには労働者家庭でも60％近くの世帯でアイロンを所有していた[18]。ただ、後述する「家事の合理化」を巡る

運動の中で、無駄のないアイロンかけの技術を身につけることが、家事の「専門家」としての主婦に求められていたこと[19]からもわかるように、電気アイロンの普及は主婦の仕事を必ずしも軽減してはいなかったのである。

それでも電気が一般家庭に入り込むことによって、家事のための道具や生活用品を大きく様変わりさせることになった。それは単に動力が手動から電動へと変化しただけではなく、上述の電灯の場合のように、人々の生活自体を変化させる効果を伴っていた。とはいえ、今日では普通に見ることのできる家電製品——電気洗濯機、電気冷蔵庫、掃除機——はすでに実用化されてはいたが、一般家庭に普及するのは第2次世界大戦後のことである。言うまでもなく、ヴァイマル時代の一般家庭ではこれらの耐久消費財を購入することができるほどの所得水準に達していなかったからである[20]。したがって、ヴァイマル時代に電気が一般家庭の中に入り込んできたということの意味は、電気が様々な機械に利用可能である以上、家庭生活の機械化への道が開かれたということに止まっていたと言えよう。それでも家庭生活が機械化される可能性が開かれたということは、第1次世界大戦後、もはやかつてのように女中を雇うことができなくなった都市の中産階級にとっては、とりわけ重要なことであった。まさにそうであるからこそ、家庭生活の機械化に関わる宣伝はもっぱら都市の中産階級を標的とすることになったのである[21]。

このように家庭生活機械化の可能性には未だ多くの限界があったが、それでも、石炭によるオーブンから電気のオーブンへと代わることによって、室内の汚れ、空気の状態等々も変わるように[22]、生活全体の変化が電気とともに生まれてきたことも見逃せないのである。同時に、生活のそのような変化は——上述したアイロンの例でもわかるように——家事と女性との結びつきを切るものではなく、むしろ女性が家事を行うことを前提とし、その下での変化であることに注意する必要がある。つまり、女性の家庭外での就労が増加し、また家庭内での商品購入が拡大しても、家事が女性の役割であるという事態には変化がないのである。われわれはこの問題を次項で、家事の合理化との関連で再度取り上げることになるだろう。

ところで、電気製品の普及が限られていた中で興味深いのは、ラジオの普及

である。本格的ラジオ放送は 1923 年から始まったとはいえ、1920 年代のラジオは放送出力が弱く、局から 50〜70km の範囲内でないと番組を聴取できなかったと言われる。標準的労働者の月収の半分にも達する高価なラジオならいざ知らず［図2-2］、多くの家庭にとっては、ラジオはほしくはあっても、持っていても仕方のない道具でもあった。実際、20 年代には多くの聴取者がラジオ聴取をやめたと言われる[23]。それでもラジオは次第に普及していったし、その中で商品の宣伝も行われるようになっていた。1923 年にラジオ放送が始まった時に、すでにラジオ上で洗濯用洗剤の広告が行われ始めていた。まさにラジオははじめから消費拡大を促す手段として機能していたのである[24]。

図 2-2　ラジオの広告──地位の象徴か
（出典）*Illustrierte Zeitung*, 28. Nov. 1932.

　ラジオの普及が遅々として進まなかったという状態に終止符を打つことになったのが、ナチス時代に見られたラジオの普及であった。イデオロギー的な観点からの政策的な普及であったが、イギリスと比較するとき、その普及の急速さがわかる。すなわち 1935 年にはまだ両国の受信機数はほぼ同じであったものが、1939 年にはドイツのそれはイギリスのほぼ 1.5 倍、1,370 万台にもなっていたのである[25]。有名な「国民受信機 301」はそれまでのラジオ受信機同様、地方放送しか受信できなかったが、中継によってベルリンからの放送を聴取することができた。だが何よりも受信機が安かったことが、受信機の爆発的な普及につながった。また番組の内容がヴァイマル時代のどちらかといえばハイブラウなものから、娯楽的なものに変わったことも、こうした急速な普及の後押しをしていた。ラジオがテレビ同様、所得の低い層ほど早く手にする消費財で

あることを考えるならば、ドイツにおいて国民がラジオに熱狂した様子が窺えるだろう。そしてラジオの普及の結果、聴取者の間に共通の経験が作り出され、集合的なアイデンティティを生み出すことにも寄与したであろう。さらに、このラジオの例は、消費が家庭生活の技術的な側面ばかりではなく、そのイデオロギー的な側面や余暇とも結びついていることを示している。

4． ヴァイマル時代は家事の合理化ということが強く叫ばれた時代であった。家事合理化の1つの側面は家事に関わる労働力の節約であり、そのために必要な機器、道具を家庭に備えることであった。だが実際のところ、家事を合理的に行うための技術的な手段を手にすることは普通の家庭では——たとえ熱心に節約に努めたとしても——ほとんど不可能であった。しかしそれでもヴァイマル時代には「イデオロギーとしても実践としても合理化はドイツの中産階級と労働者階級の生活のあり方に挑戦し、それを変えた」と言われる[26]。実際この時期、家事を能率化、効率化しようとする「運動」が盛んであった。それは主としてブルジョワ女性運動——特に1915年に設立されたドイツ主婦連盟（Reichsverband Deutscher Hausfrauenvereine）——によって担われていたが、社会民主党や共産党もそれに無関心ではなかった。例えば、共産党は都市中間層の主婦に浸透することを目指して、1931年春に『女性の道』（*Der Weg der Frau*）を創刊した。A4判のグラビア誌で家事の「合理化」に関する多くの記事が載せられていた[27]。ドイツ主婦連盟の創設に関わったA. v. ツァーン＝ハルナックは、家事の能率化、効率化が特に中産階級の女性に関して問題になる所以を次のように述べている。すなわち、

　「多くの主婦、特に働いている主婦には過剰な負担がかかっており、それゆえ、主婦の仕事がどのように単純化され、合理的に、かつ時間と力を無駄にせずに行われるかを、真剣に研究しなければならない」のである[28]。

ただ、家事のための道具、特に電化製品の購入が限られている以上、多くの都市生活者特に労働者と下層中間層に属する家庭にあっては、そこで強調される

合理的な家事のありようとは、上のツァーン=ハルナックの言葉にあるように、どのように無駄──時間、金銭、もの、肉体的な力──を省くかということに尽きていた。言うまでもなく、それ自体としてはこの4つの無駄を省くということのなかには何の新しさもない。家計の基本だからである。新しかったのは家事の合理化・技術化という「理論」を伴っていたこと、合理的に家事を行うための道具や手段への配慮が含まれていたこと、そして家事の場が主に台所──それは理想的には洗濯の道具と場所もともなっていた──に集中されたことである。端的に言えば、家事の合理化とは、主婦の働く場所としての家庭、特に台所の構成替えであり、時間と運動量を節約するという観点からの作業方法の改善を意味していたのである[29]。1926年にG.シュッテ=リホツキーによって提唱された有名なフランクフルト・キッチンは、まさにこの意味での合理化を象徴していた。

以上のように、家事の合理化を巡る議論の中には、それを家庭生活の「アメリカ化」と呼んでいる場合でさえも、少なくとも合理化論の対象が都市の平均的な勤労者である限りは、消費の拡大、特にアメリカで普及していた耐久消費財の使用というような問題が入ってくる余地はなかった。仮に、消費の問題が取り上げられる場合には、特に労働者家庭については、いかに無駄のない食器や、鍋釜の類のような調理器具をそろえるかという次元であった[30]。

ところで家事の合理化論は、先に述べたように、その本質において新しいものを何も含んではいなかったが、それにも拘わらず、科学的な装いと新しい技術的な手段をもって女性＝主婦の行動を合理化するという企図のなかには、ある「新しさ」があったことを看過すべきではない。すなわち、伝統的に主婦の像は主婦が働きづめであることを示していたが、家事の合理化論のなかに浮かび上がってくる主婦像は、合理的に時間とエネルギーの配分をしながら働くことのできる能力を備えた女性であった。そうした能力は一定の教育ないしは訓練なしには備わらないものであるから、その限りで合理化された行動様式を備えた主婦はいわば「専門家」としての主婦であった。先に述べたフランクフルト・キッチンはまさにこのような主婦業の「専門化」を促進する側面を有していた。なぜなら、せいぜい6～7m²しかない小さな台所では、1人の人間、つ

まり主婦以外に活動する余地がなく、そこは調理の「専門家」としての主婦の場とならざるを得ないからである。

すでに買い物について述べたところで示唆したように、家庭における食料品が商品として購入されることが一般的になると、主婦は様々な食料品の調理法、栄養価、鮮度維持や衛生についての知識を持たねばならなくなった。主婦は伝統的な生活習慣に依拠しているだけでは性別役割分担の中での主婦としての役割を果たすことが困難となり、ここに新しい知識と技術が求められるようになったのである。主婦業の「専門化」とはこうした事態を指すものであった。このことを幾分角度を変えて言うならば、主婦を家事の「専門家」とする議論は主婦業を専門的業務と見なそうというものであり、それだけ主婦の仕事＝家事の価値を社会的に認めさせようとする女性の意志が反映していたと見ることができるだろう。このように考えるならば、家事の合理化論における主婦業の「専門化」論は、第1次世界大戦前に、例えば、家事労働の対価という議論を展開したマリアンネ・ヴェーバーらの議論[31]につながるところがあったと言えるだろう。

さて、家事の合理化論の中に現れた「新しさ」は、単に主婦を「専門家」と見なすところだけにあったのではない。例えば主婦は時間を節約できるようになることによって、より多くの時間を夫や子供の世話に当てることができるようになるばかりではなく、節約できた時間を「他人のため」にではなく、「自分のため」に使うことのできる可能性を得ることにもなった。もちろん、その時間にいったい何ができたのかを問うならば、少なくともヴァイマル時代について言えば、せいぜい雑誌を読むこと、編み物をすること程度のことであったかもしれない。だが例えどれほどささやかであっても、時間を節約できる可能性を持たない限り、そうした時間を得ることができなかったことが重要である。また、ナチス時代と第2次世界大戦後を通じてますます顕著となる傾向、すなわち主婦が自らの健康と美しさに注意を払うことも、時間の節約から可能になったことであった。こうした可能性や傾向は、主婦が働きづめで家族のための存在であることから、一個の自立した存在となることへと、変化していくことを意味しているように見える。

ただし、ヴァイマル時代について言えば、家事の合理化によってもたらされたそのような外観には、見るものを欺く側面があったことも無視すべきではないだろう。つまり、フランクフルト・キッチンの場合に最もよく現れているように、家事の合理化論にあっては性別役割分担が「専門化」＝「専門家」という新たな装いで再生産されているのである。「自分のため」に時間を使い、健康や美しさに注意を払う存在としての主婦にしても、元来、性別役割分担のもとで「合理的に」家事を行えることが前提なのであって、性別役割分担から自由になっているわけではないのである。そうである限り、「自分のため」の時間とは「他人のため」の時間を前提に、その余の時間としてのみ存在することになるだろう。ヴァイマル時代に「自分のため」の時間に主婦がなしえたことが極めてわずかであったのも、蓋し当然のことであった。以上のように、ヴァイマル時代の家事の合理化論には、極めて強くジェンダー的な性格が刻印されているのである[32]。

　1920年代に主婦連盟によって積極的な紹介がなされた、台所の機能的な構成と家事の合理的な組織化のモデルとなったのは、「主婦の楽園、天国」と見なされた「アメリカ式の家庭」であった。「非常に体系的な労働の分割、実際的な家具調度、そして近代的な技術的な手段のお陰」で、アメリカの主婦はあくせく働く必要がないと思われた[33]。アメリカの家庭と主婦に関するこうした理解が事実に合致しているかどうかは問題ではない。重要なことは、台所（仕事）の機能化と家事の技術化・合理化のための手段が未だ欠けているとき、一方で、家事の合理化論から家事の技術的手段として必要な耐久消費財を排除しながら、他方ではすでにアメリカが「近代をイメージするためのモデルを提供」し、「アメリカ化」が到達すべき目標とされていたことである[34]。言うまでもなく、そうした目標がリアリティをもって人々に意識されるようになるのは、1950年代末以降、家庭に耐久消費財が普及し、「専業主婦」が既婚女性のあり方として定着したときのことである。それまでの間は、アメリカに比べてのドイツの貧しさが強調された。つまり、アメリカ社会を特徴づける、耐久消費財を初めとする商品の大量消費の問題が、アメリカをモデルとしながらも、ドイツにおける家事の合理化論からは消えているのである。ここからは、家事

の合理化論の中に、アメリカに対するアンビヴァレントな姿勢があることが窺える。すなわちそれは、ドイツにあってはまだ手にすることのできない大量の商品を供給することのできる、アメリカの圧倒的な生産力への羨望と、それに追いつくことのできないドイツの現状へのいらだちである[35]。

そうした現状、つまり貧しさの中での家事の合理化が追求されるとき、その対象となったのは、家事合理化論の本来の対象であった中産階級の家庭ではなく、労働者家庭であった[36]。労働者の家庭から余計な無駄を省くことが、アメリカに追いつくことのできないドイツの低い生産性への、代替として提起されたのである。ここにヴァイマル時代にブルジョワ女性運動によって提起された家事の合理化論と、その運動の持つイデオロギー的な性格は明らかであろう。すなわち、ドイツの生産力を上げることが「国民的な課題」であるとするならば、労働者は家事を合理化しようとしない限り、反「国民的」と位置づけられることにならざるをえないのである。家事の合理化論を最も熱心に唱えた主婦連盟が国家国民党と密接な関係を持っていたのは[37]、ゆえなしではない。

5．これまで述べてきた家事の合理化論に関連する議論を、ここでまとめておこう。ヴァイマル時代には消費生活の拡大は、①耐久消費財の消費というアメリカ的な消費への技術的な前提はすでに与えられていたとはいえ、②現実には日常生活のごくささやかな面で見られたにすぎない。このことはとりわけ労働者について言いうることであった。③このようにアメリカと比べて、消費生活の拡大が十分には展開しない状況に対して提起されたのが、節約を内実とする家事の合理化論であった。それはドイツの低い生産力、国民生活の向上以前にドイツ産業の発展を志向した、第１次世界大戦後のドイツ経済のあり方を反映するイデオロギーであり、運動であった。しかし同時にまたそれは、④生産力の低さを、家事の合理化論者から見て「無駄」を省こうとはしない労働者に求めていた限り[38]、極めて反労働者的なイデオロギーでもあった。

2．ナチス時代における家事を巡る教育活動

1．ナチス時代の女性あるいは家庭に関わる政策は、それが例え「消費」のよ

うに、女性だけに関わるのではない分野に貫徹してくる場合も含めて、人がどのような住民集団に属しているかに応じて、その現れ方が全く異なっていた。例えば、ナチス時代の有名な余暇組織である歓喜力行団が組織する休暇旅行に市民が参加できるためには、「アーリア人」であること、身体的、精神的に「健全」であると認められること、共産主義者でないこと等々、様々な条件をクリアしなければならなかった。それができない人間には、歓喜力行団による休暇旅行という「消費」行動はありえなかったのである。戦後の「経済の奇跡」の中で、特に1950年代半ば以降、大衆的な旅行の形態としてパック旅行が隆盛を極めることになるが、そのとき人々にパック旅行のモデルとして想起されていたのは歓喜力行団による旅行であった。だがこのことは、かつての歓喜力行団による旅行から排除されていた人々が存在していたことが、相変わらず人々の記憶から排除されたままであった、ということを意味している[39]。ナチスの政策に付着しているこうした特殊な性格を確認しておくことは、「声なき多数派」であった人々、つまりナチス社会から排除されることのなかった「普通の人々」を戦後社会に統合することが、ボン体制の行方に関わることであったがゆえに重要である。ナチズムの政策に備わるこうした特殊な性格が、「普通の人々」によってそれとして意識されなかったことが、戦後西ドイツでいわゆる「過去の克服」が長い間不徹底なままに留まらざるをえなかった1つの理由であろう。

2. さてナチスは、ナチス社会から排除されることのない「アーリア人」女性の役割を、人種的に「価値ある」多くの子供を産むことに求め、女性の本来のあり方を、そうした女性の再生産能力を基礎として家事と育児に責任を負うことと考えていたから、一定年齢以上の女性を家事と育児のために教育することは、ナチス女性政策の重要な柱を構成していた[40]。女性教育のための機関となったのが、G. ショルツ＝クリンクによって結成されたドイツ女性団（Deutsche Frauenwerk）の中に1934年5月に作られた全国母親奉仕団［Reichsmutterdienst（RMD）］であった。この組織はナチス「国民経済」政策との関連において無駄のない家計維持を唱えている点で[41]、ヴァイマル時代の家事合理

化論につながる側面を有していた。他方それは、民族と国家にとっての母親の役割の重要性、つまり「アーリア人の女性の再生産能力」を最大限発揮し、「遺伝的に健全な」子供を多数産み、育てることの重要性に向けて女性を教育しようとする点で、ナチスの人種主義イデオロギーを体現する組織でもあった[42]。

　RMDは1937年に、その果たす機能に応じて、3つの部分に分けられた。すなわち、第1は調理と裁縫を教える家政学のコース、第2は乳幼児と家庭の健康を維持するためのコース、第3は手芸とナチス・イデオロギーの教育コースであった[43]。これらのコースにあわせて全国各地に母親学級が組織されたが、その数は1937年には各地に合計220、その他全国母親学校が4校であった。各学級で行われる講習の受講料は安く、失業者の場合には無料であった。参加者は1つの講習につき最大25名に制限されていた[44]。人気があったのは、調理と裁縫を教える家政学のコースであったが、これらは古くは第2帝政期に自治体や教会、さらに場合によっては企業によって始められ、ヴァイマル時代まで継続していた女性学級であり、今やナチスはそれらを引き継いだのである[45]。なお1944年までにはこれらのコースに延べ500万人が参加したといわれる[46]。

　興味深いのは教育コースの講習時間である。すなわち、女性にはナチス・イデオロギーを理解するための知的能力が欠けていることに「配慮」して、講習時間が20分以下に抑えられたのである。女性はむしろ実務的な教育を通してナチス・イデオロギーに親しむことができるようになれば良しと考えられた[47]。ここに、「産む性」とされた女性が男性に劣る「2流の性」として位置づけられていることは明白であった。

　家事に関わるRMDのイデオロギーは基本的に、収入に見合った生活設計を唱えるなど、ヴァイマル時代の家事合理化論とその運動の延長線上にあった。そしてそれゆえに、RMDの活動は誰よりもまず中産階級の女性に影響を及ぼした。それは20世紀初頭以来、家事手伝いの女性が減少する一方であり、自ら家事の主要な部分を行わねばならなくなった中産階級の実情に対応していたからである[48]。『母親と国民』（Mutter und Volk）その他の雑誌やラジオ——日中のラジオの主たる聴取者は女性であった——を通じて行われた、女性向けの

家事に関する教育の内容は、家事と調理に関して考えられるほとんど全てのテーマを扱っていたといわれるが、このこともまた、そうした中産階級の実情に対応していたといえよう。だが他面でそれは、相対的には消費財生産をおさえ、また食糧自給率を高めようとするナチス経済政策の根本的なあり方を反映してもいた。特に調理に関するRMDの教育内容は、安く健康的な食事の作り方を紹介するものであったが、それは家計が国民経済に直結することを端的に示しているとともに、経済面ばかりではなく、人間の再生産という意味でも主婦に戦略的な重要性を担わせることを意味してもいた[49]。戦争が始まるとともに、その傾向はますます強まり、いかに質素な食事を作るか、つまり食事における無駄を省くことが強調されるようになった[50]。

　もちろん、そうした教育活動は単にRMDだけが行ったのではない。ある女性はナチ女性団のメンバーが市場で、買い物にきた女性たちに対して、「ニラを買いましょう、ニラはタマネギと同じように料理できます」と言ったり、「ジャガイモの皮をむくのをやめましょう。ジャガイモは皮付きで食べましょう。ジャガイモの皮をむいたときは、皮も茹でて食べましょう」などと「忠告」してまわっていたことを回想している[51]。ここにも節約を巡る「教育」が、いかにペダンティックであったかが現れているだろう。だが重要なことは、内容がいささか押しつけがましいものであったにせよ、こうした「教育」活動を通じてRMDを初めとするナチス女性組織は女性に対して、僅かな材料を用いて家族の健康と、それを通して国民の健康を維持することに関する責任を負わせたことである。調理は女性固有の仕事とされながら、それによって女性が社会的に一定の役割を果たす道がここには拓かれていた。「主婦」としての役割を同時に「国民」（Volk）の母へと結びつけたところに、ナチス女性政策の重要性があった。女性＝主婦はこれによりその存在自体によって社会的な意味づけを与えられることになった[52]。これがヴァイマル時代の家事の合理化論の中で唱えられた主婦業の「専門化」という議論と同一線上にあることは容易に理解できよう。

　なおここで「健康」とは、ただ単に肉体的に壮健であるというに止まらず、「人種的に」健康であることが想定されていた。だがそうした人種主義的な側

面を無視するならば、女性の社会的な役割が節約を通じてなされうるとしている点で、ナチス女性運動の家庭婦人向けの主張は、単にヴァイマル時代にだけではなく、戦後の未だ節約を基本としなければならない時期にも、直接結びついていたのである。

　戦後の時期への結びつきはこれにとどまるものではない。後述するように、戦後の「経済の奇跡」の中で主婦に家族の健康への責任が任された反面には、主婦が美的な存在でもなければならないという要請があった。女性に対するこのような要請は実はすでにナチス時代にもはっきりと現れていた。新聞には健康や衛生に関する広告が多数掲載されていたが、それと並んで「働き者の主婦でも手は美しい」（ハンドクリームの広告文）、「やせすぎの女性はもてない」（健康増進剤の広告文）などと、女性に美しさや清潔さを求める広告も数多く載った。家族の健康のために節約をしながら勤勉に家事を行う女性は、同時にまた美的な面で魅力的な存在でもなければならなかったのである。

図2-3　美しい妻と幸福な家庭
（出典）Berliner *Illustrierte Zeitung*, 1936, Nr. 19 v. 7. 5 1936.

そうすれば夫は「いつも新たに」妻に愛情を感じて幸福な家庭が作れるというわけである（図2-3）。ここに健康―美しさあるいは清潔さ―家族というトリアーデが成り立つが、ナチズム期において家族が社会的に差別されることのないような「健全な」、したがってまた健康でもあれば美しくもある家族でありえたのは、「人種的」その他の条件を満たしている場合だけであった。こうして、家族の健康に配慮する「専門家」として合理的に家事を遂行する女性は、それによって国民経済に貢献するばかりか、ナチズム人種主義の家庭内への貫徹にも貢献したのである。いうまでもなく、ここに現れた「人種主義」はいわば「ソフトな」（ポイカート）それであり、決してグロテスクなものではない。ま

さにそれゆえに、戦後も何ら疑問を感じることもないまま、女性は合理的に家事を遂行することで美しく健康的な家族を形成し、もって国民経済の発展つまり「経済の奇跡」に貢献しえたのである。

3．RMDの教育活動は、上述の通り、非常に事細かなものであったが、合理化という点でそれは、経済の活性化が何よりも戦争を目的とし、個人生活の向上を第1としていたわけではないナチスの経済政策そのものによって、抜き差しならないディレンマの中に突き落とされた。例えば、調理に関連して、金銭と時間をともに節約し、合理的に使うようアドヴァイスしていながら、他方では時間を節約するための調理器具は言うに及ばず、粉末のカスタードや、固形スープなどすらも、費用がかかりすぎるとして、その利用には積極的な推奨がなされなかったのである[53]。金銭と時間の、さらには材料の合理的な利用は、先述のジャガイモの例からもわかるように、結局ところ、極めてつましい生活を人々に求めることでしかなかったのである。ここには安価で使いやすい調理器具を市場に大量に供給する力が、ナチス経済には存在しないこと、また大衆の所得を向上させることもできないことがはっきりと現れているだろう。ナチス経済のこうした弱さは、この経済が本質的に戦争を目指す経済であったことによっていた。消費生活の拡大は、生産自体の合理化により、耐久消費財を初めとする商品の大量供給ができるだけのドイツ経済の発展があって初めて可能になることであった[54]。言うまでもなくそれは戦後の「経済の奇跡」によってようやく実現するのである。

4．これまで述べてきたように、ナチス時代の家事を巡る女性向け教育活動には、一方ではナチズムに固有の人種主義的性格が紛うことなく備わっていたが、他方では19世紀以来の市民的女性解放運動を継承し、さらには第2次世界大戦後の西ドイツにおける女性、特に主婦の存在と結びつくような性格が現れていた。この後の部分についてここで再度確認しておくならば、なかでも主婦としての役割を果たすことによって女性が社会的な存在意義を獲得しうるとする議論は重要であった。ナチズムのもとではこのことは女性による家事の「合理

的な」遂行、つまり無駄のない節約を基本とする家事が果たす国民経済上の意義を称揚するだけに留まっていたが、第2次世界大戦後の西ドイツ経済の「奇跡」のもとでは主婦による積極的な消費行動が「奇跡」を支えることになるとして、主婦の消費行動が大々的に評価されるようになる。だがその際、ナチズムのもとでは女性が社会的な意義を認められるのは人種的な「正統さ」を備えている場合に限られていたということは、全く不問に付されていた。まさにそれゆえに、戦後社会において女性は（積極的な）消費行動の展開を、ナチス時代にもまして社会的に意義のある行動として認識することができたのである。言うまでもなく、戦後社会は「経済の奇跡」を通じて消費社会として爆発的に発展する時、消費の基本的な単位となっていたのは個々の女性、主婦あるいはまた男女を問わず個人であるよりは、家族であった。その意味で、ナチス時代から戦後社会まで一貫して消費を通じて、消費に付着する独特の意味を自覚することなく社会に「貢献」したのは女性、主婦に限られるものではなかった。ナチス時代の女性の消費行動は単に、ナチス体制のもとでの人々の体制への「同調」を象徴的に表現していたにすぎないのである。

第2節 「経済の奇跡」と家庭生活

　第2次世界大戦後の数年は、西ヨーロッパのどこの国も戦争の恐ろしい打撃によって疲弊しきっていたが、やがて1950年前後から再建が軌道に乗りだし、以後西ヨーロッパの生活水準は著しく上昇した。それは1920年代に見え始めた生活の「アメリカ化」がいよいよ本格化したことを意味していた。1945～46年にかけてはどこの国でも食料、燃料は言うに及ばず、住宅も衣類も決定的に不足していたものが、1970年までにはどこの国も「豊かな社会」（K. ガルブレイス）へと突入し、日常的に必要とする多くのものがあふれたばかりか、モータリゼーションの波は人々の移動を、戦前には想像もつかない規模へと押し上げた。

　このような社会的な変化が家庭生活において現れてくるとき、それは何よりも耐久消費財に囲まれた生活の形をとった。人々はそうした生活を快適で、豊かな生活と感じたのである。戦後の西ドイツについて言えば、そうした「豊か

な社会」をもたらしたのは、いわゆる「経済の奇跡」であった。確かにこの言葉には、本章の冒頭に述べたように、「神話」としての性格が付着していた。だが、それにもかかわらずこの言葉は現実に生じた戦後の急速な経済発展を表現していた。そして人々は所得の増加とそれを通じた耐久消費財購入の増加を通じて経済発展を実感し、まさにそれゆえに「経済の奇跡」は人々に将来への明るい展望を与え、もって戦後西ドイツの政治的な秩序に対する人々の支持を調達するテコともなったのである。このことからすれば、「経済の奇跡」という「神話」はそれ自体、経済成長によって作り出され、人々がそれを夢として消費すべき対象であった。

言うまでもなく、多くのドイツ人にとって第1次世界大戦の敗戦から第2次世界大戦の敗戦とその後の混乱を含む30数年という時間は、ヒトラー政権下の短期間の経済的回復、第2次世界大戦の緒戦での勝利等、若干の明るい局面があったにせよ、全体としてみれば、暗く陰鬱で、忘れたくなるような時間であった。加えて敗戦国ドイツは戦争と諸々の国家犯罪の責任を問われていた。「経済の奇跡」はこのようなドイツの過去を忘れ、「克服」するためのある特殊な方法であったのである。それこそが「経済の奇跡」が消費の対象となる根本的な理由であった。戦後の西ドイツにおける「経済の奇跡」がその役割を成功裡に果たせたことについて、M. ヴィルトは端的に次のように述べている。すなわち、「西欧的な基準に従って発展していく「消費社会」における日常的な行為が、戦争とナチスによる大量犯罪によって根底から揺さぶられたドイツの社会を、少なくともその西側部分においては、正常化することに寄与したことは疑いない」と[55]。

本節の課題は、家庭生活においては「経済の奇跡」がどのように現れてきたのか、つまり、「経済の奇跡」は家庭の日常生活の中にどのような変化をもたらしたのか、また家庭生活のなかで、女性は「経済の奇跡」にどのような貢献をなしたのかを明らかにすることである。

1.「経済の奇跡」の意味するもの——1950年代における「近代化」

Ⅰ．1948年の通貨改革と1950年に始まった朝鮮戦争は、戦後西ドイツ経済再

建のきっかけとなり、1950年頃までには工業生産は戦前水準に戻っていた。それ以降およそ60年代末まで経済は順調な発展を遂げ、1950年からの10年間に工業生産は実質で約3倍となり、また1950～65年までは年平均5.6%の成長率であった[56]。この驚異的な発展は国内外から「経済の奇跡」と言われたが、この過程を通じて西ドイツ経済は急速に世界経済の中に再統合されていった。特に1951年のヨーロッパ石炭鉄鋼共同体創立から始まるヨーロッパの経済統合の中に西ドイツが最初から組み込まれていたことは、世界経済への再統合を通じた西ドイツ経済の強力な発展を可能にした。

だがこの経済発展の過程で真にユニークであったのはその人的な側面であった。アメリカの経済学者キンドルバーガーは、第2次世界大戦後の西ヨーロッパ諸国がおしなべて高度経済成長を遂げることができた大きな理由の1つは、西ヨーロッパ諸国には労働力が豊富にあり、その結果、需要の高まりに対して比較的柔軟に対応できたことを挙げているが[57]、このことは西ドイツに特に強く妥当した。すなわち戦後西ドイツには1961年までの間にソ連占領地区＝東ドイツや東ヨーロッパから多くの人々が流入し、それが「経済の奇跡」を支えたのである。大雑把な計算によれば、ポーランド、チェコスロヴァキア、ハンガリーから追放され西ドイツに流入―定住するようになった人間の数は約800万人であり、1960年までにはその数はさらに増えておよそ950万人に達した。さらにソ連占領地区＝東ドイツから西ドイツへの逃亡者の数は1945～50年で150万人、1950～61年の間でみればおよそ310万人に達した[58]。こうした大量の流入者の中には多くの質の高い労働力が含まれていたから、西ドイツは経済を再建するに当たり、彼らを当てにすることができたのである。東欧と東ドイツからのドイツ人の流入は、ポツダム協定に基づいて戦後東ヨーロッパ諸国が行ったドイツ人の追放だけではなく、ソ連型社会主義の建設をも直接のきっかけとしていた。このことは東ドイツについて特に当てはまることであった。したがって、西ドイツの「経済の奇跡」と東ドイツの社会主義化は同一メダルの表裏をなしていたのである。

流入してきたのは東ヨーロッパからの「移住者」だけではなかった。西ドイツはすでに1950年代からイタリア、スペイン、ギリシャなどから外国人労働

者を導入して、労働力不足に対処していた。外国人労働者の導入は、古くは「ザクセンゲンガー」と呼ばれたポーランド人を別としても、1890年頃からドイツでは行われており、第2次世界大戦中に強制連行も含めてそれが大規模に行われたのは周知の通りである。それゆえ、戦後の外国人労働力の導入はこうした19世紀以来の労働力移入の歴史の延長線上にあった。さらに、1960年代に入って、東側からの労働力の流入が途絶えてのちは、トルコ人やユーゴスラビア人が外国人労働者として積極的に受け入れられることになった。

2. Ch. クレスマンはアデナウアー時代を「保守的後見人の下での近代化」と特徴づけている[59]。これは確かに、政治的、社会的に古い価値観が支配する中で、人々の生活に次第に変化が生じ、やがてそれが「近代化」と呼びうる状態へと達したアデナウアー時代を非常に巧みに表現していると言えるだろう。もちろんここでは「近代化」とは何を意味するかが問われねばならない。われわれにとっては、家庭生活とそこでの女性のあり方という問題領域との関連において、「近代化」の内容が問題となる。ヴァイマル時代から1960年代末頃までの約半世紀を、社会史的には1つのまとまった時期として扱うことができるとするならば、本書の問題関心から言えば、この時期は何よりも消費生活の拡大、とりわけ消費それ自体を作り出すような方向への拡大によって特徴づけられる。仮にこれを「近代化」の1つの側面として理解するにしても、それは戦後西ドイツの再建あるいは復興や、1950年以降の急速な経済発展とどのような関係にあるのか、つまり、再建や発展の過程でどのように普通の人々の消費生活の発展は現れてきたのか。

この問題を考える際に注意する必要があるのは、経済発展に関する人々の意識の多様なありかたである。前節で見たように、第2次世界大戦前のドイツ社会は、消費が消費を生み出すといった段階にまでは達してはいなかったとはいえ、その生活水準は、総じて決して低くはなかった。そのことを前提とすれば、戦後の再建はいわば「正常への復帰」であり、戦争によって中断された生活向上の再開を意味してはいた。ナチスが政権を握ってから1936年までの間に失業は解消し、1939年までには国民総生産は80％以上増大した[60]。また世界恐

慌期に比べれば、低所得者層が幾分減少し、代わって中位区分の所得者層が若干増加していた[61]。労働者について言えば、名目上ではあれ所得が比較的上昇したのは基幹産業の成長部門——したがってそれは主に軍需関連であった——の労働者であった[62]。このような景気の回復と上昇という状態の中で、所得の増加と消費生活向上への期待が社会の中に拡がった。後者の典型的な表現が国民車の宣伝と国民車購入に向けた積み立てであり、また歓喜力行団主催の外国旅行であった[63]。もちろん、車の購入や外国旅行については言うに及ばず、総じて消費財生産が停滞している状態——このことは繊維製品に特に顕著であった——では、低所得者層、特に子供の多い低所得者層では消費生活拡大への期待が現実化することはほとんど問題にならなかった[64]。だが、それでもとにかく消費生活向上への期待が拡がったこと自体が重要であった。そしてそうした期待を持った人々にとって、戦後それが現実化されるという展望が見えてきたとき、戦後社会のありようが「正常への復帰」と理解されたのである。

　ここで、ナチス時代の消費生活と戦後のそれとを連続的にとらえる、こうした理解の反面にあるものを確認しておこう。言うまでもなく、ナチス時代に「正常な」社会生活を過ごすには「国家の敵」や「人種的に価値の低いもの」でないことが基本的な条件であった。この条件を満たすとき初めて人は生活可能な所得を得、ナチズム的福祉の恩恵に与ることもできたのである。その上で、戦時中ともなれば、人々の消費水準は占領地からの略奪、ユダヤ人の財産没収、強制連行された人々による労働等々によって支えられていた。戦後の消費生活の向上をもって「正常への復帰」、つまりナチス時代から続く消費生活の向上という発展線に乗ることを意味しているとすれば、そのことはまさしく、こうしたナチズム的過去を「なかったこと」とするに等しかった。

　ナチズムの下で少なからぬ人々が将来の消費生活の向上を期待し得たとしても、多くの人々の体験に即するならば、第1次世界大戦の開始から第2次世界大戦の終焉までに、生活の「安定」を経験したことがほとんど無く、あってもそれは短い期間でしかなかった。激しいインフレーションと恐慌に見舞われた人々にとって、生活は厳しいものであったし、またそれ以外に記憶にあるのは戦争でしかなかった。総じて20世紀前半までの普通の人々の生活は「解雇と

長期にわたる失業を絶えず恐れていなければならない」(クチンスキー) ような全き不安定さの中にあった。それゆえ、歓喜力行団による国民車や船旅の広告にみられるような、明るく豊かな消費生活など望むべくもなかったのである。そうであるがゆえに、1950年頃から始まり60年代末まで続いた経済発展は、人々のこのような意識に即してみるならば、決して「正常への復帰」などではなかった。それは国外からも「経済の奇跡」と言われたが、むしろそうした表現は当のドイツ人の意識の有り方を表わしたものであったのである。すなわちそれは、1950年代以降の人々の「中心的な経験」である生活水準の向上を——ドイツ人自身の驚きに即して、そしてまた生活の絶えざる不安定さから逃れることができようという期待を込めて——表現していたのである[65]。

　国内的に見るならば、「経済の奇跡」は何よりも消費生活、モータリゼーション、あるいは余暇というような言葉と結びつけられた。とはいえ、「経済の奇跡」と言われた経済発展は、そのまま直ちに各家庭の生活水準の向上となって現れた訳ではなく、まして人々の生活水準の「平準化」をもたらしたのでもない。それはむしろ——これまで述べてきた通り——生活水準向上への期待を生み出していたのであり、その意味では、「経済の奇跡」と各家庭の現実との間には矛盾があった。「経済の奇跡」の立役者であったL. エアハルトは、何ら包み隠すことなく、このことを次のように述べていた。すなわち、「今日の贅沢品は、はじめの段階では、それらの贅沢品を購入することのできる高い所得を有する小さな集団のみが、手にするであろうということをわれわれが受け入れる場合に初めて、将来一般的な消費財となるのである」と[66]。実際、人々がエアハルトのいう「贅沢品」を手にすることができるようになるまでには、人々は厳しい長時間労働を経験し、また後述するように、節約を旨としなければならなかったのである。

　それゆえ、もしも多くの社会集団について長期にわたって生活水準向上への期待が満たされなかったならば、そのことは戦後西ドイツの発展にとってゆゆしき問題を引き起こしたであろう。だが実際には、戦後西ドイツにおいては、例えば1966/67年の不況の時を中心に、一時的に極右政党が台頭したことがあったにせよ、経済的な不安定さが社会的、政治的な不安定さを引き起こすこと

は次第になくなり、まさにその点で戦後西ドイツとヴァイマル共和国とは決定的に区別されるのである。それだけではなく、経済発展は戦後西ドイツの政治秩序に対する国民の信頼感を高めることにもなり、そのことはまた東ドイツに対する西ドイツの優位をも確保することにつながったのである。このように、戦後西ドイツ経済の展開が政治的な不安定さを引き起こすことがなかったことを踏まえるとき、戦後西ドイツ経済の「奇跡」は、人々の意識に即するならば、生活水準向上への期待を長期にわたって維持させることができたところにあった。

とはいえ、個々の家庭にとっては生活の向上という期待と現実のギャップは何らかの形で埋められねばならない。つまり期待を維持する何らかの方策がとられねばならないのである。家庭内で実際にその方策を担っていたのが女性であった。エアハルトは端的に「私は女性を何よりも消費者として評価する」と述べたが、それは女性の努力によって生活の向上、消費の拡大を果たすようにということであった。さらに、このことに関連して次の点にも留意しておく必要がある。すなわちローリンが述べているように、「経済の奇跡」は社会集団毎に、それが現れた時期と、また現れ方に差異があったのである[67]。したがって、「経済の奇跡」と言われた急激な変化を人々が、なかでも期待と現実とのギャップを埋める努力を日常的に引き受けなければならなかった女性が、そうした任務をどのように受け止めていたかを見るならば、戦後西ドイツに生じた「近代化」ということの意味を解明することができるだろう。

2.「経済の奇跡」と家庭生活

戦後西ドイツ「経済の奇跡」は、家庭生活にも大きな影響を与えた。1950年代初めには「経済の奇跡」は政治的な「約束」であり、人々の「期待」でしかなかった。だが、およそ1957年頃から「経済の奇跡」は次第に家庭生活の中に現実として入り込み、その結果、消費に関わる階級的な区分が次第に見えにくくなる階層の「平準化」という事態も生まれてきた。

もちろん前項で述べたように、個々の家庭生活について言えば、「経済の奇跡」の現れ方は様々であった。それだけではなく、急速な経済発展が直ちに、

消費生活の目に見えるような拡大を招いたともいえないのである。例えば、「経済の奇跡」が個々の家庭における余暇の増大をもたらしたと考えることもできない。むしろ、今日われわれが考えるような意味での余暇は、1960年以前には多くの家庭にとってはほとんど無縁であったと見なしてよいだけの根拠がある[68]。M. ヴィルトによれば、「経済の奇跡」の中で総じて消費生活が必要不可欠なものを購入し消費することから、欲するものを購入し消費することに変化するのは1950年代末から60年代初めの時期なのである[69]。

だがすでに50年代から、生活向上への期待も含めて、「経済の奇跡」は各家庭の生活に様々な影響を及ぼしていた。具体的には、食生活の変化、自家用車や電気製品を初めとする耐久消費財の宣伝と普及、住宅事情の改善、モータリゼーション等々の形で、新しい経済的な繁栄は各家庭に直接作用し始めていた。そのことはまた、家庭における女性のあり方、さしあたりは特に家事労働のあり方に影響したのである。われわれはそのことを食生活の変化と家電製品の普及という2つの点についてみてみよう。

以下の行論では雑誌に掲載された商品広告が主な史料とされ、また雑誌記事に言及することも多くなるだろう。「経済の奇跡」が家庭生活の中に浸透する以前には、消費生活向上に関わる政治家や産業家などの「約束」を目に見える形で人々に見せる主な場所は、ベルリンのKaDeWeのような大型高級デパートか、ハノーファーをはじめ各地で毎年開催された見本市などであった。だが、1950年代末頃までには人々に生活の簡便さと豊かさへの夢を与えるようになるのが雑誌にのる広告、とりわけいわゆる女性雑誌のそれであった[70]。

1）食生活の変化

1．1950年代に労働者の家計は前例のない増加を見せ、1950～54年までの間に、標準的な4人家族世帯の労働者の収入はおよそ40％増加した。また世帯あたりの可処分所得も1950年の月額305.08マルクから1963年には846.76マルクへと増加した[71]。支出の割合が最も高かったのは、一貫して食費であったとはいえ、その中での「嗜好品」の占める割合は次第に増加していたし、しかも「嗜好品」自体もその内容が変化した。すなわちビールを初めとするアルコ

ール消費の増大は言うまでもないことながら、アルコールの種類に変化が生まれつつあった。このことを象徴するのが、シャンパン（＝ゼクト）メーカーのマテウス・ミュラー社が1958年に、グラス2杯分の「小さなシャンパン」を出したことであった（図2-4参照）。それは、ビールよりは贅沢ではあるが、本格的にシャンパンを楽しむことができるほどには生活の向上が実現していない状況を反映していた。なおグラス2杯分とは、「経済の奇跡」の中での消費生活が夫婦（あるいは家族）を単位としていることを端的に示すものでもあった。

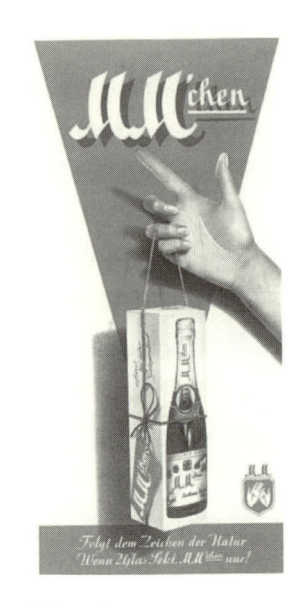

図2-4 「小さなシャンパン」
(出典) M. Kriegeskorte, *100 Jhare Werbung im Wandel*, köln 1995, S. 64.

さらに嗜好品の種類もアルコール類に限られなかった。菓子類や果物の消費も増加しているのである[72]。東ドイツの崩壊からドイツ統一までの過程での、バナナやオレンジのような南国の果物類が持った象徴的な意味は記憶に新しいが、50～60年代にかけての西ドイツにおける南国果物類の消費の増加も、確かにまだ日曜日のデザートであることが多かったかもしれないが[73]、それでも「豊かな社会」の発展を人々に印象づけたであろう。実際、50年代末には西ドイツは南国果物に関する世界最大の輸入国となっていたのである[74]。南国果物ばかりではなく、50年代後半にはトマト[75]の輸入も急増したが、こうしたことは西ドイツが「経済の奇跡」の中で急速に世界経済の中に組み込まれていったことを象徴している。

バナナやオレンジ、さらにはパイナップルなどが象徴していたのは単に「豊かさ」だけではなかった。女性雑誌がそれらの消費を推奨したことは、ヴァイマル時代に国粋主義的な観点からそれらを排撃したある種の女性運動、特にドイツ主婦連盟[76]への明白な否定をあらわし、同時にまた戦後ドイツの「国際化」、あるいは敗戦国ドイツが国際社会へ復帰したことを現すものでもあった。

この点からすれば、南国果物は戦後西ドイツによる「過去の克服」への意志を、おそらくはそれと意識することもないままに表していたのである。

　女性雑誌には、戦前のドイツ人にはほとんど知られていなかったであろう「外国」料理が、毎号必ずといってよいほどに紹介されていた。「ダブリン風白インゲン」、「マドリッド風子牛のアタマ」、「鶏肉のポルトガル風マヨネーズソース和え」、「モスクワ風肉料理」、「イタリア風ほうれん草炒め」、「ベオグラード風鯉料理」、「シュトラスブール風ヴァニラクリーム」、「ニューヨーク風トマト入りグラタン」、「プラムのオスロ風プディング」、「ミラノ風カツレツ」、「ハワイアンステーキ」等々、枚挙のいとまがない。それは確かに、モータリゼーションの本格的な展開とともに可能になる外国旅行を先取りするものであっただろう。だが他面では、M. ヴィルトの指摘を待つまでもなく、それは敗戦によって国際社会から孤立した西ドイツが国際社会に受け入れられたいという「国民的」な願望の現れでもあった[77]。「1度でよいから国境を越えてみたい」、つまり外国旅行をしたいというのはドイツ人（女性）の「夢」であると述べた女性雑誌の記事は同時に、「外国の人々によい印象を残すことは、私たちが思っている以上に大事なことなのです」と、ドイツの信用回復を求める気持ちを痛々しいまでに表現していた[78]。

　しかしこのように国際社会に受け入れられたいという願望には、それをどのように実現するのかに関する明確な方向性が欠けていた。言うまでもなく、西ドイツが国際社会に復帰するだけではなく、国際的な信用を得るためには、何らかの形での「過去の克服」が必要であった。ここは戦後西ドイツにおける「過去の克服」について述べるところではないが[79]、1950年代後半から60年代初めにかけてのそれに特徴的なことは、「普通の人々」が過去の罪過とどのような関わりを有していたのかが、ほとんど全く問われなかったことである。まさにそれゆえに、「真に罪のある人間」（アデナウアー）が罰せられた後は、一日も早く国際的信用を回復し、国際社会へ復帰したいという願望は、強固な国民的願望となったのである。

　だがそのような願望は「普通の人々」の責任を問うことがないがゆえに、かえって裏口から「克服」されるべき「過去」を人々の意識の中に引き寄せるこ

とになった。われわれはこのことを食生活の中にも確認することができる。言い換えれば、国際社会に地歩を得たいという、「経済の奇跡」の中で膨らんできたドイツ人の願望には、ある種の胡散臭さがつきまとっていたことも否定できないのである。例えば、アイスミルクにココアを混ぜた、われわれのいわゆる「チョコレート牛乳」が「アフリカン・カクテル」と呼ばれるとき[80]、そこにはまだアフリカ＝「暗黒大陸」という連想からさほど遠くはない偏見の世界が見えると言っても、大過ないだろう。つまりこのころのドイツ人の「国際」社会とは、せいぜいのところ、スペインやユーゴスラヴィアを含んだところのヨーロッパにすぎなかったのである。それはまた戦後西ドイツが導入した「ガストアルバイター」の出身地の範囲を超えることはなかった。それ以外はドイツ人の視野に入らない「暗黒」の地であったのである。

また興味深いのは、「外国料理」を紹介していた女性向け家庭雑誌が、1960年になると「ドイツ食事の旅」（"kulinarische Deutschlandsreise"）と題する連載を行い、ドイツ各地の料理を紹介したことである。国際的には冷戦体制の中に深く組み込まれると同時に、EECを通じて西欧諸国と強固な結びつきを西ドイツが持つようになったことが連載の背景にはあっただろう。つまりこうした条件のもとで、西ドイツはもはや国際的な孤立を恐れる必要が無くなり、その意味で自己を「西側」の一員として理解することができるようになったからこそ、「外国料理」の紹介を行う必要が無くなったのである。そしてそのことはまた、「過去の克服」をもはや意識にのぼらせる必要もなくなったということを意味していた。今や安んじてドイツ国内にある魅力的なものに眼を向けることが可能になったのである。

2. ところで、食生活の変化という場合に、A. リュトケが指摘しているように、調理や食事を「社会的実践」の形態変化としてとらえなければ、意味をなさない[81]。例えば、1950年代に小麦粉の消費が減り、代わってビスケットやケーキ類の消費が増えたとするならば[82]、それは家庭内でビスケットやケーキを作ることが少なくなり、それらが商品として購入されるようになったことを意味している。そこではビスケットやケーキの作り方についての知識に代わっ

て、購入する製品の質や価格の妥当性などについての知識、適当な商店に関する知識、他の商品の購入との予算上のバランスを判断する力等々が、主婦には求められるだろう。

このような変化はまた家庭内での女性、特に主婦の活動内容に変化をもたらすことにもなろう。以下に述べるように、その変化にはいくつかの側面があった。まず第1に、菓子類や果物の缶詰類などを中心に多くの完成食品が購入されるようになったとはいえ、まだまだ多くの食品が手作りされたことは重要である。現実には50年代半ばでもまだ人々の生活はつましいものであり、多くの家庭ではジャムなど保存食の多くは自家製であった[83]。また当時の家庭婦人向けの雑誌にのった料理関連記事にはビスケットやケーキの作り方が毎号のように含まれていた（図2-5）。つまり、それらの商品購入は急速に増大していたとはいえ[84]、まだそれらのものは常に商品として購入される訳ではなかったのである。ただし、女性雑誌（*Ratgeber*, 1958）で見る限り、作るに当たっては砂糖、バターやミルク、生クリームあるいは卵は当然のこととして、ココアやチョコレートなども用いられ、また家庭には電気あるいはガスによるレンジがあることは前提とされていた。このような記事からすれば、商品としてのケーキやクッキーを購入することによって、それらを作るならば必要であった時間を別のことに当てる可能性が生まれる一方で、仮に家庭でそれらを作る場合でも、そこには少なくとも経済発展が始まる以前とは異なる、ある種の「豊かさ」があり、その下で女性とりわけ主婦に工夫の余地が生まれていることが、窺えるのである[85]。言い換えれば、ここに主婦の「実践」があるのである。このように、従来家庭で作られていた

図2-5 ビスケットを作る
（出典）*Ratgeber*, 1958. H. 11, 表紙。

ものが商品として購入されるようになっていく中で、あえて家庭でそれが作られるときには、それまで多くを手に入れることのできなかった材料および作るための器具についての知識をもって、主婦は食品を作るのである。実際、菓子類を作ることに関する記事が女性向けの家庭雑誌に多く載るということは、女性たちの工夫を助ける意味を持っているだろう。

　同時にまた、そうした工夫は——作り方に関する記事の多くが、時間のかからないことを強調していることからもわかるように——それを可能にする様々な台所用の調理器具の存在を前提としていた。それが例えばレンジであり、ミキサーであり、電気冷蔵庫であった。言うまでもなく、50年代半ばにはこれらの多くはまだ十分に普及していなかった。例えば、120〜140ℓの冷蔵庫の値段は1957年でおよそ570〜615マルクしたのであり、また調理用ミキサーも1958年にはブラウン社の場合が230マルク、バウクネヒト社はほとんど300マルクにも達していたから、どの世帯でも直ちに手に入れることのできるものではなかった。ある女性雑誌が行った調査によれば、1950年代半ばに西ドイツの家庭に普及していた耐久消費財は、未だ家庭生活を大きく変化させるようなものではなかった。すなわち、個々の耐久消費財の普及率はミシン56％、掃除機39％、電気冷蔵庫10％、電気洗濯機9％に止まっていたのである[86]。家電メーカーは、例えば電気洗濯機や調理用ミキサーによって主婦の労力が節約されることを強調し、また割賦販売で商品を購入できることを宣伝していたが、1950年代にはまだそうした耐久消費財を購入できるほど、一般家庭の所得水準は高くなはなかったのである。多くの技術的な手段、とりわけ多様な家電製品を西ドイツの家庭が実際に購入できるようになるのは、ようやく1950年代末のことであった[87]。だが、50年代半ば以降、人々には節約をすることで何らかの耐久消費財を手に入れることのできる可能性が、ますますはっきりと見えてきていた。「いつそれを買うことができるようになるかだけが問題」であったのである[88]。そうしたことからするならば、女性向けの雑誌がケーキやクッキーの作り方を繰り返し記事にするのは、将来への期待と未だ必要な器具を手にすることができない現実とのギャップを、女性の「工夫」という実践によって乗り越えさせることを意味していたと言えよう。

このように商品としてすでに存在し、それを購入することは必ずしも大きな負担とはならないような食べ物すら家庭で作り、そこに主婦の工夫が求められるのは、それが将来のよりよい生活を可能にするような耐久消費財を購入するためになされる節約の一環であるからである。実際、果物や野菜などの瓶詰めをなぜ自家生産するのかについて、『助言者』という女性雑誌は、ある調査の結果として、ドイツの75％の家庭で節約のために瓶詰めを作っていると報告している[89]。1950年代には果物の缶詰が急速に普及している時期であったから、ここでの節約が収入の絶対的な不足を原因としているのではないことは明らかであろう。将来に向けた節約は夢を伴うのであり、たまに果物の缶詰を楽しむことと、何ら矛盾するものではなかったのである。

　だが、家庭で主婦が調理に関して「工夫」をする理由はこれにとどまるものではない。第2に家族の健康の問題が挙げられる。

　　「自分で調理したものというのは危ないところがないし、だから健康にもよいという確信（がある）。健康は私たちの最高の価値であり、主婦なら誰でも自分が家族の健康によい食事を与える責任があるということを知っているに違いありません」[90]。

ここには、家庭内での性別役割分担の中で、女性＝主婦が家族の健康に責任を負う「専門家」であるという自負心が現れている。戦後の再建が家族の再建と結びつけられていた限りでは、ここに家族の健康に責任を負うこと自体が戦後女性の社会的責任となるのである。

　第3に、主婦が調理に工夫するのは、「家族の男性」つまり夫がそれを大歓迎するからである。言い換えれば、夫は調理を妻の愛情の表現と受け止めるのであり、それゆえ、夫婦の関係を良好なものとするために、主婦はあえて手作りをするのである。ここでは工夫を凝らして調理するということが家族あるいは夫への配慮としての愛情を表現していると言えよう。このような調理と家族あるいは夫婦の幸福とを結びつけることは19世紀半ば以来ブルジョワ的家族の規範として存在していたが、1950年代末になってもまだそうしたものとし

て女性雑誌の中で強調されていたのである[91]。

以上のように、商品として購入可能なものもあえて工夫しながら手作りをする背後には様々な理由が潜んでおり、それらの理由自体が戦後ドイツ社会の一面を浮き彫りにしていた[92]。

3．食事との関連で主婦の活動内容の変化ということを見るならば、50年代末以降の鶏肉消費の急増は注目に値する。1955年に事業を開始したF．ヤーンは1964年にはヨーロッパとアメリカの70以上の都市に140を超える、ローストチキンのチェーン店「ヴィーナーヴァルト」を出店していた。1964年のその広告には以下のような文句を見ることができる（図2-6、参照）。

図2-6　ヴィーナーヴァルトの広告
（出典）M. Kriegeskorte, *100 Jhare Werbung im Wandel,* Köln 1995, S. 161.

「日曜日には台所で火を使わない。なぜなら、みんなでヴィーナーヴァルトに行くから！　すばらしい考え：日曜日には家中がそろってヴィーナーヴァルトに行く。ママは週に一度「料理を休む」（Ferien vom Herd）。ママは料理をする必要がないし、料理を並べなくてよいし、後かたづけもない。

ヴィーナーヴァルトにはカリカリに焼けたローストチキン、キツネ色に揚がった　ポンフリ、そしてすばらしいサラダ――これこそが本当の夏の食事です！……」[93]

ここには、休日の＝特別の食事としてローストチキンがあること、夫にはその特別の食事によって、妻を台所から「解放」することができるだけの収入があることなどが示唆されている。つまり「豊かな社会」は、夫の収入によって家族の生活が成り立つ家族賃金と専業主婦の存在を柱とする家庭を単位とし、そのうえで専業主婦からその仕事の一部を産業――この場合には外食産業――に肩代わりさせることを可能にするのである。そしてローストチキンはそうした「豊かな社会」を象徴する食品であった。女性雑誌『コンスタンツェ』の1958年版料理特集号の鶏肉料理のところには、以下のような興味深いコメントがつけられていた。すなわち、昨今では冷凍庫のお陰で1年中鶏肉を食せるようになったこと、また「今日ではしばしば調理済みの鶏肉を買うこともできる」ようになった、と。先に紹介したヴィーナーヴァルトの広告と比べてみるならば、このコメントをそのまま1950年代末のごく一般的な家庭生活の有り様を示すものと受け取ることには、注意が必要であろう。だがそれにも拘わらず、ここからは、鶏肉を1年を通じて食することができること、それには冷蔵（冷凍）庫の普及が与っていること、またローストチキンを人々は購入することもできること――このような生活がすでに実現可能性を持っていることを、知ることができる[94]。まさに鶏肉は家庭生活、とりわけ食生活の変化を表す食べ物であった。実際鶏肉の消費は1950～63年の間に7倍にふくれあがり、それを国内産だけで賄うことができず、アメリカからも輸入された。ヴィルトはアメリカ産の鶏肉は「西独大衆文化のアメリカ化の最も永続的な要素の1つ」であるとしているが[95]、そのような鶏肉消費の急増はまさに、上に述べたような「豊かな社会」における家庭のあり方が、「経済の奇跡」の中で、人々によって望ましい「あるべき」姿と感じられたということを意味している。

　しかしヴィーナーヴァルトの広告はわれわれにまた、別の問題も教えてくれる。繰り返し述べたように、1920～50年代にかけて、家事の合理化、つまり女性の家庭内労働の軽減が叫ばれてきたが、60年代半ばになってもなおこの広告のように、週に一度は「料理を休む」ことが推奨されているとするならば、道具の利用による調理の合理化を含む家事の合理化が、必ずしも女性の労働負担の軽減をもたらしてはいないということになろう。先に述べたように、主婦

に対しては調理における「工夫」が求められるが、実際、道具の利用におけるある部分での作業の「合理化」は、別の部分での新たな仕事を作り出し、全体として家事における仕事の量は必ずしも減らないのである。専業主婦とはそのような絶えず新たに作り出される家庭内の仕事を専ら行う女性に他ならない。専業主婦は夫が家族賃金を得ることを前提としているから、家庭内の仕事を放棄してしまうならば、つまり負担の軽減化をはかるならば、専業主婦ではありえないことになろう。しかし、「豊かな社会」は負担を「外化」すること、つまり専業主婦の仕事を外注することを可能にする。食事に関して言えば、60年代半ばでもまさにこの広告にあるように、食事を「外化」すること、つまり「外食」が負担軽減にむけた唯一可能な選択肢であったのである。

だが、家事の負担を軽減するための「外食」ということならば、そのとき「外食」は家族にとってもはや特別の時ではなくなる。上野千鶴子が述べるとおり、家庭内での食事の方がかえって特別となるかもしれないのである[96]。負担の軽減を家庭外に求めていくとき、それが拡大していくならば、専業主婦は本来なすべき業務、つまり家事を失うことになる。それに代わる、あるいは新たな業務を家庭内に見いだすことができないならば、専業主婦は自らのアイデンティティを失うことになるだろう。そうなったとき、専業主婦は家庭外に新たな自己確認の手立てを求めることになろうが、それは家族賃金と専業主婦を核とする「豊かな社会」における家族のあり方を否定することにつながる[97]。こうして主婦＝妻の台所からの「解放」として「外食産業」が登場したとき、この広告とは裏腹に、戦後家族の変容が見えてくるのである。

4．最後にこれまで述べてきたことをまとめておこう。1950年代に西ドイツ経済が発展していく中で人々の食生活は大きく変化した。肉類特に鶏肉（＝ブロイラー）、嗜好品や菓子類、あるいは果物などの消費量が増大したことが、その変化を端的に示していた。言うまでもなく、消費量が増えたそれらの食品は商品として購入されるものであったから、食品の変化と増加は食生活の商品化と呼べるものであった。しかも、商品として購入されるものの中には、ブロイラーや缶詰・瓶詰めの類のように工業製品が少なからず含まれており、それ

ゆえ、食生活の商品化は食品の工業製品化と一体であった。

 ただし、食生活の商品化、食品の工業化の傾向は顕著であったとはいえ、人々はすべての食料品を商品として購入していたわけではない。菓子類やパンの自家生産はなくならなかったし、保存用食料やジャムを瓶詰めとして自分で作ることも普通になされていた。このことからもわかるように、「経済の奇跡」の中で食生活は商品化を通して多様化していったとはいえ、食生活の全てが商品化したわけでもなければ、誰もが一様に豊かな食生活を享受できるようになったわけでもなかった。言い換えれば、食生活に関しては「経済の奇跡」は「平準化」をもたらさなかったということである[98]。

 確認すべき第2の点は、主婦が調理をするに当たり、特に商品として購入可能なものをあえて自分で作るときに行う配慮に関することである。主婦は調理に際して、家族の健康、将来への備え、夫との関係等々を配慮していた。性別役割分担の中で、主婦の果たす役割の根底にこうした多様な考えが潜んでいた。後述するように、家族の健康への配慮はナチス時代から主婦に科せられた重要な任務であったから、この点でナチス時代から戦後までの間には一定の連続性を認めることもできるかもしれない。また、将来に備えて節約する生活態度も、すでにナチス時代に歓喜力行団の旅行や国民車の購入に備えるという形で、みることができるものであった。とはいえ、戦後の食生活の中にみられる節約は、「経済の奇跡」がもたらした生活向上への期待に添うものであった。さらに、夫との関係、夫婦の愛情による結びつきへの配慮は、夫婦や家族がますます友愛的関係によって支えられるようになってきていることの表現とみることができよう。

 第3に、食生活が観念の上でも、実際にも国際化してきたことが重要である。言うまでもなく、それは「経済の奇跡」の中で西ドイツが世界経済、ヨーロッパ共同体の中に組み込まれてきたことの表現であった。だがそれはまた、「過去の克服」という戦後ドイツが背負わねばならなかった課題とも密接に関連していた。胃の腑の問題は肉体の問題であるばかりではなく、精神の問題でもあったのである。

2) 家電製品の普及と主体としての女性

1．先に見たように1950年代半ばには、電気掃除機を別とすれば、家電製品の普及はまだ低い水準に止まっていた。1950年代はじめには電気洗濯機や電気冷蔵庫あるいは冷凍庫は未だ贅沢品であった。1958年末になってもまだ、これらの家電製品を購入しようと思うならば、「非常に慎重に考えなければならない」と言われたし[99]、女性向け雑誌の洗濯機に関する記事は、「洗濯機について話し合ったことのない家庭はないだろう」と述べて、それがまだ「ほしいものリスト」の上にある商品であることを示していた[100]。テレビや洗濯機に比べて宣伝されることが比較的少なかった冷蔵庫について、50年代半ばにはその広告の多くはすでに冷蔵庫の実用的な側面を強調するものとなっていたが、それでもなお冷蔵庫をステータスシンボルとするような広告も残っていたほどである[101]。また50年代半ばの女性雑誌の広告に載る冷蔵庫の大きさは110～140ℓ程度のものであったが、『シュピーゲル』誌に載るそれは200～400ℓであり[102]、家電製品が普及していったにせよ、明らかにそこには階層間の大きな格差が存在していたことは否定できない。どのような冷蔵庫を持つかが「ステータス」を現していたのである。この事実は、「経済の奇跡」の中で生じたとされる階級・階層間の「平準化」が、決して所得水準を均等化していくことを意味するものではなかったことを示している。

個々の家庭にとって家電製品の購入は重大事であり、おいそれとなしうることではなかったとはいえ、家電製品は確実に一般家庭に浸透しつつあった。その大きな理由は、既婚女性の就労が増えたことである。すなわち1950年には既婚女性の約20％しか就労していなかったが、1961年には35％を超えたのである[103]。いうまでもなく就労女性の家事負担を軽減することは焦眉の課題であり、そのことが家電製品普及の背景となっていた。だが実際に購入が可能となっていく上では、先にも触れたように、割賦販売の制度が有益であったが[104]、なによりも家電製品の価格自体が確実に低下していたことが重要である[105]。一方に賃金の上昇があった以上、製品価格の低下は人々の購買意欲を刺激しただろう。そして実際に製品を購入する層が拡大すれば、例えそこにどのような製品を購入するかに応じて大きな階層差が存在していたとしても、そ

うした差異は表には現れにくく、結果として生活の「平準化」という現象が現れてくることは避けがたい。

2．家電製品の宣伝は必ずしも直接的に、上に述べた「平準化」現象を強調している訳ではなかったが、しかしその内容は確実に社会の変化を映し出していた。われわれはそれを広告に見られるいくつかのパターンから読みとることができる。例えば、洗濯機や冷蔵庫については、主婦の労力やあるいは端的に家計の節約ということが強調された。AEG 社の洗濯機の広告には、年に 20～30 日の洗濯日の節約が可能となるとうたわれていた（図2-7 参照）。別のメーカーの場合も、「洗濯日からの解放」を洗濯機のメリットとしてあげていた[106]。あるいはまた、洗濯機を「お母さんの新しいお手伝いさん」と呼んでいるメーカーもあった[107]。言うまでもなく、洗濯は家事の中で最も多くの時間と労力を奪うものであったから、これらの広告は商品の購入が女性にとってメリットとなることを主張していたのである。

図2-7　AEG 社による洗濯機の広告
（出典）AEG, in: *Der Spiegel*, Nr. 49 v. 5. 12. 1956, S. 8.

ところで、バウクネヒト社の冷蔵庫の広告では、「庫内の全空間」が使えること、冷気が均一かつ急速に行き渡ること、したがって「大変お買い得」であることなどが強調されていた[108]。こうした宣伝に対応するかのように、女性雑誌にはどうしたら冷蔵庫の冷気を逃がさずにすむか、電気代を無駄にしないですむかという記事が載っていた[109]。

このような金や労力の節約という考え方が、ヴァイマル時代以来の家事の合理化という考え方の延長線上にあることは言うまでもない。戦後とヴァイマル

時代の決定的な相違は、戦後には家事の合理化を可能にする道具が実際に眼の前に現れてきたことであった。耐久消費財の本格的な普及は1960年代のことであったにせよ、50年代半ばにはすでに多くの宣伝がなされるようになっており、人々にとってそれらの消費財は現実性をもった商品であったのである。したがって、家事の合理化も、代用品の利用も含めて、いかに家事を合理的に行うかを工夫することではなく、いかに耐久消費財に家事を代行させるかという問題となってきたのである[110]。

しかしながら、強調されていたのは節約ということだけではない。「ある日私は思いついた」というタイトルの、AEG社による洗濯機の宣伝には、次のような言葉がタイトルに続いていた（図2-8参照）。

図2-8 AEG社の洗濯機の広告2
(出典) AEG., in: *Der Spiegel*, Nr. 47 v.21. 11. 1956, S. 50.

「思いついたのは妻にAEG社の洗濯機を買おうということだった。そして私はそうした……。妻はそれ以来、子供たちと私のために、以前よりもずっと多くの時間を使うようになった。妻がこれほど休養十分で、健康的で、生き生きとしていることは、以前にはなかった。AEG社の洗濯機を買う」ことは「妻と家庭の幸福を意味するのです」。

ここには専業主婦の負担を軽くするよう考え、そのための手段を講じることが夫の務めであるだけではなく、それがより一層妻の家族に対する奉仕を引き出し、家庭の「幸福」が保たれるという、消費社会の中での家庭のあり方自体が強調されていた[111]。確かにここには伝統的な男女の役割分担の考え方が明白に現れてはいる。そればかりでではなく、洗濯機の有用性についての知識が男性にしかないこともほのめかされている。同じAEG社の広告が、上に述べ

たように、洗濯機の購入は女性にとってメリットであることを強調していたとするならば、この広告では女性はそうしたメリットを自分では気づくこともできない存在とされている。後述するように、家電製品の宣伝は主婦に対して「知的」であることを求めていたから、この広告が表していたのは、女性における「知性」の欠如ではなく、専業主婦が夫の「家族賃金」に依存した存在であるということであっただろう。

　だが同時にこの広告は、消費社会を支える基礎的な単位が家庭であるということを、端的に述べるものでもあった。そしてこのことに着目するとき、この広告に見られる男女の役割分担の観念の中には新しい側面が含まれていることが明らかになる。すなわち、家事のための家電製品を使うのが女性であってみれば、つまり多くの家電製品が事実上女性のために存在するのであれば、家電製品に代表される耐久消費財の普及こそが「経済の奇跡」の家庭における具体的な現れであったから、ここに女性は「経済の奇跡」の担い手として位置づけられることになろう。女性雑誌は女性が消費者であることを強調したが[112]、それは決して女性が生産者に対する受け身の存在であること、あるいはまた宣伝の客体であることを意味していたのではなく、女性こそが「経済の奇跡」の担い手、その主体であることを意味していたのである[113]。ドイツの主婦の間では相対的に消費者意識が希薄と言われる中で[114]、女性の消費者性を強調したことは、戦後の経済再建と発展の中で女性が果たすべき役割を、女性雑誌が意識していたということを意味するだろう。さらに、このことを上に述べた専業主婦が夫の「家族賃金」に依存する存在であるということと関連させるならば、家庭内での夫と妻の関係が、妻が夫に経済的に依存する存在でありながらも、なお、両者の関係が対等であり、むしろ夫は妻の必要を満たす時、初めて夫たりうるということが明らかであろう。ついでながら、1957年に成立した家族法は男性が「一家の大黒柱」であり、女性は妻であり母であるという伝統的な家族モデルと、基本法にうたわれた男女平等とを結びつけたものであるが、まさにそれは上述の洗濯機の広告の根底にあった観念を規範化したものであったのである[115]。

図 2-9　ミキサーの広告
（出典）Bauknecht, in : *Ratgeber*, 1957, S. 601.

3．女性、特に主婦が「経済の奇跡」の主体であるならば、家庭の中で女性は単に夫や子供に奉仕するためだけの存在ではありえない。例えば、バウクネヒト社のミキサーの広告（図2-9参照）は、「手で行うには辛く、退屈でもある」作業を、ミキサーを使えば簡単にできるとうたい、女性はそうした調理器具の「価値を知っている」とのべて、女性の側の主体的な購買意欲を強調したのである。その際その購買意欲は単に労力の節約ということのみに支えられるのではなく、新鮮な野菜や果物のジュースを作るなどして「家族の健康に役立つ」こと、つまり主婦が家族の健康に責任を持つこと、そこに主婦の「家事の長」としての責任があることを強調していたのである。それは性別役割分担の中で、家庭に女性の場を割り当てる従来からの論理と同一次元にある。だが同時に、そこには従来とは異なるトーンが含まれてもいる。すなわち、ここでは家族の「健康」との関連で主婦＝女性の果たす役割が強調されていることに注意しなければならない。健康は今や、極めて重要な価値なのである。もちろんここでは、ナチス時代のような国民の健全な発達という論理は欠け、健康は専ら私的な、すなわち家族の問題としてとらえられている。それゆえ、例えば冷蔵庫（ボッシュ社）の宣伝にあっても、「新鮮な食材は健康的で消化によい」ということが中心におかれると同時に、「食欲をそそる、新鮮な食事と飲み物をいつでも手にすることができる」ということが強調されていた[116]。とはいえ、家族を単位とした消費水準の向上こそ「経済の奇跡」の内実であってみれば、そして家族構成員が健康であって初めて「経済の奇跡」に均霑(きんてん)できるのであるとすれば、健康は決して私的な問題にとどまりうるものではなく、社会的な問題とならざるをえない。こうして主婦が家族の健康に責任

を負うという論理、企業が強調し、主婦がそれを自らの内に内在化しようとする論理は、実はナチス時代の主婦と健康とをつないでいた論理に連続する性格を有していたのである。「経済の奇跡」の担い手、主体として主婦の役割を強調する論理が、このような性格を有していたことをここで確認しておこう。

ところで、健康が家庭内部の私的な問題となるに応じて、主婦には家族の「健康」に責任を持つことができるだけの「知性」が求められることになるのは言うまでもない。健康が重要になることは同時に女性に対して、「主婦」としての役割に甘んじるのではなく、「主婦」にふさわしい「知性」の持ち主であることを要求したのである。家電製品に関連して女性の購買意欲や価値としての健康を強調する背後に、「知性」に対するこうした要求が潜んでいた。

それだけではなく女性雑誌の記事は、ミキサーのような調理器具は多様な用途があるがゆえに、「主婦は買い手として、どの器具を買うのかを自分で決めなければならない」[117]と述べて、消費社会化が進展する中で主婦の主体性が商品選択の能力として問われることになることを明らかにしている。洗濯機に関する家庭雑誌の記事は端的に、「洗濯機を買うことになれば、多くの大事な問題に答えなければならない」と述べていた[118]。実際1950年代半ばには、「市場は主として女性の消費者によって形成されて」いた[119]。明らかに、今や専業主婦といえども、様々なことに応えることのできる能力の持ち主であることが求められたのである[120]。

M. ヴィルトは、主婦の能力が問われるのは単に商品選択に際してだけではなく、それ以上に商品＝機械をどのように使うか という点にも現れるとしている[121]。実際新しい道具の出現とその利用は、洗濯機が洗濯に関わる主婦の労働を決して軽減しなかったように、女性—主婦に新しい労働を課することになる場合が少なくなかった。例えば、ミキサーの利用は後始末に多くの時間を必要としたのである。まさにそうであるがゆえに、余計な労力を節約するために、主婦は商品選択ばかりではなく、新たな道具をどのような場面で、どのように利用するかということを、マニュアルに左右されることなく、自分で決めることが必要であったのである。ここにも消費が一面では実践に他ならないということが現れているだろう。

前節で述べたように、ヴァイマル時代に家事の合理化論の一環として主婦の専門職化に関わる議論が展開されたが、戦後の消費生活の拡大、耐久消費財の普及を背景に、ヴァイマル時代にもまして主婦の専門性が強調されるようになったのである。その専門性の内容は、家族の健康に配慮したり、種々の道具類の中から何を選択したらよいのかを選ぶことのできるような知性や能力であり、あるいはまた道具の使い方に独自の判断をすることのできる能力であった。こうした様々な知性や能力を持つことによって、主婦は家事の「専門家」として、家庭内にあって夫と対等な存在たりうるとされたのである。しかも、ヴァイマル時代には主婦の専門性は主に女性運動の側から展開された議論であったのに対して、いまや、それは消費社会の一方の軸である生産者、つまり企業の側から唱えられていた。ここに伝統的な市民的女性解放運動の論理が資本の論理の中に完全にくみ取られたことは明らかであった。戦後西ドイツ経済の舵取りをしたエアハルトが「女性を何よりも消費者として評価する」と述べたのも、当然のことであっただろう。女性が「経済の奇跡」の主体であるということの中には、これまで述べてきたようにさまざまな意味が含まれていたとはいえ、畢竟、商品の形で提供される消費の対象を利用できる多様な可能性を、自らの力で切り開くことのできる能力を身につけるということにつきていただろう。

第3節　過去との連続と断絶

1．1950年代から60年代末にかけての西ドイツ「経済の奇跡」が達成した人々の生活状況、「豊かな社会」の第1歩は、今日の生活から見れば、なおささやかなものであった。その物質的な内容からすれば、それは1920年代以降、労働者までも含めて多くの人々がすでにその到達可能性を予見できていた状況であった。モータリゼーションは歓喜力行団の「国民車」(VW) によって、パック旅行は同じく歓喜力行団によって組織された休暇旅行によって、すでに第2次世界大戦が始まる頃までには手近なところまできていた。他方、家事の合理化はヴァイマル時代から「経済の奇跡」の期間まで、一貫して家庭内における女性の行動原理として喧伝されてきた。こうした点からすれば、戦後の「豊かな社会」の第1歩は、なお第1次世界大戦後から始まる消費社会化の第

1段階と連続していた。こうしたことを無視して戦後の経済成長があたかもゼロからはじまったかのようにみるとらえ方が、戦後西ドイツ「経済の奇跡」を神話化するものであること、あるいは特殊な形での「過去の克服」の仕方であることを、本章の冒頭で述べた。

しかしこの「豊かな社会」の形成過程についてのとらえ方にどのような問題が含まれていようとも、人々に確実な手応えを持って感じられるようになった「豊かな社会」の成立は、第2次世界大戦がもたらした荒廃や、古くはヴァイマル時代の生活の不安定さと比較したとき、人々に決定的な印象をもたらしていた。なかでも経済発展に極めて多くの人々が均霑(きんてん)しえたということは、政治的にはボン民主政治の安定化に寄与することになったが、経済的にはますます多くの人々が食費以外のことに一層多くの支出をなしうるようになった、ということを意味していた。その結果が、1950年代末以降の家電製品や自家用車、さらには家具などの耐久消費財の普及であり、また本章では全く取り上げなかったが新しい住宅の取得であった。

耐久消費財、なかでも家電製品の普及は、繰り返し述べたように、必ずしも女性が家事に費やさねばならない時間を減らした訳ではなかった。その点では宣伝と現実との間には大きな差があった。ある調査によれば、4人家族で3部屋の住居に住む専業主婦の場合、週に70時間、したがって1日に10時間を家事や育児に費やしていたし、就労している既婚女性の場合には、就労時間と家庭内労働時間を合わせると週に85時間にもなった。うち家庭内労働時間は44時間である[122]。

耐久消費財も含めて、商品消費の拡大によって家庭生活に生じた決定的な変化は、家事が女性の仕事であった限りは、家庭で女性に科せられた責任とその意味づけに現れた。第1に、例えば冷蔵庫が食物をいつも新鮮に保つことを可能にするならば、女性は単に調理をすることだけにではなく、以前にもまして家族の健康にも責任を負うことになったのである。健康の問題はもはやかつてのように民族や国家の「健全な」発展との関係で重要視されたのではなく、家族が経済発展に均霑し、より豊かな生活を享受するためにこそ重要となった。確かに家族の健康は「経済の奇跡」を支える社会的な事柄であったが個々の家

族からみれば、健康とは正しくこのように私的な事柄となったのである。

　第2に、以前に比べて主婦に求められることが飛躍的に増え、主婦の「専門化」がいわば当然のこととなった。家電製品を初めとする耐久消費財や、その他家事に関わる道具や商品の宣伝は、家事を行うのが女性であることを自明のこととしていた。その点からすれば、男女の伝統的な役割分担は「経済の奇跡」の中でも続いていた。だがそれにも拘わらず、宣伝を見る時、われわれは「豊かな社会」の中にある専業主婦に対しては多くのことが求められていたことに気づく。主婦は家族の健康に責任を負わねばならないだけではなく、家事に用いる道具の利用法についての知識や、複数の道具の中から最適なものを選ぶことのできる商品知識を持つことも求められた。

　今や専業主婦はこのように求められている多くの事柄に対応できる存在でなければならず、そのためには知性が必要であったし、またこれらに対応することが専業主婦の主体性を意味していたのである。女性たちは家事のためにはどのような道具が必要かを知り、それらを購入する上での事実上の決定権を握っていた。形の上では家計を支える夫に決定権があるように見えても、実際に購入される商品の多くは家事に関わるものであり、妻が第1に必要としたり、望むものであったからである。こうして、「経済の奇跡」は女性の購買意欲に支えられながら拡大したのである。

2.「経済の奇跡」の中でこのように専業主婦の主体性が求められたり、あるいはそのような存在であることが強調されたが、そのことにはまた別の側面が含まれていることに注意しなければならない。第1は、美的存在としての専業主婦という問題である。健康が私的な問題となるとともに、自己の健康をいかに管理できるかが女性に強く問われることになった。このことは、すでに20世紀初めからそうであったように、健康＝痩身＝美という定式の中に女性を組み込むことに他ならなかった。そしてヴァイマル時代の場合と同様、女性の痩身は商品化していく[123]。すなわち、ちょうど冷蔵庫の広告が目立つようになる頃から、女性のスタイルをよく見せること、つまりダイエットやシェイプアップに関する広告も、女性雑誌だけではなく、『シュピーゲル』のような男性

向けの「硬い」雑誌にも多数現れてくる（図2-10参照）。言うまでもなく、こうした現象は食生活が改善され、人々が以前に比べれば多様な食材を手にすることができるようになってきたことを背景としていた。そこでは女性の健康はまた美的な価値でもあるのである。しかし健康に気を遣うことが女性の責任であるとき、それは家族つまり夫や子供のためであったから、今や健康すなわち美しさという定式が成り立つとき、その美しさも専ら夫と子供のためであることに注意しなければならない。ここでは女性はただ1人の男性、つまり夫の眼差しを受ける客体なのであり、家族の健康に責任を負う主体的な存在ではない。

図2-10　瘦身のすすめ
(出典) *Der Spiegel*, Nr. 43 v. 24. 10. 1956, S. 9.

　このことのうちには、戦後再建過程の中で社会の基礎的単位とされた家族が、まさに法的な結婚を基礎にしていることが現れているが、また後述する家庭内での男女関係のあり方も反映していた。

　第2に、政治的民主主義との関係である。ボン基本法は男女の社会的な平等を定めていたが、「経済の奇跡」の中であるべき女性の姿としてとらえられていたのは専業主婦であった。そして実際に女性が社会に参加する道は、われわれが見てきたように、ここに述べたような主体性を持つ存在として「経済の奇跡」に参与すること、したがってまさしく家庭内にあることであった。ボン民主政治が「経済の奇跡」ゆえに安定化したとするならば、それはこのように女性が家庭にあることによって支えられていたのである。言い換えれば、政治的な民主主義を支えるのは、実際に政治的・社会的な行動に参加することによってではなく、消費者として経済発展に関わることによってであったのである。

アデナウアー時代のボン民主政治が「保守的後見の下での近代化」と呼ばれるとするならば、それはまさしく女性の役割をこのように限定していることの中に端的に表れていたであろう。

E. カーターは女性のこうしたあり方が、この時期の家庭を極めて抑圧的、保守的にしていたことを指摘している。これまで述べてきたように、われわれが扱ってきた時期の消費は、消費のために消費を犠牲にすることを特徴としていた。つまり、家電製品に代表される耐久消費財を購入するために、節約がなされたのである。このことは一方では節約が事実上の義務であった戦前の主婦と家庭のあり方が継続していることを意味している。したがって、戦後「経済の奇跡」の中で主婦が節約をしているということを、主婦の主体的能力として過大に評価してはならないだろう[124]。他方で、耐久消費財を購入するために節約を旨とするということは、家族の消費への様々な欲求を抑えることを意味するが[125]、なかでも伝統的に個人的な支出を厳しく制限されてきた未婚の娘は、その欲求を強く抑え込まれた[126]。耐久消費財の購入に関しては母親＝主婦の発言が決定的であるから、母親は娘に対しては抑圧者なのである。こうして、「経済の奇跡」の中で消費という問題に関連して、家庭生活は個人的な欲求の充足を押さえ込む抑圧的な組織として機能したのである。

さらに、本章では全く触れることができなかったが、この時期の家族の生活は家族外との関係においても保守的であった。この時期に急速に広まった家庭の習慣として、専業主婦を中心とした近隣家庭との世帯間の交流があった。具体的にはそれは平日・休日を問わず午後の「お茶」がその代表的な形であった。専業主婦にとって、そうした時間は家族以外の人間と接するほとんど唯一の場であるとともに、様々な情報、特に消費生活に関わる情報と技術を収集する重要な場所であった。そうであるがゆえに、専業主婦にとって、そうした場所を壊す恐れのある危険な話題は避けなければならなかった。実際、女性雑誌の中には男性の「論争的な」話の仕方、「一方的な話」の進め方は「社交的な会話をだめにしてしまう」として、社交の場での男性による会話の進め方を牽制するものもあった[127]。忌避すべき話題の中でも最も良くないのは「政治」に関わるものであった。言うまでもなく、政治こそ男性の場であったから、このこ

とは妻が夫に対して、少なくとも近隣との関係においては、「政治的」な発言を控えさせることを意味していた。だが、まさにそうした家庭とそれが作る家庭外との交流のあり方は、現実を保守的に固定することに寄与したのである[128]。以上のようなカーターの議論は、「経済の奇跡」の時期が持った保守的性格を十分に説明しているといえよう。

　周知の通り、ナチズムは政治について「公然と議論することをタブー化することによって広範な脱政治化」を実現したが[129]、「経済の奇跡」の中で現れた「政治」に関わる話題を避けようとする傾向は、ナチズム時代のこの「脱政治」的傾向と結びつく側面を有していた。言うまでもなく、「経済の奇跡」の中で人々は政治に何の関心を示さなかったわけではない。再軍備への反対はその1つの表れである。だが戦争の記憶に関わるこのような問題を別とすれば、人々の政治への関心の現れ方は「経済の奇跡」と直結していた。人々にとって経済発展が持続することは「豊かな」生活が実現することを予想せしめるものであったから、経済発展を可能にしている体制、経済の舵取りをしている政権を支持するのは当然のことであった。1957年の選挙戦でアデナウアーの与党キリスト教民主同盟（CDU）は「実験をやめよう」という選挙スローガンをたてて大勝したが、それはまさに人々のこのような意識を的確に表現するものであった。政治について「公然と」議論することが、潜在的には現状の変革を志向するものであるならば、「実験をやめよう」とはまさしくそうした自覚的行為をやめ、政権党による政治と経済の運営にすべてを委ねることを意味しているのであり、それはもはや脱政治化と異なるものではないだろう。確かにナチス時代のように「脱政治化」は強制されたものではないし、また人々は政治的な発言をし、行動をすることもできた。そうであるからこそ、国民の側から言えば、この「脱政治化」は「経済の奇跡」の中で意識的に選択された姿勢であったと捉えることができるのである。同時にこのような意識的脱政治化が「宰相民主主義」とも呼ばれるアデナウアーの下での国民のコンフォーミズムの強化につながったことは言うまでもなかろう。

　さて、このような保守的政治は「経済の奇跡」によって支えられていたが、繰り返し述べたように、個々の家庭のレヴェルでみれば、後者は消費生活の拡

大という形をとって現れていた。そして家電製品をはじめとする耐久消費財の購入に当たって女性の果たす役割の重要性は、家庭内での男女関係のある変化を反映していた。「経済の奇跡」の中で「家族賃金」は——もちろん大きな階層差があったとはいえ、それでも——歴史上初めて広範に現実的な意味を持つことになった。しかし男性はその収入を妻の必要とする耐久消費財の購入や、妻の家事の負担を軽減することに当てなければならなかった。その意味では家族賃金は、かつては強く見られた家庭内の権威的な秩序を支える根拠とはならなかったのである。したがって、家族賃金という形で「経済の奇跡」に均霑することは、皮肉なことに、妻の夫への依存を強めるどころか、むしろ家庭内での女性の位置を強め、伝統的な権威主義的秩序そのものを揺るがせることになったのである。上に述べたように、家庭外で男性が「政治的」な意見を述べることに対して、妻が抑制的であったことも、家庭内での伝統的秩序の揺らぎを示すものと言えるだろう。

　だが、実際に家庭内での伝統的な権威的秩序が崩れるには、なお条件が必要であった。なぜなら、上に述べたように、専業主婦の主体性とは専ら家庭を基盤としながら経済発展に均霑することで発揮されるのであり、その経済発展と密接に関連する政治的な秩序や、家庭外での社会秩序に対して関わることには向けられてはいなかったからである。それどころか上に述べたように、むしろそうしたことには関わらないことが重要であった。その限りでは、家庭内で夫婦の間の関係がどれほど対等に見えようと、そのことは、家庭や主婦を軸とする近隣との交流を超えたところにあり、男性が主導的であるような、社会秩序に変容を迫ることには成りえないからである。その意味で言えば、「経済の奇跡」に関連して女性の主体性、その能力等々が広く言い立てられたことに含まれた第3の側面とは、こうした言説が実は女性が政治的に無力であること、基本法に言われた男女の同権が相変わらず、単に法的規定の上だけのことであることを、覆い隠すものであったということである。まさにそのことを端的に示していたのが、家庭内で女性は美的存在でなければならないということであった。それは家庭外での男性の女性に対する眼差しを家庭内に持ち込むことであった。伝統的な権威的な秩序に変化が生じてくるためには、家庭内にあっても

女性の主体性が家事以外の分野——したがってそれはまた男性の分野でもある——に向けられねばならないのである。だがそれは1970年代以降のことであり、「経済の奇跡」が実現したことではなかったのである。

注
1) W. アーベルスハウザー『現代ドイツ経済論』、p. 113.
2) 同上、p. 181.
3) Cf. Elizabeth D. Heinemann, Complete Families, Half Families, No Families at All, p. 22.
4) 西ドイツ社会に居住する人々のほぼ5人に1人が東部からの「避難民」であるかあるいは空襲による「被害者」であったことを考えれば、戦後西ドイツの経済と社会生活の再建を「ゼロ」からの出発とすることは——「避難民」や「被害者」の主観に即する限り——あながち誇張とはいえない。だが、おしなべて「ゼロ」からの出発であったとするならば、それは戦後社会がその出発点から内包していた巨大な社会的な差異を看過する「虚偽」といわざるをえないのである。
5) Christoph Kleßmann u. a. (Hg.), *Das gespaltene Land*, S. 182.
6) 前章参照。
7) 本書、p. 59.
8) Michael Wildt, *Vom kleinen Wohlstand*, S. 11.
9) Vgl., K. Hagemann, *Frauenalltag und Männerpolitik*, a. a. O., S. 25.
10) D. ポイカート『ワイマル共和国』、p. 85.
11) Cf. Anton Kaes et. al. (eds.), *The Weimar Republic*, pp. 702-703.
12) 20世紀の初めにH・シュテッカーらによって唱えられた性を巡る議論、「新しい倫理」が市民的女性解放運動内部に激しい議論を呼び起こしたのも、このことに関連していた。参照、水戸部由枝「ヘレーネ・シュテッカーと帝政ドイツ期の堕胎論争」。
13) U. フレーフェルト『ドイツ女性の社会史』、p. 171.
14) ただし、衣服は人の生活水準を示すものであったから、その節約の仕方は主に子供や女性の服を女性が手づくりするという形でなされた。夫や子供の「よそ行き」の服については「見栄え」が求められたから、節約には自ずと限度があった。いずれにせよ、衣服の水準を保つためには女性の働きが求められたのである。
15) Peter Lesniczak, Derbe bäuerliche Kost und feine städtische Küche, S. 127-147, hier S. 134 ff.
16) Kirsten Schlechtgel-Matthies, *Im Haus und am Herd*, S. 171.
17) 電気掃除機の普及は1920年代末にはすでに55%を超えていたとも言われるが、他方では1955年のその普及率が未だ40%に達していないという議論もある。戦後の普及率低下はおそらく、戦災による住宅事情の極端な悪化によるものであろう。K. Hagemann, Alltagskultur, Alltagsleben, Wohnkultur, S. 291 ; A. Anderson, *Der*

Traum vom guten Leben, a. a. O., S. 108.
18) M. Wildt, Technik, Kompetenz, Modernität, S. 84.
19) Hiltraud Schmidt-Waldherr, Rationalisierung der Hausarbeit in den zwanziger Jahren, S. 46.
20) ただし、所得の低い階層にとっては電灯料金すら払えないほど、ヴァイマル時代の電気料金は高かった。つまり1920年代に進んだ家庭の電化は同時に人々の間の生活格差を拡大する方向で機能したのである。Vgl., K. Hagemann, Alltagskultur... a. a. O., S. 288. なお、本文にあげた3つの家電製品の中では、掃除機がヴァイマル時代からすでに比較的普及していた。
21) Vgl., A. v. Saldern, Gesellschaft und Lebensgestaltung……, a. a. O., S. 106 ff.
22) 少なくとも労働者家庭の場合、現実には、1920年代にはまだ石炭によるオーブンの方がガスによるそれよりも多く、電気オーブンは裕福な家庭でしか使われなかった。Vgl., K. Hagemann, *Frauenalltag*……, a. a. O., S. 78.
23) Elizabeth Harvey, Culture and Society in Weimar Germany, p.68.
24) Vgl., K. Hagemann, Alltagskultur……, a. a. O., S. 292.
25) D. ランデス『西ヨーロッパ工業史2』、p. 523.
26) Mary Nolan, 〉Housework Made Easy〈, p. 549.
27) SPDについては差し当たり、M. Nolan, ibid., p. 569 ff.
28) Zit. nach *Im Haus und am Herd*, a. a. O., S. 151.
29) cf. Jennifer A. Loehlin, *From Rugs to Riches,* op. cit., p. 29 ; Nancy R. Reagin, Comparing Apples and Oranges, p. 244.
30) M. Nolan, ibid., S. 564 ff.
31) Marianne Weber, *Ehefrau und Mutter in der Rechtsentwicklung*, S. 487 ff.
32) Vgl., A. v. Saldern, 〉Statt Kathedoralen die Wohnmaschine〈, S. 181.
33) *Im Haus und am Herd*, a. a. O., S. 186.
34) M. Nolan, ibid., p. 552.
35) Mary Nolan, *Visions of Modernity*, p 216.
36) Ibid., p. 207.
37) N. Reagin, a. a. O., S. 245.
38) 問題は消費に関わる労働者の行動様式にあったが、ここではこの問題を取り上げることはできない。
39) Vgl., Nori Möding, Kriegsfolgen, S. 50-51. このパック旅行と歓喜力行団の旅行との関連性については、パック旅行を主催する旅行社の経営者の声も含めた興味深い記事が *Der Spiegel*, Nr. 29 v. 18. 7. 1956, S. 20 ff. にある。
40) ナチ時代に最もよく売れた育児書 Johanna Haarer, *Die Deutsche Mutter und ihr erstes Kind*（1934）は戦後も一部改訂の上1987年まで版を重ねていた。ここにもナチズムと戦後社会とのある種の連続性を認めることができよう。Vgl., Sigrid Chamberlain, *Adolf Hitler, die deutsche Mutter und ihr erstes Kind*, Gießen 1997.
41) Jill Stephenson, The Nazi Organization of Women, 1933-1939, p. 194.; Dies.,

Women in Nazi Germany, p. 167.
42) J. Stephenson, The Nazi Orgnization, op. cit., p. 163.
43) Lisa Pine, *Nazi Family Policy 1933-1945*, p. 78.
44) Nationalsozialistsche Frauenschaft. Bearbeitet von der Reichsfrauenführung, Berlin 1937, in: Ute Benz (Hg.), *Frauen im Nationalsozialismus*, S. 75-77.
45) 戦後も直ちに同様の女性向け教育が西側占領地区の各地で展開されていた。家庭や家族に関する学習におけるこうした連続性は、ナチズムを人種主義や戦争という側面だけから理解してはならないということ、ナチズム理解にはヴァイマル時代や戦後という民主主義との関連性を無視することはできないということを示しているだろう。Vgl., Elke Reining, Hauswirtschaftsunterricht in der Mädchenberufsschule (1920-1946), S. 271 ff.
46) J. Stephenson, The Nazi Orgnization, op. cit., p. 194.
47) Susanne Dammer, Kinder, Küche, Kriegsarbeit, S. 226-227.
48) 「家事手伝いを職業とするものの後継者が異常なまでに多く不足している」事態に対応することは、ナチス女性組織の教育活動における常に重要な任務であった。引用はAnordnungen des Reichsjugendführers: Hauswirtschaftliche Ertüchtigung des BDM, in: Sabine Hering, Kurt Schilde, *Das BDM-Werk „Glaube und Schönheit"*., S. 119.
49) Cf. Tim Mason, *Nazism, Fascism and the Working Class*, p. 170.
50) L. Pine, op. cit., p. 79 ff.
51) Erna Behring, „Wir konnten unser Leben nicht bestimmen", S. 36.
52) H. Schmidt-Waldherr, Konflikte um die „neue Frau" zwischen liberal-bürgerlichen Frauen und den Nationalsozialisten, S. 181.
53) L. Pine, op. cit., p. 86.
54) ただしナチズム経済は軍需生産が大々的に進むようになった1936年以降になっても、個別の消費財生産が拡大することを妨げるものではなかったことについては、H. Berghoff が世界的ハーモニカメーカーとして有名なホーナー社の場合を例に検討を加えている。Vgl., Hartmut Berghoff, Konsumgüterindustrie im Nationalsozialismus. Marketing im Spannungsfeld von Profit-und Regimeinteressen, in: *AfS* 36, 1996, S. 293-322.
55) Michael Wildt, *Am Beginn der ›Konsumgesellschaft‹*, a. a. O., S.266.
56) W. アーベルスハウザー、前掲書、p. 134.
57) チャールズ・P. キンドルバーガー、ピーター・H. リンダート『国際経済学』第6版、p.416.
58) Manfred Görtemaker, *Geschichte der Bundesrepublik Deutschland*, S. 162.
59) Ch. Kleßmann, Ein stolzes Schiff und krächzende Möwen, S. 278-293.
60) Hans-Ulrich Wehler, *Deutsche Gesellschaftsgeschichte, IV. Bd.*, S. 709.
61) Dietmar Petzina u. a. *Sozialgeschichtliches Arbeitsbuch*, Bd. III, S. 105.
62) H.-U. Wehler, a. a. O., S. 733.

63) この旅行がどのような宣伝効果を持つことになったのかについては、山本秀行『ナチズムの記憶』。
64) Peter Reichel, *Der schöne Schein des Dritten Reiches*, S. 250.
65) Vgl., Josef Mooser, *Arbeiterleben in Deutschland*, a. a. O., S. 73 ; Robert G. Moeller, *Protecting Motherhood*, p. 212.
66) Zit. nach A. Schildt, A. Sywottek, "Reconstruction" and "Modernization", p. 429.
67) J. A. Loehlin, op. cit., p. 41.
68) A. Schildt, A. Sywottek, op. cit. p. 432 ff.; M. Wildt, Privater Konsum in Westdeutschland in den 50 er Jahren, S. 276.
69) M. Wildt, ebd., S. 282.
70) Vgl., S. Jonathan Wiesen, Miracles for Sale, p. 161 ff.; Michael Kriegeskorte, *100 Jahre Werbung im Wandel*, S. 129 ; ders., *Werbung in Deutschland 1945-1965*, S. 90 ff.
71) M. Wildt, *Vom kleinen Wohlstand*, a. a. O., S. 64.
72) Vgl., „Das Haushaltsgeld läuft davon", in : *Ratgeber*, 1960, S. 88 ; M. Wildt, Plurarity of Taste, p. 28-29 ; ders., *Am Beginn der >Konsumgesellschaft<*, a. a. O., S. 87.
73) 例えば、比較的保守的であり、またあまり所得の高くない層を主たる対象とする女性向け雑誌『助言者』*Ratgeber*, 1957, S. 165 には、日曜日のデザートとして「パイナップルクリーム」の作り方がのっている。
74) M. Wildt, *Am Beginn der >Konsumgesellschaft<*, a. a. O., S. 88.
75) 第1次世界大戦前にはまだドイツには知られていなかったトマトは1950年代から輸入が増加し、50年代後半にはその彩りゆえに人気の食材となった。それは「食事の審美化」(M. ヴィルト)を象徴するものであった。女性雑誌『助言者』の57年11月号の表紙は、農家の老婆が孫とおぼしき少年にリンゴの皮をむいている図であるが、脇のテーブルの上のかごにはリンゴ、ジャガイモというドイツの伝統的な果物や野菜とともに、梨とトマト（！）という輸入品が入っていた。取り合わせの奇妙さを別とすれば、これは西ドイツが世界市場に統合されたことばかりではなく、農村部に至るまで世界に向かって開かれていること、さらに輸送網が農村部にまで完備されていること、その意味で戦後のインフラ整備が進んでいることを表現したものであろう。
76) N. Reagin, op. cit., p. 250.
77) M. Wildt, Plurality of Taste, op. cit., p. 34 ff.
78) *Ratgeber*, 1957, S. 388.
79) 「過去の克服」については、次を参照されたい。石田勇治『過去の克服――ヒトラー後のドイツ』；川喜田敦子『ドイツの歴史教育』。
80) *Ratgeber*, 1957, p. 545.
81) A. Lüdke, *Eigen-Sinn*, a. a. O., S. 195.
82) Vgl., M. Wildt, *Am Beginn der Konsumgesellschaft*, a. a. O., S. 80.
83) *Ratgeber*, 1957, S. 323.

84) 50年代後半の5年間で倍増した。siehe Wildt, *Vom kleinen Wohlstand*, S. 79.
85) 第2部「東ドイツにおける消費生活の変化」で述べるように、この時期、東ドイツでは菓子類を家庭で作るに必要なバターその他の乳製品が決定的に不足していた。東西両ドイツが経済発展を追求していく中で、国民の生活向上が伴っていたかという観点からすれば、1950年代後半には東西の差はすでに明らかであり、東西の壁ができる以前には東の人々の目は西に向けられざるをえなかったのである。
86) *Der Spiegel*, Nr. 30 v. 25. 7. 1956, S. 36.
87) Vgl., M. Wildt, Plurarity of Taste, op. cit., p. 30.
88) *Ratgeber*, 1958, S. 1022.
89) *Ratgeber*, 1957, S. 322.
90) *Ratgeber*, 1958, S. 382.
91) 妻の手作りの料理を夫が喜ぶということ、あるいは夫の喜ぶ料理を妻が作るということは、嗜好の面で妻が夫に従うということを意味している。ここからも、経済的に夫に依存し、性別役割分担に従うことが、女性にとって何をもたらすかがうかがえるだろう。
92) なお、瓶詰め商品、例えばピクルス、ザウアークラウト、ジャム等々を購入せずに手作りすることについては、ドイツ人の間に特殊な心理が働いた場合があった。すなわち、1956年のハンガリー動乱とスエズ動乱により国際的な緊張が高まったとき、西ドイツ人は戦争に備えて、これら保存食を作ることに精を出したのである。Siehe, *Ratgeber*, 1957, S. 322.
93) M. Kriegeskorte, *100 Jahre Werbung*, a. a. O., S. 161.
94) *Das Rezeptheft*. Ein Sonderheft der *Constanze*, 1958, S. 46.
95) M. Wildt, Plurarity of Taste, op. cit., p. 29.
96) 上野千鶴子『近代家族の成立と終焉』、p. 185。
97) 言うまでもなく、B. フリーダンの「女という神話」『新しい女性の創造』が提起したのはこの問題であった。
98) Vgl., M. Wildt, *Am Beginn der ›Konsumgesellschaft‹*, a. a. O., S. 107.
99) *Ratgeber*, 1958, S. 14.
100) *Ratgeber*, 1958, S. 1022.
101) J. A. Loehlin, op. cit. pp. 61–62.
102) 例えば、Westinghouse, in: *Der Spiegel*, Nr. 18 v. 2, 5. 1956, S. 49.
103) Walter Müller u. a., *Strukturwandel der Frauenarbeit 1880–1980*, S. 35.
104) 例えばコンストルクタ（Constructa）社の洗濯機は、価格の約半分を頭金とし、残金を12カ月の割賦とすることで商品の販売を行っていた。Vgl., Constructa, in: *Ratgeber*, 1958, S. 45.
105) 元来がかなりの高額商品である電気洗濯機の場合、1958年にコンストルクタ社製の大型全自動のもので1,580マルクであったが、1969年にはAEG製は1,398マルクである。一方小型のものは同じくAEG製で698マルクであり、コンストルクタ社製は698～1,068マルクの製品ラインナップであった。1961年にはBMWの小型車が4,760マルクであったのに対して、AEGの5kg用の全自動洗濯機LAVAMATが2,260マル

クであった (*Ratgeber*, 1961, S. 617)。なお、1969年にはフォルクスワーゲンVWの最低価格が4,525マルクであるから、全自動洗濯機の価格がかなり高いことがわかる。Cf. J. A. Loehlin, op. cit., p. 67. なお、乾燥機のない小型の洗濯機の場合、AEG製のものは1956年には550マルクで、乾燥機は310〜390マルクであった。この値段は140ℓの冷蔵庫 (600マルク前後) より少し安かった。

106) Constructa, in : *Ratgeber*, 1957, S. 308.
107) Rondo, in : *Ratgeber*, 1958, S. 997.
108) Bauknecht, in *Ratgeber,* 1957, S. 303.
109) *Ratgeber*, 1957, S. 651.
110) ヴァイマル時代に主婦の無駄な労力をいかに省くかという観点からフランクフルト・キッチンが考案されたが、戦後、住宅建設が進められる中でも同じ問題が浮上した。だが戦前とは違い、今や冷蔵庫、洗濯機、食器洗い機等々は必要不可欠となりつつあった。それに併せて台所の大きさ自体も、フランクフルト・キッチンよりは大きく、最低10m²は必要になった。そこで戦後は、主婦の労働の場としてのわずか10m²程度の台所をいかに調度するかが、家事の合理化に関わる重要な論点として、女性雑誌などに取り上げられるようになるのである。例えば、*Ratgeber*, 1961, S. 900 ff., 1032 ff., 1152 ff., 1282 ff. Vgl., Margret Tränkle, Neue Wohnhorizonte, S. 755 ff.
111) コンストルクタ社の広告には、洗濯機を使うようになれば、「私は将来は、自分の頭と手を家族のために使いたい」とある。Vgl., Constructa, in : *Ratgeber*, 1960, S. 391.
112) Vgl., M. Wildt, Technik, Kompetenz, Modernität, a. a. O., S. 87.
113) Vgl., E. Carter, *How German Is She?,* op. cit., p. 46 ff.
114) Ibid., p. 58.
115) Cf. Hanna Schissler, "Normalization" as Project, p. 363.
116) Bosch, in : *Ratgeber*, 1957, S. 787.
117) *Ratgeber*, 1957, S. 599.
118) *Ratgeber*, 1958, S. 1022.
119) E. Carter, op. cit., p. 66.
120) なお、AEG社洗濯機の広告では、決定するのは男性であったが、ミキサーについては決定主体は女性である。これは商品の価格差によるとも考えられるが、ミキサーといえどもワンセットとなるとかなり高価である。それゆえ、決定主体についてのばらつきは、商品の価格差だけではなく、実は家庭内での夫と妻の関係――どちらが決定主体であるかという問題――が、基本法が男女の平等をうたっているように、伝統的な役割分化の枠に収まりきれないことを表現しているともとれる。この点の検討は今後のこととする。
121) M. Wildt, Plurarity of Taste, op. cit., p. 31 ff ; Vgl., ders., Technik, Kompetenz, Modernität, a. a. O., S. 91.
122) *Ratgeber*, 1961, S. 886-887.
123) Sabine Merta, „Weg mit dem Fett!", S. 263-281.
124) 節約が義務であることについては、K. Hagemann, *Frauenalltag und Männerpolitik*,

a. a. O., S. 49 ff. を参照。
125) 1950年代後半、4人家族の平均的な月収が 400〜600 マルクであったのに対して、給湯や乾燥の設備のない最も簡単かつ小型の洗濯機でさえも価格が 400〜500 マルクであったことを考えれば、節約が今日では考えられないほど厳しいものであったことが理解できよう。
126) この問題について詳細な議論は以下を参照されたい。E. Carter, Alice in the Consumer Wonderland, pp. 347-372. 女性雑誌にはしばしば金のかかりすぎるティーンエージャーの消費生活に関する記事が載った。Vgl., Der viel zu teure Teenager, in: *Ratgeber*, 1960, S. 306 ff. 消費行動に関する家庭内での世代間の差異については、次章で詳しくとりあげる。
127) *Ratgeber*, 1958, S. 1016.
128) Cf. E. Carter, op. cit., pp. 102-106.
129) A. Sywottek, Wege in die 50er Jahre, in: A. Schildt, A. Sywottek (Hg.), *Modernisierung*, a. a. O., S. 30.

第3章　西ドイツにおける「アメリカ化」と若者文化
——1950年代を中心に

　20世紀の西ヨーロッパがアメリカの政治的、経済的、文化的な決定的影響下にあったことは言うまでもないが、とりわけ第2次世界大戦後の西ドイツではそれが顕著であった。しばしば戦後再建過程でのマーシャル・プランが引き合いに出されるが、その経済的な影響は実際にはさほど大きなものではなかったとしても[1]、戦後西ドイツの政治、経済、社会、文化の諸領域にアメリカが与えた影響の大きさは否定できない。とはいえ、アメリカの影響を量と質の両面から評価することは簡単ではない。

　本章では、まず①戦後西ドイツの発展にアメリカの及ぼした影響を評価するにはどのような視点をとることができるかという観点から、アメリカの及ぼした影響に関するこれまでの研究を概観し、ついで、②戦後の西ドイツ社会とアメリカとの関わりを、主に、1950～60年代の「経済の奇跡」による消費社会化の進展の中での若者文化に焦点を当てて検討し、アメリカの影響が西ドイツ社会にどのような変容を引き起こしたのかを考える。③最後にアメリカの圧倒的な影響下におかれたことが、(西)ドイツのナショナル・アイデンティティを失わせることになるのかという問題を、68年の学生運動をも展望しながら、戦後の父子関係に焦点を当てて考えてみたい。

第1節　「アメリカ化」、「アメリカニズム」とは何か

　20世紀の世界におけるアメリカの圧倒的影響を表す言葉として「アメリカニズム」、「アメリカ化」という言葉がしばしば用いられる[2]。いずれもアメリカの圧倒的な政治的、経済的、技術的な、そして場合によっては文化的な優位に支えられた世界のあり方——それはまたしばしば「近代」(現代)と総称されるが——を表現している。だが、この2つの言葉の使い方には微妙な差異がある。主として戦間期に用いられることの多かった「アメリカニズム」がどち

らかといえば静的に「近代」を意味しているとすれば、「アメリカ化」の方はアメリカの影響が及ぶ「近代」の動的な過程を意味している[3]。本章は、両者の区別に留意しつつ、第2次世界大戦後のドイツ、特に西ドイツにおける「アメリカ化」の特徴を検討しようとするものであるが、その際、「アメリカニズム」とか「アメリカ化」という言葉の厳密な定義づけをすることは避けたいと思う。ここではむしろ、これらの言葉が「アメリカ」と結びつく様々な現象、つまり自由民主主義的な政治秩序、自由主義的市場経済やそれらが形成されていく過程、社会の近代化とりわけ消費社会化、社会・経済生活におけるアメリカ的な方法の利用等々という現象を表象するものとして用いられていることを確認し、最近の研究においてこうした現象をめぐる議論がどのように取り上げられているのかを、戦後西ドイツの「アメリカ化」を中心に見ていきたい。

1.「アメリカ化」はいつから始まったのか

以下の行論において「アメリカ化」とは、様々な意味と現象形態を持つ「アメリカ」のドイツへの流入および、ドイツ側でのそれの選択的受容、受容途上での「アメリカ」の変容の全過程を指すことにするが[4]、こうしたダイナミックなプロセスとしての「アメリカ化」はいったいいつから始まったのであろうか。トクヴィルを待つまでもなくすでに19世紀前半には、西ヨーロッパ人の意識の中にアメリカは一定の位置を占めていた。だが19世紀を通じてアメリカの影は次第に大きくなっていったとはいえ、ドイツ史の中でそれが決定的に重要となるのは比較的新しい。19/20世紀の転換期から1930年代までを戦後の歴史にとって意味のある「アメリカ化」の開始期と見ているのは、ポイカートやリュトケである。例えばポイカートは、ヴァイマル時代に工業化され、合理化された未来の原型として、アメリカが見られるようになったと論じている[5]。またA. リュトケらも「アメリカ化」に関する包括的論文集の「序論」で、ヴァイマル時代にアメリカは人々にとって「希望」でもあれば、「恐れ」でもあったが、第2次大戦後には端的にそこに己の将来の姿を読み取ることができる存在となったと述べている[6]。

世紀転換期から1930年代までを「アメリカ化」への転機とするこのような

見方の根底にあるのは、合理化された工業がもたらしたドイツ人の全般的な生活水準の向上ということであった。もちろん第2帝政期に比べるならば、一般的にはヴァイマル期の労働者や都市中間層の生活水準の向上は否定できないにせよ、それを果たして「アメリカ化」と呼べるかどうかについては異論のあるところではある[7]。アメリカに比較した場合のドイツの消費水準の低さは否定しようもなかったからである。それでもとにかく、ヴァイマル時代にはアメリカに関わることは「アメリカニズム」という言葉で表現され、それはしばしば合理化をめぐる議論として展開された。その際、含意されていたのは特定分野[8]で働く女性にとっては重大な意味を有していたような事務職の合理化＝労働の分割などではなく、主に工場生産の合理化とりわけフォード的大量生産ということであった。したがってまた、それは男性労働者の労働現場に関わる問題であった。ここで想定されていたのは、合理化が生活の質的向上を可能にするということであった。つまり男性を中心とした工業での合理化や大量生産によって生産性が向上するならば、労使間の分配をめぐる対立は緩和され、それに伴って労働者の生活水準が向上し、主として労働者の低い生活水準に起因する諸々の社会問題も解決されていくであろうと考えられたのである[9]。

このように、ヴァイマル時代にはフォード的＝アメリカ的大量生産方式はあらゆる社会問題を解決するための、魔法の鍵であった。容易に見て取れるように、こうした考え方はそれを展開するものの願望を反映していた。つまり、アメリカ像はドイツの現実の状況の中から生まれた経験によって作られていたのである[10]。そしてまた、こうした考え方が労働運動、特に労働運動の主流をなしていた自由労働組合に顕著であったことも注意されて良いだろう[11]。なぜなら、生活水準が向上するならば社会問題も解決されるであろうという考え方の中には、人々の生活のあり方を特徴づけるのが生産ではなく消費であるということ、生産を中心とする工業社会から消費を中心とする消費社会への転換は工業社会の発達の上に初めて可能になるということが、はっきりと現れているからである。こうした考え方がヴァイマル時代に工業社会の担い手である労働者の組合のなかに浸透したことは、第2次世界大戦後に生じる「労働者階級の消滅」と言われる事態が労働者自身によっても作り出されていったことを示唆し

ているだろう[12]。

　以上のようにフォーディズムがもてはやされたのと同じ時期に、「家事の合理化」ということがドイツ主婦連盟などによって推進されていた[13]。それは一方でドイツのブルジョワ女性運動の延長線上にあるとともに、他方では家事労働が機械化・合理化されていると思われた「アメリカ式の家庭」の実現を目指していた。それでは、この家事合理化論と生産合理化論とはどのような関係にあったのか。重要なことは、フォーディズム的大量生産による生産性の向上、それを前提とした社会問題の解決なくしては、機械化された、つまり工業製品に囲まれ「主婦の楽園または天国」とみなされた「アメリカ式の家庭」は実現しえないことであった。まさに生産の合理化はあらゆる問題に対する魔法の鍵であったことを、ここにもみてとることができる。同時にまた、合理化を巡る言説にみられる独特の性格にも注意が必要である。つまりヴァイマル時代における合理化論が、労働過程の合理化、家事の合理化等、いろいろな分野において論じられていたにせよ、その総体においてもっているジェンダー的な性格が、家事合理化論と生産合理化論の連結の中には現れていることである。要するに、全体としての合理化論にあっては、家庭外の労働過程が男性に、家庭生活特に家事が女性に、それぞれ割り当てられているのである。ただし、これまでの研究では合理化を社会全体に貫徹する過程と捉えて、そのジェンダー的性格を議論するのではなく、個別領域での合理化論のもつジェンダー的性格が述べられるに止まっている[14]。以上をまとめるならば、世紀転換期から1930年代までをドイツにおける「アメリカ化」の転機と見なしてきたこれまでの研究にあっては、「アメリカ化」に内在するジェンダー化された性格が十分に把握されていなかったと言えるだろう。

　アメリカに関するヴァイマル時代の議論に現れたもう１つの特徴は、合理化による社会問題の解決ということは言われても、アメリカ的自由民主主義的政治秩序についての肯定的な議論がなかったことであると言われる[15]。この点は、民主化が逃れることのできない課題となった第２次世界大戦後の議論と、決定的に異なるところであるが、恐らくその背後にはヴァイマル時代に広くみられたいわゆる「ウィルソン的講和」への反発があったと考えられる。いずれにせ

よ、ここにはヴァイマル時代の「アメリカ」受容の1つの特徴が現れていると言えよう。つまり経済や技術に関わる「合理化」は受け入れつつ、政治、あるいはそれを含む広い意味での文化を拒否するアンビヴァレントな姿勢である[16]。

2．第2次世界大戦後

　第2次世界大戦に敗れたドイツは東西に分裂し、冷戦の最前線国家としてそれぞれ西側アメリカ圏と東側ソ連圏のなかに組み込まれることになった。これによって西ドイツに対するアメリカの影響力は確実なものとなったとはいえ、影響が拡大し、浸透するプロセスは決して単純ではない。デーリング＝マントイフェルはアメリカの影響力が西ドイツ社会に及ぶプロセスの特徴を、ヨーロッパ（＝ドイツ）へのアメリカの影響と前者の後者への影響という二重のプロセスとして捉えている。後述するようにデーリング＝マントイフェルによれば、この二重のプロセスの中に成立するのは「西欧化」という事態なのであり、単純に「アメリカ化」として概括することはできないのである。

　確かに、ここでヨーロッパに対するアメリカの影響が「アメリカ化」という言葉で表現されるが、それはアメリカに発するインパクトにより経済・政治・社会の諸領域で上から下に向けて生ずる変化を指している。その変化の過程が広い意味での文化の変容を伴うことは言うまでもない[17]。だが、文化変容を含むこの広範な変化、「アメリカ化」はドイツの側からの何らかの作用なしには生じない。換言すれば、アメリカの影響とその結果を例えば「アメリカ化」即「近代化」などと単純化して捉えることはできず、アメリカの影響はドイツ社会の中で屈折し、変容し、ある場合には抵抗を受けるということである。例えば、アメリカによる戦後西ドイツの「民主化」の試みに対して、ドイツ側の戦後構想は社会民主党については言うまでもなく、「オルド自由主義」を唱えたキリスト教民主同盟にしてもともに、ヴァイマル時代に根ざした民主化構想を提示していただろう。またA．シルトによれば、1950年代には教育や青少年政策などの面で特に強くドイツ的伝統を再建しようとする動きが、政治的、社会的に強かったとされる[18]。このようにアメリカの影響に対するドイツ側からの反作用がアメリカの影響を「西欧化」するのである。

アメリカの及ぼす影響を巡るこの複雑なプロセスの中で、西ドイツ社会は1950年代と60年代を通じて大きく変化し、それによって階級対立とヒエラルヒー的階層秩序を特徴とするような階級的―工業社会から、諸個人の生活スタイルと生活状況が著しく個別化し、多様化した新しい社会[19]へと移行した。西ドイツに対するアメリカの影響の拡大と深化は社会のこうした根底的な変化と関連づけて捉えられねばならない。

さて、新しい社会の確立が1970年代であるとすれば、50年代以降とりわけ60年代はまさにこの新しい社会の前史であり、50年代以前と新しい社会とを分かつ分水嶺となる時期であった[20]。そして、例えばデーリング＝マントイフェルは新しい社会への移行を「西欧化」と呼び、「アメリカ化」とは区別している。元来「西欧化」とは、18世紀の啓蒙主義の拡大に端を発していたが、狭くは冷戦の中で「西側」がアメリカと西ヨーロッパの共通の文化的価値、政治的な価値、経済的秩序を基礎に「東側」に自らを対置していくプロセスを指す[21]。だがその過程でアメリカの影響は変容を遂げ「西欧化」されて「東側」に対置されるのであり、このとき「西欧的」なものは「アメリカ的」なものと、より自覚的に区別されることになろう。60年代以降の西ドイツについて言えば、アメリカの政治的・経済的・文化的な強い影響の下でドイツが「西側」の一国として「東側」と対決しようとするとき、その姿勢はドイツの「民主的伝統」を踏まえ、ナチズム犯罪に関わる「過去の克服」を果たしつつ、戦後社会の近代化の中で、西欧の一国となろうとする志向性となって現れてくるだろう。そしてそのような志向性を「西欧化」と見るべきであろう[22]。その中でアメリカの影響も変容を遂げていくのである[23]。

ところで、上に述べた新しい社会の重要な側面は、アメリカ文化の圧倒的な流入の中で、――それは決してドイツの伝統的な価値観や行動規範を消し去るものではなかったとはいえ――社会階級や階層の違いを超えた大衆文化がしばしばアメリカ的生活様式の拡大と意識され、定着したことであった。階級的―工業社会の文化がミリューに規定されていたことはよく知られているが、そうした文化から大衆文化への変化が消費社会化の重要な側面をなしていることは言うまでもない。だが階級的文化から大衆文化への移行過程に、どのような問

題が生まれてくるのか、戦後ドイツの場合にそこにどのような特徴があったのか——まさにこの問題こそ、アメリカ文化の受容という「アメリカ化」の過程が持つ意味合いを明らかにするだろう。このように考えるとき、戦後ドイツにおける「アメリカ化」についての研究の1つの焦点が、若者文化に置かれるのはある意味では当然であろう[24]。なぜなら、消費社会化の中での大衆文化の主要な担い手の1人は若者だからである。

第2節　映画と若者文化

　敗戦国ドイツの非ナチ化・民主化が、東西いずれにおいても不徹底であり、多くの問題を孕んでいたことはよく知られている。だが西ドイツの場合、いかに過去との断絶が不徹底にしか行われなかったにせよ、逆説的にも、そのことが民主主義の定着を助け、人々が1950年代以降の経済成長、いわゆる「経済の奇跡」の成果を享受することを可能にしたとも言えるのである[25]。

　ここでは1950年代に進展した西ドイツの消費社会化が若者に与えたインパクトに注目し、それが過去との不徹底な断絶とどのような関わりを持ったのかを検討しよう。消費社会化はアメリカの圧倒的影響下に進展したから、この問題は「アメリカ」を受容することがドイツという土壌でどのような変容を遂げていくかということを考える上での、重要なヒントとなるであろう。また1950年代の社会を取り上げるのは、それが60年代に比べてはるかに「過去」[26]の社会に類似しているからである。他の西ヨーロッパ諸国と同じく西ドイツも1950年代後半から、石油ショックで大打撃を受ける1973年までの間に「豊かな社会」を作り上げた。言い換えれば、「過去」との決別がこの間に生じたのである。今日の眼で振り返ってみるならば、この時期はおそらく「永遠に続くと思われた繁栄の泡沫の夢」（Burkart Lutz）にすぎなかったであろうが、そこに生じた変化はそれでも巨大なものであった。変化はすべての階級と世代の男女を襲ったが、変化の影響を最も強く受けたのが若者であった。したがってわれわれは若者に焦点を当てることで、この「夢」の時代にドイツ社会に生じた変化とその意味について理解することができるだろう。

　ここでわれわれが検討の材料とするのは映画とロックン・ロールである。映

画は大衆消費社会における余暇の重要な素材であり、とりわけ 1950 年代半ばには若者の社交の手段として最も人気のあるものであったからである[27]。また後者はその爆発的流行が社会に与えたインパクトのゆえに、考察に値するのである。

1. 50 年代ドイツ映画の表現するもの

1) 戦争映画と「郷土映画」

アデナウアーの下でのナチズム的過去との不徹底な断絶は、確かに戦後西ドイツの政治秩序への人々の統合を容易にする側面があったことは否定できない。しかしそれでも他方では、過去との曖昧な関係は当時の人々に一種の居心地の悪さを感じさせてもいた。戦後西ドイツ社会を公的事柄への無関心、政治からの逃避、私生活への没入等々という状態が覆っていたように見えたのは、そうした曖昧な関係を忘れ、ナチズムとその犯罪行為から目を背けたいとする願望が大きく拡がっていたからに他ならない。映画は人々のそのような気持ちに対応する消費の手段であったのである[28]。よく知られているように、かつてドイツはアメリカと並ぶ映画産業の中心地であった。西ドイツでは占領が終わると一時期、ドイツ映画はアメリカ映画や他のヨーロッパ映画を凌ぐ人気を博したのである。

代表的なジャンルの 1 つは戦争映画であったが、その中ではドイツの行った戦争とその結果についてのドイツ人の責任を問うことはなされず、義務に忠実な兵士が無謀な命令の犠牲になるというような、個人の英雄的行為を強調する描き方がなされた。ある小部隊の開戦前の兵営生活から敗戦直後の捕虜収容所生活までを描いた『08/15』シリーズ 3 部作 (P. マイ監督、1955〜56 年) はその代表的なものである。ここではナチズム犯罪は一部の人間の犯した罪として扱われ、総体としてのナチズム支配と戦争は無害化されている。今日でもドイツが行った戦争についての『08/15』的な描き方は、例えば『U ボート』(W. ペーターゼン監督、1982 年) などに受け継がれている。他方、56 年には優れた反戦映画『橋』(W. ヴィッキ監督) が制作されている。ただ注意されねばならないのは、『橋』の場合でもまだ多分に国防軍についての『08/15』的な捉え方も

見られることである。このことはナチ支配と戦争とを無害化しようとする志向がいかに根強かったかをこの上もなくはっきりと示していたと言えよう[29]。このように戦争を無害化する限り、ある場合には戦争は思い出として人々の物語の対象となるのであり、そこでは過去との不徹底な断絶というようなことが問題視されることももはやないだろう。戦争映画が「過去の克服」に関わる居心地の悪さを解消する手段となったゆえんである[30]。

　このような戦争映画とならんで好まれたもう1つのジャンルはドイツ映画に伝統的な「郷土映画」(Heimatfilm) であり、1950年代前半に大当たりをしていた[31]。ドイツにおける「郷土」とは風景、言葉、習慣、伝統と結びついた一定の地域を表す観念であり、人々の帰るべきところである。それは絶えざる変化の中にある現代にあって唯一変わることのない古里であった。ナチズムは「郷土」の観念に含まれるこのような反近代主義的な側面を強調し、そのことが都市にあこがれと不信という相矛盾する念を抱いていた地方の人々や、近代化過程の中で没落の不安におびえる人々を捉えていた。それだけではなく、政権掌握直後のナチズムは「郷土保存」を様々な形で演出したり、ヴァイマル時代からあった右翼的な郷土防衛運動を引き継いで、力を用いて古里を防衛することを制度化した。そして第2次世界大戦を開始することで、東方に新しい古里（「生存圏」）を作ることをも試みたのである。だがドイツの敗戦とともに、この生存権構想も破砕してしまったことは言うまでもない。

　そこで、戦後に「郷土」の観念が改めて持ち出されてきたときに前面に押し出されたのは、この古里が戦いとは無縁な「場」であるということであった。「祖国」が男性によって象徴されるのに対して、「郷土」は常に「母」のイメージをもって表された。1950年代の西ドイツは、戦争末期から戦後にかけて東ヨーロッパやソ連占領地区＝東ドイツから逃げ込んできた多くの人々を抱える社会であったが、その人々の帰るべき場所として、新たな「故郷」の感情を提供したのが「郷土」であった。映画はそのような「郷土」を可視化したのである[32]。「郷土」は戦いに敗れ荒廃した「祖国」に代わる人々の故郷であり、ナチス・ドイツの犯した罪過とは無縁の場所であった。ドイツにはまだ美しく、誇るべき、そしてまた救いを求めて逃げ込むことができる場所、すなわち「郷

土」があると、人々に安心感を与えるような場所であった。人々は自ら背負ってきた過去が何であれ、「郷土」から新たな出発をすることができるのである。それゆえ、「郷土映画」に逃げ込むことができる限りは、人は過去の罪過を免れることができた。それはドイツの過去の罪過をあっさりと投げ捨てることを許すものであったのである[33]。

「田舎」の光景を描き、ナチス時代などなかったかのように、伝統的な男女や親子の関係、家庭内の秩序の美しさを繰り返し述べる「郷土映画」は、過去に終止符を打とうとする人々の気持ちを反映するものであった。1951年に大ヒットした、リューネブルク地方を舞台にした『ヒースは緑』（H. デッペ監督）という作品では、そもそもナチス時代について語られるところがなかったと言われる[34]。

2) 若者世代と親世代のズレ(1)——兵役を巡って

それではいったいなぜこのような映画が生まれたのであろうか。われわれが確認しておく必要があるのは、これまで述べてきた通り、これらの映画がナチズム支配を無害化し、過去に終止符を打とうとする人々の気持ちの表現であり、「過去の克服」を「真に罪のある人間」のみを処罰することで、その影響を最小限にとどめようとするアデナウアー政権の方針にも合致するものであったことである。また伝統的な秩序観、価値観を戦後再建の精神的な基礎としようとした時代的な要請にもあっていた。そのような要請は具体的には、例えば1954年の家族問題省の設置に表現されるような、法的な結婚に基づく男女とその間に生まれた子供からなる家族を「正当な」家族と見なす伝統的家族観の復活となって現れた。「郷土映画」は、「男性＝夫＝父親」が一家の大黒柱であり、「女性＝妻＝母親」は家庭の運営（＝再生産）に責任を負うという伝統的な性別役割区分を基礎とする家庭の像を映し出していたが、それは法的家族観同様、家庭におけるジェンダー秩序の現実と鋭く対立するものであった。なぜなら、戦争の結果、多くの家庭では夫、父親あるいは男性を失い、また戦中と戦後を通じて女性が一家の大黒柱であることは珍しくはなかったからである。だが、伝統的家族が危機に瀕しているからこそ、それの再建に戦後再建の行方

第 3 章　西ドイツにおける「アメリカ化」と若者文化　147

がかけられることにもなったのである。

　戦争映画や「郷土映画」が作られ、それらが受け入れられていった背景にはこうした事情があったとはいえ、当時の西ドイツの精神的状況をこのことだけに収斂させてはならないだろう。なぜなら、こうした事情とは相容れない新しい問題も生じていたからである。

　その問題とは若者たちと親世代との間にある重大なズレが生じてきたことである。そのズレは、アメリカの影響の下で西ドイツが西側同盟に組み込まれ、また経済的にも世界経済の中に再統合されていくような戦後西ドイツのアメリカ化、西欧化の過程そのものに関わっていた。具体的には、再軍備に関連して直ちに問題となるような軍事的な価値や、消費行動のあり方をめぐって、若者たちとその親世代[35]との間の意識と行動に関わるズレが次第に表面化していたことであった。しかもそのズレはドイツの過去の罪過とも関連していた。映画は多様な意味を持った世代間のズレを埋めようとするものでもあった。では、1950 年代の戦争映画や「郷土映画」はそれに成功したのであろうか？

　答えは否である。戦争映画や「郷土映画」が人気を博していた 1950 年代半ばには、ドイツでもすでに西部劇をはじめとするアメリカ映画が多くの人々、とりわけ若者の心を摑んでいた。彼らは「郷土映画」や戦争映画の中に一種の胡散臭さを感じていたのである。例えば、『08/15』シリーズの大ヒットは「命令は命令である、規則は規則である」という官憲国家的な意識が人々の間に強固に残っていることを示していた。あるいは「郷土映画」の多くは若い男女の恋愛にこと寄せながら、伝統的な男女や親子の関係、家庭内の秩序の美しさを繰り返し述べていたが、それがあるべき秩序を描いているという点では戦争映画と同断であった。

　まさにそうであるからこそ、14～25 歳前後までの若者たちはこれらの映画の中に権威主義的な親世代の圧力やナチス時代と変わらぬ精神的状況をみていたのである。とりわけ、占領期にかつてのドイツ兵とは対照的に開放的なアメリカ兵と接触した経験を持つ者にとっては[36]、このことはよりいっそうのこと強く感じられたことであろう。ちなみに 1950 年代半ばにこの年頃であった若者たちはヒトラー・ユーゲント世代か、あるいは戦後になって社会化を経験し

はじめた世代である。「経済の奇跡」の中での若者文化、若者の消費文化の中心的な担い手となるのは、後述するように、これら若者のうちでも比較的若い方の年代に属する若者たちであった。戦争映画に胡散臭さを感じ、そこにナチス時代と変わらぬ精神状況を見いだした若者たちと親世代とのズレは、折からのドイツの再軍備を巡る意見の中に鮮明に現れた。

戦争映画がヒットした1950年代半ばは東西両ドイツが軍事的にもそれ以前にもまして東西両陣営に深く組み込まれていった時期であった。その端的な表れが1956年の西ドイツにおける徴兵制の導入であり、東ドイツにおける国家人民軍（NVA）の創設であった。東西両ドイツが軍事化を進める中で求められた兵士像と軍隊像は、確かにもはや軍国主義的なそれではありえなかった。しかしそれでも例えば西ドイツ連邦軍の場合、かつてのドイツの軍隊に備わっていたとされる勇敢で命令に服従する兵士や、軍事的な効率性を最大限に受け継ぐものでなければならないとされた[37]。そうであるならば、例えば映画『08/15』に登場する義務に忠実で勇敢な兵士は、将来の西ドイツを形成する人間のモデルとなるはずのものであった。なぜなら、徴兵制による国民皆兵制度の下では兵士＝国民だからである。確かに西ドイツ連邦軍の兵士については「制服を着た市民」という位置づけがなされており、政党に所属する権利、犯罪的な命令を拒否する権利等が与えられていた。このことは西ドイツが伝統的な、軍事優先の権威主義的国家ではなく、民主的な国家となったということの重要な一面ではあった。したがって、『08/15』的兵士が将来の西ドイツを構成する人間のモデルであったとしても、そのことは必ずしも戦後民主主義を否定するとは限らないだろう。だが、このような建前と西ドイツ国民が示した現実の意識との間には乖離があった。

1956年の徴兵制導入について行われた世論調査によれば、成人の意見は賛否がほぼ半々に2分していたが、18～29歳までの若い層では半数を超える回答者が徴兵制ではなく志願兵制を支持していた。徴兵制を支持したのは圧倒的に60歳以上の年長者であった。他方約60％の人は若者の規律化のためには兵役が有効であると考えていたが、17～29歳の層では否定的意見の方が多数を占めていた。注目すべきはこの問いに対して45～59歳の女性の70％が肯定的

に答えていたことである[38]。こうした数字からは明らかに規律それ自体が肯定的に評価されていたことを読み取れるだろう。この当時の女性雑誌をみると、十代の若者を不安げに取り上げている記事がしばしば目につくが、そこでは一方で、彼ら若者たちが「親の世代の知っていたような理想をもたない」こと、「古い世代の世界像を受け継ぐことを拒否」していること、「飽くなき欲求充足」を求めること、「熱意と持続力に欠けること」などの点で叱責され[39]、他方では、父親のいない家庭が多いことが若い世代にそうした欠点を持たせることになるとするような議論が少なくなかった[40]。明らかに若者世代の消費性向への親世代の不安や不満が、兵役を通じた若者の規律化への叫びとなって現れていたのである。また戦争の結果に他ならない父親不在の家庭が欠損家庭と見なされ、若者の規律化ということで実はこうした家庭自体を差別化していく見方が、ここには潜んでいただろう。いずれにせよ、親世代には総じて若い世代に対して何らかの規律化が必要であるとする見解がみられたのである。

またベルリンの教員団体は、生徒に対し最後の手段としては「平手打ち」もやむなしとする見解を表明し、女性雑誌の読者にもそれを支持するものが圧倒的に多かった[41]。このように暴力的手段までも含めての若者への規律化に対する要求が親世代に強いとき、彼らが兵役をも規律化の一手段として理解していたとしても不思議ではない。われわれはこのような考え方のうちに、権威のあり方を問う原理として民主主義を捉える志向性の弱さを見て取ることができるだろう。アデナウアーの下で出発したボン民主政治がまずは議会制民主主義の定着を第一とし、例えば社会生活面での民主化が日程に上ってくるのがようやく1960年代末であることと、このことは対応している。

ところで注意しなければならないのは、兵役に関する若い世代の反応である。30歳以下の男性では徴兵そのものを拒否する意見が多数を占め、18～29歳では兵役を規律化の手段として捉えることへの反対が多数派であった[42]。この世代の多くはヒトラーユーゲントや場合によっては兵役の体験を通じて、規律のなんたるかを身をもって知っていたのである。このように、兵役を巡っては明らかに世代による理解の顕著な相違が存在していた。そして、まさにそうした相違こそが、戦争映画が広く受け入れられていく中で、若い世代にあってはそ

れを胡散臭く感じさせることにもなったのである。

3) 若者世代と親世代のズレ(2)——家庭の秩序

　兵役を巡って若者世代と親世代のズレが顕在化し、それはまた戦争映画への受け止め方の差ともなって現れたが、若者世代が親世代に反発したもう1つの問題は家庭のあり方であった。戦後の再建は、社会的には父親を「一家の大黒柱」とするような、性別役割分担に基づく家族の再建を基礎としていた。そこでは、男性は一家の大黒柱と位置づけられて主たる役割が割り当てられたのに対して、女性は主婦、母としてのみその役割が認められるような従属的な存在とされた。この事態は1958年に、民法改正を含む一連の法律の改正や制定によってようやく、基本法に盛り込まれた男女同権が認められ、その結果、夫の同意なしで妻が家庭外に就労することが可能になっても変わらなかった。妻の就労には「家庭内でのその義務」を侵さない限りで、という条件が付けられていたからである。

　しかし言うまでもなく、ここに述べられたような家族のあり方は制度としてのあるべき家族の姿であり、そのまま現実の家族であったと見なすべきではない。当然のことながら、戦争は家族のあり方に大きな影響を及ぼしていたからである。特に、このようなあるべき家族の再建に国家の再建をかけようとした人々にとって問題であったのは、戦争未亡人や未婚の母が中心となっている家族であり、それはいわば敗戦国ドイツの負の遺産であった[43]。また仮に夫婦と子供のいわゆる完全家族の場合でも、戦時中から戦後にかけての経験の結果として、男性の脱男性化、女性の男性化とも言うべき状態が珍しくはなかった。少なからぬ家庭で、家族の生活一切に責任を負ったのは、男性ではなく女性であったからである。あるいはまた、復員して疲弊しきった男性に全てを任せるわけにはいかなかったからである。そうした経験が女性に自信を与える場合も少なくなかった。「戦後強くなったのは女と靴下」というのは我が国だけのことではなかったのである。

　このような状態に一定の変化が生じたのは50年代の経済発展の中でのことである。政府が期待したような家父長的な家族に基礎おいた社会がそこに現出

したように見えたからである。1950年代後半の商品広告を見ると、「頼りになる」夫ないしは父親を中心とする家庭を描いたものも少なくなかったことが、そのことを物語っている[44]。だが、戦後の「経済の奇跡」における消費生活の発展に着目するとき、広告にみられるような像は仮象でしかなかっただろう。夫が一家の大黒柱たり得る条件は非常に限定されていたからである。経済的にみれば、その条件はいわゆる家族賃金が文字通りの意味で与えられ、家族がそれで生活できる場合であった。つまりそれは、夫の収入をもって経済の発展のもたらす利益に与ることのできる場合だけであり、その意味で男性の「男性」性は、その収入によって限界づけられていたのである。

そればかりではなく、家庭内に目をやれば、その収入をどのような形で使うかを決定するのは女性＝妻＝母であった。なぜなら「経済の奇跡」は、個人消費のレヴェルで見るならば、各家庭に家電製品や家具、自家用車等の耐久消費財が普及することを意味していたが、家庭が女性の場である限りは、耐久消費財の購入とその使用の仕方を決定するのは女性＝妻＝母たらざるをえなかったからである。まして、十分な収入を得ることができないまま、戦前のように家庭内の決定権者として男性が振る舞おうとするとき——1957年には法的にも男性のそうした権利は消失していたから——家庭内の夫婦の関係はしばしば非常に悪化することは避けられそうになかった。こうして、男性は家庭の内部において、法的な意味ばかりではなく、実質的な意味でも決定権者の位置を失いつつあったのである。先に挙げた広告の例は現実を反映しているのではなく、あるべき家族、夫婦の関係を描き出していたと言うべきであろう。

なお、家庭が経済の発展に与かり、物質的に豊かな、耐久消費財に囲まれた「アメリカ」的な生活を享受しうるのは、総じてその家庭が夫婦を基礎としている場合であって、寡婦や未婚の独身女性を中心とする家庭の多くは、「経済の奇跡」から取り残されるか、わずかしかその恩恵に浴せなかったのである。しかも、1956年以降のソ連からの捕虜の帰還も含め、多くの家庭で夫、父親が戻ってくるにつれて、男性不在の、女性が中心となっている家庭は「正常」ならざる家庭、「不正規な」家庭として社会的にも無視され、差別されるようになっていった。そうした事態にヴュルメリングの家族問題省が果たした役割

が大きかったことはいうまでもない[45]。こうしたことからも、社会全体が「平準化」していくという「経済の奇跡」の中でもてはやされたショルスキの議論には、重大な欠陥があっただろう。

　父親の権威を弱める条件は、以上述べたことだけではなかった。戦後の民主化の中で、ドイツ労働運動の伝統的な特徴であった階級闘争的な労働組合運動は、アメリカやイギリスの労働運動の影響を受けて階級協調運動へと変質し[46]、また50年代半ば以降社会民主党も階級闘争路線を放棄して「国民政党」へと変身したとき、かつては可能であった政治の場において男性の主体性を発揮する道も狭くならざるをえなかった。つまり、男性労働者が階級闘争の戦闘的な担い手であるというイメージは、もはや、現実にはそぐわなくなっていたのである。こうして、男性は「大黒柱」というイデオロギーとは裏腹に、政治的にも経済的にも、あるいは家庭の外でも内でも、「男性」＝主体であるとは言い難くなっていたのである。

　ここに述べたようなジェンダー秩序の揺らぎは、「経済の奇跡」の中で、消費生活の向上をなかなか果たすことのできない家庭ほど顕著となる傾向にあったことは、容易に理解できるところである。もちろん「経済の奇跡」の恩恵に十分に浴している場合でも、父親はなお伝統的な権威主義的な態度を容易に崩そうとはしなかった。それは例えば、父親が息子に道具の使い方をはじめとする様々な「技術」を伝えることで、維持された。だが、かつてのように父親の権威が公権力によって担保される度合いは非常に弱まっていたから、父親の権威主義的な態度も早晩、崩れ去る運命にあったといえよう。とりわけ、夫＝「大黒柱」の収入だけでは、家族が「経済の奇跡」のもたらす利益に与かれないところでは、父親の権威の崩壊が顕著とならざるをえなかったのである。

　このように戦後社会において、家庭内でのジェンダー秩序は特に消費社会化の進展との関連で大きく揺らぎ、それに伴って父親の家父長的な権威を主張できる余地も狭まっていた。ここで再び映画の話にもどるならば、前項でとり上げた「郷土映画」はあたかもそうした現実などないかのような作品であった。1950年代半ばは家庭の消費生活が、明白に耐久消費財の購入に方向付けられ始めた時期であるが、そこには夫婦、親子などの間の様々な緊張が伴っていた。

そうであるからこそ、まさにその時期を境に、現実との接点を失っているかに見える「郷土映画」に代表されるドイツ映画から、様々なジャンルのアメリカ映画へとドイツ人の、とりわけ若者の嗜好が変わるのは決して偶然ではなかったのである。

2.「経済の奇跡」と「不良」——アメリカ映画と若者文化

これまで繰り返し述べてきたように、家庭生活のレヴェルで言えば、「経済の奇跡」は家庭の収入増加と耐久消費財の普及として現れた。同時に、これもよく知られていることであるが、衣料品産業やレコード産業さらには映画産業等にとって、若者向け市場がきわめて重要な意味を持つようになった。今や若者たちはジーンズ、革ジャンパー、セーター、Ｔシャツを着用し、ポータブルラジオやポータブル・レコードプレーヤーあるいはカメラを持つことや、オートバイやスクーターを乗り回す生活を夢見たり、実際にそうしたのである[47]（図3-1参照）。だが、耐久消費財を購入するためには節約を不可欠とせざるをえない家庭がまだ多かった状況では、このような若者向け消費市場の成立とそこでの若者の消費行動は、例えば家庭内での親子の軋轢を生み出し、若者の消費行動や生活スタイルを巡る多くの議論を生み出すことにもなった。

とりわけ保守派は若者の消費行動のなかに彼らの精神的な堕落現象を見いだしていた[48]。図3-1のようにタバコを吸うことさえもが「逸脱行動」へのきっかけとなると見なされることが少なくなかったが、そうした「逸脱」を体現していたのが「不良」（Halbstarke）と呼ばれた若者の存在であり、特に1956～57年に彼らは社会問題化するのである。言うまでもなく、「不良」と目された若者たちは、若者の行動、特にその消費に関わる行動を規制しようと考える側からみて「逸脱行動」を行う存在なのであり、言葉の常識的な意味での犯罪行動を繰り返す本来の不良であるとは限らないのである。むしろ、「不良」というレッテルによって「正常」と「逸脱」とを区分し、若者を「正常」な市民へ馴致しようとする意図をここにみておく必要があるだろう。この項と次項ではこうしたことを背景に、アメリカ映画やロックン・ロールが西ドイツ社会でどのように受け止められたのかということを例に、1950年代後半から60年

代初頭の若者文化、特に若者の消費行動について検討しよう。

1950年代の半ば、我が国でもそうであったように、一連のアメリカ映画がドイツでも大ヒットした。なかでも、シドニー・ポワティエの『暴力教室』、ジェームス・ディーンの『理由なき反抗』、エルヴィス・プレスリーの『監獄ロック』などは、西ドイツばかりではなく東ドイツでも多くの若者を惹きつけた。とりわけ物議を醸したのはマーロン・ブランド主演の『乱暴者』であった。この映画に影響された若者たちが西ドイツ各地で「騒動」を起こし、それは東ドイツのロストックにまで及んだのである。1956年4月から1958年末までに西ベルリンを含む西ドイツ各地でおよそ100回の「騒動」が起きたが、規模の大きなものでも参加者は100名程度であった[49]。もっとも、「騒動」を期待しての野次馬も多く、若者の「騒動」、特にその中心的な参加者と目された「不良」に社会的な注目が集まることになった。

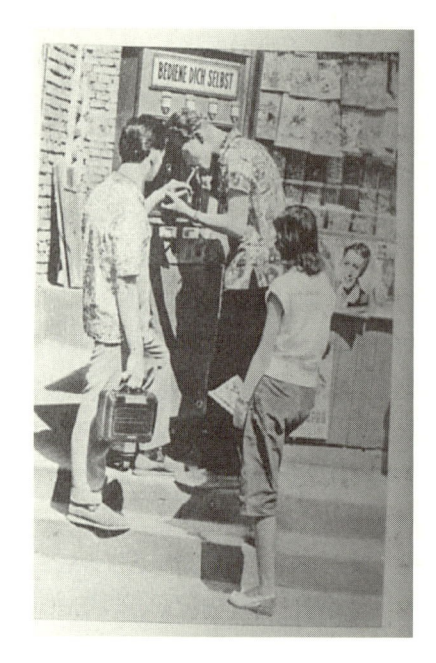

図3-1　若者
ポータブルラジオを持ち、タバコを吸う。
(出典) *Ratgeber*, 1958, S. 772.

56年10月25日に連邦議会で内務大臣G. シュレーダーは若者の問題に関連して政府の方針を説明し、「将来の計画に関連して若者向けの余暇の施設（を充実させること）が重要である」と述べた。続いて、議会は保守政党キリスト教民主同盟・社会同盟の提案に基づき、青少年保護法の改正を決議したが、そこではとりわけ若者を「不適切な映画」から守ることが謳われたのである[50]。ここには、「不良」に代表される若者の行動、特にその余暇に関わる行動が、したがって彼らの消費行動が親世代から不信の念を持ってみられていたことが、

第3章 西ドイツにおける「アメリカ化」と若者文化　155

図 3-2　クロイツベルクの裏通りにたむろする不良たち
ジーンズ、モペット、革ジャンパー、リーゼント・スタイルなど、50年代半ばに「不良」と呼ばれた若者たちの典型的なスタイルがこの写真には現れている。なお、クロイツベルクは西ベルリンの古い労働者街である。
(出典) 撮影者：Will McBride, 1956. 著作権：Bildarchiv Preußischer Kultubesitz/ Will McBride.

はっきりと現れているだろう。そして若者の余暇や消費行動が「不適切な」アメリカ映画に触発されたものであると理解されているとするならば、ここにはドイツ社会へのアメリカの影響に対する不安や不信の念が保守的な親世代の中に潜んでいたことが現れているだろう。

「不良」と目された若者たち（図3-2参照）の「騒動」は、ジャーナリスティックな意味では大きく注目されたとはいえ、上に述べた数字からもわかるように、その規模や広がりは決して大きくはなかった。上述の映画に熱狂した多くの若者は決して「不良」ではなかったのである。だが、若者の規律化のためには兵役が有効であるという意見が多数を占め、また特に父親のいない家庭が多いことが若者たちに理想や熱意、持続力を失わせ、消費に走らせることになるとして、若者の規律化のために「父親の権威」が必要であることを事実上主張するような議論が横行する中では、当然、「不良」と彼らによる「騒動」も、

容易に若者一般の性行へと還元され、「騒動」を含む彼らの行動の原因もまた「権威を維持するものとしての」父親の不在に帰せられることになった[51]。例えば当時のあるラジオニュースは、「騒動」を起こす「不良」の数は少ないということとともに、「不良」の多くは父親のいない家庭に育っているというEMNID世論研究所の調査結果を紹介している。これによって「不良」が特殊な存在であることが示唆されているのである。ドイツで最古参の女性国会議員の1人であったヘレーネ・ヴェーバーは「不良」の存在を映画に起因させただけではなく，子供がそのような映画を見ていることに注意を払わない両親を責めたが，彼女がそこで非難していたのは子供の教育に責任を負うべきとされていた母親なのであった[52]。このようなコメントは確かに、若者一般の行動を、「不良」のそれと同一視して、過度に問題視してはならないとラジオ聴取者に伝えるものではある。だがコメントは同時に、職業に就いて家事をおろそかにする母親の「誤った男女同権理解」も「不良」の行動の原因となっているとしている[53]。非難されているのは「不良」の行動ではなく、母親の就労なのである[54]。以上のことからわかるように、こうした報道や政治家の発言は「不良」の問題にこと寄せて、伝統的家族観、性別役割分業論を繰り返し、それが社会的な現実となることを意図しているのである。

　だが、こうした伝統的な観念を離れてみれば、「不良」についての別の側面が見えてくる。「不良」には労働者階級出身が多かったとはいえ[55]、必ずしも労働者ばかりではなかった。彼らはM. ブランドを真似て革ジャンパーにジーンズとTシャツを着て、オートバイを乗り回し、ある時は暴力行為を繰り広げた。特に交通規制を行う警察官との衝突が注目を集めた。そうすることで彼らは一方で「男性」性の発露を求めたのである。「不良」のなかに労働者階級出身者がいた限りで、そこには街頭での行動に、また肉体的な力に「男性」性の証をみていた19世紀以来の労働者文化の名残をみることもできるだろう。このように理解するならば、「不良」が体現しているのは工業社会から消費社会への転換期における労働者文化と消費文化との二重性であると言うこともできるであろう。他方では、若者たちの暴力行為は、もはや力を失いかけているにもかかわらず、今なお抑圧的な父親への反抗という意味を含んでいた。ある

いはそれが叶わぬまでも、ブランド主演の映画を見ることで、若者たちは想像の中での反抗者となったのである。

　注意すべきは、親（世代）に対するこうした反抗が、男性も「経済の奇跡」に与ることではじめて「一家の大黒柱」たりうるような、戦後社会への反発を含んでいたことである。すでに繰り返し述べたように、「経済の奇跡」の中で目指された家庭は「アメリカ」的な、耐久消費財に囲まれたそれであったが、その実現のためにはしばしば「今このとき」の消費を抑えるような「節約」を旨とするような消費行動をとらなければならなかった。1950年代末になってもまだ、ドイツ人の消費性向の中では「節約」が割賦販売を上回っていたから[56]、人々にとって「将来のために」節約をすることは決して特別のことではなかった。しかし、それは「今このとき」ジーンズ、Tシャツ、バイクを求める若者たちの気持ちとは相容れないものであった。そしてこの若い男性たちの恋人も、抑圧的な家庭[57]から、特に消費を抑える母親からの解放の可能性を映画の中に、あるいは、実際に「不良」グループに入ることは少なかったとはいえ[58]、グループの中に見いだしていたのである。1950年に生産が始まったナイロン・ストッキング1足の値段は、4人家族の標準的労働者の月収の2.5%にも達していたから、母親が娘に対してストッキングの購入を抑えようとするのは当然ではあったが[59]、それに娘が反発することもまた当然であっただろう[60]。

　以上のことは、1950年代後半のドイツにおいて、消費生活にかかわる部分で「アメリカ」についてのイメージとそれに関連する行動の面に関して、世代間に大きな相違があったことを示しているだろう。すなわち、一方には家庭での耐久消費財の充実に「アメリカ」的な生活の実現を見、そのために将来に向けた「節約」的消費行動をとろうとする親世代があり、他方には、今の自分の欲求充足のための商品購入に「アメリカ」的なスタイルを見いだし、今の消費行動を最優先する若者世代があったのである。もちろん、若い労働者が通勤のためにオートバイを購入しようとするとき、彼が節約をしなければならなかったことは明らかであり、その点では若者と親世代の間に違いはなかった。だが、ストッキングやTシャツのようなより安価なものとなったとき、両者の違い

がはっきりと現れたのである。そしてこの違いは、消費が必要なものから欲しいものの購入—費消へと変化しはじめていることを示していた。

　消費行動にあらわれた世代的な差異はまた、ドイツの伝統的な人間像が揺らぎ始めていることをも示していた。「今」の消費を「節約」することができることは、とりもなおさず、自己管理能力のあることを意味していたが、それはまた規律に従う兵士的人間像とも合致するところが少なくはなかった。「節約」が美徳であった所以である。「不良」に代表される若者はそうした自己管理能力のある兵士的な人間像が崩れていく事態を象徴していたのである。このように考えるならば、「不良」現象に対してなぜ親世代が激しく反発したのかも理解できるであろう。また、かつて暴力に密接に関わる形で「男性」性が表されるとき、それは軍事的な規律と一体化していたが、「不良」の場合には、——当時しばしばなされた東ドイツ側からの主張[61]とは裏腹に——もはやそのようなことはなかった。先に戦争映画や「郷土映画」を例に示したように、若者は規律に関しては、そこに軍事的な価値の優越を感じ、それゆえ胡散臭さ、拒否感をもっていたのであるが、「不良」の場合にもそのことは例外ではなかったのである。彼らは暴力という点に「男性」性を見いだしながらも、軍隊的規律の中にはもはや「男性」性をみてはいなかった。ここには「男性」性が今や安定的な観念ではないことが現れている。

　「不良」に代表されるような若者たちは、一方では暴力性を前面に押し出すことで、他方では過去から今日までを貫いている価値—規律への否定を示すことで、「経済の奇跡」の中で「過去の罪責」を不問に付してきた戦後西ドイツ社会に対して——彼ら自身はそれに気づくこともないままに——「過去の罪責」から逃れることはできないことを、見誤りようもなくはっきりと突きつけたのである。人々は、伝統的な価値である規律を拒否する若者たちが、むき出しの暴力を行使するのを見たとき、かつてナチスのいわれのない暴力が誰に対してふるわれたのか、そして規律の名の下にそれに加担したのが誰であったのかを、考えることを余儀なくされた。もちろん、このことが現実の社会的過程として表面化するのは、1960年代後半以降のことであり、今われわれが扱っている時期のことではない。だが、1950年代後半は「過去の罪責」に関して

一見したところ「平穏な時代」でありながら、その実、内部においてマグマの温度が上昇してきた時期であったのである。小説や映画の世界ではすでにそのことが表面に現れてき始めたことについては、先に述べたところである。

　ところで、本章でこれまで述べたようなアメリカ映画が滔々と流れ込んでくることと期を同じくして、「郷土映画」に代表されるようなドイツ映画は急速にその人気を失った。映画を通じてドイツにアメリカ文化が急速に流れ込んできたと言えるだろう。しかし、この現象をドイツ人が「ドイツ的なもの」（＝郷土映画）を振り払い、そのナショナル・アイデンティティを失っていく過程と見ることは妥当であろうか。本節でこれまで述べてきたことからすれば、否である。なぜなら、映画を通したアメリカ文化の流入は、同時にまた——先に「不良」の暴力に関連して述べたように——ドイツ人が自らの過去から目をふさぐことができないという現実をも明るみに出しているからである。人々がそうした現実を現実として意識するようになるとき、そこに改めてドイツのナショナル・アイデンティティの問題が浮上してくるはずである。つまり、「アメリカ化」ということは、必ずしも、ドイツのナショナル・アイデンティを否定するような一方的な過程ではなかったのである。

3. エルヴィス・プレスリー——ジェンダー秩序と社会的階層秩序の乱れ

　1950年代後半の若者文化で欠かせないのが、エルヴィス・プレスリーとロックン・ロールの爆発的な流行であった。このアメリカ南部の極貧家庭に生まれ育った若者が戦後世界に与えた衝撃には計り知れないものがあったが、その1つの表れがジェンダー秩序の乱れであった。ドイツにおいてプレスリーやビル・ヘイリーのロックン・ロールを最初に受け入れたのは、『乱暴者』に歓喜したのと同じ階層、つまり労働者や下層中間層に属する若者であったと言われる[62]。K. マーゼによれば、「不良」たちはロックン・ロールを、例えば映画『乱暴者』に対する場合と同じく、年長世代への抵抗と、非労働者世界と自己のミリューとの区分の象徴として受け止めていた[63]。だが、プレスリーについて言えば、1956年の末にドイツで2枚のレコードが発売されたとき、すでにその販売状況の中には「若者の反抗」という兆候は見えなかったと『シュピー

ゲル』誌は伝えていた[64]。ここにはおそらく、プレスリーファンと「不良」との間に社会的な差異があったことが現れていた。「不良」の中には女性は少なかったが、プレスリーに熱狂したのは圧倒的に女性であったのである。プレスリーファンの多くが女性であったことの1つの理由は、恐らくプレスリーの場合には、彼が女性的なイメージをかき立てていたこと、また彼には「不良」に見られた暴力性が欠落していたことが挙げられよう[65]。

　あからさまに性的なイメージを惹起するプレスリーの歌い方――「ペルヴィス」（pelvis、骨盤）というアメリカで用いられた揶揄的表現は、ドイツでもそのまま受け入れられた[66]――に若い女性が熱狂することに対しては、当然、親の世代からの激しい反発があった。その際にしばしば、プレスリーには黒人の血が流れているとか、ロックは黒人音楽であるとか、あるいはユダヤ人が作ったものであるというような、ナチス時代になされたジャズの排撃論と変わらぬ人種主義的な議論がまかり通ったと言われる[67]。こうした議論は必ずしもドイツに限られるものではなく、アメリカでも同様の議論は少なくなかったが、ドイツの場合にはそこに特別の意味があった。つまり、それは50年代の「過去の克服」がいかに政治の表層に止まるものであるかを、如実に示していたのである。言い換えれば、議会制民主主義に「なれさせる」という点に「過去の克服」を収斂させようとする、アデナウアーのやり方がもっていた問題点が明るみに出されたのである。人々はアデナウアー政権の下で進行する過去との和解の中で、安んじて様々な偏見、とりわけ人種主義的なそれを持ち続けることができた。もっとも、1957年にそれまでのプレスリーの曲とは全く異なるバラード『ラブミー・テンダー』が大ヒットし、ファン層が労働者階級から、中・上層市民層の女子にまで広がった結果、こうした議論は急速にその力を失った[68]。このことはプレスリーに関わる人種主義的な議論が、下層の社会層を対象になされていたことを示している。

　だが、そうなってから逆に大きな問題となったのが、プレスリー、あるいはロックン・ロールによって引き起こされたジェンダー秩序の揺らぎであった。ロックン・ロールが流行し、「不良」の存在がマスコミを通じて大きく取り上げられるようになると、当然のことながら、「享楽に身を任せている若者たち

図 3-3　若者とロックン・ロール
男性だけではなく、女性の大きな動きも伝統的な社交ダンスとは全く異なる「観念」がロックン・ロールの中にはあることを示している。後ろ姿が写っている右側と中央の女性のスカートの下には当時流行したペティコートが見える。
(出典) 撮影者：Benno Wundshammer, 1958. 著作権：Bildarchiv Preußischer Kultubesitz/ Benno Wundshammer.

の愚連隊」[69]に自分の子供たちが引きつけられるのではないかという不安に親世代は捉えられた。若者の余暇活動を規制しようとした前述の政府の試みも、このような事情を背景としていた。とはいえ若者を統制し、秩序化しようとする試みは権力だけによってなされたのではない。ロックン・ロール（図3-3）の流行に期を合わせるかのように「流行」したのが、ダンス教室、ダンスパーティであった。「時々は親も一緒に参加し、若者たちが正しい道に踏みとどまれるように助ける」[70]この試みは、若者にとっては――当時を回想した女性の言葉によれば――「拷問」にも等しいものであった[71]。なぜそうであったかは、ロックン・ロールとそうしたパーティで踊られる社交ダンスを比べてみれば明らかであろう。中・上層市民層に広がる以前から、ロックン・ロールの踊りが「きちんとした」社交ダンスのような踊りと本質的に異なるものであることは

注目されていた。すなわち後者にあっては、男性が女性をリードするということは男女の主従関係が揺るがないことを意味していた。同時に社交ダンスは、踊り手である男女が一定の距離を保つことができるような自己規律、自己管理の能力を有していることを，目に見える形で示す踊りでもあった。とりわけ男性の場合、すでに述べたように、そうした自己管理能力は規律に従う兵士的な能力と同一視され、「男性」性の現れと見なされた。

ロックン・ロールの場合、社交ダンスにみられるような男女の間の主従関係、役割区分は完全に崩れていた。女性が男性を床面上どころか、空中に向けて回転させることさえもあったからである（前頁の写真参照）。それだけではなく、女性たちはジーンズ、あるいは7分のパンツをはくなど、服装の面でも男性化していた。それはまた服装面での階層差が失われ始めていることのしるしでもあった。

こうしたことを前提として、今、プレスリーやロックン・ロールが階層の如何を問わず、若い女性の間に熱狂を引き起こしていくとき、階層秩序ばかりではなく、「きちんとした」、「正しい」男女の関係が崩れ、それに伴って性の規範も崩れていくのではないかという危惧の念が中産階級の親世代を中心に広がることになった[72]。例えば女性雑誌の中では、ジーンズをはじめとする十代の新しいファッションを十代の女性たちの性行動と結びつける議論がみられ、そこにおいてはモード産業が若い女性の性行動を煽っていると非難されたのである[73]。ここには十代のファッションの問題が経済に関わる世代間の軋轢の問題であるばかりではなく、性規範の問題でもあったことが窺える。このような議論が広がったことは一方では、「女性」性を結婚と母親の領域へと収斂させることによって家族を戦後社会再建の基礎としようとしてきた企図が脅かされていると、中産階級の親世代が感じていたことを意味していた。

他方ではまた、戦争と戦後という例外状態——そこでは当然、性の規範も動揺せざるをえなかった——からようやくにして伝統的な行動規律への復帰を果たし、あたかも「過去の罪責」などなかったかのように過ごそうとする親世代の努力を、ロックン・ロールとそれに関わる若い女性の行動が根底から否定するように見えたのである[74]。このようにロックン・ロールの流行、エルヴィ

ス・プレスリーへの若者、特に女性の熱狂という事態の中に浮かび上がってきたジェンダー秩序の混乱は、戦後の西ドイツにあっては同時に、「過去の罪責」という問題をも浮上させる危険性を含んでいたのである。この点はロックン・ロールの流行という世界的な現象におけるドイツ的特徴、あるいは「アメリカ化」のドイツ的な変容とみることができるだろう。

　歴史的に見るならば、ロックン・ロールに見られるようなダンスの型、服装のありよう、男女の関係等々に現れた形式の崩れは、ヴァイマル時代にアメリカの影響下に、例えばスウィングが流行ったとき、すでにその原型が現れていた。つまり、ヴァイマル時代も戦後も、アメリカの影響下に拡大した大衆文化の中で、文化的規範や型が崩れたのである。特にプレスリーへの熱狂が中・上層市民の女子にまで一気に拡大したことは、大衆消費社会が社会階層の相違を少なくとも表面的には消し去ってしまうこと、その限りでは社会の「平準化」を強力に推し進めることを端的に示していた。他方、戦後ドイツでは、大衆文化や大衆消費社会に特有のこうした規範や型の崩れの中で、ナチ支配とその下での罪過を「事故」として片づけ、経済の再建と発展と共に旧来の規範や型をも再建しようとする親世代＝ナチズム世代と、それに反発する若い世代の矛盾が広がったのである。もちろん、このことが実際にどこまで事実に即していたかは、詳細な検討が必要ではあるが、68年以降の状況が早くもここに先取り的に現れていたことは否定できないだろう。

　これまで見てきたようにアデナウアー時代の西ドイツは、政治的な面では、ナチズムにまつわる過去を可能な限り封印してきた。その一方で、経済的には、「経済の奇跡」の中で人々の関心を消費生活の向上へと誘導しつつ、社会的には、伝統的規律や規範の回復、伝統的な権威主義的家族の再建によって、社会的な安定を維持することが試みられた。こうした中で「経済の奇跡」は若い世代が独自の消費行動を起こすことをも可能にした。映画やロックン・ロール、ファッション、オートバイ等々はその見やすい現れである。それらはしばしば若者へのアメリカの影響、「アメリカ化」の現れと見なされた。重要なことは、若者がその消費行動の中で、アデナウアー政権の下で回復が試みられた伝統的

な規範や、権威主義的家族への反発を示したことである。それは若者の間での規範意識のゆるみ、権威主義的な姿勢の後退を引き起こしつつ、一層のこと若者固有の消費文化を形成していったから、その限りでは「経済の奇跡」を後押しするものでもあった。他方、ドイツ史の文脈の中で見れば、規範意識のゆるみは早晩、ナチズム的な過去を封印したままできた親世代と、若い世代との対立が先鋭化させることになることは避けられず、ここに60年代後半以降の西ドイツにおける政治文化変容の根が形成されたと言えるだろう。そのことはまた、アメリカの影響が一方的なもの、言わば「文化植民地」化というような過程として現れるのではなく、ドイツが抱える問題との邂逅の中で、一定の広がりと形をなすということをも意味しているのである。

第3節 「アメリカ化」とナショナル・アイデンティティ

最後に、「経済の奇跡」の中で現れた戦後西ドイツにおける消費文化の発展、とりわけあたかも「アメリカ化」と呼ぶことのできたような若者の間でのそれは、はたしてドイツの伝統に根ざしたアイデンティティを否定することになるのかという問題についての簡単な見取り図を、1960年代末の学生運動をも視野に入れながら示しておこう。

1968年の学生運動[75]はしばしば西ドイツ社会を決定的に西ヨーロッパ社会化したといわれる。すなわちそれは、主として50年代に再建―確立された社会、つまり階級的であり、ヒエラルヒッシュな社会秩序を持つ工業社会から、より多元的な価値に立脚し個人の解放を実現している新しい社会への転換を促進する上での、主たる役割を担ったというのである。この新しい社会の一つの側面が消費社会の形成であったが、それは西ドイツにあっては――そして他の西ヨーロッパ諸国においても――アメリカ的な消費文化の強い影響下に進展した。このことは、第1節で述べたように、西ドイツ社会の西欧化は「アメリカ化」を通じて実現したということである。他方1960年代末以降、ドイツの「過去の克服」をめぐる議論が大きく変化したが、学生運動はナチズムの下での親世代の行動を問うことによって、その重要なきっかけを作った。いうまでもなく、「過去の克服」は西ドイツがその反民主主義的な過去を清算して西ヨ

ーロッパの「普通の国」となるための必須条件であった。言い換えれば、西ドイツ社会は「過去の克服」を通じて、民主主義的な価値を他の西ヨーロッパ諸国と共有しうるということである。それでは、西ドイツが「アメリカ化」を通じて工業社会から消費社会に転換するということと、「過去の克服」を通じて西欧的な民主的国家となるということとは、どのように関連しあっているのであろうか。本節ではこの問題について考察するが、その前提として、工業社会から消費社会への転換と学生運動との関係について一言しておこう。

　階級的・工業的社会の重要な特徴の１つは社会の内部に生じる新しい問題に柔軟に対応し得ないことにある。例えば、われわれがこれまで見てきたように、1950年代の西ドイツでは急速な経済発展の中で表面化した行動規範、秩序観等をめぐる世代間の対立は、結局内向し、解決を見ないままであった。60年代末の学生運動が西ドイツ社会を開かれた西欧的社会へと転換させる触媒となったとするならば、それはまさに、この運動がここに述べたような社会的閉塞状況を打ち破ったことによっていた、ということになるだろう。他方、消費生活の面でいえば、「経済の奇跡」が始まった1950年代にはまだ「アメリカ」的（と思われた）消費生活に対する行動様式の相違、２つの消費スタイルの相違として世代間の対立は現れた。しかし「経済の奇跡」の中で、世代の如何を問わず、「節約」を旨とする行動様式から「今ここで」の消費を重視する行動様式へと次第に変化していった。つまり消費生活面でのこの転換は、学生運動のような大規模な社会運動の介在なしに実現していたのである。学生運動は工業社会から消費社会への転換が進展していく中で、その転換を基礎にしながら社会の秩序観の転換を引き起こす触媒となったといえるだろう。

　それではこのように消費社会化を基礎にした秩序観の転換の結果として西ドイツ社会が新しい社会に変わり、またその中で「過去の克服」を果たしつつ「西欧化」していくことは、この社会が有していた固有の特徴を失い、いわば「アメリカ」の鏡像となったり、他と異なるところのない「西欧」の一国になるということであろうか。

1. 映画『ベルンの奇蹟』

2003年に公開されたドイツ映画『ベルンの奇蹟』（S. ヴォルトマン監督）はこのことを考える上で、興味深い視点を提示してくれる[76]。「ベルンの奇蹟」とは1954年のワールド・カップ・サッカー、ベルン大会で西ドイツが優勝したことをさすが、映画はこのことを背景にルール地方のある一家の少年と父の関係を描いている。1943年生まれの少年はまさに68年世代となる。したがって、この映画を通して少年の精神世界を見るとき、68年世代が一体何を負いながら60年代後半の運動に関わっていったのかについての、ある仮説を立てることができるように思う。こうした観点から、映画『ベルンの奇蹟』を見てみよう[77]。

主人公の父親は1954年に抑留先のソ連からようやく帰還するが、それは出征から数えて12年目の帰還であった。多くの帰還兵がそうであったように、ふぬけ同然であり、戦後世界に適応することが全くできない。すでに若者となっている長男や長女はそれぞれの世界を持ち、父親は初めて見る末っ子（＝主人公）にどのように関わったらよいのかさえもわからない。彼にできるのは、戦前の父親がそうであったように、権威主義的、暴力的に息子や娘に向き合うことだけであった。長男は父親との衝突の果てに、自由青年同盟（FDJ）のメンバーとして東ドイツ（DDR）に自らの将来を託すことになる。他方、16歳になる長女はアメリカのGIと踊ることに喜びを見いだしている。兄妹のこうした行動をつうじて映画は、1950年代半ばに、東西に分裂したドイツのいずれの側に将来性があるのかということについて、普通の国民の間では決して定かではなかったということを述べているのである。実際、「経済の奇跡」が人々の生活の中に浸透し、生活のゆとりが実感されるようになるのは1950年代も終わりの方であり、それまでの西ドイツは未だ「欠乏の社会」であったのである[78]。さて、戦後社会に適合できない父親がよかれと思って家族のためになした唯一のことは、ある日家族のために肉のたくさん入ったシチューとプレゼントを用意することであった。だが、そのもとになったのは、末の息子の飼っているウサギだった！ それは、まさに家庭の中、戦後世界の中には彼の居

場所は存在しないことを、否応なしに彼にも悟らせる出来事であった。映画はここから、償いをしようとする父親が末息子をベルンのワールドカップへ連れて行くことで、父親と末息子の和解がなり、ハッピーエンドを迎えることになる[79]。

2. あるべき家庭の秩序と子の反抗

ここで大事なことは、ショックを受けた息子にはそのショックを癒すような父親が必要であるということと、父親はそれに応えることのできる存在でなければならないということである。この2つの条件があって初めて、壊れた親子の関係はあるべき関係として再建されるのである。このことは一見

図 3-4　日曜大工をする父と息子
(出典) *Ratgeber*, 1958, S. 166.

したところ、親子関係再建の鍵が父親にあることを意味している。だが実際には、息子の傷は癒されねばならず——そしてそれは親の望むところである——まさにそれゆえに、関係再建の鍵は父親にではなく息子にある。このことをアデナウアー時代の社会秩序の再建と重ねて考えるならば、社会の基礎的単位としての家庭の再建は、実は夫婦にではなく親子の関係、特に子供にかかっているということになろう。言い換えれば、父親ないしは親の期待に子供がどこまで応えることができるかが重要なのである。そのことの意味は、あるべき親子関係が形成されるとき、つまりあるべき役割を子供が果たすとき、親子関係だけではなく、家庭の秩序も維持されるということである。

まさにそうであるがゆえに、50年代の「不良」現象やロックン・ロールの

流行はあるべき関係を壊し、もって社会秩序を脅かす現象であると、例えば女性雑誌などによって捉えられたのである。あるいは徴兵制の導入が若者に対する規律化の手段として捉えられたり、アメリカ映画の流行に対して少年保護法の改正が企てられたのも、家庭の秩序の核心が子供の側にあるという理解が社会的に拡がっていたことを示すものである。あるべき子供、親子関係、家庭の秩序が存在することは、例えば女子ならば、母親の家事の手伝いをすることであり、男子ならば図 3-4 のように父親の日曜大工の手伝いをするような、性別役割分担を基礎とするジェンダー秩序に従いながら、子供たちが家庭内で社会化されていくことを意味していた。

ジェンダー秩序に従うことに加えて、家庭内での社会化に関連して重要であったのは、50〜60 年代の「経済の奇跡」の中で主婦の発言力が高まり、それにあわせて家庭内や近隣との交流関係の中から政治を排除する傾向が顕著になったことである[80]。それこそはアデナウアー流の宰相民主主義を根底で支えている精神的潮流であった。1957 年のキリスト教民主同盟の選挙スローガン「実験をやめよう」はまさに政治を議会内部へと極小化してしまうことを意味していた。人々を民主主義に「慣れさせる」ことは、このように政治を極小化することによって初めて可能になったのである。確かに、このような一見したところ脱政治的でありながら、その内実において保守的な傾向は「経済の奇跡」に均霑(きんてん)し、「アメリカ的な生活」を実現していくための条件と見えた。だが他面では、そうした保守的な傾向の下で民主主義に「なれる」ことは「過去の克服」をなおざりにし、権威主義的な秩序を社会に、そしてまた家庭内に残すことにもなっていた。このことに関連して M. ヴィルトは、人々が「経済の奇跡」の中で民主主義国家の住民になったとしても、それは決して自ら民主主義のために戦った結果ではなく、まさに「経済の奇跡」の結果に過ぎなかったとして、経済発展が結果的に西ドイツ国民を民主主義者としたことを鋭く指摘していた。言い換えれば、「アメリカ化」あるいは「西欧化」の重要な側面である民主化は、「経済の奇跡」の中では達成されていなかったのである[81]。社会全体としてみるならば、この状態がもたらした閉塞状況は 1966 年に元ナチ党員の G. キージンガーを首班とするキリスト教民主同盟と社会民主党による大

連合内閣が成立したときに頂点に達したであろう。民主化に向けた社会の転換は大連合内閣に続くブラント政権が「より大きな民主主義」を唱え、また学生運動が展開していく中で——それらへの反発との厳しい対決を含めて——初めて果たされることになるのである。

　戦後ドイツ社会の中ではあるべき親子関係とは、子供にとっては一定の年齢に達した後に——主としていわゆる完全家族の場合について言えることであったとはいえ——親の定めたレールの上にのって、その進路も定まるということを意味していた。それはアデナウアー流の「保守的後見」の下で人々が「経済の奇跡」に均霑するように、親の家父長的、権威主義的な保護の下で子供もまた一層の「豊かな生活」を可能にする道をとることに他ならなかった。いうまでもなく、「経済の奇跡」が続いていた限り、子供の進路はますます社会的上昇気流に乗る可能性が強まるであろう。20世紀初め以来、家庭の経済事情が好転するにつれて子供の教育に関心を注ぎ、それを職業選択に結びつける傾向はドイツで一貫してみられたが、1950年代、60年代を通じて社会的上昇気流に子供を乗せようとするとき、親は子供の教育に関心を注ぎ、結果的にそのような歴史的傾向は一層強固になっていたのである。当然のことながら、複数の世代を通じての社会的上昇によって、アメリカ的な「豊かな生活」は一層拡大して行くであろうと考えられていた。

　以上のように、1950年代、60年代を通じて子供たちには、「豊かな生活」と保守的・権威主義的志向、伝統的なジェンダー秩序等を含む価値体系に適合することが求められていたのである。その際、50年代、60年代には上昇気流に乗る可能性、傾向は社会的自由の拡大と見られていた。それが最も見やすい形で現れたのが商品選択に関わる場面であったことは言うまでもない。しかし、H. ブーデがG. バゼリッツの1963年に発表した絵画『だめだった夜』(Die grosse Nacht im Eimer) を分析する中で明らかにしているように、実はこの自由は非常に大きな画一化を伴っていたのである。それは若者からみれば、まさに親の敷いたレールに乗る以外に道のないような生活に入ることを意味していた[82]。自由の拡大と思われたことが実はただ１つの選択肢しかない閉塞状況であること、「経済の奇跡」が持続する中で若者が直面したのはまさにそうした

状況であった。つまり豊かではあるが保守的・権威主義的で、伝統的な秩序観に絡め取られたような生活への道を選択することを、若者たちは迫られていたのである。政治的な面でみれば、大連合内閣の成立によって議会政治おいても選択肢が無くなったこと、その意味でアデナウアーが「慣れさせる」ことに腐心してきた議会政治自体も危機に陥っていた。

　もちろん、親の定めたレールの上に乗ることは「豊かな生活」を約束するように見えたし、若者にとってもそれを拒否する理由は必ずしもあったわけではない。だが、繰り返し述べてきたように、親世代にとって消費は必要に迫られたものであるか、あるいは「豊かな生活」に達するためにも節約を旨としなければならなかったのに対して[83]、若者たちは親世代の消費行動の果実をすでに当然のこととして享受するか、それを前提とした消費行動をとるようになっていた。このことはすでに50年代半ばに若者が「今ここで」欲するものを手に入れようとするようになっていたことのうちに、はっきりと現れていた。そうした傾向は60年代に入ってますます強まることはあっても、弱まることがなかったのは言うまでもないだろう。若者にとって親の敷いたレールに乗るにせよ、消費行動までも親のそれにあわせる必要はどこにもなかったのである。

　他方では、ドイツ社会が階級的─工業社会から抜け出していく可能性を次第に濃厚にし始めた60年代後半になると、若者にとっても、自らの前途に親の思い描くのとは必ずしも一致しない様々な可能性が開かれてくるように見えてくる。10歳の少年の頃から戦後社会の再建の要の役割を果たし、今また、消費行動においても、将来の進路や様々な価値体系への適合においても、親の期待する方向へ進む。それは経済的な発展への道ではありえたとしても、社会的、政治的な面から見れば、アデナウアー以来の「保守的後見」状態が続くということに他ならなかっただろう──68年の運動、68年世代が拒否したのはまさにこのことであった。

3.「アメリカ化」とナショナル・アイデンティティ

　このように見れば明らかなように、68年の運動は端的に西ドイツの戦後世界のあり方を否定するものであり、その点で50年代の若者たちがもった親世

代への反発を引き継いでいた。「経済の奇跡」の中で人々によって追求された「豊かな社会」が結局のところ、労働者と都市中産階級との間の生活スタイルの差異を見えなくし、社会をいわば「平準化」していくものであったとするならば、H. シスラーが述べているように、68年の運動は確かに親世代の中産階級的な生活スタイルへの反抗、「平準化」された社会への反抗ということになるだろう[84]。だがそもそも、その中産階級的な生活こそ、戦後のドイツ人が「アメリカ的」生活として追求してきたところであった。そうであるならば、1960年代末になってもまだ「アメリカ化」が、かえって若者の間に反発を引き起こしていたことは、「アメリカ」的なもののドイツ社会への浸透力には限界があったと言えるだろう。

　繰り返し述べてきたように、戦後西ドイツの「アメリカ化」は中産階級的生活を実現しようとする親世代の努力を通じてばかりではなく、若者たちの消費行動を通じても進展していたから、「アメリカ化」の限界ということが意味するところは、「アメリカ」的なものを若者が自己のものとするとき、それは選択的になされたということである。例えば、若者が「今ここで」の欲求を満たすような消費行動をとるにしても、そうした行動の仕方はTシャツの購入については可能ではあっても、オートバイについてはほとんど不可能なことであり、それを購入するまでは「節約」という伝統的な消費行動の規範に従わざるをえないのである。別の例を挙げるならば、ロックン・ロールに惹かれる若者が、権威主義的な家族関係に基礎をおく社会秩序への強い反発を感じたとするならば、それは若者が自分の求めているものをロックン・ロールの中に見いだすことができたということに他ならない。言い換えれば、プレスリーは彼らのアイドルたりえても、中産階級的スタイルそのままのパット・ブーンは階級や階層の如何を問わず若者全体を熱狂させるようなアイドルには決してなれなかったのである。このように考えるならば、われわれは「アメリカ化」を「アメリカ」的なもののドイツへの一方的な浸透、つまり「コカ・コロニゼーション」などと単純化してはならないだろう[85]。

　だが他方では、「経済の奇跡」の中で拡大した中産階級的な生活スタイルへの反発であった68年の運動が大規模に展開しえたのは、消費社会化が進行す

る過程で、まさにそうした生活スタイルの中に含まれていたドイツに伝統的な権威主義的な人間関係、家庭秩序、「節約」を旨とする消費行動からの個人的解放が進んだことの結果に他ならなかった。こうして68年の運動は、アメリカの圧倒的な影響のもとで進んだドイツの再建と経済発展が、アメリカの影響にもかかわらずドイツの伝統を色濃く残したままなされたことのもたらした1つの逆説であり、伝統的秩序と階級的・工業的社会を破壊する重要な梃子となった運動であった。

それでは、消費社会化の進展によって登場してきた伝統的な階級的、工業的社会に代わる新しい社会では、ドイツの固有の特徴は失われることになるのだろうか。これまで述べてきたことからもわかるように、アメリカの圧倒的な影響のもとで各国が消費社会化していくとき——これを世界の「アメリカ化」と呼んでも良い——その「アメリカ化」された社会が取り組まねばならない問題は、常にその国独自の問題であった。ドイツの場合でいえば、その1つが伝統的な権威主義的秩序や性別役割分担に基づく家庭内秩序の問題であった。われわれがみてきたように、若者世代は「アメリカ」的なものを我がものとしようとするような消費行動を通じて、そうして伝統的秩序観への反発を示していた。ドイツの「アメリカ化」とは、そうした伝統的・権威主義的な秩序に対立する原理が仮にアメリカに端を発するとしても、権威主義的な秩序との対決を経てドイツの原理ともなることを意味している。それはアメリカの原理のドイツ化と言えるだろう。

くわえて、旧来の秩序観に対決しなければならない理由自体はドイツの歴史に内在していた。権威主義的秩序観や家族観あるいはまた人種主義的な偏見を残したまま、議会政治に「慣れさせる」ことをもって「民主化」に枠をはめようとしても、そのことがかえってドイツにおける「過去の克服」を困難にしていたことは先に見たとおりである。「アメリカ化」がドイツに浸透し、それを通じて西ドイツが他の西欧諸国と同じ「西側」の一国たろうとするとき、西ドイツの社会が対決しなければならなかったのは正に、ドイツの「過去の罪責」に関わるような旧来の秩序観であった。その際、古いものを改革するために、新たな原理を外から機械的に押しつけることが功を奏さないことは、戦後すぐ

第3章　西ドイツにおける「アメリカ化」と若者文化　173

に非ナチ化の名目で行われた、映画や講演その他の手段を使ってドイツを再教育しようとした場合が示している[86]。つまり、ある原理をアメリカに発する別の原理に機械的に置き換えることはできないのである。

これまでみてきたように、「経済の奇跡」の中では権威主義的な秩序への対決は消費行動を巡る世代間の対立を孕みながら展開していった。若者の行動の中に伝統的秩序観や家族のあり方の危機を感じ取った親世代は、伝統的な性別役割分担の観念を強調し、またそれに基づいて若者の将来の進路を規定しようと試みた。それは強力に進行する「アメリカ化」に対するドイツの反発の表れであった。その限りで、ドイツの「アメリカ化」とはドイツの固有の特徴を排除するものではなかった。だがそうした反発に対するさらなる反発が生まれるとき、つまりナショナルな特徴との対立を通して、アメリカに端を発する諸価値を受容していくとき、ある場合には受容する側と送る側との間に価値の共有が生まれ、ある場合には受容する側からの価値の変容を引き起こしながら、それらが全体としての新たなドイツのアイデンティティを形成することになるだろう。こうして「アメリカ化」とはドイツの歴史的伝統に根ざしたこうした反作用を引き起こしながら、ドイツ社会の中に貫徹するのである。その結果として生まれる精神のあり方とそれに基づく行動の仕方を「ナショナル」なアイデンティティと呼ぶのは適当ではないとしても、他の歴史的伝統を有する諸国家、諸民族等と共有しうる価値――それが「西欧的」な価値である――を内在化させていく可能性がそこには生まれてくると言えるだろう。

注
＊本章は、第27回ドイツ現代史学会（2004.9.19～20、同志社大学）で行われたシンポジウム「『アメリカ化』、『アメリカニズム』とドイツ現代史研究」で筆者が行った第1報告「第2次世界大戦後の西ドイツにおけるアメリカ化と消費生活の展開」をもとにしたものである。当日のコメンテーターを務められた石井香江日本学術振興会特別研究員をはじめ貴重なご意見を寄せられた多くの学会員に感謝する。また本稿の一部は、斎藤哲・八林秀一・鎗田英三編『20世紀ドイツの光と影――歴史からみた経済と社会』芦書房、2005、第23章と重なっている。
1）マーシャル・プランが西ドイツの再建に及ぼした影響に関する議論については、以下を参照されたい。Hans-Jürgen Schröder (Hg.), *Marshall Plan und Westdeutscher*

Wiederaufstieg.

2）「アメリカ化」、「アメリカニズム」と並んで「インターナショナル」あるいは、今日ならば「グローバル化」などという言葉が使われるのは周知の通りである。これらの言葉の間にどのような異同があるのかということ自体、アメリカの影響力の深さと広がりを示すものとして、非常に興味のある問題ではあるが、ここでは取り上げることができない。

3）Anselm Doering-Manteuffel, Deutsche Zeitgeschichte nach 1945, S. 10；ders., Dimension von Amerikanisierung in der deutschen Gesellschaft, S. 20 ff.

4）Kaspar Maase, *BRAVO Amerika*, S. 9-20；ders., 〉Amerikanisierung der Gesellschaft〈, S. 223 ff.; A. Doering-Manteuffel, a. a. O., S. 34 ff.

5）D. ポイカート『ワイマル共和国』前掲、p. 152 ff. つまり、ポイカートの言う「古典的近代の危機」の彼岸にあるのがアメリカということになろう。

6）Alf Lüdtke n. a. (Hg.), *Amerikanisierung*, S. 7. ここではかつては「古典的近代の危機」の彼岸にあるとされたアメリカが、戦後ドイツが進んでいく先に現れる姿と重ね合わされているのである。

7）Arnold Sywottek, The Americanization of Everyday Life?, p. 132 ff.

8）電話交換、銀行事務など。

9）Vgl., A. Lüdtke u.a. (Hg.), *Amerikanisierung*, a. a. O., S. 16.

10）Ebd., S. 20.

11）Gunnar Stollberg, *Die Rationalisierungsdebatte 1908-1933*, S. 85 ff.

12）西ドイツにおける労働者階級の消滅については、Josef Mooser, *Arbeiterleben in Deutschland 1900-1970*, a. a. O.

13）ヴァイマル時代の「家事の合理化」論については、前章参照。

14）Vgl., Ursula Nienhaus, Rationalisierung und Amerikanismus in Büros der zwanziger Jahre, S. 78-95.

15）Philipp Gassert, Amerikanismus, Antiamerikanismus, Amerikanisierung, S. 536；A. Doering-Manteuffel, Dimension von Amerikanisierung, a. a. O., S. 22 ff.

16）A. Doering-Manteuffel, Deutsche Zeitgeschichte nach 1945, a. a. O., S. 2.

17）Ders., *Wie westlich sind die Deutschen？*, S. 5-19.

18）A. Schildt, *Zwischen Abendland und Amerika*.

19）ここではこの「新しい社会」を価値的に捉えているのではないことに注意。「新しい社会」の中では利害や欲求の多様化が社会全体の連帯性を破壊していくことも考えられる。

20）Konrad Dussel, Amerikanisierung und Postmoderne in der Bundesrepublik, S. 239；A. Doering-Manteuffel, Westernisierung, S. 340.

21）A. Doering-Manteuffel, Diemension von Amerikanisierung, a. a. O., S. 10 ff.

22）ドイツ歴史学との関連でいえば、1960年代のこうした志向性はいうまでもなく、「ドイツ特有の道」を唱えたヴェーラーら「社会史派」の思想的なバックボーンとなっていた。

23) 例えば「東側」に対置する意味での「西」を強調する傾向の強かったアメリカ的な冷戦の論理に対して、歴史学的次元で考える場合、ドイツの「西欧化」への志向性には——「社会史派」の場合でいえば——ドイツ民主主義の歴史的・構造的な弱点の分析に向かうなど、より「内向き」な傾向と共に、民主主義的な価値の内在化に努めようとする傾向が見られる。
24) 代表的研究は、K. Maase（注4）と Ute G. Poiger, *Jazz, Rock, and Rebels*.
25) クリストフ・クレスマン『戦後ドイツ史 1945-1955——二重の建国』、p. 333。
26) ここで「過去」と理解されているのは主に、ポイカートのいう「古典的近代」が最も集約的な形で現れていたヴァイマル時代のことである。
27) A. Schildt, Von der Not der Jugend zur Teenager-Kultur, S. 344.
28) 近年の研究には、「過去」から逃れたいという願望の広がりにもかかわらず、他方では「過去」が人々の意識の底に沈澱していたことを指摘するものがある。ほかならぬ映画に関してそのことを論じているのが次の論文である。Frank Stern, Film in th 1950 s : Passing Images of Guilt and Responsiblity, pp. 266-280.
29) この年にはまた G. グラス著の『ブリキの太鼓』が発表されており、過去との不徹底な断絶に対する批判が次第に表にはっきりと現れ始めていたのである。
30) 近年のドイツにおけるブームとも言えるナチス時代に関わる映画の出現にも同様の傾向があることについては、拙稿「「過去の克服」—空襲—『ヒトラー』または歴史の偽造」を参照されたい。
31) 「郷土映画」についての最も包括的研究として次のものがある。Ludwig-Uhland-Institut für Empirische Kulturwissenschaft der Universität Tübingen, *Der Deutsche Heimatfilm*.
32) 今日でもドイツのテレビに、バイエルンやシュヴァルツヴァルトを舞台としたホームドラマが多数登場するのは、かつての「郷土映画」の名残といえるだろう。
33) まして、その「郷土」が過去の罪過にまみれていないことを積極的に主張するような内容を持つ「郷土映画」であれば、ますますそれが受け入れられる可能性は高かったはずである。だが、そのような映画『菩提樹』（W. リーベンアイナー監督、1958、原題：*Die Trapp Familie*）が作られたとき、すでに「郷土映画」の人気は過ぎ去っていたばかりか、ナチス犯罪糾明のための州司法行政中央本部が 1958 年に設立されたように、わずかばかりではあるが、ドイツの過去の罪過に対するドイツ人自身のまなざしにも変化が生じ始めていた。そのため『菩提樹』は、「郷土映画」としてはこの年第 3 番目の興行成績を上げていたとはいえ（*Der Spiegel*, Nr. 51 v. 19, 13. 1956, S. 52）、おそらく製作者が意図したほどの反響を呼ばなかったようである。むしろ、この映画をリメイクしたアメリカ映画『サウンド・オブ・ミュージック』（R. ワイズ監督、1965 年）の方が、世界中でオーストリアについて、あたかも『菩提樹』に期待されていたような効果を上げたのである。
34) *Grün ist die Heide*, 観客総数は 2000 万人を超えるといわれる。Cf. A. Kaes, *From Hitler to Heimat*, p. 15.
35) 実際には必ずしも親世代とは限らない。父親が欠けている家庭は多かったから、祖父

母の世代が親代わりであることも少なくなかった。そしてこのことを象徴していたのが言うまでもなく「老宰相」K. アデナウアーであった。重要なことは、祖父母の世代も若者もこうした場合、祖父母を言わば親と見なしていたことである。そこでは——容易に想像できるように——祖父母はとりわけ「子供」の教育に気をつかったが、その結果、祖父母の受けた権威主義的な教育スタイルがそのまま戦後にも持続することになった。

36) アメリカ兵との接触経験については、Ralph Willett, *The Americanization of Germany, 1945-1949*, p. 18. Petra Goedde, *GIs and Germans*, p. 127 ff.
37) Wilfried v. Bredow, Sicherheitspolitische und gesellschaftliche Herausforderungen der Bundeswehr vom Kalten Krieg bis zum Beginn des 21. Jahrhunderts, S. 299-302.
38) *Der Spiegel*, H. 29 v. 18, 7. 1956, S. 29-31. この調査は雑誌 *Der Spiegel* の依頼でアレンスバッハの世論研究所が 1956 年 7 月に行ったものである。
39) *Ratgeber für Haus und Familie* [以下 *Ratgeber*], 1957, S. 670-671.
40) *Ratgeber*, 1958, S. 598-599；*Constanze*, Jg. 8, 1955, H. 20, S. 116. Elizabeth Heinemann, Complete Families, op. cit., p. 37, n. 48 によれば、現実にはいわゆる母子家庭の方が母親が子供に対して強い権威を有していた。
41) *Constanze*, Jg. 8, 1955, H. 23, S. 98；Vgl., ibid., H. 18, S. 13.
42) K. Maase, *BRAVO Amerika*, a. a. O.
43) Cf. E. Heinemann, op. cit., pp. 22-23.
44) 前章参照。
45) 詳しくは以下を参照。S. Meyer, E. Schulze, Von Wirtschaftswunder keine Spur., S. 280-286. Vgl., Robert G. Moeller, *Protecting Motherhood*, a. a. O., S. 128 ff.
46) Julia S. Angster, The Westernization of the Political Thought of the West German Labor Movement, pp. 76-97.
47) Vgl., A. Schildt, Von der Not der Jugend zur Teenager-Kultur, S. 343.
48) Edward Dickinson, *The Politics of German Child Welfare from the Empire to the Federal Republic*, pp. 265-267.
49) A. Schildt, *Moderne Zeiten*, S. 176；cf. U. G. Poiger, *Jazz, Rock, and Rebels*, op. cit., p. 79.
50) Regierugnserklärung und Bundestagsdebatte zur Jugendpolitik；Ergebnisse des Bundesjugendplanes, in：*Deutschland 1949 bis 1999. Archiv der Gegenwart. Bd. 2, Sep. 1953- Okt. 1957*, Sankt Augustin 2000, S. 1823.（　）内は引用者。
51) Hans-Heinrich Muchow, *Sexualreife und Sozialstruktur der Jugend*, S. 137.
52)「破壊された家庭から非行少年が生じる」という理解は戦後の早い時期から保守派によって主張され、国会においてもそうした見解が表明されることは珍しくはなかった。cf. R. G. Moeller, *Protecting Motherhood,* op. cit., p. 90.
53) Vgl. „Halbstarke meuterten erneut", 13. Okt. 1956, in：
http://www.wdr.de/themen/kultur/rundfunk/wdr/textrundfunk/kultur/halbstarke.html（12. 4. 2006）.

54）R. G. Moeller, op. cit., pp. 201-202.
55）Siehe, K. Maase, Amerikanisierung von unten, S. 304.
56）M. Wildt, *Am Beginn der ＞Konsumgesellschaft＜*, a. a. O., S. 64 ff.
57）1960 年の女性雑誌には、夜 10 時の門限に遅れ、外出禁止の罰を受けることになった 16 歳の女子が、「家は監獄か」とその不当性を訴えた投書が掲載されていた。興味深いのはそれに対する編集部の回答であった。すなわち、16 歳の娘に夜 10 時までの外出を認めているのは多くの家庭ではないことであり、親の「寛大さ」の表れであるとして、ヴァイマル時代同様若い女性の外出が親によって管理されていることを指摘したのである（*Ratgeber*, 1960, S. 832）.
58）Gabriele Dietz, Sozius-Miezen. Halbstarke Mädchen, S. 232-236.
59）Erica Carter, Alice in the Consumer Wonderland, op. cit., pp. 351-352.
60）ナイロン・ストッキングが普及するのは、フリーサイズのものが製造されるようになった 1955 年からのことであった。
61）この点について詳しくは、U. G. Poiger, *Jazz, Rock and Rebels*, op. cit, p. 91 ff.
62）K. Maase, *BRAVO Amerika*, a. a. O., S. 101 ff.
63）Ebd., S. 103.
64）*Der Spiegel*, Nr. 50 v. 12, 12. 1956, S. 60.
65）U. G. Poiger, *Jazz, Rock and Rebels*, op. cit., p. 171 ff.
66）注 64 に挙げた『シュピーゲル』のプレスリー特集記事のタイトルは、"Elvis, the Pelvis" である。また、*Der Spiegel*, Nr. 39 v. 26, 9. 1956, のアメリカでのロック・ンロールブームについて報じた記事に載ったプレスリーの写真へのキャプションには「黒人音楽が白くなった」とある（S. 52）.
67）U. G. Poiger, op. cit., p. 173 ff.
68）なお、『ラブミー・テンダー』によってプレスリーのファン層が拡大―変化したことは、プレスリーがマーロン・ブランドと同様に、もはや反抗の象徴ではなくなったということも意味していただろう。
69）*Ratgeber*, 1957, S. 572.
70）Ebd.
71）Helma Sanders-Brahms, Tanzstunde mit Sartre, S. 258.
72）女性雑誌が、「ダンス教室」でさえも性的逸脱の「危険」はあるが、それでも自分たちの息子や娘を「もう少し信用しよう」と言うとき、性規範の崩壊への親世代の不安がいかに大きかったかが窺えるだろう。Vgl., *Ratgeber*, a. a. O.
73）*Ratgeber*, 1960, S. 307.
74）Cf. U. G. Poiger, *Jazz, Rock and Rebels*, op. cit., p. 179 ff. ただし、消費産業の後押しによる若者市場の形成や、それと関連する「ドイツのプレスリー」をアイドルとするようなティーン・エイジャー文化の広がりの中で、ジェンダーの規範はある程度まで再建され、ロック・ンロールによるドイツ社会への挑戦は言わば薄められた形で受け入れられていったのである。この現象は言うまでもなくドイツ固有のものではない。それは「アメリカ化」の世界性の現れといえよう。

75) 68年の学生運動については、井関正久『ドイツを変えた68年運動』。Claus-Dieter Krohn, Die westdeutsche Studentenbewegung und das „andere Deutschland", S. 695-718；Heinz Bude, The German Kriegskinder, pp. 290-305；Dagmar Herzog, Post-War Ideologies and the Body Politics of 1968, pp. 101-116；J.-W. Müller, 1968 as Event, Milieu, and Ideology, pp. 117-143.
76) この映画については多数の批評があるが、ここではさしあたり1つだけあげておく。Nobert Seitz, Was symbolisiert das ›Wunder von Bern‹?, S. 3-6.
77) 明らかにドイツの「国民的」成功をたたえるこの映画が2003年に大ヒットしたこと自体、そしてまた当時の首相G. シュレーダーが映画に涙したことは、ヨーロッパ統合という否応なしに従来の国家の役割を低下させる事態の進展の中での、ドイツ人の「国民」意識、「国家」意識を考えさせるものとして興味深いものがある。
78) A. Sywottek, The Americanization of Everyday Life?, op. cit., p. 150.
79) なお、この映画では主人公の家族の話とともに、複線として若いスポーツ・ジャーナリストとその妻の話が扱われているが、それは1950年代半ばに西ドイツでスポーツ・ジャーナリズムが成立したこと、「経済の奇跡」の中で余暇が拡大しはじめたことを表現していると言えよう。
80) この問題については、前章を参照されたい。
81) M. Wildt, Changes in Consumption as Social Practice, op. cit., p. 315.
82) H. Bude, The German Kriegskinder, pp. 294-295. なお、R. Willettによれば、西ドイツ社会の画一化は実は西ドイツにとってのモデルとなったアメリカ自体を覆っていた状況でもあった。Cf. R. Willett, *The Americanization of Germany,* op. cit., p. 124.
83) ヴィルトの挙げている数字によれば、平均的な労働者家庭でも1950〜63年までの間に月収はほとんど3倍にもなったが、支出はそれに対応するほど急速には拡大せず、1957年でも支出の37％ほどは食費であった。標準的な世帯で、必要なものに対するやむをえない支出の割合が、欲求に応じて弾力的に支出される分を下回るのはようやく1958年のことなのである。Vgl., M. Wildt, *Am Beginn der ›Konsumgesellschaft‹,* a. a. O., S. 60, 66, 378-379（Tab. 6）。
84) H. Schissler, Rebels in Search of a Cause, p. 461.
85) Cf., Richard Pelles, *NOT LIKE US.*, p. 279 ff.
86) R. Willett, op. cit., p. 28 ff. 参照、深川美奈「非ナチ化とドイツ人——バイエルン州アンスバッハの非ナチ化政策（1945-1948）」、pp. 67-100。

第1部 まとめ

1. ヴァイマル時代から戦後の「経済の奇跡」に至るまでの時期、労働者とホワイトカラーからなる都市の平均的な勤労者世帯の消費生活は、決して直線的にではなかったにせよ、拡大を遂げてきた。その過程で生じた最も重要な事態は、消費生活のあり方という点では労働者家庭と他の階層、特にホワイトカラー家庭との差異が表面的には消失したことであった。その限りで、労働者階級は1970年頃までには西ドイツでは「消滅」したのである。

労働者階級の「消滅」という事態は、ヴァイマル時代に労働者階級にもささやかながらも余暇が生まれ、それが自分の「本来の時間」として意識され、またその意識に基づいて人々が行動するようになったとき、すでに垣間見えていた。若い世代を中心に余暇活動が拡大するにつれて、例えば、労働者階級に属する勤労女性にとって、余暇を過ごす手段はもはや労働者階級に固有の手段である必要はなく、経済的な事情さえ許すならば、商業的に提供される手段であっても、十分にそれを享受することができた。それどころか、労働者階級に固有の余暇の手段、労働者文化運動は例えば「自分のため」の人生を送りたいと考える女性にとっては、かえって煩わしささえ感じさせるものであった。ここに商業的な余暇の機会と手段が労働者文化運動の形で提供される機会と手段を越えていく可能性があった。

確かにそうした可能性が十全に展開していくには、資本主義の発展が必要であった。ヴァイマル時代から少なくとも戦後の高度経済成長が順調に軌道に乗り、人々に「経済の奇跡」が実感されるようになるまでは、ドイツ資本主義にはそのような力が無かった。つまり、ドイツ資本主義には商業的に提供される余暇の機会と手段を人々に享受させる余力がなかったのである。ナチス時代に入って、個別資本によっては提供し得ない余暇の機会と手段を提供することになったのが、言うまでもなくドイツ労働戦線でありヒトラーユーゲントなどナチス系の大衆組織であった。このように考えてみれば、ナチス的な組織された

余暇とは労働者文化と大衆的・消費社会的な文化との競合関係の中で生まれるべくして生まれた一種の「文化」であったと言えるだろう。当然のことながら、組織された余暇を保証する政治体制が崩壊し、かつ資本主義が飛躍的に発展するようになれば、そうした組織された余暇の機会と手段もまた崩壊せざるをえないだろう。それはあたかも、1989/90年に東ドイツの社会主義体制が崩壊し、西ドイツに統合されて社会が資本主義化した途端に社会主義体制の下で組織された余暇の組織が崩壊したのと同じである。

2. 多くの女性にとって、人生は「自分のため」にではなく、親兄弟や夫と子供を含む「他人のため」に存在していた。このことは就労と家事・育児という二重―多重負担を抱える勤労女性の場合にとりわけ顕著であり、少なからぬ女性労働者は「他人のため」の生活を送ることによる多重負担を「人生の宿命」として受け入れていたのである[1]。逆にそこに疑問を感じたとき、未婚であれ、既婚であれ、勤労女性にとって、そうした「他人のため」の人生からいかに解放されるかが人生の重要問題となるのであった。余暇が自分の「本来の時間」と意識されたのも、余暇の間は「他人のため」の生活から束の間、解放されると感じられたからに他ならない。

しかしながら、余暇は本来、労働との関係で初めて成立する時間であるとすれば、就労女性にとって、二重―多重負担からの解放こそが「他人のため」の人生から自らを解放し、単に余暇の時だけではなく「自分のため」の人生を確保することを可能にするであろう。

女性が多重負担から解放される1つの道は就労から解放されることであった。まさにそれゆえにこそ、女性を家庭に「戻す」という主張はヴァイマル時代から戦後の「経済の奇跡」の時期まで、常に女性の間に一定の反響を見いだしたのである。だが、当然のことながら女性が就労から解放されるには――性別役割分担を前提としている限り――女性が就労しなければならない必要性自体が解消されねばならず、そのためには男性が「家族賃金」を手にすることができるような経済水準の向上は不可欠であった。ナチス時代の一時期と戦後「経済の奇跡」の中での一時期、女性が家庭に「戻った」ように見えたのも、まさに

その時期に経済発展があったからに他ならない。

　それでは女性が家庭に「戻った」場合に、女性の人生は「自分のため」の人生となるのであろうか。二重―多重負担からの解放という問題について、ヴァイマル時代から戦後まで勤労女性を捉えた議論をみるならば、そこに視点の転換があったことは明らかである。つまり、「他人のため」ではなく「自分のため」の人生を実現することに女性解放の証を求めるのではなく、「他人のため」の人生や生活を送ることに価値が与えられ、それこそが「自分のため」の人生とされるようになったのである。そこでは女性と就労との関係は断ち切られ、女性、特に既婚女性は家事の合理化と機械化を通じて家事の「専門家」となるという位置づけがなされた。負担と見なされてきた家事と育児は女性の専管事項として男性の関与しうる領域ではなく、それを通じて女性もまた男性と同価値の社会的な存在意義を持つことができるとされたのである。この類の議論は、ヴィルヘルム時代から市民的女性解放運動の中で有力であった議論であるが、それがナチズムにも受け継がれ、さらには戦後「経済の奇跡」の中で「奇跡」のにない手たる消費主体として女性を賞賛することのなかにも流れ込んでいったのである。

　上述したように、女性が家庭に戻るには経済発展が必要であったが、ヴァイマル時代以来の消費生活の発展は、女性が実際に家庭に引っ込むことをある程度まで可能にした。つまり、消費生活の発展が、性別役割分担を基礎とした女性の社会貢献というヴィルヘルム時代以来の議論を初めて、実際的なものとしたのである。女性を多重負担から「解放」し、「他人のため」の人生を恰も「自分のため」の人生であるかのように表象することを可能にするような消費生活の発展と、男女の社会的な価値の同等性というイデオロギーとは、ヴァイマル時代から戦後「経済の奇跡」までの時期に家族という場に収斂することになったのである。このようにみてくれば、ヴァイマル時代から戦後の「経済の奇跡」までの時期は、その間に政治的な大きな断絶があったにも拘わらず、消費生活とその中での女性の位置という点では連続性があったといえるだろう。

3. ここで1つの疑問が生じる。そうした連続性を断ち切るような可能性は、

ヴァイマル時代以来の消費生活の発展の中には生まれなかったのであろうか？否である。「序論」で述べた消費の「越境的な」性格はそうした可能性を作り出していったのである。大衆的消費文化の発展は消費の水準を一定程度「平準化」し、消費の持つ階級的、階層的な差異を見えにくいものとしていたが、そこにも消費の「越境的な」性格は現れていただろう。だがそれ以上に重要であったのは、大衆的・商業的な消費文化の中でジェンダー秩序を揺るがせる契機が現れてきたことである。

これまでみてきたように、すでにヴァイマル時代の家庭内のジェンダー秩序は余暇をいかに過ごすかを巡って動揺の兆しを示していた。このことは、戦後の「経済の奇跡」の中で、ヴァイマル時代以来の消費生活のあり方に挑戦する若い世代が生まれてきたときに一層顕著になった。若い世代にとって、伝統的な消費行動、つまり必要に応じて消費をするという行動よりも、今ここで欲するものを消費するという行動の方が重要であり、そうした行動原理をもとに、単に伝統的な消費行動のあり方ばかりではなく、それに関わるジェンダー秩序、家庭内秩序、世代間の秩序等々を揺さぶったのである。

なるほど、そうした消費行動は若い男性の場合の方が女性の場合よりも眼についたとはいえ、女性についてもその消費行動はますます「自分のため」のそれとなっていった。「経済の奇跡」の中でのそうした若い男女の消費行動のあり方に関連して、性とジェンダーの問題が世代間にいかに大きな緊張をもたらしていたかについては、われわれがみたとおりである。消費行動の持つ「越境的な」性格、そのインパクトがそうした世代間の緊張の中に反映していたのである。もちろん、男女を問わず新しい消費行動が拡大しそれが実際にさまざまな秩序を揺さぶり、そうした揺さぶりが戦後の西ドイツ社会を大きく変動させるのは「経済の奇跡」の後の時期であった。だがそれでもヴァイマル時代から続いてきた消費生活の発展は新しい社会への芽を内に含み、次第にそれを成長させてきたのであった。

注
1) 拙稿「第1次世界大戦前のバーデン繊維産業と女性労働」、p. 164.

第 2 部

現代社会主義の下での消費生活

——ウルブリヒト時代の東ドイツ

はじめに——第2部の課題

1. 20世紀の資本主義社会を特徴づける現象の1つが「消費社会」の発展にあったということには、誰しも異存はないであろう。そしてそれはまた、「アメリカ式生活様式」あるいはまた社会の「アメリカ化」などとも呼ばれるように、20世紀のアメリカ社会のありように強く影響されていた。言うまでもなく、20世紀初め以来、アメリカでは大企業の活発な活動によって、主として中産階級を担い手としながら、消費社会の著しい発展がみられた。他方、西ヨーロッパでは、戦間期そして第2次世界大戦後も表面的にはアメリカ社会を後追いする形で、消費社会の拡大がみられた。確かにそこには——例えばヴァイマル時代のドイツがそうであったように——しばしば社会の「アメリカ化」に対する反発やいらだちも現れていた。とはいえ、西ヨーロッパにおける経済活動の基本が資本主義的な企業の活動にあり、その成果を大衆的な規模で享受したのが都市の中産階級であってみれば、そうした反発やいらだちが大きく拡がり、やがては消費社会そのものを破壊していくなどということはありえなかったであろう。

さて、第2次世界大戦後、ソ連をモデルとした現代社会主義のシステム[1]はドイツの東半分以東に大きく拡がった。だが周知の通り、現代社会主義の基礎は決して強固ではなく、それが1991年末のソ連の消滅を最後としてすべて崩壊してしまうまでの間、程度の差こそあれ、どこの国でも社会主義のシステムは国民の厳しい批判や抗議を浴びることになった。1953年に東ドイツで起きた6月17日事件、1956年秋のハンガリー動乱、1968年のチェコスロヴァキアでの変革の試み「プラハの春」、1980年代のポーランドにおける「連帯」の運動等、現代社会主義のシステムに対する国民による抗議の例は枚挙のいとまもない。このような状態に対して社会主義国の政権（党）が執った措置は、軍隊や警察を投入しての弾圧のような物理的な方策を別とすれば、何よりも国民の消費生活の向上であった。例えば、ドイツ民主共和国（東ドイツ、DDR）の政

権党である社会主義統一党（SED）政治局は、1958年10月末に、1人当たりの消費物資の使用量について「西ドイツに追いつき、追い越す」という目標を設定している[2]。すでに高度経済成長期にある西ドイツを上回る消費生活を実現することに、体制安定化の保証を求めたのである。換言すればこのことは、消費生活の向上がなければ体制に対する国民の不信が一気に拡がるということであり、そうである限り、国民が消費生活のあり方を軸に体制の正当性を日常的に問うことを許すことを意味してもいた[3]。明らかにそれは、計画経済を至上命題とする SED にとってはきわめて危険な賭けであった。それでも消費生活の向上という目標設定がなされ、それはしばしば、社会主義的な計画経済につきものの、細部にまで至る詳細を究めたものとなることも珍しくはなかった。

その様な奇妙な現象をも伴いながらも、こうした目標設定がなされた背景にあったのは、驚くばかりの日用品の不足であった。例えば、政府は1960年2月に SED の最高指導者 W. ウルブリヒトの指示に基づき、国営商店（HO）と消費協同組合での日用品の在庫状況を調査しているが[4]、それは品不足が極度に進行していることを示していた[5]。ただしその反面で、多くの商店は様々な商品や材料を「備蓄」していた[6]。したがって、国民の消費生活を向上させようとするならば、一方で「備蓄」をやめさせながら、他方で品不足を解消する必要があった。しかしながら、品不足と「備蓄」の同時存在が社会主義的計画経済に由来するものであるとするならば、計画経済の下で消費生活の向上はありうるのかという問題が生じるであろう。こうして、国民の抗議の声に応えるためになされる消費生活向上を意図した措置は、はじめから袋小路に陥る可能性を含んでいたのである。だがそれにも拘らず、計画経済の下で消費生活の向上を図るという目標を設定せざるをえなかったところに、後述するように、SED―DDR 指導部が直面した固有の困難があったのである。

ところで、SED―DDR の指導部が国民の消費生活の向上を唱えるとき、先に見た58年の政治局による目標設定からもわかるように、まず何よりも西ドイツが目標とされていた。50年代半ばから始まった急激な経済発展――「経済の奇跡」――によって、いまや西ドイツではドイツ人がこれまで知らなかったような豊かな生活と社会的な安定が享受されるようになった。本論で詳しく

述べるように、このことは東の国民にとってばかりではなく指導部にとっても関心の中心になった。

　よく知られているように、終戦後のドイツ人にとって敗戦とは諸々の苦難とその記憶を意味していた。人々は空襲、疎開、主に東部からの避難行、占領軍による暴行、戦後の飢餓等々についての記憶から逃れるべくもがいていた。まさにそれゆえに、占領後のかなり早い時期から分裂国家への道を歩み始め、実際に1949年に2つの国家が成立したとき、どちらの国家も人々が戦争の中で被った被害とその記憶を帳消しにするだけではなく、そのような被害が生じる以前の、人々にとって正常であったと感じられた状態をいち早く回復し、さらにそれを発展させることを、自国の最も重要な課題とした。競争する2つの国にとって、いずれがよりよくこの課題を果たしうるか、まさにこの点にこそ両国の正当性がかかっていたのである。したがって、東ドイツの指導部が国民の消費生活向上のために行ったさまざまな努力は、ただ単に、前例の無いような西ドイツの発展に対する反応という性格を有していたのではなく、また他方ではナチズム戦争が引き起こした結果をいかに克服するか、という問題でもあったのである。つまり東ドイツの消費政策は冷戦期に東西両陣営の間で行われた競争の1つであるだけではなく、ドイツ史の文脈の中で見れば、ドイツの過去をいかに克服していくかという問題でもあった。

　とはいえ、東ドイツの指導部にとってばかりか、ある程度までは国民にとっても消費の問題は、いわゆる「過去の克服」と結びつくよりは、端的に消費生活の向上、豊かな生活の実現という目標と結びついていた。1961年にベルリンの壁が建設されるまでは、人々は東西の消費生活の差を自分の眼で確かめることができたが、壁によって西への出口が遮断された後も、例えば西側にいる親族が送る小包や西側のテレビを通じて、西の消費生活に関する一定の情報を得ることができた。東ドイツ国民にとっては、そのようにしてイメージとして捉えられた西ドイツの生活水準、消費水準を達成できるかどうかが、最も重要な問題となったのである。

　しかし——心理的には十分理解できることであるが——東ドイツという閉じた空間の中で消費生活を発展させなければならなくなったとき、東ドイツの指

図1 「きちんと毎月1回は火星へ」

図2 夢のレシピ
(左の女性が手にしている小さな袋の中の粒に)「水をかけ、温めるだけで、食事は全部できあがり！」
(出典) 図1、2、*Das Magazin*, H. 1, 1964, S. 64-65.

導者が国民に対して将来のモデルとして提示したのはもはや西ドイツではなく、しばしば「アメリカ」であった。例えば、1959年に出版された『未来の世界』という本は1990年のDDR社会を描いたものであるが、その中では2000年にDDRにやってきたアメリカ人がDDR社会の物質的な豊かさに驚愕する様が述べられている[7]。またDDRの代表的な女性向け教養誌 Das Magazin の1964年1月号には、2000年のこの雑誌の様子が漫画で描かれているが、そこでは科学技術の発達が比類のない規模に達していることが示唆されている（図1〜2参照）[8]。要するに発展した科学技術に支えられたアメリカ的な「豊かな生活」が、社会主義の東ドイツにおいても発達した消費生活のモデルと考えられたのである。「アメリカ化」の一側面はまさに地球を覆う事態であることがここには現れていると言えるだろう。さらにまた、東ドイツの党と国家の指導部がアメリカをモデルとして国民の消費生活を発展させようと試みたことは、ヴァイマル時代以来のドイツが行ってきたことと同様であり、広く20世紀の先進諸国が追求してきたことであった。このように考えるならば、われわれは東ドイツにおける消費生活の展開を西ドイツのそれに対する「失敗の歴史」としてみることには慎

重でなければならないだろう。東ドイツの消費水準は決して西ドイツに追いつき、追い抜いたことはなかったが、消費生活を発展させようとする東ドイツの試みは「アメリカ化」に対する1つの対応の仕方として、あたかも西ドイツにおける消費生活の諸側面が「アメリカ化」との関連においても検討対象となるように、それ独自の考察を求めるものなのである[9]。

ところでDDRのような社会主義国での消費生活のモデルがアメリカにあるということが、直ちに、社会主義国を支配する共産党[10]に対してやっかいな問題を突きつけることになったのは言うまでもない。すなわち、アメリカをはじめとする資本主義国において消費社会が発展していくには、少なくとも建前としては、自由な企業活動が存在していなければならなかった。そしてその消費社会において旺盛な消費意欲を示し、消費社会に内実を与えていったのが中産階級の広範な層であった。言うまでもなく、自由な企業活動と中産階級こそ現代社会主義の社会において基本的に欠落している状況と存在であった。そうであるならば、現代社会主義の下では消費生活の発展は、いったい何によって支えられるのか。発展した消費生活を持つ社会主義社会をも消費社会と呼べるのか。あるいは仮に社会主義的消費社会とも言うべき社会と資本主義的な消費社会との間には、どのような異同があるのか。

「アメリカ」がSEDの指導部に突きつけたのは以上のような社会構成体にかかわる問題だけではなかった。加えてドイツの歴史に根ざす心理的・イデオロギー的な問題があった。第1部第2章で述べたように、歴史的に見れば、ドイツ人は大量生産と大量消費に基づくアメリカ的な生活のあり方に対して拒否と賛美の同時存在というアンビヴァレントな姿勢を示してきた。とりわけヴァイマル時代は合理化、「新しい女性」等、一言で言えば「アメリカニズム」をめぐって激しい議論が戦わされた時期であった。SEDの指導者たちの多くはその中で社会化されてきたのである。当然、DDRを建国し、社会主義を建設する過程においてもそのことは影響を及ぼした。たとえば、ソヴィエト・マルクス主義の強い影響下に育ったドイツ共産党系の指導者にとってはフォード主義的な合理化された大量生産は追求すべき目標となったが、大量消費に対するヴァイマル時代の中産階級が持っていた拒否感を受け継いでいた。その結果、

東ドイツにあっては経済の関心はまず生産におかれ、消費に対しては比較的わずかな注意しか払われなかったのである。このような心理的・イデオロギー的な枠組みの中で消費生活の向上が図られるとき、そこにどのような問題が生じるのか。たとえば消費生活の向上という目標が心理的・イデオロギー的な枠組み自体を超えていくことになるのか、それとも逆に後者によって目標が制約されるのか。

　以上挙げてきたような問題、すなわち計画経済の下での消費生活のあり方、あるいは「アメリカ」にかかわる問題は、東ドイツにおける消費生活について考察する際には常に考慮しておくべき問題ではあるが、これら全てをここで検討することは筆者の手に余ることである。この第2部ではより限定された課題を扱う。すなわち東ドイツにおける消費政策と消費生活の展開をとりあげ、この国の指導者は消費社会の発展を何によって保証しようとしたのか、人々は消費生活の変化をどのように受け止め、そこで自らの消費生活を充実させるべく、どのように行動したのかを、この国の歴史の前半分について跡づけようとするものである。この国は現代社会主義の下では最も消費水準の高かった国の1つであり、こうした検討を行うことにより、一方では現代社会主義の社会史のある側面を明らかにできようし、また他方では現代社会主義がなぜ行き詰まらざるをえなかったのか、そこには何か現代社会主義に固有の問題はなかったのか、という論点に対しても一定の答えを得ることができよう。なぜなら、最近の研究によれば、現代社会主義の体制の下では、衣食住の供給をいかになすかという問題と、逆に国民の満たされない消費意欲の存在は共に、体制を爆破しかねない力を内に秘めていると考えられるからである[11]。

2. さて、第2部で取り上げる時期はほぼ1950年代初めから60年代末まで、つまりワルター・ウルブリヒト（W. Ulbricht）が東ドイツ（DDR）における党と国家の最高指導者であった時代である。それはこの国の歴史の前半部をなしている。DDRはウルブリヒト時代に第2次世界大戦の打撃から立ち直り、1961年の壁の構築から数年たつと、経済も発展し、比較的安定した現代社会主義の建設に成功する。それはあたかも、1948年通貨改革以降の西ドイツ

（BRD）が高度に発展した資本主義社会へと発展していくことと、対をなしていたと言えるだろう。それゆえ、ウルブリヒト時代の東ドイツにおける消費生活発展の跡をたどり、その特徴を明らかにすることは、消費生活の発展という1点に限っても、戦後の復興から発展へというプロセスのなかで、資本主義と社会主義との間にどのような相違があったのかということを明らかにする上で、有益であろう[12]。そしてまたこの点からすれば、第2部は冷戦期の東西間の対立という問題を、政治的なイデオロギーや軍事的な対立などとは異なる観点から捉えようとするものでもある[13]。

　ここで第2部の対象がある重要な限定の下にあることを述べておく必要がある。本書で消費生活の発展という場合、そこで含意されているのはもっぱら都市部での消費生活のことであり、農村部のそれは含まれていない。このことは社会主義の東ドイツをとりあげる第2部については大きな問題をなす。なぜなら、ウルブリヒト時代の社会主義建設において最も大きな犠牲を払ったのは農民であったからである。1946年の土地改革によって農民に土地が新たに割り当てられたといっても、それはしばしば生産維持を不可能とするような規模でしかなかった。ついで進められた農業の集団化、すなわち農業生産組合（LPG）の形成は農民生活を根底から破壊した。農民の間には第2部でとりあげるような意味での消費生活は存在しなかったといっても過言ではない。確かにウルブリヒト政権、そして後にはホーネッカー政権も農民の消費生活の向上に対して何も手を打たなかったわけではない。とりわけホーネッカーの時代には住宅建設の面で農民は優遇されていた。だがその彼の時代も含め、DDR農民の消費生活の水準は低かった。主に農民向けに通信販売や移動販売の制度も創設されていたが、そもそも彼らに供給されるべき商品が少なかったのである。一言で言えば、SEDは農民の生活を根底から破壊しながら、それを埋め合わせるような新たな生活、豊かな消費生活をもたらすことができなかったのである。

　第2部がこうした状況にあった農民を含まないままDDRにおける消費生活の発展を論じていることは、ひとえに筆者の非力によるところであるが、それでも対象を都市部に限定することについてはいくつかの理由がある。第1に、

ソ連をモデルとする現代社会主義は、制度的には農業集団化を重要な柱としながらも、何よりも都市的な現象であったことによる。このことは大規模な工業発展こそが社会主義の勝利を可能にするという、現代社会主義の根本観念を想起すれば明らかであろう。第2に、東ドイツにおいて消費生活の発展は何よりも都市部において生じたことによる。そしてこの点が第3の理由にかかわってくる。第1部で見たように、戦後西ドイツでの消費生活の発展もまた主に都市部で生じたことであった。言うまでもなく、戦後の西ドイツではすでに19/20世紀の転換期には明らかになっていた農業人口の減少という傾向は、その最終局面に達し、農業を含む第1次産業の就労者は1950年にはまだ全就労者中の23％強を占めていたのに対して、1970年には8.5％にまで減少していた[14]。つまり西ドイツについていえば、消費生活の発展はまさにもっぱら都市的現象であったのである。DDRにおいても、農業従事者が就労者の中に占める割合は急速に減少し、1974年には全就労者中の11％弱を占めるに過ぎなかった。農村部の生活は都市部のそれよりはるかに遅れをとっていたとしても、上に述べたように東ドイツの発展ももっぱら都市部のそれに牽引されていた。そうであれば、農村部を捨象し、同じ都市的現象として東西を比較してみることは可能であるだろう。

3．次に消費生活のどの側面に焦点を当てるかが問題であるが、ここでは、①消費生活の向上に関わるSEDの政策、②消費生活についての国民の認知のあり方とその背後にある消費生活の実態、③女性と消費生活の関係に焦点を当てる。①〜②は政策とそれに対する国民のフィードバックを扱うのであり、これについてはすでに、例えば、A. カミンスキーやM. ランズマンなどにより精力的な研究がなされている[15]。それに対して、第3の部分はこれまで必ずしも十分に研究されてきたとは言えない[16]。それは1つには、社会主義国における女性の消費行動のどの側面に光を当てるべきかについて、答えを見つけることが容易ではないことによる。たとえば、戦後西ドイツの場合ならば、耐久消費財の普及拡大と主婦の日常生活との関係、あるいは余暇と若い女性との関係等々の問題に焦点を当てながら、戦後西ドイツにおける消費生活の展開に特徴

的な様相を明らかにすることもできよう。だが、東ドイツについては、特にウルブリヒト時代には、耐久消費財の普及も不十分であれば、余暇の拡大もささやかであり、戦後西ドイツについての分析視角をそのまま当てはめることには躊躇せざるをえない。

ところで、第2次世界大戦後の西ドイツにおける消費生活の発展は、女性の存在を抜きにしてはありえなかったと言っても過言ではない。女性、特に家庭の主婦は消費の主体として、また家庭生活の中心的存在として、戦後西ドイツ経済の「奇跡」を支えてきた。さて、女性の解放を経済的な自立と、女性の行動に関する古い観念からの解放という2つの側面からとらえた場合、1960年代末頃までの西ドイツにおける女性の解放は、消費社会化の進展と密接に関連しながら進行したとはいえ、女性の就労については言うまでもなく、家庭内外での男女の役割などについても、今日に比べてはるかに「遅れて」いた。つまり、消費社会の発展は必ずしも女性の解放を同時に伴うものではなかったのである[17]。

他方、東ドイツにおいても消費生活の向上が目指されたとき、第1義的には、それは家庭生活における消費水準の向上を意味していた。しかも西ドイツに比べればささやかであったとはいえ、東ドイツの場合でも消費生活はまず食を確保することから始まり、次第に耐久消費財の購入へと発展していったのである。あるいは、必要に迫られての消費から欲求に応じた消費へ、という変化の傾向は東ドイツでも見られたのである。そうであるならば、東ドイツでの消費生活の発展を、特にウルブリヒト時代について、女性に焦点を当てて検討することは、一方で東ドイツにおいて女性の解放がどのように進んだのかを明らかにする手がかりとなると共に、他方では、同時期の西ドイツとの比較を通じて、女性と消費生活の関係という点での、資本主義と社会主義との戦後発展の違いを浮き彫りにすることにも資するであろう。

さらにまた、社会主義運動の中では伝統的に女性の解放を人間解放の最も重要な側面の1つとしてとらえてきたが、現代社会主義においてもそれは変わらない。その際、職業およびそれと結びついた経済的自立によって、女性が自己の価値を認識することが、経済的な意味での女性の解放の最も重要な側面とな

る。現代社会主義においては「社会主義的人間像」ということがしばしば言われるが、経済活動を通じた自己の価値への自覚が、女性に様々な社会関係と行動の余地を作り出し、その結果として、女性が人生の目的についての独自の観念をもち、独自の行動の指針、独自の課題をもつようになるとき、女性の解放は「社会主義的な人間」の形成とも重なるであろう。このような意味での解放された女性のあり方もまた、資本主義社会のそれとは異なるはずである。つまり、東ドイツにおける女性解放のあり方を調べることは、同時に、社会主義的な女性像とも言うべきものが、党や国家の公式の見解を超えて、広く社会に受け入れられた像としてあるか否かを明らかにすることでもあるといえよう[18]。ただし、第2部で扱う時期についていえば、未だ多くの人々が男女の性別役割分担の観念にとらわれており、消費生活の発展のなかで、まずそうした観念の妥当性自体が問われねばならないような段階であった。したがって、われわれが検討すべき課題は、消費生活が一定程度発達していくとき、性別役割分担の観念にとらわれながらも、女性の間に解放に向かう何らかの契機が見いだされるようになるかどうかということである。

4. DDRが崩壊し、ドイツ統一が成ってからすでに15年以上たった今日、多くの史料が利用できるようになった結果、DDRにおける人々の生活と政治について、DDRが存在していた当時とは全く異なる洞察をすることができるようになった。かつてDDRが存在していた頃のDDR研究の1つの型は、H. ヴェーバーに代表されるような「イデオロギー批判的」な研究、すなわち、DDRを支配してきたSEDによる「真理の独占」が、いかに現実を覆い隠してきたかを暴露することに力点を置くものであった。研究の重点は政治的な変化、SEDによる権力行使の態様を解明することにおかれてきた[19]。DDRの崩壊/ドイツ統一後も政治の発展に関する研究は次々と現れている。SEDのイデオロギーあるいはその政治的主張の妥当性をその都度考慮する必要がなくなり、全く通常の社会科学的、歴史学的な手続きにしたがって政治的な変化の歴史を跡づけることができるようになっただけ、研究はかつてよりもはるかに多量かつ精密なものとなっている[20]。ただし、研究の細分化はその断片化につながる

はじめに——第 2 部の課題 195

ところがあり、多くの研究は同時代の BRD との比較、あるいはドイツ以外の国々との比較などにも欠ける傾向にある。1953 年 6 月 17 日事件を 50 年代半ばの東ヨーロッパに起きた様々な事件と関連させ、比較するクレスマンらの研究はむしろ例外に属しているのである[21]。

　DDR の崩壊後、それまであまり注目されることもなかった、人々の日常生活に関する研究も多く現れてきた。DDR が存在していた当時は、人々の生活はあたかも政治の関数であるかのように見なされ、それ自体が独自のダイナミズムを持ち、まさにそれゆえにこそ、政治との間に独特の関係を作り出す「世界」とは考えられてこなかったのである[22]。だが最近では、DDR における人々の日常生活に関する研究は、日常生活を様々な政治的な変化にもかかわらず歴史的に持続する側面と、まさに政治の作用によりながら変化する側面の交差する「場」としてとらえ、多くの成果を生み出している。もちろん、この分野でも A. カミンスキーのように H. ヴェーバー的「イデオロギー批判」の方法を駆使して、DDR における消費社会の発展を扱った研究も存在するし、また西ドイツとの比較や東西両ドイツを 1 つの歴史としてとらえようとする視点に欠けるものが大半であると言っても過言ではない。

　しかしそうした中でも、社会主義的な社会関係において人々の消費行動の発展が持つ固有の論理を解明しようとする研究も存在する。そのような研究の根底にある発想は、DDR における人々の日常生活を、一方では近代の発展傾向に対する否定ととらえ、他方では近代産業社会のどこにでもみることのできる傾向の現れという、矛盾した 2 つの側面において把握しようとするものである[23]。換言すればこのことは、DDR の社会が国家によって編成された社会であるという全体主義論的な DDR 理解を否定することを意味しているだろう。実際、J. コッカのように DDR 社会が「政治権力によって人工的に編成された産物」であるとみる論者でさえも、DDR 社会とその日常生活を政治権力によって完全に統制されていると見ることは「誤りである」と注意している[24]。われわれはこうした DDR 社会の持つ固有のダイナミズムに即して消費生活の発展と人々の消費行動とについて研究する代表的なものとして、H. ヒュープナーや I. メルケルによる論考をあげることができるだろう[25]。

注

1) 第2部で言う「現代社会主義」とは、ソ連をモデルとし、1970年頃から「現存する社会主義」と自己規定を始めた東ヨーロッパの社会主義体制を指すものとする。
2) Zur Fragen der Versorgung und des Handels. Beschluß des Politbüros des ZK vom 28. Oktober 1958, in : *Dokumente der Sozialistischen Einheitspartei Deutschlands*, Bd. VII, Berlin (O.) 1961, S. 404 ff.
3) 消費生活の向上こそがDDRにおけるSED支配の正統性を支える根拠となるという点については多くの議論があるが、さしあたり次を参照。Peter Hübner, Balance des Ungleichgewichts, S. 15-28.
4) *Stiftung Archiv der Parteien und Massenorganisationen der DDR im Bundesarchiv* (SAPMO-BArch), DY 30/IV 2/10/Bl. 58 ff.
5) Wirtschaftskommission des Politbüros, „Vorschläge zur Verbesserung der Planung und Bilanzierung industrieller Konsumgüter", SAPMO-BArch, DY 30/IV 2/608/10/Bl. 288-306, hier Bl. 298 ; Vgl., Ina Merkel, Der aufhaltsame Aufbruch in die Konsumgesellschaft, S. 12-13.
6) SAPMO-BArch, DY 30/IV 2/608/10/Bl. 104.
7) 参照、Annette Kaminsky, Konsumpolitik in der Mangelwirtschaft,, S. 82.
8) *Das Magazin*, H. 1, 1964, S. 64-65.
9) 東ドイツの消費生活の持つ独自の歴史的な意味を強調しているのは、Ina Merkel, *Utopie und Bedürfnisse*.
10) 東ヨーロッパ社会主義国の政権党は多くの場合「共産党」とは名乗らなかったが、実際にはソ連共産党をモデルとした政党であり、「共産党」と呼んで不都合はないだろう。
11) Stephan Merl, Staat und Konsum, S. 235.
12) このような論点は、戦後ドイツを東西両ドイツを貫いた1つのドイツの歴史としてとらえることが可能であるかどうかという問題を考える上でも、重要な手がかりを与えてくれるだろう。ただし、この問題は本書の手に余るものであり、今後の課題としたい。
13) この点を特に強く押し出した最近の研究に、Mark Landsman, *Dictatorship and Demand* がある。なお、この本の註は資料や文献の出典がしばしば不正確である。
14) Bernd Schäfers, *Sozialstruktur und sozialer Wandel in Deutschland*, S. 186. Tab. 14.
15) A. Kaminsky, *Wohlstand, Schönheit, Glück* ; M. Landsman, op. cit.
16) ただし、ここ数年主にアメリカで、女性に焦点を当てたDDRの消費文化に関する研究が続々と発表されている。ここでは最も重要と思われる2つだけを挙げておこう。Katherine Pence, *From Rations to Fashions* ; Judd Stitziel *Fashioning Socialism*.
17) 以上の点について詳しくは、本書第1部第2章を参照されたい。
18) 東ドイツにおける女性の解放を経済的自立と性の解放という2つの側面から捉えた注目すべき議論を、D. ヘルツォークが展開している。Cf. Dagmar Herzog, *Sex after Fascism,* pp. 184-219.
19) H. ヴェーバー『ドイツ民主共和国史——「社会主義」ドイツの興亡』。

20) DDRの歴史に関する研究史を大規模かつきわめて明晰に整理したC.ロスによる研究は、DDR研究に関する最も重要な入門書である。Corey Ross, *The East German Dictatorship*.
21) Christoph Kleßmann u. a. (Hg.), *1953*. なお、DDR研究における比較史的視点の重要性については、拙稿「最近のDDR研究——女性史、ジェンダー研究を中心に」を参照されたい。
22) これにももちろん、Dietrich Mühlbergのような優れた例外もある。
23) Dietrich Mühlberg, Die DDR als Gegenstands kulturhistorischer Forschung, S. 25 ff.
24) Jürgen Kocka, Eine durchherrschte Gesellschaft, S. 547-550.
25) Peter Hübner, *Konsens, Konflikt und Kompromiß*; Ina Merkel, Utopie und Bedürfnisse a. a. O.

第4章　SED/DDRの消費政策

はじめに

　社会主義統一党（SED）の経済政策の変遷[1]を一瞥すれば明らかなとおり、ソ連占領地区（SBZ）であった頃から一貫してドイツ東部に社会主義を建設しようとしてきたこの党には、国民[2]の消費生活を向上させるための体系的な政策は存在していなかった。それどころか一見したところ、SEDに対する国民の不満が高まった場合にのみ、この党は国民の消費生活の向上に注意を払ったように見える。だが、このことは決して同党が国民の消費生活に関心を持たなかったことを意味するものではない。例えば、DDR建国に際して、初代の首相オット・グローテヴォール（Otto Grothewohl）は国民の「幸せ」がDDR政府の最も重要な目的であると述べて、国民の消費生活を重視する姿勢を示している[3]。1950年に開かれた社会主義統一党の第3回党大会では、生産力の発展により数年のうちに「全国民の生活水準は（戦前の）平和時を超える」ものとされた[4]。またウルブリヒトの後を襲って1971年にSEDの第1書記となり、以後DDRが事実上崩壊するまで党と国家を指導したエーリヒ・ホーネッカー（Erich Honecker）は、彼の経済政策の目標を示すスローガンとして「経済政策と社会政策の統一」を掲げて、社会主義建設とは国民の物質的な富の増大、豊かな生活の実現に他ならないことをあからさまに示していた。

　問題は、社会主義建設と事実上は同一視されるに至るような消費生活の発展が、どのような方策によって達成されるかであった。ソ連占領地区では1946年から企業の国有化が進められ、49年からは経済の計画化も実行に移された。そしてついに1952年7月に開催されたSEDの第2回全国協議会は、DDRにおける「社会主義の計画的建設」を決定したのである。それは国民の消費生活の向上を、重工業を中心とした社会主義的計画経済の中で達成するということを意味していた。

だが、はたしてこのような方針は実行可能であっただろうか。1952年以降、DDRではスターリン・シュタット（のちのアイゼンヒュッテン・シュタット）の鉄工所、ロストックの造船所など重工業の拠点をつぎつぎに建設していった。言うまでもなく鉄鋼産業や造船業は膨大な資本投下を必要とする一方で、技術革新に乏しい産業分野である。元来、ドイツの東半分、ソ連占領地区では褐炭、カリ、硫化鉱、建設用土砂程度しか原料資源がなく、逆に石炭、銅、鉄鋼等にはほとんど恵まれていなかった。したがって、SBZ/DDRは構造的に、これらの資源を有するドイツ西部に依存せざるをえなかったが、実際には冷戦の進展に伴う東西ドイツの分断により西側の原料を当てにすることはできなくなった。このような原料に関わる構造的に不利な条件があるところで重工業を建設するならば当然、消費財生産は犠牲とならざるをえなかったのである。そしてまさにこの点にこそ、DDRにおける消費生活向上に関わる根本的な問題があった。つまり、重工業建設と消費生活の向上とがゼロ・サムである状況の隘路をいかに乗り切りながら、社会主義社会を建設し、国民の消費生活を向上させるかがDDRに一貫する課題となったのである。

以上のような原料面での不利な条件に加えて、ソ連占領当局による工場設備の大規模な接収（デモンタージュ）はSBZ/DDRの経済に後々まで及ぶ重大な被害を与えた。それだけではない。DDRの初期の時代には、ソ連に対する賠償義務、さらにはソ連軍の占領経費の負担という非常な重荷が存在していた。それは1953年まで一貫して国内総生産の4分の1から3分の1にものぼり[5]、20世紀で最も重い賠償負担であったといわれる[6]。アメリカのヨーロッパ復興計画の中にしっかりと組み込まれ、マーシャル・プランという援助のあった西ドイツに比べ、経済建設におけるDDRのこのような不利な条件は、後々までDDRを苦しめることになった。1961年夏におけるベルリンの壁の建設直前にウルブリヒトはフルシチョフに書簡を送り、その付属資料の中で、1955年になってもまだ賠償義務がDDRに重くのしかかっていたことを指摘していた[7]。

だが賠償問題だけがDDR経済の発展を阻害したのではない。むしろ問題は、賠償問題が解決した後も、ソ連に対する経済的な従属関係が一貫して続いたことであった。例えば、ウルブリヒト時代の末期にホーネッカーはブレジネフソ

連共産党書記長に対して、DDRの対外貿易の40％が対ソ貿易であり、しかもそれが大幅な赤字であること、ソ連との協力の下で赤字を減らしたいと述べて、間接的に貿易関係の改善を求めている[8]。しかし効果はなかった。言うまでもなく、ソ連に対するこうした経済的な従属関係は、DDRにおける消費財生産に向ける投資をいっそう減少させることになったのである。

以上のようにウルブリヒト時代の消費政策の核心は、原料面での制約とソ連への経済的な従属という客観的な条件の下で、重工業優先の計画経済をつうじていかに国民の消費生活の向上を図るかということにあった[9]。だが同時に見過ごすことのできないもう1つの重要な問題があった。すなわち、そもそもSEDの指導者にとって、豊かな消費生活として、どのような状態がイメージされていたのかということである。「全国民の生活水準は平和時を超える」というとき、ウルブリヒトの頭にはいったいどのような生活が思い浮かんでいたのか。

西ドイツであれ、東ドイツであれ、1945年に40歳以下であった人間は、第1次世界大戦中の困苦を経験し、第1次世界大戦後の混乱とインフレーションをかろうじて乗り切っただろう。しばしば「黄金の20年代」といわれる1920年代にしても、1924年以降でも多くの失業者が存在し、まして世界恐慌期には600万人以上の人間が失業に苦しみ、それ以上に多くの人が失業の不安におびえていた。ナチスの政権掌握によっても、事態が根本的に改善されたわけではない。確かにナチス時代の消費生活の発展には、第2次世界大戦後につながる側面が多かったとはいえ、普通の人々にとって、配給による窮屈な生活を免れることはできなかったし、まして戦争が始まり、やがて敗色が濃くなるにつれて、その生活は困難を極めるようになった。そして戦争が終われば、「たけのこ生活」を余儀なくされる人間が少なくなかった。

ここに簡単に述べたような生活は、ウルブリヒトをはじめとするSEDの指導者にとっては自明のことであり、人々がそこから抜け出し、衣食住を確保できるようにすることは当然の課題であった。先に述べたように、1950年代前半の早い内に戦前の「平和時の」生活水準を超えることが目標として設定されたのも、このような指導者の意識を反映していただろう。しかし注意すべきは、

はたして「平和時の」生活水準が人々にとって目標とすべき望ましい水準であったかということである。実際の所、戦時中の生活はある場合には「平和時の」生活を凌いでいた。すなわち、ドイツが占領した地域からの物資の調達、さらには強制連行された人々による労働等の結果として、人々には戦争から利益を得る可能性が開かれたのである[10]。戦後のドイツ人が終戦の記憶を被害者のそれとして保持したことの内には多くの側面があったが、1つには戦時中の「利得者」としての生活と終戦直後のそれとの落差によるところがあっただろう[11]。そうであるならば、人々が望む生活の回復とは必ずしも「平和時の」それではなく、戦時中の、戦時「利得者」としての生活でもあり得るだろう。こうしてどのような生活を回復するかについて、指導者と国民との間にギャップが存在する可能性があった。そうであるならば、国民が生活の向上を求め、またSED指導部もより高い生活水準の達成を課題とせざるえなくなるとき、そのことは彼ら指導者の経験と大きな齟齬を生み出すことにはならないであろうか。

　この章では、こうした様々な条件の下で、ウルブリヒト時代にどのような政策によってSEDが国民の消費生活向上を図ったのかを、概観してみよう。

第1節　重工業重視の中での消費財生産

1. 戦後再建と社会主義化の強行

1．すでに述べたように、SEDは国民生活の向上を決して軽視してはいなかったが、現実には重工業優先の工業計画によって、それは絶えずブレーキをかけられていた。とはいえ、[表4-1] が示しているように、ソ連による占領期から建国初期の間にDDRで消費財生産が全く発展しなかったわけではない。

　それどころか、SEDはその発展を自己の政策の正しさの証左として、1950年7月に開かれた第3回党大会で誇らしげに持ち出していた。「1949年の半ば以来、われわれの経済建設の成功はますます強く、国民の物質的な状況の改善に反映している」[12]と。ここでいう物質的状況の改善とは、1949年1月から始められた経済2カ年計画の中で実現したタバコや野菜の配給の廃止、国営商店

表 4-1　生活必需品の供給 1946-53 年

(1950＝100 %)

品目	1946	1947	1948	1949	1950	1951	1952	1953
肉類および肉類加工品	29	45	38	47	100	129	182	206
魚類および魚類加工品	16	23	51	79	100	172	142	174
脂肪	33	36	36	56	100	146	164	164
牛乳（脂肪分 2.5 %）	54	38	46	70	100	121	128	138
卵	35	53	48	57	100	172	261	138
白砂糖	44	61	77	99	100	114	133	127
メリヤス肌着（上）	25	25	83	94	100	200	293	362
メリヤス肌着（下）	13	10	21	74	100	168	188	218
ストッキング、ソックス	9	12	28	83	100	130	142	96
革靴	7	11	32	63	100	131	165	207

(出典) Matthias Judt (Hg.), *DDR-Geschichte in Dokumenten. Beschlüsse, Berichte, interne Materialien und Alltagszeugnisse*, Berlin 1997, S. 117.

(HO) での販売価格の引き下げ、食料品の品質改善等々を指している[13]。P. ヒュープナーもまた自身の研究に基づいて、1950 年頃までには DDR では最悪の状態は終わった、これからは工業労働に従事することでそこそこの生活をすることができるようになるだろう、という見方が住民の間に拡がっていたと主張している[14]。こうした主張が可能であるのは恐らく、いくつかの重要商品の配給廃止[15]に加えて、当時 HO が人々に与えた好印象ないしは驚きによっただろう。実際、開店したばかりの HO にはハム、ソーセージ、バター、ケーキ、コーヒー等が並び人々はそれを見物するために殺到したといわれる[16]。ここには、西側占領地区で通貨改革と同時に商店に商品があふれたことに対して人々が驚きを示したのと同様の事態が現れていた。もちろん HO への商品供給には闇市場に対抗する意図ばかりではなく、恐らく「宣伝効果」をねらった側面があったと思われるが、幾分かは供給状況の改善という事態を反映してもいた。1950 年 9 月からはソ連、ポーランド、ハンガリー、チェコスロヴァキアなどからの輸入を増やすことで肉と脂肪の配給量が増加したのである[17]。通貨改革後の激しいインフレーションと物不足、そして急速に増大する失業に見舞われ

ていた西ドイツとの経済の発展という面での優劣が未だ定かではない状態では、以上述べたような発展は東ドイツの指導部にとって自己の政策の正しさを確証するものであっただろう。

　問題はこのような消費生活の発展がどのような質を持っていたかであり、どこまで持続するかであろう。まず第1に確認しておくべきは、[表4-1]は、終戦直後の最悪の状況がとにもかくにも一応克服されたことを示してはいても、それで人々の消費生活が、特に食糧の供給が十分の状態に達したかどうかについては何も語ってはいないことである。ここで、通常の状態を戦前の1936年に求めるとするならば、われわれは全く別の像を得ることになる。[表4-2]からもわかるように、明らかに脂肪とタンパク質が1950年になっても全く不足しているのである。まさに「何年にもわたって積み重ねられてきた栄養不足」[18]は解消されないままであり、食料に関する限り「物質的状況の改善」とは、終戦直後の最悪の状況が改善されたにすぎないのである[19]。ある女性の回想によれば、「配給は非常にわずかしかなく、それでは食欲はほんの一瞬満たされる」だけであった。つまり、どの家族も常に飢えた状態であったのである[20]。いうまでもなく、これはSED政権にとってきわめて危険なことであり、それゆえ、1950年9月より、政府は肉とラードの配給量を増やした。このような措置はつまるところ、食糧の供給に関して戦前の水準を回復することが、SEDにとって至上命令であったことを示していた。

　第2に、食料以外の分野での消費物資の供給は進んだのであろうか。この点に関するはっきりとした情報を得ることはできないが、DDR建国当時の生活水準が戦前に比べてかなり低かったことは、すでにDDR時代から繰り返し指摘されているところであった[21]。

　そうなればこそSEDの政治局は、1950年10月末に繊維製品や家具類の供給を増大させるように、政府に要求したのである[22]。実際にこのことが実現したかどうか定かではないが、のちの6月17日事件に照らして、十分な改善のできなかったことが推測できる。だがとにかく、SEDの指導部から政府に対してこのような要求が出されたこと自体、消費生活の発展を単に食生活の改善にとどまらせることなく、まさに戦争による生活の荒廃からの脱却へと向かう

べき時期にきていることを、示していたと言えよう。同時に繊維製品や家具類などの供給を、社会主義的な所有関係の下におかれてはいない手工業における生産増に頼る方針を示したことは[23]、社会主義的な所有関係の拡大が消費財生産の促進に寄与してはいないことを、SEDが間接的に認めたものといえよう。

こうして1950年代初めには、戦争による荒廃からの脱却という課題に応えることが出来るかどうか、これがSED支配の安定性を占う試金石となるのである。そのことはSEDによっても明らかに認

表4-2 重要食料品の1人当たり消費量

品目	単位	1936	1950
肉	kg	46.8	22.1
バター（製品重量）	kg	8.5	5.4
バター（脂肪分）	kg	7	4.2
動物油脂	kg	8.9	4.2
卵	個	117	63.1
牛乳	ℓ	127	71.7
白砂糖	kg	22.9	20.2
製パン粉	kg	103.4	120.4
ジャガイモ	kg	170.8	219.3

（出典）P. Hübner, *Konsens, Konflikt und Kompromiss, a. a. O.*, S. 146, Tab. 26.

識されていた。すなわち1950年7月に開かれたSEDの第3回党大会では、ウルブリヒトの提案に基づいて、第1次5カ年計画を実行に移すことが決められたが、そこでは衣食を中心に国民の生活状態の大幅な改善が見込まれていた[24]。それはまた、SED指導部がDDRにおける消費財生産の増加を、「経済の奇跡」が始まっていた西ドイツを意識して、理解していたことを示すものであろう。実際、第3回党大会から10年以上を経た1961年に、ウルブリヒトはフルシチョフに宛てた書簡の中で、ベルリンの壁を建設するまでは、西ドイツとの間が開放されていたことが、住民の生活水準との関係で、絶えず経済政策全体を拘束することになっていたと述べて[25]、BRDとの競争関係の中で消費財生産が重要な意味を持っていたことを認めていた。

以上みてきたように、DDR建国初期における国民生活向上に向けた消費財の供給は、重工業優先という経済計画の基本方針を前提としながらもなお、戦前水準の達成と西ドイツとの競争という2つの目的を持って進められていた。だがこの2つの目的の達成は決して容易ではなかった。上に述べたように、食料品供給の面では一向に国民の食生活を本来の意味で改善することにはつながらなかったし、他方、国民所得の中で消費の占める割合は、西ドイツに大きく

遅れていたからである。ストルパーによるならば、1936年の価格を基礎とした場合に、1952年にDDRの消費水準が44%であったのに対し、BRDは58%であった。加えて1人当たりの所得は1936年の価格でDDRが915マルク、BRDが1375マルクであった。DDRの1人当たり消費は事実上、BRDの半分にしかならなかったのである[26]。

2． 1952年7月に開催されたSED第2回全国協議会は「労働者階級、勤労農民およびその他の勤労者の提案に基づき……DDRに社会主義を計画的に建設すること」を決議した[27]。それに基づいて農業の集団化、商店その他の私的企業の国有化など、所有形態の社会主義化を強行していった。だがその結果は、多くの農民が西ドイツに逃亡したことによる食料生産の低下、それまで小規模経営が担ってきた消費財生産の減少など、前年までささやかながら改善されてきた国民の消費生活を大きく揺るがすことになった。1953年6月のいわゆる6月17日事件[28]は、強行された社会主義化の下でのそうした消費生活の混乱に対する、国民の不満の爆発であった。実際、1953年に入ると人々の不満は高まる一方となった。このことはSEDの党員が党の諸機関に当てた通信（苦情や異議申し立てを含む）の半数以上が食料や燃料その他の生活必需品の供給という経済問題に集中していたことからもわかるのである[29]。なかでも、占領期以来続いてきた差別的配給制度と差別賃金や、53年5月に決定された労働者のノルマの10%引き上げは、国民の激しい反発を引き起こしていた。労働者はウルブリヒトの指導の下に進められる社会主義が、その名に値しないことを実感していた。

> みんな、聞いてくれ。今俺たちのところで起きていることは、俺たち労働者を辱めるものだ。カール・マルクスが死んで70年もたつというのに、俺たちはまだ最低の生活条件について、あれこれ議論しなければならないのだ。もしマルクスがこのことを予感していたならば、彼は死んでも死にきれなかっただろう。改善のための提案は1つしかありはしない。『道理を取り戻せ』——これだ。[30]

労働者が「最低の生活条件」について云々するのも無理はなかった。1952年の秋から翌53年の春にかけてHOではバター、野菜、肉、砂糖、さらにはパンすらも販売できなくなっていたのである[31]。だがSED指導部はこうした状況の結果として国民の間に広がる不満をなかなか深刻には受け止めようとしなかった。むしろ問題を重大視していたのはスターリン死後のソ連共産党指導部であった。ソ連共産党指導部はSED指導部に対して、前年の第2回全党協議会で決定された「社会主義の建設」という方針を撤回し、国民生活の安定を第1とする新しい方針を採択するように求めた。ウルブリヒトを頂点とするSED指導部はこれに従おうとはしなかったが、ソ連の支持を得ることができず、結局のところ、SEDはいわゆる「新コース」をとることを1953年の6月9日に決定した。しかし時すでに遅く、17日にはベルリンを中心に各地で民衆による大規模なデモンストレーションやストライキが爆発したのである。したがって、「新コース」が実行に移されるのは6月17日事件以降のことであった。

今、ここで「新コース」の中心部分をみておこう。1953年7月26日に採択されたSED中央委員会の決議によれば、消費生活に関わる

新コースの本質は以下の点にある。
　次の時期にドイツ民主共和国における経済的状況と政治的な状態の重要な改善を達成すること、それを土台に労働者階級とすべての勤労者の生計の基礎を決定的に高めることである。食料品および嗜好品産業、さらに軽工業の生産を重工業にかえて向上させること、個人商店と私工場によるイニシャティヴの発揮、農民経営の促進などによって、国民の物質的状況の改善が達成されることになろう。[32]

「新コース」は重工業優先の社会主義建設、商業や農業の協同組合化という第2回全党協議会で決定された方針を、大きく修正したのである。だが、新たに提起された「生計の基礎を決定的に高め」ること、「国民の物質的状況の改善」という目標は、実はきわめてささやかなことであった。なぜならそれはわずかに、食料品と嗜好品の生産を増加させることと、軽工業製品の供給を増や

すことでしかなかったからである。このことを逆に言えば、国民の食生活や日用品の供給がこれまで不十分であったということである。事実、1953年の前半はすでに述べたように食料品が特に不足し、DDR は食糧危機に陥っていたのである[33]。重要なことは、SED 指導部が重工業への投資を控えなければ、これらの不足をカヴァーすることができないことを認識していたことである。言い換えれば、「社会主義的発展によって」国民生活の改善が可能になるというウルブリヒトの言葉[34]とは裏腹に、SED は「社会主義」の失敗を認めざるをえなかったのである。ただしわれわれは、SED の指導部が重工業優先の経済計画という現代社会主義に特徴的な方針を根本から修正するつもりがあったとは、見るべきではないだろう。上に述べた「新コース」の目標のつつましさが、そのことを自ずと明らかにしているといえるだろう[35]。

　上に述べたように、実際に「新コース」が実行に移されていくのは6月17日事件以降であるが、17日の蜂起が大規模であったがゆえに、「国民の物質的状況の改善」のためには速やかな措置が求められたことはいうまでもない。ソ連からの食糧の供給、食料品価格をはじめとする商品価格の引き下げ、賃金の増額等々が53年後半にはなされた。特に賃金については、従来その利益が考慮されることの少なかった軽工業や食料品工業、また工業以外の産業分野、たとえば国営商店や協同組合を中心とした商業の分野での改善がみられた[36]。また1954年には DDR の工業生産力を高めるために、ソ連に接収されていた企業（SAG）32が DDR に返還され、さらに DDR が負担しなければならないソ連の占領経費も軽減された[37]。こうした一連の措置の結果、1950年代半ばまでには DDR における基本的な消費財の消費は戦前水準に達したといわれる[38]。

　賃金の引き上げや価格の引き下げの結果、労働者の購買力は向上したが、必ずしも実際に消費物質の購入が積極的に進められるとは限らなかった。そこには1つには品質の問題が、また1つには消費財供給全般に関わる問題が潜んでいたからである。一例としてバターとマーガリン消費の問題を取り上げよう。東ドイツにおけるバターの消費量の多さは有名であるが、1955年までには戦前の消費量を回復していた[39]。このとき1人当たりの年間消費量は西ドイツの7.0 kg に対して9.8 kg であった。ただし、西ドイツではこのときバターとほ

ぼ同程度マーガリンが消費されていた[40]。これに対して、東ドイツでは所得の低い家庭しかマーガリンを購入せず、1963年になってもマーガリンの消費量はバターの30％程度であった。いうまでもなくこれは、1950年以降繰り返しマーガリンの品質改善が図られてきたにもかかわらず、いまだマーガリンの質が悪く、人々の嗜好に合わなかったことによっていた[41]。つまり、人々の嗜好に合う製品を作れない技術水準が党と国家の求めるマーガリン消費の増加を制約したのである。他方、バターの消費にはまた別の問題が含まれていた。すなわちSED指導部もはっきりと認識していたように、バター消費の多さは他に消費すべき商品が存在しないこと、とりわけ繊維製品と工業製品とが決定的に不足していることを反映していたのである。人々は他に購入すべきものがないからバターを購入したのである[42]。以上のようなバターとマーガリンの例は、たとえ所得が増大しても、その使い道がない、つまり購入すべき商品が質・量ともに存在しないという、DDRに一貫してみられた問題——それはいわゆる「不足の経済」の1つの側面である——が、すでに「新コース」の時期にははっきりと姿を現していたことを示している。後述するように、DDRの消費文化の中には、とにかく購入できるものならば、何によらず購入するという傾向が見られたが、このバターとマーガリンの場合もそうした傾向の表れとみることもできるだろう。

　同様の問題に関する別の例を取りあげよう。1954年の半ば、軽工業品の供給不足を補うべくHOの移動商店がお目見えしたが、ドレースデンのような大都市で最も売れた商品はなんとバケツであった。このことは、この時期にいかに日常生活に必要な軽工業品が不足していたかを、如実に示すものである[43]。そしてこの問題は1950年代後半に入るとより深刻になるのである。

　衣料品の不足もDDRに一貫する問題の1つであった。SEDの付属団体であるドイツ民主婦人同盟（DFD）のメンバーが1954年にドレースデンで行った調査によれば、同年半ばに売られていた衣料品の質の悪さ——それはまた当然、着ることのできる衣服の少なさにつながる——は目を覆いたくなるほどであった。消費者が金を払う気になれないような粗悪な商品、例えば、穴のあいた下着、左右の袖の大きさが極端に違うため着ることのできないようなオーバ

一、着ると身体に色の付く服、すでに出荷前から「趣味の悪い奇怪な形」に変形してしまったメリヤス製品など珍しくはなかった。老人向けの型しかない婦人服、けばけばしく着る気になれないマタニティ・ドレス——これ自体極端に不足していた——等々[44]。これらの事例は、要するに、生産者の側に消費者の要求を考慮することなく生産するも可という姿勢があることを示している。言い換えれば、需要と供給の関係が市場に媒介されることなく形成されているのである。

　以上のような、商品の不足、需要と供給の極端なギャップという問題は、本質的には解決されることのないままに、間歇的に爆発的な形を取りながら表面化し、DDRが崩壊するまで、この国の基本的な問題であり続けるのである。

　ここで「問題」というのは表面的には要するに「不足の経済」ということであった。そしてそれは1961年の壁の建設以前には、SED/DDR指導部にとって特に深刻な事態を引き起こすものであった。例えば、ベルリンでは人々は粗悪で質の悪い衣料品に関わる事態を自らの「足」で解決していた。すなわち、東ベルリンとその周辺の人々は西ベルリンに衣料品の購入に出かけたのである。西のマルクとの高い交換比率を前提としても、人々は東ドイツでよりも「遙かに割安で趣味のよい」品物を入手することができた[45]。いうまでもなく、こうしたことは衣料品だけについて生じたのではなかったとはいえ、衣は食と並んで人間の最も基本的な欲求に関わる。したがって、このような西ベルリンでの商品購入は東ドイツの国庫に与える打撃も少なくなかったばかりか、何よりも東ドイツという国家、SEDの支配体制自体の正統性を揺るがせることにもなったのである。

　だが、需要と供給のバランスを考慮することなく生産できる状況では、この根本的問題を解決する十全な道はなかった。まさにそうであるがゆえに、西ドイツとの競争の中で東ドイツこそが人々によりよい消費生活を提供できることを人々に納得させることが、販売部門に求められることになったのである。SEDの機関誌『統一』(Einheit)にはしばしば商品の販売に関わる記事が掲載されたが、そこでは生産と消費を媒介する機関としての流通の果たす役割の重要性が強調された[46]。M. ランズマンはこれを要するに商品を販売することは

商店の「愛国的義務」であるというに等しいと皮肉っているが、妥当な評言であろう[47]。そもそも、最も基本的な商品の不足が国家の正統性を揺るがしているとき、「愛国心」に訴えることはほとんど笑い話にしかならなかっただろう。

2.「普通の生活」

1． 1958年5月に、DDRでは1939年以来続いてきた食料配給券がようやく廃止された。これにより、ヨーロッパにはもはや食料配給券の存在する国はなくなった。1950年1月から食糧配給制度を廃止した西ドイツでは、1957/58年頃から耐久消費財が家庭に急速に普及し始めたことからすれば[48]、DDRにおける消費水準の低さは覆うべくもなかったが、とにかくようやくここに「普通の生活」が始まるかに見えたのである[49]。

問題は「普通の生活」の内容であった。先に述べたように、建国当初、SEDの指導部は国民の生活を戦前の水準に戻すことを目標としていた。だが、仮にこの水準が戦前に比較的安定していた生活を送っていた人々のそれであったとしても、SEDの指導者にとってもまたDDRの国民にとっても、もはやそれは満足すべき水準ではありえなかった。なぜなら　西ドイツで始まった消費生活の急速な発展についての情報はDDRの人々にも十分に伝わっていたからである。東にあっても「普通の生活」とは西と同水準でなければならなかったのである。だが、果たしてそれは可能であっただろうか。この問いには本節の最後に答えることにして、ここでは「普通の生活」を実現しようとする政策に、どのような矛盾が含まれていたのかを見ておこう。

配給カード廃止以降、住民の消費物資に関する購買力は著しく向上したが、それに対応するかのように、1959～65年の7カ年計画では消費財生産は84％増加することになっていた[50]。しかし総じて、経済計画の実施は予定を下回っていたのであり、したがって、いわば物不足という感覚は絶えず人々の間にあったのである[51]。1958年10月末のSED政治局の決議は、次のように述べて、このことが単に感覚の問題であるばかりではなく、現実の問題でもあることを認めていた。すなわち、「計画の不十分な達成は、販売所における品不足として現れている」と[52]。

食料配給券の廃止後も、多くの食料品価格は政策的に据え置かれていた。その結果、標準的な家庭にあっては、より価格の高い食料品への支出が増えた。耐久消費財についてはいうまでもなく、諸々の工業製品も不足している状況では、家計収入の多くが食料品に向けられるのは、いわば当然のことではあった。ただし、収入が増加しているからといって、支出のすべてが食料品に向けられるはずもなく、人々は将来に備えて貯蓄をし、また可能ならば新しい（西側的な）流行の服を購入することがなされた[53]。ここで貯蓄の主たる目的は、モペットあるいはテレビを買うことであった[54]。1958年7月に行われたSED第5回党大会のスローガン「豊かな生活、幸福、平和」は人々のこうした消費行動に対応していたが、この消費行動自体はまた明らかに、「経済の奇跡」の中で西ドイツの住民にみられたのと基本的に同一の性向であった。つまり、将来の耐久消費財の購入に向けて、人々は現在の欲求を抑えるのである。もちろん、DDRにあってはこうした傾向はまだ端緒的であった。多くの人々にとっては例えば、今ナイロン・ストッキングが買えるかどうかの方が、将来の耐久消費財購入よりもはるかに重要であっただろう。1959年にはナイロン・ストッキングはBRDでは一足2.30マルクであったのに対して、DDRでは10マルク近くもし、ほとんど4倍であった。当然、購買者を増やすためには値下げが必要であり、1960年には価格が6.75マルクへと引き下げられた[55]。こうして消費性向は東西ドイツの間で差がないとしても、実際のところ東における人々の節約対象となるものはあまりにささやかであった。物不足という人々の感覚はまさにこの事態を反映していたのである。

　上述したSED第5回党大会のスローガンからもわかるように、SEDにあっては、人々の消費意欲に対応するためにも、消費財生産が無視されていたわけではない。例えば、1958年11月はじめにロイナで開催されたSED中央委員会と国家計画委員会合同の「化学会議」では1965年までの石油化学産業の発展が計画されたが、そこでは「化学はパン、福祉、美しさを与える」というスローガンが打ち出され、石油化学産業の発展によって、人々の消費生活を向上させることが展望されていた。　だがI. メルケルが指摘するように、この会議の中心テーマであった石油化学産業の発展は石油化学製品の生産力増大を目指

していたのであり、そこから例えば合成繊維やそれを利用した製品の生産を増大させるには、さらなるプログラムが必要であった[56]。実際、この会議について記したDDRの年表では、この会議の意義は、経済の全分野について、指導と計画を一体化するための最初の措置の1つであったと述べて、消費財生産の増加が主たる目的ではなかったことを、事実上認めていた[57]。要するに、1950年代後半には、消費財生産を増加させる必要性について認識されてはいたが、SEDにとって決してそれは主要な目的ではなかったのである。

2．これまで述べてきたことからもわかるように、食料配給券の廃止によってようやく回復されたかに見えた「普通の生活」の基礎は脆弱であった。労働生産性の向上を家計収入の増大へと反映させることはDDRにおける賃金政策の基本であったが、すでに第1次5カ年計画において賃金の伸びは労働生産性を向上させるための措置と結びついてはいなかったし、1955～58年にかけては労働生産性と賃金の伸びの不均衡はむしろ強まりさえしたのである[58]。したがって、SED指導部にとって、国民、とりわけ労働者に「普通の生活」を保障しようとすれば、不均衡を埋めるための何らかの措置を執る必要があった。それが、DDR経済の力を超えるレヴェルで国民の消費生活を向上させることを意図した、様々な補助金であった。例えば1958年に食料配給券が廃止された際に、多くの食料品価格は上昇したが、それでもパンとジャガイモの価格には補助金が投入され据え置かれた[59]。言うまでもなくこうした補助金制度は生活のあらゆる分野に及び、そのことはやがてDDR国家財政の破綻を、そしてDDR自体の崩壊をもたらすことになったのである。

このように労働生産性の伸びを上回る形での消費生活の向上を図ることが党と国家にとって枢要であるような状況の下では、党と国家の消費政策もある特殊な性格を持たざるをえない。P. ヒュープナーによれば、限られた消費物資の配分を通じて体制への支持を調達することが、消費政策の重要な核となった[60]。具体的には、配分の差別化すなわち、労働者への食料品の優先的配分、不足する商品の販売を主とする国営商店（HO）の設立などであったが、後者は言うまでもなく、比較的収入の多い人間にして初めて利用可能となったの

ある。要するに、人々の消費意欲の向上に対しては、差別的な配分をもって応えようとしたのである[61]。なかでも重要企業、大規模な労働者居住地域の労働者に対しては、食料品、嗜好品、さらには家事のための用品、家電製品等が優先的に配分され、それによって彼らの体制への忠誠を確保することが試みられた[62]。こうした差別的な配分＝消費政策の結果、一方では労働者が優遇され、他方ではベルリンやライプツィヒをはじめとする大都市、つまり地域的な差別化もなされることになったのである。だが、こうした差別化政策が賃金を可能な限り均斉化しようとする社会主義のイメージと矛盾するのは言うまでもない。つまり、社会主義化をすすめるに当たり特に労働者の忠誠を確保しようとした配分の差別化政策自体が、社会主義の基礎を掘り崩す可能性を有していたのである[63]。それだけではなく、次章でみるように、こうした差別化政策にもかかわらず、50年代後半はいうに及ばず、60年代半ばになってもなお、全体として労働者の賃金水準は決して高くはならなかったし、むしろ他の社会階層に比べても低かったのである。

　ところで食料配給券の廃止は、決して経済的土台の脆弱性を解消するものではなかったが、人々の意識に即する場合、体制の安定化を示すものではあった。事実1958年にはDDRから西ドイツへの逃亡者の数は大幅に減っていた（[表4-3] 参照）。

　H. ヴェーバーによれば、人々は体制に「順応し始めたのである」[64]。SEDはそうした状況を自己に有利なものと見なし、その結果1958年7月に開催された第5回党大会で、農業と商業の分野で社会主義的所有関係を導入することを決定しただけではなく、翌57年の7月には5カ年計画に代えて、1965年までには西ドイツを生活水準と労働生産性の分野で追い越すことを目標とする野心的な7カ年経済計画を決定したのである[65]。それは体制の安定化への自信と、当時はなお人々が直接に自分の眼で西と東の生活水準を比較することができたという状況の中で、SED支配体制に対する人々の疑問が高まっていることに対するSEDの不安の両方を、同時に示す計画であった[66]。

　だが、資源も資金も不足しているDDRにとって、1965年までに社会主義を建設するという計画は[67]明らかに非現実的であった。このことは計画を主導

した当のウルブリヒト自身によっても認識されていた。それどころか、西ドイツの「経済の奇跡」の中での生活水準に対応する生活水準を東ドイツにおいて達成することが困難であることも、彼は十分に承知していたのである。彼はすでに1958年5月はじめにフルシチョフに宛てた書簡の中で、原料

表 4-3　SBZ/DDR からの避難民
（許可を得たまたは登録された移住者。単位：人）

年度	避難民	年度	避難民	年度	避難民
1949	129,245	1954	184,198	1959	143,917
1950	197,788	1955	252,870	1960	199,188
1951	165,648	1956	279,189	1961	207,026
1952	182,393	1957	261,622	1962	16,741
1953	331,396	1958	204,092		

（出典）*DDR-Handbuch*, 3. Aufl., Bd. 1 a. a. O., S. 419.

の利用、経済発展の速度、「国民からみて生活水準の指標となる」ような消費財の1人あたりの使用、嗜好品等々で、DDR は西ドイツに「はるかに後れをとっている」と書き送っていた。さらに1961年の1月には、以上のような確認があったにもかかわらず、58年の第5回大会における決定がなされたのは、それが「西ドイツの経済発展が一定の停滞状況に入るであろう」という誤った仮定に立っていたことによるものであったことを明らかにしている[68]。事実、こうした誤った仮定から始まった、この「社会主義化」の試みによって、DDR 経済と SED の支配体制は、1953年の時と同じく、再び重大な危機に陥ったのである。なかでも1958年夏から強行された農業の集団化は多くの農民の西への逃亡を引き起こし、それとともに DDR は再び食糧危機に見舞われることにもなった[69]。1961年8月になされたベルリンの壁の建設は、そうした危機の中で DDR を何とか救い出そうとする試みであった。他方経済政策的には、危機からの脱出は1963年から始まる新経済システムの導入を待たねばならなかったのである。

第2節　「新経済システム」

1.「新経済システム」の導入

1. 1960年代の DDR 経済を特徴づけていたのは、DDR 経済の活性化を目指したいわゆる新経済システム（Neues Ökonomisches System der Planung und

Leitung, NÖS) であった。1963年の1月に開かれた SED 第6回党大会の決定をうけて、同年6月の SED と政府の合同会議で練り上げられた新経済システムとは、企業活動の自由の拡大、企業と個人に対する物質的報奨制度による生産性の向上などを柱として、1950年代の計画経済の弊害を克服し、経済を全面的に再建しようとする新しい経済政策であった[70]。それは一方では、1961年10月に開かれたソ連共産党第22回大会で新たな経済改革の必要性が叫ばれたことに対応し、他方では1961年8月におけるベルリンの壁の構築後も一向に改善されないどころか、翌62年には劇的なまでに高まった DDR における食料品をはじめとする生活必需品の供給危機を、根本的に克服する必要性に応えようとするものであった[71]。

　もちろん、新経済システムの最終的なねらいは西ドイツの資本主義的な経済システムを凌駕しうるような社会主義的な、新しい経済システムを作り上げることであったのは言うまでもない。その意味では、58年7月の西ドイツに「追いつき、追い越せ」という方針が根本的に変わったわけではなかった。変わったのは方法であった。実際には新経済システムによっても DDR 経済は西ドイツ経済を凌ぐことはできなかったとはいえ、60年代半ばには、新経済システムの開始以前から明らかになっていた DDR 経済の低成長に歯止めがかかり、逆に70年代初めまで経済発展が続いたのである。1964～70年の経済成長率は年平均5％に達していた[72]。その結果、この時期はしばしば「黄金の60年代」、DDR における「奇跡の経済」（Wunderwirtschaft）と呼ばれたのである。

　DDR 経済の政策担当者は一貫して生産性の上昇を経済発展のキータームとしてきたが、その点からいえば、新経済システムとは DDR 経済を科学と技術の力によって近代化し、もって生産性を恒常的に上昇させ、その結果として企業と個人の利益を増大させようとするものであった。だが、これを企業や個人から見れば、利益をテコに生産性を上げるということであった。いずれにせよ、新経済システムの導入は1965～67年になされた技術教育と研究開発に重点をおいた教育改革ともセットになっていた。このような経済と教育の両面での大規模な改革は、建国から十数年を経て DDR 社会が大きな曲がり角に来ている

ことを示していたと言えるだろう。つまり、DDR に生存能力があるか、さらなる発展の可能性があるかどうかの、分かれ道を意味していたのである。このことは新経済システムの政治的な狙いを見るとき、一層明らかとなるだろう。

　政治的には新経済システムは、DDR 社会主義が西ドイツ資本主義に比べて、経済面でも優れていることをドイツ人全体に、だが何よりも東ドイツ国民に示すことをねらいとしていた[73]。なぜなら、壁の構築後にあってさえも、西ドイツの高い生活水準は東ドイツの人々の意識に、特に政治的な態度に影響を及ぼしていたからである[74]。つまり、西ドイツの経済をみることが、絶えず東ドイツの体制についての正統性を問題視することにつながったのである。そうであるならば、新経済システムとは、何よりも経済を発展させることで体制の安定化を図ろうとする政治的な方策であった。言うまでもなく、「経済の奇跡」の最中にあり、しかも前例のない「豊かな社会」、大衆消費社会へと突入しつつあった西ドイツを、DDR が経済的に凌ぐことは決して簡単な課題ではなかった。事実 DDR においては、相対的に強力な経済発展の時期であった 60 年代後半でさえも、西ドイツに対する経済の遅れは全く解消されないままであった[75]。

　そうした状況の中で、企業活動の自由の拡大や物質的報奨制度の導入等は、経済的に西ドイツを凌ぐという課題を果たす上での前提となる、労働者の生産性を向上させるための最も重要なテコであった。しかしながら、新経済システムの目的が政治的安定の確保にあるならば、逆にこうした方策が政治的な安定に寄与するかどうかが、政策担当者によって絶えず問題視されることにもなるだろう。実際、60 年代後半に新経済システムが批判されるようになったとき、最も問題とされたのは企業の自主性の拡大が「党の指導性」を弱めるということであった。いうまでもなく、社会主義統一党にとっては「党の指導性」こそが政治的安定の要であったのである。

2. それでは、この新経済システムは個々人の消費生活にとってはどのような意味を持つことになったのか。1963 年末に、新経済システムに関する理解を深めるため、経営の代表者や経済学者などを招いて SED と政府が合同で開催

した会議で、ウルブリヒトは、消費物資の供給は価格を下げることによって改善されるのではなく、消費者に買ってもらえる商品を作ること、魅力ある商品を作ることによってなされるということを、繰り返し強調した。ウルブリヒトのこの主張には背景があった。当時のDDRでは、例えば繊維製品については、「全く不十分な仕上げで、暗くどうしようもないような色」の製品が売られていたのである[76]。70年代に化繊が広汎に出回る以前には、衣類の色合いが「情けない」もので、材料も「絶望的」であったことは、衣料品店経営に携わった人間の回想にも述べられている[77]。また次のような小話も当時の衣料品の品質の悪さと、いかに魅力に乏しい商品が売られていたかということを示しているだろう。

　　若い女性店員　「お客様には特にこの素材のものをお勧めいたします。この穏やかな色あいをご覧下さい……」。
　　客　　　　　　「私が心配なのは、陽に当たって変色しやしないかということなのだけど……」。
　　女性店員　　　「陽に当たって変色するかですって？　この商品は3カ月もショーウィンドーの中にあったのに、色が変わるなどということは全くありませんでした」。[78]

こうした事例からも窺えるように、新経済システム導入のねらいの1つは、住民への消費物資の供給を質量共に高めるだけではなく、住民の消費物資購入自体を増加させることであった。その場合、問題となる消費物資は、食料品などではなく、工業製品なのであった。実際、ウルブリヒトによれば、新経済システムが導入される以前には、人々は収入の半分以上を工業製品にではなく、食料品や嗜好品に支出していたのである[79]。近代的でもなければ、健康面からみても好ましくはないこうした消費状況を転換して、工業製品の大規模な供給とその購入―消費による豊かな消費生活を作り出すこと、ここに消費生活に関わる面での新経済システムのねらいがあったといえるだろう。上に述べたように、そのためにウルブリヒトは人々の購買―消費意欲を刺激するような製品を

作り──供給する必要性を強調したが、64年7月に政治局が自由ドイツ労働組合（FDGB）や経営の代表者を招いて行った会議を閉じるに当たり彼は、「多様な、技術的に申し分のない高品質の製品を安定した価格の下で」生産することを、企業の課題としてまたもや提起していた[80]。このような課題の提示は、DDRの計画経済の下で形成されてきた「消費者の希望をあっさりと無視し、自分たちの決定を商品の購入者に押しつける」[81]ような製造業者と商店に、根本的な姿勢の転換を求めるものであった。換言すれば、生産者や販売者による商品供給の一方的な支配を改めることが求められたのである。他方では、こうした課題の提起はまた、人々の消費性向の変化にも対応していた。すなわち60年代初期の危機が過ぎ、一定の安定が始まると、人々は──言うまでもなく収入に応じていたとはいえ──モード、材質、価格等々の点で魅力ある商品を購入するようになってきたのである[82]。それは、例え西ドイツの「豊かな社会」と同程度ではなかったにせよ、DDRもまた相対的に「豊かな社会」へ移行しつつあったことを物語るものであった。

とはいえ、こうした「豊かな社会」の形成にはある問題が潜んでいた。すなわち、「安定した価格の下で」というウルブリヒトの言葉からも窺えるように、消費物資の供給とその価格は需要と供給の関係によって調整されるのではなく、予め設定された「安定した価格」、つまり固定価格でなされることが想定されていたことである。ここには補助金によって価格を支える構図が隠されているが[83]、それはまさに、人々の消費性向に合わせる消費政策こそが、体制の安定化につながるということを表明するに等しかった。他面では、「安定した価格」が市場の趨勢に任されない以上、新経済システムの眼目である企業活動の自由にも自ずと一定の限界が生まれざるをえないであろう。こうして、新経済システムはまさに価格政策の面で重大な困難を抱えていたのである。そしてこの問題は勤労者の所得水準にも関連していた。

これまで述べてきたように、新経済システムは個人消費に関わる部分では、商品の供給を人々の必要に合わせることに1つの力点を置いていた。だが人々が自らの必要に合わせて商品を購入し、もって豊かな消費生活を作り出すことができるためには、それに見合う購買力、つまり収入がなければならない。し

たがって消費生活に関わる第2の力点として、新経済システムは企業の業績向上を従業員へのボーナスの形で還元することで、勤労者の所得水準を高めることを意図した。このような意図は、ある程度まで果たされたと言えるだろう。すなわち、勤労者の手取り現金収入は新経済システムの開始とともに増加し、1963～67年には年平均4％、68～69年には平均5％収入は増加したのである。実際には生産性の伸びよりも低かったとはいえ、勤労者の所得は増加していたから、その面では新経済システムは成功したと言えるだろう[84]。とはいえ、このような現金収入の増加は、実際のところ一方に労働強化を招き、他方には、企業が労働者の賃金上昇を製品価格へと転嫁したため、物価の上昇を招いていた。シュタイナーによれば、それは「隠れたインフレ」とも呼べる状況だった[85]。

消費生活との関連で言えば、ここには明らかに重大な問題が含まれていた。すなわち、消費財を生産する企業は、需要に見合う製品を作れない限り、労働者に利益を還元できず、逆に利益還元を図ろうとすれば、往々にして製品価格を上げざるをえず、結果的に販売が伸びない可能性が生じてくる。この意味で、新経済システムは豊かな消費生活を生み出すには、はじめからある限界を有していたと言えよう。だが、それにもかかわらず、労働者の間では新経済システムの時期は「圧倒的に好意的なイメージ」をもって評価されたのである[86]。ここには消費物資の価格が——経済的にはその上昇が当然であったにもかかわらず——政治的な理由から低く抑えられていたことが反映しているだろう。相対的に収入の低い労働者にとって、物価水準が低く抑えられるということは大きな利益となったからである[87]。

2. 耐久消費財の普及とその限界

それでは実際に、豊かな消費生活を達成するという新経済システムの狙いは果たして現実的であっただろうか。上に述べたように新経済システムの下で勤労者の所得は増加したが、人々の生活に即して考えるならば、所得がどのように費消されるかによって初めて収入増を実感できるであろう。この点を、「経済の奇跡」の中でBRDの人々が耐久消費財の購入増加ということにおいて

「豊かさ」を実感していたことに鑑み、DDR における耐久消費財の普及からみてみよう。I. メルケルによれば、この時期に DDR では耐久消費財の消費がかなり拡大している。[表4-4] に示したように、確かにわれわれはこのことを確認できそうである。しかしながら、仮に製品の質的な側面を度外視するにしても、普及率は西ドイツに比べて低かった。その理由の1つは、耐久消費財の普及が価格と収入によって操作されていたことにあった[88]。換言すれば、消費者の行動が耐久消費財の価格に影響を及ぼすことがなかったのである。したがって、価格に見合う収入のある世帯以外は耐久消費財を購入する余地が極めて乏しかったのである。要するに、高級モード商品が高額所得者の現金収入を吸収する機能を果たしたのと同様、耐久消費財についてもその普及にはある限界があったと言えよう。このことが、生活必需品を「安定した価格」で供給すること、つまり補助金によって価格維持を図ることの、盾の半面であったのは言うまでもないだろう。

表4-4 耐久消費財の普及

(100世帯中の保有率)

品目	1955	1960	1965	1970
自家用車	0.2	3.2	8.2	15.6
オートバイ	10.8	12.7	16.5	19.4
モペット	—	—	16.1	22.3
ラジオ	77.1	89.9	86.5	91.9
テレビ	1.2	16.7	48.5	69.1
冷蔵庫	0.4	6.1	25.9	56.4
洗濯機	0.5	6.2	27.7	53.6

(出典) *Statistisches Jahrbuch der DDR 1968*, Berlin 1968, S. 191.

ウルブリヒトが指摘するように、人々は収入の多くを食料品などに支出していたが、重要なことは、このような傾向がじつは、人々にとって耐久消費財やその他の工業製品の価格が高すぎるか、あるいは全く手のでない水準にあるか、このいずれかの状態を反映するものであったことである。例えば1962年に、130〜140ℓ の冷蔵庫が1,450マルク、21〜23インチのテレビが2,050マルクであったのに対して、労働者の月収は税込みで602マルクであった。おなじく、1969年には月収が734マルクであったのに対して、冷蔵庫1,250マルク、テレビ1,760マルク、車7,850マルクであり[89]、明らかに、これらの耐久消費財の価格は個々の労働者の収入に比べて、高く設定されていた。生活必需品への補助金をまかなうためにも、耐久消費財の価格を高く設定して差益を国庫に吸収する必要があったのである。こうした構造の下では、耐久消費財の価格が引き下げられない限り、あるいは労働者の賃金が大幅に増えない限りは、耐久消費

財の消費が増大することはあり得なかった。加えて、耐久消費財の生産自体も、需要に追いついていなかった[90]。いずれにせよ、生産コストの削減なしには、耐久消費財価格の引き下げも賃金の上昇も不可能であった。だが、そもそも耐久消費財以外の消費財に関して、価格を一定水準に固定化しているような状態では、耐久消費財に関して生産コストを削減することは難しかったし、また耐久消費財の普及拡大は、資源に乏しいDDRにとっては、それだけでも困難なことであっただろう。こうして、新経済システムの下での耐久消費財の普及には限界があったといわなければならない。

注

1) これについては、最近の簡便な研究がある。Jeffrey Kopstein, *The Politics of Economic Decline in East Germany*, 1945-1989 ; André Steiner, *Von Plan zu Plan*.
2) SBZ内の住民に関しては「国民」よりも住民を、DDR内の住民については言うまでもなく「国民」を、それぞれの呼称として当てるのがよいが、煩雑であるので両者とも一括して「国民」と呼ぶこととする。ただし、以下の議論においては必要に応じて「住民」も用いる。
3) Otto Grothewohl, *Im Kampf um die eigene DDR*, Bd. 1.
4) *Dokumente der Sozialistischen Einheitspartei Deutschlands*, Bd. III, S. 113.
5) Rainer Karlsch, *Alleine bezahlt?* S. 234.
6) Ebd., S. 228.
7) Anlage zum Brief Ulbrichts an Chruschtschow v. 4. 8. 1961, in : Hartmut Mehringer (Hg.), *Von der SBZ zur DDR*, S. 235.
8) Stenographische Niederschrift der Beratung zwischen der Delegation des ZK der KPdSU unter Leitung des Genossen Leonid Iljitsch Breshnew und der Delegation des ZK der SED unter Leitung des Genossen Erich Honecker am Montag, dem 1. November 1971, in : SAPMO-BArch, DY 30/4767/Bl.16.
9) 言うまでもなく、このことはウルブリヒト時代に限らず、DDRという国家にとって一貫して存在し続けた課題であった。
10) Vgl., Hans-Ulrich Wehler, *Deutsche Gesellschaftsgeschichte*, IV. *Bd. 1914-1949*, S. 926.
11) Elizabeth D. Heinemann, The Hours of the Women, op. cit., pp. 359-360.
12) *Dokumente der SED*, Bd. III, Berlin 1952, S. 112.
13) Ebd. ただし、HOで扱う商品は少なかったし、また価格を引き下げてもなお住民が大きな不満を持つほど商品は高かった。したがって、1950/51年になってもHOが家庭への食糧供給について果たした役割は「過大評価されてはならない」と言われる。

Vgl., Thomas Scholze, Zur Ernährungssituation der Berliner nach dem zweiten Weltkrieg. S. 558-559. なお、1940年代末のHOについては以下を参照。Katherine Pence, Building Socialist Worker-Consumers, S. 497-526.
14) P. Hübner, *Konsens, Konflikt und Kompromiß*, a. a. O., S. 144.
15) 1950年5月に代用コーヒー、8月に洗濯洗剤、9月にジャガイモ、1951年には1月に小麦粉、2月にいくつかの繊維等々が自由に購入できるようになった。Siehe, Jörg Roesler, Privater Konsum in Ostdeutschland 1950-1960, S. 291.
16) Th. Scholze, a. a. O., S. 559.
17) P. Hübner, a. a. O., S. 146.
18) Ebd., S. 144.
19) 同様のことは西ドイツについても言えるのであり、肉類の消費などは1950年になっても1937年の水準を大幅に下回っていた。ただし全体的にみるならば、西ドイツにあっては食料品の供給は明らかに上昇傾向にあった。Vgl., Michael Wildt, Privater Konsum in Westdeutschland in den 50er Jahren, S. 278.
20) Zit. nach Th. Scholze, a. a. O., S. 545.
21) Vgl., Horst Barthel, Probleme und Ergebnisse der marxistisch-leninistischen Sozialpolitik in der Übergangsperiode vom Kapitalismus zum Sozialismus, S. 139 ; Hans Mittelbach, Jörg Roesler, Entwicklung von Einkommen und Verbrauch der Bevölkerung der DDR in den vergangenen vierzig Jahren, S. 178. ただし、Ch. Buchheim は通説を正面から批判している。Vgl., Christoph Buchheim, Kriegsfolgen und Wirtschaftswachstum in der SBZ/DDR, S. 515-529. 近年ではブッフハイムに与しない研究者でも、SBZ地区における戦争被害が西側占領地区に比べて決して大きくはなかったことを認めるものが少なくない。
22) *Dokumente der SED*, Bd. III, S. 232 ff.
23) a. a. O., S. 232.
24) a. a. O., S. 153-154.
25) Anlage zum Brief Ulbrichts an Chruschtschow v. 4. 8. 1961, a. a. O., S. 255. なお、東ドイツにおいて消費物質の供給問題に関して、絶えず西側と比較するメンタリティーがあったことが、すでに占領時代からみられたことについては、次を参照。Rainer Gries, *Die Rationengesellschaft*, S. 133.
26) Wolfgang Stolper, *The Structure of the East German Economy*, , pp. 437, 440 ; Vgl., Oskar Schwarzer, Der Lebensstandard in der SBZ/DDR 1945-1989,, S. 124.
27) *Dokumente der SED*, BD. IV, Berlin 1954, S. 70.
28) 近年の6月17日事件研究の進展は、星乃治彦氏による研究も含めて著しいものがある。研究の全体的な方向としては、体制の変革を明確に意識した広範な民衆による蜂起という性格づけに向かっている。だが今後、この事件に関する研究が実りあるものとなるためには、i) 第2次世界大戦後から1989/90年に至るまでの、ソ連・東欧圏における様々な変革を目指す運動や動乱等との比較を行うこと、ii) 20世紀における民主的変革運動の可能性を示す1つの事例として、1970年代のスペインやポルトガル、80年代

のギリシャの変革などとの比較が必要であるだろう。総じて、6月17日事件に関する研究も、DDRの他の分野に関する研究と同様、東ドイツ国内だけの問題として孤立的に取りあげられる傾向が非常に強いのである。

29) SAPMO-BArch, DY 30/IV 2/5/251 には食糧不足その他に関する多数の陳情が収められている。ただし、53年4月以降、経済問題についての陳情は全体の5％台に減少しているが、これは内容区分の変更によると思われる。また、1952年に党に寄せられた陳情については M. Opitz が整理責任者となり、結果が大統領 W. ピークに伝えられている。

30) Zit. nach Manfred Hagen, *DDR Juni '53*, S. 28.

31) Ebd., S. 25.

32) Hg. v. Hermann Weber (Hg.), *Der Deutsche Kommunismus. Dokumente*, S. 469.

33) Arnulf Bahring, *Der 17. Juni 1953*, S. 34 ff. Vgl., Ch. Buchheim, Wirtschaftliche Hintergründe des Arbeiteraufstandes vom 17. Juni 1953 in der DDR, S. 415-433.

34) W. Ulbricht, *Die gegenwärtige Lage und die neuen Aufgabe der SED*, Berlin 1952.

35) この点について、ランズマンは前掲書の中で、ウルブリヒトには重工業優先の姿勢を改めるつもりはなかったとしている。M. Landsman, op. cit., p. 118 ff.

36) Vgl., H. Mittelbach, J. Roesler, Entwicklung von Einkommen……, a. a. O., S. 174.

37) Dietrich Staritz, *Geschichte der DDR*, 2. Aufl., S. 127.

38) Cf. M. Landsman, *Dictatorship and Demand*, op. cit., p. 117.

39) J. Roesler, Privater Konsum……, a. a. O., S. 295-297 によれば、1955年にはDDRにおけるバター、マーガリン、砂糖、卵、肉などの消費については戦前 (1936) 水準を抜くかほぼ同一水準に達していた。だが、繊維や衣料品などは戦前水準を大きく下回っていた。

40) 西ドイツにおけるバターの消費については、M. Wildt, *Am Beginn der 〉Konsumgesellschaft〈*, a. a. O., S. 92 ff を参照されたい。ヴィルトによれば西ドイツでも、人々は1960年になっても、余裕があるならばマーガリンではなくバターを食べたいと考えていた。Ebd., S. 93 ff., 208 ff.

41) J. Roesler, Butter, Margarine und Wirtschaftspolitik, S. 36 ff.

42) Bericht über die Versorgungslage der Bevölkerung v. 7. Aug. 1953, SAPMO-BArch, DY 30/J IV 2/2 J/1 S. 4.

43) *Die Frau von heute. Organ des demokratischen Frauenbundes Deutschlands*, Nr. 29 v. 16, 7. 1954, S. 17.

44) Ebd., Nr. 31 v. 30, 7. 1954, vgl., Nr. 45 v. 11, 10. 1955.

45) Sektor Leichtindustrie, Textil, „Berichterstattung über die Probleme der Textilindustrie und ihre angestrebte Lösung", v. 14 Mai 1956, S. 7, SAPMO-BArch, DY 30/IV 2/609/8.

46) Ernst Lange, Die politische Bedeutung und die Aufgaben des Handels, S. 1085.

47) M. Landsman, op. cit., p. 123.

48) 本書第2章参照。

49) Vgl., Klaus Polkehn, *Das war die Wochenpost*, S. 59.
50) Bundesministerium für inner-deutsche Beziehungen (Hg.), *DDR Handbuch*, 3. überarb. u. erw. Aufl., Bd. 2, S. 991.
51) Vgl., André Steiner, *Die DDR-Wirtschaftsreform der sechziger Jahre*, S. 351 ; P. Hübner, *Konsens, Konflikt und Kompromiß*, a. a. O., S. 156.
52) *Dokumente der SED*, Bd. VII, S. 405。日用品の供給に関する同時代文献としては次を参照。Grete Wittkowski, Zu einigen Fragen der Versorgung mit den tausend kleinen Dingen.
53) ベルリンに最初のブティック「シビル」が開店したのは1957年である。Vgl., Ina Merkel, Der aufhaltsame Aufbruch in die Konsumgesellschaft, a. a. O., S. 19.
54) Vgl., J. Roesler, Privater Konsum......, a. a. O., S, 290-303.
　　SAPMO-BArch, DY 30/IV 2/5/250-254 に収められているSEDに当てた1950年代後半の投書の、かなりの部分はテレビとオートバイや自家用車の購入希望に関するものである。
55) ZK des SED, Sitzungen des Politibüros, Maßnahmen zur Verbesserung der Lebenslage, März 1960, SAPMO-BArch, DY 30/4627/Bl. 181.
56) I. Merkel, *Utopie und Bedürfnis*, a. a. O., S. 41 ; Vgl., Siegfried Prokop, *Übergang zum Sozialismus in der DDR*, S. 113 ff. 資料で見る限り、すでに1954年の初めからこうした傾向が現れていた。たとえば1954年2月にSEDに対して党員や非党員から出された陳情の中にはオートバイや車の所有を求めるものが数百あった。注目すべきはこうした陳情を行った人間の大半は工業地帯や都市の優良労働者や活動家であったことである。彼らが経済的に優遇されていたことがうかがえるだろう。Vgl., SAPMO-BArch, DY 30/IV 2/5/251/Bl. 496
57) *DDR-Zeittafel 1949-1983*, S. 54-55.
58) O. Schwarzer, Der Lebensstandard, a. a. O., S. 130.
59) H. ヴェーバー『ドイツ民主共和国史』、前掲、p. 86.
60) Vgl., P. Hübner, *Kosens, Konflikt und Kompromiß*, a. a. O., S. 156.
61) Vgl., J. Roesler, Privater Konsum, a. a. O., S. 302.
62) P. Hübner, a. a. O, S. 157 ; Vgl., Patrice G. Poutrus, Lebensmittelkonsum, Versorgungskrisen und die Entscheidung für den 〉Goldbroiler〈, S. 408 ff.
63) この点について詳しくは、Katherine Pence, 'You as a Woman Will Understand', p. 235 ff.
64) H. ヴェーバー、同上。
65) *Dokumente der SED*, Bd. VIII, Berlin (O) 1960, S. 259 ; D. Staritz, *Geschichte der DDR*, a. a. O., S. 173 ff.
66) Vgl., A. Steiner, Zwischen Frustration und Verschwendung, a. a. O., S. 23.
67) Vgl., Hermann Weber, *Geschichte der DDR*, 2. Aufl., , S. 298.
68) Zit. nach Michael Lemke, *Die Berlinerkrise 1958 bis 1963*, S. 53, 63. Vgl., A. Steiner, in : *Wunderwirtschaft*, a. a. O., S. 27. なお、ウルブリヒトのフルシチョフ宛書

簡については、Hope M. Harrison, Ulbricht and the Concrete 'Rose'. 本文に述べたような誤った仮定の上でなぜ、社会主義を実現するという事実上不可能な計画が立てられたのかについて、A. Steiner は、SED 指導部にはソ連による援助への期待と、1957 年夏のソ連による大陸間弾道弾、同年 10 月の人工衛星スプートニク打ち上げの成功による幻惑があったとしている。Siehe, André Steiner, Vom Überholen eingeholt: Zur Wirtschaftskrise 1960/61 in der DDR, S. 247-248.

69) SED 支配体制とその農業政策に対する農民の対応については、さしあたり以下を参照。Corey Ross, *Constructing Socialism at the Grass-Roots*, pp. 105-124.

70) J. Roesler, *Das Neue Ökonomische System—Dekorations-oder Paradigmenwechsel?*, S. 22.

71) 62 年の危機については、P. G. Poutrus, Lebensmittelkonsum......, a. a. O., S. 406 ff.; A. Steiner, *Die DDR-Wirtschaftsreform*, a. a. O., S. 41 ff.

72) Herbert Wolf, Friederike Sattler, Entwickluing und Struktur der Planwirtschaft der DDR, S. 2920.

73) A. Steiner, *Die DDR-Wirtschaftsreform*, a. a. O., S. 65.

74) J. Kopstein, *The Politics of Economic Decline*, op. cit., p. 48.

75) J. Roesler, *Das Neue Ökonomische System*, a. a. O., S. 20 ff.

76) W. Ulbricht, *Das NÖS der Planung und Leitung der Volkswirtschaft in der Praxis*, S. 103 ff. 引用は S. 105.

77) *Alltagskultur der DDR.*, S. 33.

78) *Das Magazin*, H. 3, 1963, S. 71.

79) Vgl., P. Hübner, *Konsens......*, a. a. O., S. 168.

80) SAPMO-BArch, DY 30/J IV 2/2/941/Bl. 11.

81) Fr. Dr. Wittkowski, Stellvertreter des Vorsitzenden des Ministerrats, in : *für dich. Illustrierte Zeitschfrift für die Frau*, Nr. 42/1963, S. 24.

82) Vgl., I. Merkel, *Utopie......*, a. a. O., S. 314.

83) Vgl., J. Roesler, a. a. O., S. 15. ; Vgl., Doris Cornelsen, „Die Volkswirtschaft der DDR", S. 265 ; Gerhard Schüre, „Die Wirtschafts-und Sozialpolitik der DDR", S. 131 -172.

84) André Steiner, *Von Plan zu Plan,* a. a. O., S. 155.

85) Ebd., S. 158.

86) P. Hübner, *Konsens, Konflikt und Kompromiß*, a. a. O., S. 87. 新経済システムに対する好意的な評価はただ収入が増えたことによるばかりではなく、この時期に最低賃金が引き上げられ、また週 5 日制が導入されたことにもよっていた。ただし、新経済システムが経営内部で人々に好意的に受け止められ、労働現場のありよう (Klima) に影響を及ぼしたということを疑問視する見解もある。Siehe, Claus Krömke, *Das 〉Neue Öekonomische Systeme der Planung und Leitung der Volkswirtschaft〈 und die Wandlungen des Günter Mittag*, S. 15.

87) Vgl., J. Kopstein, *The Politics of Economic Decline......*, op. cit., p. 61.

88) A. Steiner, Dissolution of the "Dictatorship over Needs?" p. 185.
89) R. Rytlewski, M. Opp de Hipt, *Die Deutsche Demokratische Republik in Zahlen 1945/49-1980*, S. 108, 117 ; Vgl., A. Steiner, Dissolution, ibid., p. 176.
90) A. Steiner, Zwischen Frustration und Verschwendung, a. a. O., S. 28.

第 5 章　消費生活の実情とその認知

はじめに

　国民の消費生活に関連して、DDR の社会はしばしば「不足の社会」(Mangelgesellschaft) と呼ばれる[1]。「SED 独裁の結果を克服すること」を目的に組織されたドイツ連邦議会の調査委員会は 1997 年 4 月末に行われた第 32 回会議で、DDR 時代に人々が日常的に、どのような形で不足の社会を経験し、それをどのように克服しようとしていたのか、ということをテーマに議論をしている。とはいえ、司会をした R. エッペルマンが会議の冒頭に、DDR において「不足は本当に人々の日常生活を支配していたのか」と問うたように、「不足の社会」という表現が意味するところは決して一義的に理解できるものではなかった[2]。1989/90 年のドイツ統一前後に、政治やジャーナリズムの世界で DDR における「不足の社会」ぶり、物不足のひどさが大々的に取り上げられ、DDR が「不足の社会」であるというイメージが、今日に至るまで、いわば 1 人歩きしているがゆえに、その内容を歴史的に明らかにしておくことは重要であろう。

　「不足の社会」とは、日常生活において単に物が不足しているということだけではなく、商品の品質の悪さ、また選択の乏しさをも意味していた。だが、こうした意味での「不足」は客観的な問題であると同時に、主観的な認知の問題でもある。客観的に物が不足するということと、人々がそれを意識するということは、必ずしも同じではない。まさにそうであるがゆえに、人々が「不足の社会」をどのように認識していたのかを調べることは、「不足の社会」における人々の消費生活、消費行動のあり方を知る手がかりを与えてくれるだろう。

　新経済システム (NÖS) の導入により、経済が比較的順調に発展していた 1968 年においてすら、人々が日常生活の中で最も強く怒りを感じるのが「買い物に際して」であったことは[3]、「不足の社会」という事態が人々に日常的

に、生活の一番基本的な部分で感じられていたことを物語るものであろう。ただし上に述べたように、「不足の社会」とは単純に、文字通りの意味での「物不足」だけを意味していたわけではないことは、注意されねばならない。総じて、社会主義的計画経済の下で物不足が生じるのは様々な要因によるとはいえ、1つには計画する側において必要な消費財とされた物が、消費者にとっては必ずしも必要ではないという、生産と消費の矛盾によるところが大である。言い換えれば、人々の消費を計画的生産によってコントロールしうるという、計画経済の根底にある想定と人々の欲求との矛盾である。この矛盾のゆえに、商店には（不要な）商品が大量に在庫する一方で、人々が必要とする物は存在しないか、少数しか手に入らないということにもなり、結果として「物不足」感が強まるのである。

　さて、DDRにおいて人々が「不足の社会」の中での消費生活をどのように認識していたかを示す史料には様々なものがある。本章で主に用いるのは、①DDR国民が大統領W. ピークや国家評議会、閣僚評議会、SED等に対して行った請願や陳情、ドイツ民主婦人同盟（DFD）宛に女性たちが送った手紙、テレビ局や雑誌に宛て出した投書、②SED中央委員会の商品供給に関する部局（Abt. Handel, Versorgung und Außenhandel）が政治局に提出した国民の消費生活に関する報告、政治局女性委員会（Frauenkommission）での消費生活で生じた諸問題に関する議論、③SEDが行った消費生活に関する世論調査、などである。本書の「序章」や第2部「はじめに」でも述べたように、近年のDDR研究はかつてのような「イデオロギー批判」的な方法よりも、はるかに実証に重きを置くようになっている。本書も以上挙げたような史料を用いることによって、そうした最近の研究動向に棹さそうとするものである。具体的には、これらの史料を用いて、まず第1に、消費生活に関する国民の認知の枠組みがいかなる特徴を持っているのかを、主として①の史料によりながらみておこう。第2に、1953年6月17日事件の場合と同様、DDRを破滅の危機に追いやった1959～62年の食料を中心とした供給危機の様子と、それが人々にどのように受け止められていたのかを、主として②の史料を用いて調べてみよう。第3には、③の史料を中心に新経済システムが国民にどのように受け止められ

ていたのかをみておこう。

第1節　消費生活に関する認知の枠組み

1. 史料とその意味

　はじめに、この節で取りあげる請願、陳情、投書等々のもつ史料的な意味を確認しておこう。

　1989/90年の東ドイツの崩壊以降、かつての社会主義体制の下で主として国家公安局（Stasi）によってなされた国民に対する監視と、その結果としての人々の精神生活の中に生じたゆがみについての圧倒的な印象を前提とするとき、社会主義時代に人々がどこまで自由に意見表明をなしえたのかという問いに対しては、否定的な答え以外にないように思える。本章との関連で言えば、われわれが消費生活に関する人々の意識を知る手がかりとしようとする投書、請願、陳情その他の史料には、どこまで信憑性があるのか、という疑問が生じることは当然である。DDR時代に東ドイツの人々は、私的な親密圏においてのみ比較的自由な意見表明をなしえたのであり、そうした親密圏を一歩外に出るならば、体制に同調せざるをえなかったという「壁龕（へきがん）社会」論が説得力を持つゆえんである。

　「壁龕社会」論はこのようにDDR社会の不自由さを表すものであるが、この論を別の角度からみれば、それはDDRにおいて公権力の支配ないしはSEDの影響力が人々の私的な親密圏のなかにまでは浸透できなかったこと、その限りでSED支配には一定の制約があったこと、つまり「権力の限界」を意味するものであった。「壁龕社会」を巡る以上2つの議論はいずれもDDR社会の現実の一面をつくものであろう。だがそれにもかかわらず、この議論が公と私の機械的な分離を自明のこととしていることには問題があるのではないか。例えば、ある人が結婚をし、住宅の割り当てを受けようとするとき、たちまちにして党と国家の住宅政策の問題に突き当たるだろう。DDRにおいては住宅不足とその質の悪さはついに解決されることのない問題であったからである。この簡単な例は、公と私を機械的に区分することはできないことを示して

はいないだろうか。

　また、以上のような「壁龕社会」論にかかわる言わば理論的な問題は別としても、ウルブリヒト時代の東ドイツについて「壁龕社会」論を機械的に当てはめることができるかどうかという点でも疑問が残る。まず第1に、私的な親密圏の外での自由な意見表明が全く封じられていたとするならば、本章でも史料として用いるような詳細な世論調査が、なぜ繰り返し行われたのか。それらの結果は公表されることなく、SEDの上部機関にのみ知らされていたものではあったが、人々は多くの問題について、しばしば非常に率直に回答しているのである。そして、党や国家が政策を策定するに当たり、そうした調査の結果が考慮されたと信ずるに足るだけの根拠はある[4]。第2に、この節で取りあげる国家機関やSEDに対する請願、陳情、テレビ局や雑誌への投書等において、人々はなぜ生々しい声を寄せたのだろうか[5]。人々は請願や投書などの行動を通じて「壁龕」から一歩外へ踏み出し、「壁龕」の外で問題の解決を図ろうとしたのではないだろうか。そしてまた、党や国家の諸機関は人々のそうした行動に反応することがあるからこそ、人々は一歩外へ踏み出すことができたのではないだろうか？

　このように考えるとき、われわれは請願や投書、あるいは世論調査等に現れた国民の声を、必ずしも操作されたものとばかりみる必要はないだろう。むしろ請願や投書を巡って党や国家の諸機関と人々との間に形成されるコミュニケーションの構造は、DDRの体制に人々が適合することで形成される一種の「公的空間」を示していると言えるだろう[6]。

　そのような「公的空間」は人々と党や国家の諸機関との間に形成されるだけではない。例えば、テレビ局への投書の場合、投書のきっかけとなったテレビ番組と、そのテーマに合わせた番組制作者側にある一定の自立的な活動の余地を通して、投書者は社会の現実に関するある意見を形成しているとみても差し支えないだろう。あるいはまた、テレビや雑誌で取りあげられる投書が非常に注意深く選別されたものであったとしても、ジャーナリズムの側にそうした選択によって国家やSEDに対して影響を及ぼそうとする意図が働いていた、と見ることもできよう。こうした点からすれば、テレビ番組とそれに関わる投書、

あるいは雑誌に対する投書とそれに関わる記事は、DDR社会において一種の「公論」の役割を果たし、テレビや雑誌と投書との相互作用は一種の「公的空間」を構成していたと言えるだろう。なお、DDRにおいては「公論」や「公的空間」の形成に当たりテレビだけではなく、上に述べたように雑誌も重要な役割を果たしていた。とりわけ、消費生活との関連で言えば、女性雑誌はしばしば日常生活に関わる投書に基づく実態調査を行い、投書に関わる状況の改善に向けて積極的なキャンペーンを行うことが珍しくなかった。

さて、DDR時代の人気テレビ番組『プリズム』(PRISMA) は経済、地方自治、日用品の供給などに関する視聴者の投書[7]をもとに、これらの分野で現実に生じている様々な問題をルポルタージュし、改善に向けた方策を提案し、またあるときは関係者の処罰を要求する番組であった。しばしば投書に対しては番組担当者から返事が寄せられ、またそうしたやり取りに基づく特集番組も組まれた。もしも東ドイツが「壁龕社会」であったとするならば、この番組はまさに「壁龕」の外にある「公論」をなすものであったといえよう。人々がこの番組のために出した投書は、人々の社会に対する意識の表現であり、また公正さや秩序に関する人々の観念を表すものでもあるから、それらの投書をみることで人々がどのような社会を正常な社会と考えていたかを把握することもできるであろう。

この番組が始められる以前に、そしてその後もDDR崩壊まで、DDR国民が上述した日用品の供給その他の問題に関する自分の意見を述べることのできた重要な手段は、大統領あるいは国家評議会、さらには様々なレヴェルでのSEDの組織に対する請願あるいは陳情であった。必ずしもソ連の制度の模倣というわけでもなかったこの制度は[8]、DDR国民にとって、日常的な「政治」行動を行うための非常に重要なチャンネルであった。実際、DDRの全世帯が一度は請願あるいは陳情を行い、それはDDR国民に独特の行動様式あったといわれる[9]。請願あるいは陳情がDDRの国民にとって重要であったのは、請願や陳情を受けた国家やSEDの諸機関が実情を調べ、場合によっては必要な措置を執っていたからである。このことはヴィルヘルム・ピーク (1876〜1960年) が大統領であった時代 (1949〜60年) に、彼に宛てられた請願について最

も良く当てはまるといわれるが、彼以外の部署や、彼の死亡した後の時代に出された請願についても言いうることであった。それはある意味では DDR における民主主義の証と言ってもよいだろう。

もちろん、請願等の持つ民主的性格を過大に評価することには注意しなければならないだろう。なぜなら、陳情を受けた国家機関が国民の声に正しく反応するとは限らない、つまり解答を与えないことも珍しくはなかったからである。この請願を分析した I. メルケルと F. ミュールベルクによれば、1950 年代を通じて、住宅問題、食料をはじめとする生活必需品の供給状況と、消費物質の供給問題が、投書や請願のテーマとして取り上げられることは、次第に少なくなっていった[10]。このことは一方では、終戦直後に比べて状況が改善されてきたことを反映してはいたが、他方では、こうした問題が解決しがたいものであることを示しており、したがって、投書や請願が少なくなったことは人々が状況に満足したのではなく、むしろ諦めをもってそれを受け入れたことを意味するだろう。

国民の請願に付着するこうした性格は 1960 年代から始まった『プリズム』への視聴者の投書についてもいえることであった。加えて、所詮改善のしようのない問題、つまり資源が不足していたり、あるいは SED が取り上げることを望まない問題に関しては、例えば『プリズム』でテーマとされることもなかったから[11]、上のような問題に関する請願や投書が次第に減少していくことも、また当然であったともいえるだろう。だが、それにしても陳情や請願、あるいは投書自体が、現実に対する人々の認知のありようを表しているのであり、またそうした認知に基づく行動が日常（史）を構成している以上、テレビをはじめとするマスコミへの投書、あるいは国家もしくは政府への請願や陳情は、人々の消費生活の実態を知る上でも、重要な史料となるであろう[12]。

2. 消費生活に関する認知の枠組み

われわれはこれまで、DDR において消費生活の発展が、①終戦直後あるいは戦前状態との比較、②西ドイツとの競争や比較という枠組みで、国民と政権担当者によってとらえられていたのを見てきた。ここでは主に F. ミュールベ

ルクらが行った研究の中で紹介されている請願、陳情および投書から、請願者や投書者がDDRにおける消費社会のあり方をどのような枠組みでとらえていたのかをみておこう。

1) 引照基準としての戦後

すでに繰り返し述べたように、DDRにおいては1958年にようやく食糧品の配給制が廃止されたが、そのことは決して日用品の供給にもはや何の心配もなくなったことを意味しはしなかった。現に、1961年8月のベルリンの壁構築を余儀なくされた原因の1つは、食糧をはじめとする生活必需品の不足にあった。しかしそうではあっても、配給制の廃止は、徐々にではあるが、DDRの生活が安定しつつあることを意味していたのである[13]。そういう中で国民は生活のいっそうの向上を当然のように求めた。だが、現実は必ずしも希望通りという訳にはいかない。ある投書者は、35名を招いて行われる結婚披露パーティの準備に必要なバターとコンデンスミルクを入手しようとして諸方を探し回ったが、ようやくにしてわずかバター1パック、コンデンスミルク1本しか得ることができなかったことについて、カール・マルクス・シュタットの商業・供給局に宛てて投書したのである。その際投書者が、自分の要求を根拠づける論拠として持ち出したのは、今や「何もなかった」敗戦直後ではなく、人々が必要とするときには「十分に与えることのできるほど豊かな」社会にDDRがなっているということであった[14]。

明らかに投書者は社会主義が発展しているという党や国家の宣伝を逆手にとって、宣伝と実態とが一致しないことを、批判しているのである。その際、何も物が存在しなかった戦後の1946年が、社会主義社会の「豊かさ」を図る引照基準となっていることは、かえって社会主義社会の「貧しさ」をこの上なく、明確に示していると言えよう。つまりこの投書は、本来存在してしかるべきバターやコンデンスミルクのような物さえ、未だなお終戦直後並みにしか存在しないような、DDR「社会主義」の基礎の脆弱さを明らかにしているのである。政策担当者の側が敗戦直後の状況に比べた現在の状況の発展を強調するのに対して、この投書者は逆に発展していないことを浮き彫りにしたのである。これ

は国民と SED および国家指導部との乖離を十分に示唆しているだろう。

　1963 年にジャガイモの供給不足を訴えた請願者もまた、1945 年を引き合いに出して、社会主義の下ではジャガイモの供給不足があってはならないとしていた[15]。このように終戦直後を引き合いに出すことは DDR「社会主義」が物質的な面で発展していないことを示すばかりではなく、また、「西ドイツに追いつき、追い越す」という DDR 消費政策の基本方針がいかに非現実的であるかをも明らかにするものであった。ウルブリヒトが失脚した後、ホーネッカーの下で「経済政策と社会政策の統一」という方針が出され、消費生活の向上に党と国家が全力を挙げるようになるのも、終戦直後や西ドイツとの比較が、DDR 社会主義発展の指標となるのではなく、場合によってはその基礎を揺るがすことになりかねないからであった。

2) 公正さ

　上に述べたように 1960 年代に入ってなお、基本的な食糧品ですら不足する社会にあって、乏しい物資が不公平に配分されるならば、言い換えれば、乏しい物資を入手する機会が人々に公平に保証されていないならば、そのことに怒りを感じる人間も出てくるであろう。そしてその怒りにはいくつかのタイプがあった。第 1 は、前章で述べたような差別的な供給政策に対する不信に発し、それが自身の消費財購入への欲求と重なって怒りとなっているタイプである。1956～57 年に SED 中央委員会に寄せられた請願あるいは苦情の中には、テレビや自家用車の供給に関して一部の農民、インテリ、中産階級（Mittelstand）が優遇されているという労働者の不満の声を示すものが含まれている[16]。「新コース」とそれに続く時期に農民や中小経営者、インテリなどが優遇されている事態に労働者が反発したのである。この反発が SED の政策全般に対する批判の意味を含んでいることは明らかであろう。

　怒りの第 2 のタイプは、社会主義の理想と現実の矛盾に関わるようなものである。次の請願はそれを示している。

　　自家用車で買いに来る人間、つまり実業家には商品が包んで渡されている。

販売所の責任者と店員は、人が必要としているものは用立てずにいながら、わずかな品物を、上客に数えられるいわゆる「実業家」に対してだけ売っているのである。このような店の人間は当然その職から解任されてしかるべきであると思う。[17]

ここにあげられた事態は、例えばわれわれの社会であれば、いわば商慣習としてはありうることであるにせよ、物が不足している社会では耐え難いことであり、まさにその社会には公正さが欠けていると人々に感じさせたであろう。そればかりではなく、それはまた公平な配分を理念とする社会主義の観念にも反するであろう。つまり、この請願は問わず語りに現実のDDRが社会主義社会の理念に合致していないことを明らかにしているのである。

DDR社会の根本的な問題点の1つは、こうした社会主義社会の理念に反する不公正さが、特権と結びついていたことである。消費生活に関する人々の怒りも、ここに向けられる。1962年にテレビ局に当てられた次の投書がそれを示している。

　　経営、国家、党の官僚たちはいったいなぜ、またいかなる理由で、国家の費用で、国家　あるいは人民所有の車を私用に使うことができるのか。われわれ企業の従業員たちは、私がこの問題に関して話した限りでは、こうした官僚たちは自分の給料で車を買えるはずであるし、また車の維持にかかる費用も自分で賄えるはずだと述べている。[18]

この投書は、1960年代に入って、一方で深刻な食糧不足がありながらも、他方では人々の関心が耐久消費財、特に自家用車に向かい始めていたとき、それを入手することのできない苛立ちが、特権への批判となって現れていることを示している。実際、1960年代以降、請願や陳情の主要なテーマの1つは、待機時間が長くなる一方の自家用車の購入に関する問題であったと言われる[19]。なお、一般に「党のボス」が高額商品を購入できたことに対する人々の不満はDDRの初期の段階から存在していた。そしてそれは例えば一部の人間しか商

品を購入することのできないようなHOへの批判と結びついていたのである[20]。

このような「不足の社会」の中での特権に結びついた不公正さの存在が、いわば「豊かさ」を示す自家用車などではなく、生活の基本的な条件をなす問題、例えば住宅などに関わってくれば、人々の怒りはさらに深く、また絶望的な気持ちにもなるのではないか？　ドイツ民主婦人同盟（DFD）に宛てた請願には、住宅問題に関連して党と国家の役職を利用した不正がはびこっていたことを示すものが少なからず含まれている。例えば、夫に去られ、社宅を出るように要求された女性（子供あり）は、会社の保安責任者（党役員）が自分の娘のために社宅の中に不正に住居を確保しているのに、なぜ、今最も厳しい状況に追い込まれた自分が社宅を出なければならないのかと、DFDに訴えていた[21]。

以上のように、請願や陳情、また投書は消費生活の中に現れた公正さの観念に反する事態、社会主義の理念に照らして納得しがたい事態、社会主義の名の下に存在する特権などに対する、人々の怒りを表していたのである。言い換えれば、消費生活の現実に関する公正さの観念を基軸とする人々の認識は、DDR社会主義の現実に対する鋭い批判を内包していたのである。その意味で、消費生活のありようは現代社会主義の根幹に触れる問題であった[22]。

なお、消費に関連する人々の怒りは、供給の不平等さとその背後にある特権だけに向けられたのではない。例えばバターミルク（脱脂乳）のような食料品を手に入れるために、仕事を休んで行列しなければならないこと、あるいは行列することで多重負担に苦しむ女性の負担がなおのこと深刻化すること[23]、食料品の場合、品物の質が悪いばかりか、目方が著しく不足すること[24]なども、人々が絶えず不満を持ったところであった。われわれはこれらのことについては、のちにさらに詳しく検討するであろう。

以上の若干の例でもわかるように、しばしば「不足の社会」と言われたDDRにおける消費生活のありようは、実は物の不足自体だけではなく、むしろ物の消費の仕方、消費に関わる人々の行動を、人がいかに理解するかにかかっていたのである。

第2節　供給危機——壁の建設前後

1. 供給危機とそれに対する人々の反応

1．SED 中央委員会の商品供給に関する部局（Abt. Handel, Versorgung und Außenhandel）は、折に触れて国民の日常生活に関する様々な調査を行い、その結果を政治局に報告していた。それらは国家の消費政策形成の基礎的な素材となったのである。われわれはそれらの報告をみることで、特に 1961 年 8 月になされた壁の建設前後の劣悪な経済状況の中で、生活状況について人々がどのように考えていたかを、ある程度理解することができる。なかでも 1962 年は食料を中心とした生活物資の供給不足から DDR の体制が危機に陥った年であり、SED は深刻な危機感を持ちながら、住民の不満がどこにあるのかを探ることに懸命であった。以下に、主にこの史料によりながら、1959～62 年の供給危機が人々の意識にどのように作用し、それが DDR 社会主義をどのように揺さぶったのかをみてみよう。

2．1958 年から始まった社会主義化の強行は、1953 年の場合と同様、東ドイツ経済を再び重大な苦境に立たせることになった。なかでも自作農を協同組合へと組織化していく農業集団化の強行は、農民の大量逃亡を引き起こし、食糧の供給危機をもたらしたのである[25]。また、SED は労働生産性の向上を常に工業発展と生活水準向上の前提条件としてきたが、この度の危機の中では工業の生産性が、例えば 1962 年には 8.2% と大幅に向上しているときでさえも、労働者と農民の実質賃金は逆に 3% も下がるなど、社会主義化による経済の弱体化には抜き差しならないものがあった[26]。特に 1961 年から顕著になった食料品の供給不足は深刻であった。だが、政府の執った措置は国民にいっそうの負担を強いるものでしかなかった。その 1 つは農産物価格を大幅に値上げすることで、例えば 1962 年には前年に比べ、ジャガイモは 41.7%、生鮮野菜が 7.2%、果物が 18.3% 値上げされた[27]。言うまでもなくそれは農民の収入を補填するためであった。逆に言えば、都市生活者はそれだけ困窮状態に陥ること

になる。「労働者は毎年体系的に計画（の達成）を高めてきたが、食糧供給は同じく体系的に押し下げられてきた」と労働者は状況を簡潔に総括したが[28]、具体的には肉と卵は「顧客カード」制の導入により「事実上配給化され」、肉類そしてバターについての消費抑制措置が採られた。ソーセージについては水分を増やすことで品質を落とし、生クリームをはじめとする高価な乳製品の製造は禁止されるなどして、肉類と乳製品の消費はぎりぎりまで抑制されたのである[29]。しかも消費の抑制は、ポツダムでの場合のように、商店と配給機関を通して行うことができず、警察の中に作られた特別委員会によってなされる場合さえあった[30]。警察が行政に代位したことからも、危機がいかに深刻であったかが窺えよう。

こうした状況の中で人々の間には様々な噂が飛び交うようになる。例えばドレースデンやハレでは、農民が自らバターを作るようにという指示が出されたと言われ[31]、また多くの地区でDDRから西ドイツ、チェコスロヴァキア、ソ連へバターが輸出されているという噂も拡がっていた[32]。このような噂の拡がりは、DDR国民にとってバターの持つ象徴的な意味の重大さを示すものでもあろう。肉類についても外国との関連での噂が拡がる。すなわち、ロイナやブーナなどの化学工場では、ソ連での肉類の値上げがDDRでもさらなる価格引き上げをもたらすであろうという不安の声が上がっていた。いうまでもなくそれは、1959年から始まったDDRの経済7カ年計画がソ連の経済7カ年計画に連動していること[33]を、反映するものであった。人々はDDRがソ連と密接に結びつくことは、必ずしもDDR国民の利益とはならないことを、文字通り、胃の腑を通じて感じていたのである。

人々の間にこうした噂が拡がっていったのは、単に供給不足による不満からだけではなかった。東ドイツの供給危機が深刻化したこの時期は丁度、1958年11月のフルシチョフによるベルリンの地位を巡る外交攻勢から始まり、62年秋のキューバ危機に至るまでの国際関係の緊張と重なっていた。言うまでもなくドイツにあっては、それはベルリンを焦点としていた。DDRでは人々は、この国際緊張の激化と自国における食糧品をはじめとする生活必需品の供給不足とを結びつけたとき、そこに戦争の危機を感じたのである。例えば、壁が建

設されるひと月ほど前の61年7月にポツダムでは、バターの顧客リスト制の導入について、「戦争が迫っていることの兆候である」という声が上がっていた[34]。さらに壁が建設されたあとの61年10月には小間物の価格が大幅に値上げされたが、それを受けて、「これからはあらゆるものが高くなるだろう。なぜなら防衛準備のための手段が必要なのだから」と、人々は語っていた[35]。

　注意すべきは、このように供給危機を戦争と結びつける議論は、ただにフルシチョフの外交攻勢に始まる国際関係の緊張だけがきっかけとなっていたのではなかったことである。それはまた過去のヒトラー時代の記憶とも結びつけられていた。「戦争を始める前にヒトラーもまたバターの配給を始めたさ」という声が上がり[36]、ある場合にはそれはSED体制に対する隠れた批判となった。次の声はそれを示している。すなわちカール・マルクス・シュタット（＝ケムニッツ）では、「バターに代えて大砲を！」というスローガンが、次のようなコメント付きで拡がっていたのである。「ゲッペルスにはそれをはっきりと言うだけの勇気があったさ」[37]と。

　ヒトラーやゲッペルスという具体的な名前が挙げられたことには、しかしながら、戦争への不安以外の意味も含まれていた。言うまでもなく、それは東ドイツの指導者に対する批判であった。過去の人物に引照しながら、人々は供給危機の原因を世界情勢にではなく、指導者（の政策）に求めたのである[38]。

　以上のように、食糧品をはじめとする生活必需品の不足と価格の上昇に関する人々の不満は、一方では世界情勢についての不安と結びつき、他方では過去に引照することで体制に対する隠れた批判とも結びついていたのである。すでに見たように、人々は現状が敗戦直後と変わらないとする主張をもって、社会主義体制への批判を表していたが、ここでも同様に、過去は現在を裁断する基準として生きていたのである。

3．それでは人々は日用品の値上げ、食糧品の不足等、供給問題の背景をどのようにとらえていたのであろうか。史料は住民の間に問題の正確な把握があったことを窺わせる。まず第1に、食糧供給不足の原因としては、これを農業集団化に結びつける意見が拡がっていた[39]。農業集団化は1959年から本格的に

始まったが、繰り返し述べたように、それは多くの農民の西への逃亡を促し、結果的に食糧危機を拡大させたのである。そうした状況の中で、人々の間では農業集団化を行っていないポーランドを引き合いに出す意見が少なくなかったし、また農業集団化に消極的であったK. シルデヴァーンやF. オェルスナーを良しとする意見もみられた[40]。

人々が供給危機の背景として取りあげたもう1つの点は、1961年8月の壁の構築であった。端的に「壁の建設費用を払わねばならないのだから」[41]という意見がある一方で、なぜ、国民に負担を押しつけるのだという不満の声が上がったのはいうまでもない[42]。だがそこには諦念のようなものもみられ、ベルリンの壁が建設された「8月13日以降は（SEDは）われわれに対して何でもできる」[43]という人間もいた。また壁の構築による東西の分断は、特にベルリンとその周辺地域の少なからぬ人間にとっては、西からの商品流入が途絶えることを意味していたから、それはまさに物不足を引き起こすものであった。こうして、生活必需品の供給状況と壁の構築とを結びつけるのは、いわば当然のことであったといえるだろう。

2. 消費の変化と人々の不満

1．それにしてもいったいなぜ、人々の不満が高まったのであろうか。食糧品を中心とした生活必需品の急激な供給不足、壁の構築による西ドイツとの分断の固定化という事態がある以上、この問い自体が一見したところ無意味に見える。だが、史料を検討してみると、そればかりではない事情が見えてくる。ここで注目しておきたいのは、生活必需品のこの極端な供給不足の中で、耐久消費財の供給が増加していたこと、および、慢性的な衣料品不足にあったDDRにおいて、まさにこの時期に高級モードの供給が大々的になされるようになったことである。

DDRにおける耐久消費財の普及は、BRDにおけると同様、1950年代後半から始まり、その質の悪さからして、そもそも普及が拡大するかどうかについての不安がある中[44]、それでも着実にその消費は拡大していた。次にあげる［表5-1］はそれを示している[45]。

表 5-1 耐久消費財の普及（100 世帯あたり）

	1955	1960	1963	1964	1965	1966	1967	1968	1969	1970
自家用車	0.2	3.2	6.5	6.1	7.1	9.4	11.0	12.3	15.6	17.3
オートバイ	10.8	12.7	16.8	15.6	16.0	17.3	18.0	18.4	19.4	19.5
モペット			14.3	13.4	14.9	16.9	18.3	19.5	22.3	23.5
ラジオ	77.1	89.9	92.6	86.4	86.7	87.3	89.3	90.5	91.9	92.8
テレビ	1.2	16.7	38.4	35.8	42.2	54.0	60.0	63.6	69.1	71.7
電気冷蔵庫	0.4	6.1	16.2	15.1	20.4	31.5	37.7	43.8	56.4	62.3
電気洗濯機	0.5	6.2	18.4	17.1	22.4	32.9	38.1	44.0	53.6	58.4

（出典）*Statistisches Jahrbuch der DDR* 1972, S. 354.
Vgl., DY 30/3714/Bl. 210 ; DY 30/3337/Bl. 271 ; DY 30/5200/Bl. 139.

表 5-2 耐久消費財の受注台数と取得までの待機時間[46]

	1.1.1960	1.1.1961	15.9.1961	待機時間（年）
自家用車	750	1,339	1,945	約 6 年
洗濯機	1,452	1,878	2,502	2.5
テレビ	6,664	8,615	9,706	5
冷蔵庫	830	2,676	3,180	3

（出典）SAPMO-BArch, DY 30/IV 2/6.10/130/Bl. 223-224.

　このような耐久消費財の普及に関して重要なことは、まず第 1 に［表 5-2］からもわかるように、需要と供給の間に大変なアンバランスがあったことである。人々は耐久消費財の購入を望みながらも、実際にはなかなかそれを手にすることはできなかったのである。第 2 に、ようやく耐久消費財を購入することができるようになるにしても、そのチャンスは誰にでも開かれていたわけではなかった。言い換えれば、耐久消費財は国民に平均的に普及していたのではないということである。むしろ耐久消費財の普及には明白な階層差が存在していた。例えば、いつの時代にも生産が需要に追いつくことのなかった自家用車の場合は、1960 年代半ばの普及率は、いわゆるインテリ家庭にあっては労働者家庭の 6～7 倍であったと推測される[47]。すでに 50 年代半ばには、自動車やテレビの購入に当たってのインテリと労働者との大きな差について、労働者から不満の声が上がっていた[48]。こうした不公平さはこの時初めて生じたわけではなく、むしろ DDR に一貫していたと見るべきであろう。例えば、ウルブリヒ

ト時代の末期に、国家もまた、耐久消費財のような高額商品がコネや地位の利用によって取得されている事実を確認していたからである[49]。要するに、耐久消費財のような高額商品を手に出来る人間は、なにがしかの特権を保持していたのである。すでにみた党や国家の供給部門に宛てた住民の請願に関するミュールベルクの研究によれば、ある人物が自家用車を手にすることができるということは、しばしば、その人物が社会の重要なメンバーとして認められたことを意味していた。逆に、自家用車を手にすることができなかった人間は、自らを重要な存在と理解している限りでは、そこに社会的な不利益が働いたと考えがちである。このことからもわかるように、自家用車は社会的地位の象徴であると共に、社会的（不）公正さの象徴でもあったのである[50]。

　他方モードについても、既述の通り、1950年代末からブティックの開設、高級モードの販売が行われるようになったが[51]、60年代に販売されていたモード商品の多くは輸入品であったといわれる[52]。61年3月にSED政治局は衣料品の15％を通常より15〜20％価格の高い商品とすることを決定した[53]。その後さらに1962年から高級モードについても値上げがなされたが、とにかく62年春には全国で約30のブティックがオープンしていた。「イヴォンヌ」「ジャネッテ」「シック」「ペンギン」「ピッコロ」「シャルマン」「マドレーヌ」などと名付けられたそうした店は、いうまでもなく購買力のある人々を対象とし、その保有現金＝余剰金を吸い上げることを目的としていた。ただし、伝統的にオート・クチュールの顧客であった上流階級の人間はDDRにはすでに存在しなかったし、また資本主義国であればモードに敏感であるはずの中産階級にしても、DDRにおいては階層としては存在していなかった。重要なことは、それにもかかわらずそうした高級モードの消費が実際に伸びていたことであった。言い換えれば、DDRに資本主義社会とは異なるものの、ある種の「豊かな」層が生まれていたことになる。それだけではなくまた、高級モードの消費拡大は、DDR社会がいわば労働がすべての社会から、次第に消費が重要な意味を持つ社会へと転換し始めていたことを示してもいた。このことは「経済の奇跡」の中で西ドイツ社会が消費社会へと次第に転換していったことと、現象的には非常に類似していた。だが他方では、DDRでは西ドイツで人々が感じて

いたような経済の拡大を人々が感じることができたかどうかは定かではない。例えば1960年春の調査は、多くの人々にとって、そもそも衣料品に支出を振り向ける余裕がないことを明らかにしてもいた[54]。ここでも耐久消費財の場合と同様、消費における階層差がはっきりと現れていたのである。しかもそうした階層差は社会の不公正さと結びつく側面も有していた。したがって、消費が重要な意味を持つ社会への転換は、さしあたりは社会主義の理念に反するような不公正さを残したまま、あるいはそれを前提として始まったと考えられよう。

　以上のように、食糧品を中心とした供給危機の時期は同時にDDRにおける耐久消費財の普及が始まった時期であると共に、高級モードの展開に象徴されるように、消費が重要な意味を持つ社会への転換が始まった時期でもあった。だが、こうした社会的な変化は、当然のことではあるが、社会全体で一様に生じたのではなく、階層差を伴っていた。そしてそのことは社会的不公正という深いルサンチマンの感覚を少なからぬ人々の間に残していたのである。この点については先に請願や投書でも見てきたところであるが、まさに、このことこそが供給不足に対する人々の強い不満の根底にあったと考えるべきであろう。

2．ところで以上みてきたように、甚だしい供給危機の中で他方では耐久消費財や高級モードの消費が拡大してきたことは、DDRにおける計画経済のなかに根本的な矛盾が潜んでいることを意味しないだろうか。イデオロギー的側面からみるならば、計画経済とはそれを通じて財の配分の公平さを確保することをねらいとしている。だがDDRにあっては、耐久消費財や高級衣料品の販売はかえって富の「不公正」な配分を前提とし、正にその富を吸収することで計画を達成しようとしているのである。つまり、社会的公正さを実現するための計画経済の成否は豊かな人々の存在を前提としているといえるだろう。しかも、豊かさはしばしば特権と結びついて、人々の間に社会的不公正という恨みの感覚を残しながらも、そうした特権を持つ人間がその特権を生かして自己の利益、欲求を満たしていくとき、計画経済は発展の可能性を有することになる。これまで挙げた例からもわかるように、ここで「特権」といわれるものはささやかなものであり、特権の保持者もまた恐らく際だって高い社会的地位にいるわけ

ではない。普通の人々が日常的に目にすることのできる程度の位置にある人間である。それが「経営、国家、党の官僚」であり、インテリであり、あるいは「実業家」と呼ばれるごく小規模な私的経営の持ち主であろう。

　このように考えると、DDR における計画経済の計画達成は、こうしたさほど高い地位にはいない「特権」の保持者、比較的豊かな人間の、自己の利益を実現しようとする消費行動に依存するということになろう。この場合、ささやかな特権の持ち主が一方で国家の消費計画を現場で遂行し、他方でその特権を生かしながら計画遂行の中からわずかばかりの私的利益を確保することで、計画経済の消費に関わる部分の目標が達成されるのであるとすれば、国家と社会、計画を作成し、遂行する側と、その計画に従う側とは厳格に区分できるであろうか。Th. リンデンベルガーはこうした状態をさして DDR では公と私、公式と非公式を区分することはできず、両者はオーヴァーラップしていると述べている[55]。われわれはこの問題については第 6 章で改めて検討するが、計画経済と諸個人の自己利益を実現しようとする「勝手な」行動とが相関しているならば、正にそれゆえにこそ、DDR における消費生活の発展を研究することは、そのまま DDR 社会主義の特徴を研究することになるのである。同時にまた、われわれはここに述べたような DDR 社会主義の、あるいは DDR における計画経済の特徴が 1950 年代後半にははっきりと姿を現していることも確認しておかねばならない。つまり、1961 年 8 月の国境閉鎖以降になってはじめて、人々は閉ざされた空間の中で自己の利益を最大限に確保しようとするような消費行動を取り始めたのではなく、そうした行動の仕方はすでに 50 年代後半には DDR 社会の中に浸透していたのである。

3．最後にわれわれは、食糧をはじめとする生活必需品の供給不足に対する人々の不満がどのような形を取って現れたのかを、みておかねばならない。それによって、SED 指導部が壁建設後もなおしばらくの間は、体制が重大な危機にあると認識せざるをえなかった理由も明らかになろう。

　まず第 1 に、人々の消費行動については、大規模な買い出しと買いだめが行われたことがあげられる。壁が建設される以前は、人々は西ベルリンへと買い

出しに出かけ、その数は 60 年 11 月から急増する[56]。当然このことが東ドイツ経済に与える打撃は少なくはなく、壁の構築にはそれを食い止める意味があった[57]。そして壁の構築によって西ベルリンへの買い出しが不可能になってからのちは、様々な商品の買いだめが行われるようなる。代表的商品はコーヒー豆、香辛料であるが[58]、しばしばいかなるものであれ、あるものは何でも買いだめるという傾向も生まれた[59]。人々のこうした消費行動は、企業や商店が様々な材料を大量に「備蓄」することで、個々の企業や商店にとっての万一の事態に備えようとするのと通じる。ここからは、西ベルリンへの買い出しが東マルクの価値低下引き起こしたのとは別の問題が浮上してくる。その問題とは東ドイツの計画経済が大きな矛盾を抱えているということである。すなわち計画的に生活必需品を人々に供給することで平等な配分を確保しようとする計画経済は、結果的には供給不足を引き起こし、それは絶えず、人々が自分自身の判断と行動によって自己の利益を達成しようとする――例えば買い出しや買いだめのような――行動によって、辛うじて埋め合わされているのである。計画と自己利益に基づく勝手な行動との組み合わせこそが、「不足の経済」を成り立たせ、かつ存続させてきたことがここから窺えるであろう。

　第 2 に、生活必需品の供給不足についての不満が政治に向けられる場合をみておこう。繰り返し述べたように、DDR の指導部は DDR が西ドイツに「追いつき、追い越す」ことを目標としてきた。だがすでに述べたように、そうした目標の非現実性は多くの人々の意識するところであり、供給危機に見舞われたとき、そうした目的の空虚さはなおのこと強く人々に感じられるようになる。SED 党員の中からさえも、DDR は西側資本主義に対する社会主義のショウ・ウィンドウとなるなどという前に、供給不足を解消しなければならない、それもできないのに「西ドイツに追いつき、追い越すなどというのは理解できない」という声が上げられるようになった。ここから DDR 社会主義体制への批判まではあと一歩である。事実「資本主義の方が優れた経済システムである」という意見が経営内には多く、「われわれの下では 1949 年以来計画でやってきたのに、経済が一向に改善されないことについて、今日でも何の釈明もなされていない」という批判も聞かれた。事実上の一党独裁の下で責任をとろうとし

ない SED 指導部への批判が表面化したのである。また、ある党員は「西ドイツには計画経済はないが、代わりにあらゆる商品がいつでもふんだんに存在する」と述べていた[60]。計画経済への不信感はきわめて強かったと言わざるをえない。こうした声は、特に党員や労働者という SED 指導部が社会主義の建設において最も頼りとすべき存在こそ、社会主義に対して強い懐疑の念を有していたことを物語るものである。住民の間からは、供給不足解消のためになぜ、西ドイツに援助を求めないのかという声も上げられるようになった[61]。社会主義体制へのシンパシーをこのような発言から感じることはできないだろう。まさに、1959～62 年の生活必需品供給危機は DDR 社会主義の危機であったのである。

後述するように、消費生活の面で DDR は西ドイツとの比較の中で自己の位置を確認せざるをえず、その意味で西ドイツの影であったが、社会主義への以上見てきたような不信感が拡がった今では、その影も消えそうである。このことの中に、この間の危機の深刻さが浮き彫りにされているといえよう。とはいえ、実際に DDR が倒れるかどうかは、言うまでもなく 1 つには DDR 国民の力にかかっていた。61 年の初夏から夏にかけて、労働者の反抗的な態度が拡がり始める。例えばベルリンでは、労働組合の役員選挙に労働者が参加しなくなり[62]、また各地で労働者がストライキの実行を口にし始めた[63]。壁の構築から 1 年たった 62 年の夏にも、工業地帯では「食べるものがないなら、働かない」という声が強まり[64]、また女性労働者たちは買い物のために大挙して職場を終業前に退去してしまう[65]。以上のように、不穏な動きは各地で見られるが、周知の通り、1959～62 年の供給危機の中では、53 年 6 月 17 日事件のような本格的な争乱は起きなかった。この事件の衝撃はまだ尾を引いていたのである。ハレやライプツィヒではソ連軍が配置についたという噂が流れ、それとともに「事態を変えるにはストライキも必要だ」という労働者の声はかき消されていく[66]。人々は弾圧をおそれたのである。あとに残るのは、党と国家の指導部に対する怨嗟の声だけである。「供給問題を改善できないなら、上の奴らは退陣すべきだ」[67]、「共産主義者よ、俺たちにもっと食い物をよこせ、それとも 6 月 17 日を忘れたのかよ！」、「生産なんぞ、くそ食らえ！」[68]。

53年のような動乱こそ起きなかったとはいえ、生活必需品の供給問題の根本的な解決なしには、体制の存続がおぼつかないのは明かであった。1963年からはじまる「新経済システム」(NÖS)は事態打開のためのプログラムであった。

第3節 「新経済システム」下の消費者意識調査

1. 消費者意識調査

1963年から始まった新経済システム（NÖS）は人々にどのように受け止められたのであろうか。すでに述べたように、新経済システムの狙いの1つは、消費物資の供給を質量ともに増やし、それによって住民の購買意欲を刺激すること、その結果として実際に、人々の日常生活の物質的な状況を向上させることにあった。新経済システムのこうした狙いは達成されたのであろうか。この点についてわれわれに情報を与えてくれる史料は必ずしも多いとは言えないが、まとまったものとしては、中央委員会付属の世論研究所が1967年に行った消費生活に関する大規模な意識調査[69]（以下「調査1」）がある。この調査は、消費財を含む工業製品価格を企業の自主決定に任せるのではなく、行政的措置により官僚的に上から統制する方向へと、新経済システムが大きく舵を切り始めていた1967年夏に[70]、SEDの第7回党大会に合わせて行われた。調査は1967年7月に、ロストック、フランクフルト（オーダー）、マーグデブルク、ゲラ、ドレースデン、ズールで、約2,000名の経営就労者を対象に行われたが、同年8〜9月に同一の調査が上記地域の約1,000名の地域住民に対しても行われた。

この「調査1」に加えて、1966年秋に実施された生活水準に関する勤労者の意識調査（以下「調査2」）を補助的資料として利用する。この調査は、1958〜62年という供給危機の時期についての状況を総括するために、ウルブリヒトの下におかれた社会政策に関する作業グループが行ったものである[71]。このほかにも比較的規模は大きいが地域を限定した調査も60年代後半には行われており、それらも資料として利用できる。ところで、DDRにおいては労働者と職員は一括して勤労者（＝就労者）として扱われ、両者の区別は必ずし

も明確ではない。ただ、調査1～2、特に調査1では主に製造企業に働く人間が調査対象となっており、また調査2では労働者を対象としていることがタイトルに示唆されるなど、全体として工場労働者が主な調査対象となっていると考えられる。加えて、調査1ではサービス部門の就労者も調査の対象となっているが、当然彼らの多くはサービス関連の一般職員のはずであるから、その就労条件は基本的に労働者と異なるものではないだろう。

このようにみれば、この2つの調査は主に労働者を対象としているといってもよいだろう。つまり、ウルブリヒトをはじめとするSEDの指導部は、消費生活の発展に関して労働者の動向に注意を払っていたのである。ただし、「調査1」が地域住民をも対象としていたように、労働者以外の階層も無視されていたわけではない。このことは、SED中央委員会の消費財供給に責任を負う部局（Abt. Handel, Versorgung und Außenhandel）や、計画と財政に責任を負う部局（Abt. Planung und Finanzen）が政治局に伝えた「情報」（Information）、あるいは同じく中央委員会の党組織部局（Abt. Parteiorgane）が伝える「情報」の内容からも明らかである。これらの「情報」はそれを作成した諸機関が国民の広範な層から丹念に集めた材料をもとに作られているのである。他方、調査の対象となった人々は自らの生活状況に関して、しばしば驚くほど率直に意見を述べていた。したがって、われわれはこうして調査1～2や「情報」から、例え断片的にではあるにせよ、新経済システムが実行されていた頃の消費生活に関する労働者を中心とした就労者や地域住民の意識をある程度までつかむことができる。つまり、新経済システムがどのような成果を生み、それが人々にどのように受け止められていたのかを、知ることができるであろう。

2. 消費生活は向上したのか？

1．まず第1に、新経済システムの狙いの1つである国民の消費生活の向上に関して、人々がそれを実感できていたのかどうかを調べてみよう。調査1は、自分の経済状態から考えて、昨年と今年では購買力に変化が生じたかどうか、という質問をしている。言うまでもなく、この質問自体は生活水準の質的な意味での高低を問うものではない。他方、調査2によれば、総じてこの時期に

人々、特に労働者は生活水準の現状を、労働の成果、企業の業績向上、社会主義の成果と見ていたが[72]、それはまさに、個々の企業や労働者の利潤または物的関心の追求を容認しただけではなく、重視した新経済システムの狙いに対応していた。しかし生活水準についての労働者のこうした見方は、後述するように、彼らが現状を肯定的にとらえていることを必ずしも意味するものではなかった。

さて、購買力の変化に関する調査1の質問への回答をみると、経営労働者であると地域住民であるとを問わず、全体のほぼ65％は「ほとんど同じ」と答えている。しかしながら回答をさらに細かくみると、購買力の上昇を認めているのは29歳以下の若い層であり、逆に50～59歳では上昇したと答える比率は最も低いのである。また50歳以上ではそもそも質問に対する無回答も多い。こうした結果からは、年金生活が近づいている比較的高齢者にとって、新経済システムがさほど大きな利益をもたらしているわけではないことが窺える。そればかりではなく、経営労働者の中には購買力が減少したと回答している者も少なくない。ただし、これには企業毎に大きな差があり[73]、新経済システムが──システムの基本的観念からして当然とはいえ──企業の業績格差と勤労者の間の収入格差を作り出していたことを推測することができるのである。ここで用いている史料からは明らかにならないが、全体的に言うならば、新経済システムの下では繊維産業、軽工業、食品工業に対する投資が少なく、結果的にこれらの分野に就労する労働者の賃金水準は低かったのである[74]。いずれにせよ、購買力の減少を実感する者が少なくなかったことは、新経済システムが高齢者に対してばかりではなく、勤労者に対しても大きな利益をもたらしていたわけではないことを示しているだろう。実は、このことは党指導部にはよく知られていた。すなわち、新経済システムの下でも労働収入には階級や階層による差があるばかりか、労働収入の面で「最も低い発展のテンポは労働者階級」の場合であるということが、W. ウルブリヒトには伝えられていたのである[75]。ただ注意しなければならないのは、労働者の収入の伸びが低いとは言われても、収入自体が減少したとは言われていないことである。つまり、購買力の減少は収入の絶対減によるのではないのである。ここで考えられる事態は、物価の上

昇や、収入が伸びてもなお対応できないような商品の供給、特に高額商品の供給などである。これらの事態は人々に購買力の不足感をもたらすことになるだろう。要するにこの調査の時点では、労働者に関する限り、労働収入は商品購買力の伸びをもたらさず、経済発展のためのテコとして機能していなかったといえよう[76]。

購買力が必ずしも向上せず、また、労働者の賃金の伸びが低いとすれば、当然のことながら、倹約して貯金をするというような行動を取る余裕が生まれる余地は乏しくならざるをえない。事実、調査1の回答者の約60%は貯金をする余裕なしと答えている[77]。それを裏書きするように、経営に就労している人間の39%は「大半の人々はかなりつましい生活をしており、いろいろなことをやろうにもできない」と感じていた[78]。先に見たように、1950年代末から耐久消費財の消費が拡大し始めたとき、人々の間には将来の購入に備えて節約あるいは貯金をするような行動が現れていた。だが、その当時よりも経済が発展したと考えられる新経済システムの時期でも、将来に備えて節約するような消費行動をとれる人間が必ずしも多くはなかったということであろう。ここに、西ドイツの場合と同じような消費性向が人々の間に認められるにせよ、両独間の経済格差の大きさは明らかであった。

2. 以上みてきたように、新経済システムは住民、特に労働者にとって決して手放しで喜べるような成果をもたらしたわけではなかった。もちろん、調査によっては一定の肯定的な評価が現れてくる場合もあった。例えば、1967年初めにハレとエルフルトで行われた調査[79]では、人々の80%ぐらいは生活を「まあまあ」と受け止めていた。しかしこのような場合でも、ある種の留保が人々の間にはあった。例えば調査2においては、「一般的にいえば、日用品の供給が改善されていること、またその供給が以前よりも需要を考慮していること、また質が向上していることは認められている。だがそれには大抵の場合、次のような批判が伴っている。すなわち、全てはあまりにゆっくりしか進まず、いつでもいろいろな品物の供給不足が現れている、と」[80]。ここからは、比較的余裕のある人々にとっても、事態は決して満足すべきものではなかったこと

が窺えるだろう。

　前述したようにDDRの場合、全般的な品不足の中で、例えば衣料品などについて、高額商品が比較的多く供給されていたから、一方で生活水準の向上を認めながらも、他方で購買力の不足を訴えるというのは、必ずしも矛盾してはいないであろう。つまり、例えば高額商品を購入することができるならば、生活の向上を実感しうるものを、まさにそれを――供給不足から、あるいはまた収入不足から――購入することができないがゆえに、新経済システムによってもそれほど大きな利益がないと感じる人間が少なくはなかったのであろう。実際質の高い商品の供給は増加してはいたが、それらが売れる限り、企業は価格を高く設定していったから、質の高い新製品ほど高額化していく傾向が新経済システムの下では強まっていった[81]。当然、それに対応することのできるだけの金銭的な余裕に欠ける人間は少なくなく、低所得者ほど購買力における制約が強まっていたのである[82]。これを要するに、新経済システムの下においても消費に関する根本問題が1959～62年の危機当時から何ら変化していないということである。いずれの場合も、住民の消費水準を高めつつ格差を作らないという、社会主義の下での消費政策の基本的な方向が実現されていないのである。

3. 商品の供給状況

1． 次に、上に述べたことと関連して、商品の供給状況を人々がどのように感じていたのかを見ておこう。まず全般的なことを確認しておくならば、DDRでは一貫して生活必需品の質的・量的な意味での不足は解消されないままであった。例えば、個人の物質的な利益を刺激することで労働の成果を拡大させようとする新経済システムは、それなりに労働者の収入を増加させてはいたが（［表5-3］参照）、そのことがかえって供給の困難さ、つまり労働者の収入に見合う製品の供給不足を増大させており、このことは新経済システムの責任者にも伝えられていた[83]。本章で利用している調査からは、どのような品物が特に不足していたのかを把握することは難しいとはいえ、67年頃までの調査によって、耐久消費財を除くいくつかの商品の供給に関して、ある程度の情報を得ることができる。

表 5-3　労働者・職員の収入（月収、マルク、1960-73年）

	1960	1961	1962	1963	1964	1965	1966	1967	1968	1969	1970	1971	1972	1973
賞金・賞与その他計	557	578	591	599	618	641	653	663	692	717	749	776	806	827
児童手当その他計	14	14	12	15	15	15	16	17	18	20	21	22	20	20
合計	571	592	603	613	633	656	669	680	710	736	770	798	825	847

(出典) A. Steiner, *Die DDR-Wirtschaftsreform der sechzigert Jahre*, a. a. O., S. 573, Tab. A. 12.

　それらの情報源から判断すると、DDRでは食糧品、なかでも果物類の不足に不満を感じている人々が最も多く、ついで衣料品の不足に対する不満が強かった。新経済システムが第2段階に入ろうとする1967年に行われた調査１によれば、「最近数カ月」の商品供給状況について、20%以上の人が果物と野菜の供給状況が「かなり悪い」と答えていた。なかでも労働者は30%以上が「かなり」あるいは「ひどく」悪いと答えていた。家庭にある人間に比べ、買い物時間の点で不利な労働者の状況がここには現れていると言えよう。よく知られているようにDDRでは、果物の中でも人々の需要の多いバナナやオレンジのような「南国の果実」が特に不足していた。その結果、60年代末になってもオレンジとバナナの消費量はそれぞれBRDの半分と5分の1程度であった[84]。1988/89のDDR崩壊─ドイツ統一に際してこれらの果物が「西」の豊かさを示す象徴的な意味を持った背景がここにあった。

　衣料品についていえば、第1に、靴に関しては全体で約45%の人間が「かなり」あるいは「ひどく」悪いと供給状況を捉えていたが、なかでも労働者ではその比率は57%以上であった。また既製服についても少なからぬ人が不満を持っており、労働者の場合に「かなり」と「ひどく」を合わせれば28%以上にも達していた[85]。とりわけ問題となったのは衣料品の品揃えの悪さであった。すでに述べたように、新経済システムの開始期にウルブリヒトは消費者の購買意欲を刺激するような商品を供給する必要性を強調したが、それにも拘わらず、新経済システムが実施されていた期間中を通じて、衣料品の品不足─品揃えの悪さが解消されなかったのである。［図5-1］と［図5-2］はそのことを風刺したものである。特に［図5-2］の風刺は恐らく読者には得心のいくものであっただろう。それだけ風刺がきついからである。すなわちDDRではカラ

第 5 章　消費生活の実情とその認知　255

フルな子供服だけではなく、カラフルな包装紙も不足していたからである[86]。因みにこの絵に描かれている子供服はすべてドブネズミ色なのである。

　以上の点を別として、具体的にどのような品物の不足に住民が特に不満を感じていたかについては、種々の調査から明らかになる。調査 1 においては、耐久消費財ではテレビ、繊維製品の中ではウール製品、靴下、アイロンのいらないシャツ、嗜好品ではコーヒーやチョコレートなどがあげられていた[87]。他の調査では以上に加えてさらに、金属製またはプラスティック製の台所—調理用品、

図 5-1　「高すぎますって？　この上着をお子さんは20 年は着られますよ」
〈出典〉 *Eulenspiegel*, Jg. 14, 1967, Nr. 29, S. 13.

図 5-2　「お望みでしたらきれいな袋にお入れいたします」
〈出典〉 *Eulenspiegel*, Jg. 15, 1968, Nr. 46, S. 9.

塩、家庭用工具、壁紙、マットレス、子供用の服や靴下、大人用オーバー、ハンカチ、コルセット、自転車、モペット等々、品不足は生活のほとんど全領域にわたっていた[88]。以上のように生活に必要な様々な品物が不足するとき、人々は——［図 5-3］にみられるように——強い不満を感じるであろうし、消費行動も当然それに対応することになる。それは個人あるいは集団によって自らの生活を守ろうとする行動であった。すでに述べた、あらゆる品物を「買い

図5-3 「もし今が1947年なら、1つ願いがある。私は女房をもう1度怒鳴りつけてみたいんだ。何せ、彼女はコーヒーを濃く入れるのだから」
(出典) *Eulenspiegel*, 12. Jg. 1965, Nr. 18, S. 5.

だめる」傾向もその現れであろう。また消費生活に関わる人々の間の「助け合い」ネットワークの形成もこうした全般的な物不足に対応する行動であろうが、ここでは触れない。

2. このように、経済発展を達成したといわれる新経済システムの下でも、商品の供給不足は続いていた。当然のことながら、人々の間からはそれについての不満が出てくる。よく知られているように、自家用車をはじめとする耐久消費財購入にかかる待機時間の長さは大変なものであり、当然、そこには住民の不満が集中した。とはいえ、待たなければならないのは自家用車の場合だけではなかった。女性雑誌への投書によれば、例えば家の鍵をなくしたある人物は新しい鍵を手に入れるまでに2週間も待たされたのである[89]。身の回りのささやかな、だが大事な物でさえもこうであるならば、自家用車の待機時間が長くなるのも当然のことではあっただろう。また仮に、待機時間は長くなかったとしても、［図5-3］のコーヒーの場合のように、入手できる量が限られているならば、それについても不満が生まれるだろう。だが、ここでわれわれにとって重要なことは、消費物質の供給不足に関わる不満の引照基準となっていたのが、確かに［図5-3］の場合のように戦後混乱期に求められることもあったとしても、主要にはBRDであることであった。

住民の声をみてみよう。党機関は選挙に際しては、党員のみならず国民の声を注意深く収集していたが、例えば、1965年秋の人民議会選挙の時には、経営労働者の間に次のような声があることを、中央委員会の党機関に関わる部局

は把握していた。すなわち「もし党が、西では家賃が高く、交通費も高いというのなら、同時に、向こうでは全てのものがわれわれのところよりも安いということをいうべきだ。それは女性のストッキングと（製品の——引用者）よりよい品質に始まり、ナイロンの下着、繊維製品、テレビ、冷蔵庫が続き、とどめは車だ」[90]。数字は少し古いが、1962年には繊維製品価格は西の1.9倍、テレビは約2倍、冷蔵庫が約2.6倍であったが、極めつけはナイロン・ストッキングで3倍を超えていた[91]。

1967年にハレやエルフルトで行われた生産労働者を中心とした経営での政治と経済に関する意識調査[92]で、多くの回答者が、近い将来に両独関係が変化することはないと考え、その意味でDDR＝社会主義の存続を予想していたことは決して、社会システムとしての「社会主義」を人々が容認していたことを意味するのではなかった。それはむしろ「社会主義」に対する人々の「諦め」や「無関心」を示していたと考えるべきであろう。実際SED指導部もまたそのように受け取っていたのである[93]。

このように考えるならば、将来ドイツが統一した場合の社会秩序として「社会主義」を予想する者が80％近かったこと[94]も理解できよう。人々にとって「社会主義」という社会的・政治的なシステムよりも、日常生活に関わる「物」の供給自体に関心があったのであり、それがどのようなシステムの下で達成されるかは、ほとんど問題ではなかったということである。つまり、「社会主義」はほとんど言葉以上の意味を持たなかったということである。そしてまさに、人々にとって生活必需品の十分な供給がなされるかどうかが重要であったという点からして、西ドイツがDDRの人々に対して強い吸引力を発揮していたのである。すでに壁の建設直後にもSED指導部は、「西の高い生活水準がDDRの住民とその政治的な態度に大きな影響を及ぼしている」ことに、強い警戒感を示していたが[95]、新経済システムによって相対的には供給が安定していると思われていたときでさえも事態に大きな変化はなく、SED指導部は絶えずそれを意識しなければならなかったのである。

実際、新経済システムが始まってから2年以上たった1965年10/11月に行われた大規模な調査によれば、新経済システムの成果を好意的に捉える人々は

図 5-4 「ブランコ入荷しました」
(出典) *Eulenspiegel*, Jg. 14. 1967, Nr. 17, S. 3.

半数以上いたにも拘わらず、他方で、被調査者の70％以上は過去3年間のDDRの経済発展が「西ドイツに追いつく」のには不十分であると答えているのであるから、これも当然であろう[96]。こうして、党と国家の指導部も国民も共に、常に西との比較においてのみ自己の位置を見てきたのであり、その意味でDDRは西ドイツのいわば「陰画」であったといえよう。

　前章で見たように労働者は新経済システムを比較的好意的に受け止めていたが、その時期でさえも、人々の目は絶えず西ドイツに向けられ、自らの労働の成果に対してそれなりの自信を示しながらも、それは必ずしもDDR社会主義への信頼とは結びついていなかったことを、われわれは以上のことから確認できるだろう。人々の間にはむしろ社会主義に対して「諦め」や「無関心」が現れていたのである。だからこそ、80％近い人々が統一ドイツの社会システムが「社会主義」になると、お題目のように述べたのである。他方、われわれは社会主義に対する人々の諦めの中に、DDRにあっては人々が消費生活の充足を、社会主義というシステムによってではなく、「買いだめ」や「助け合い」のネットワークの形成という、私的な努力に任せる根拠を見いだすことができるのである。

　ところで、第2部「はじめに」でも述べたように、SEDの指導部が消費生活発展のモデルとしていたのはアメリカであったが、そのことは人々の意識に即してもいた。人々が東ドイツ製ブランコには目もくれず、アメリカ製品に群がっているところを描いた［図5-4］は端的に、人々がアメリカ（商品）にあ

第5章 消費生活の実情とその認知 259

こがれる様を表わしている。人々は自らの生活のむこうに西ドイツどころかアメリカを見ていたのである。それは同時代の西ドイツの人々と異なるものではなかったが、西ドイツに比べても経済的に力の劣るDDRにとっては、まさに「見果てぬ夢」にも等しかったであろう[97]。ウルブリヒトの後を襲ったホーネッカー政権はアメリカへの接近を試み、その終盤が近づくにつれて、そうした努力も切迫したものとなるが――財政状況の急激な悪化という事態があったにせよ、同時に――それは、まさに国民のこうした姿勢からくる圧力の及ぼした結果とも見ることができよう。

注
1) ただし、こうした呼び方自体に含まれる問題性については、I. Merkel, *Utopie und Bedürfnis*, a. a. O., S. 10。
2) Enquete-Kommission, „*Überwindung der Folgen der SED-Diktatur im Prozeß der deutschen Einheit"*. *Bd. V Alltagsleben in der DDR und in den neuen Ländern*,, S. 9.
3) Heinz Niemann, *Hinterm Zaun*, S. 91.
4) 例えば、SAPMO, DY 30/3714, Büro Walter Ulbricht.
5) 「壁龕社会」論への批判は、例えばF. Mühlbergによっても展開されている。Vgl., F. Mühlberg, Wenn die Faust auf den Tisch schlägt, S. 182.
6) Cf. Judd Stitziel, *Fashioning Socialism*, op. cit., p. 7.
7) テレビ局への投書については、*Wir sind doch nicht die Meckerecke der Nation!*, hg. v. I. Merkel, o. J., o. O. 本書の編者序論には請願についてのまとまった言及もある。
8) Felix Mühlberg, *Informelle Konfliktbewältigung*, S. 115 ff.
9) 2002年のアカデミー外国映画賞を受賞した『グッドバイ・レーニン』には主人公の母親が投書を作成する場面が何回か出てくるが、これもDDRにおける投書の重要性を知って初めてその意味が理解できるのである。なお、請願に関する研究としては、Felix Mühlberg, ebd.; ders., Konformismus oder Eigensinn?, S. 331-345; ders., Wenn die Faust, a. a. O.; ders., Eingaben als Instrument informeller Konfliktbewältigung, S. 233-270; Jonathan R. Zatlin, Ausgaben und Eingaben, S. 902-917. なお、Beatrix Bouvier, *Die DDR-ein Sozialstaat?* は請願や投書を史料として多く用いている。
10) *Wir sind doch nicht die Meckerecke der Nation!*, a. a. O., S. 24.
11) Ebd., S. 32.
12) Vgl., F. Mühlberg, Wenn die Faust, a. a. O., S. 176. なお、F. ミュールベルクは学位論文において、請願の史料的な意味として、さらに市民と諸機関とのコミュニケーションの構造を請願とその処理の仕方の中にみることができるとしている。F. Mühlberg,

Phi. Diss., a. a. O., S. 241.
13) その安定を破壊し、人々の生活を混乱に陥れたのは 1958 年夏から始まった社会主義化の強行であった。
14) F. Mühlberg, Wenn die Faust, a. a. O., S. 176.
15) a. a. O., S. 180.
16) ZK der SED/Parteiorgan. Analyse der Eingabe, Bd. 3, SAPMO-BArch, DY 30/2/5/252/105, 107.
17) F. Mühlberg, Konformismus oder Eigensinn?, a. a. O., S. 343.
18) *Wir sind doch nicht die Meckerecke der Nation!*, a. a. O., S. 59.; Vgl., Lutz Niethammer, Alexander v. Plato, *Die volkseigene Erfahrung*, S. 97.
19) Siehe, F. Mühlberg, Eingaben als Insrtrumente, a, a, O., S. 236.
20) Katherine Pence, Building Socialist Worker-Consumers, a. a. O., S. 515 ff.
21) SAPMO-BArch, DY 31/560, DFD Bundesvorstand, Eingaben, Bd. 2, Bl. 111-112. なお、この請願に関して DFD の指導部は地区支部に対して、関係諸機関と協議しながら女性のためになるように問題を処理すべきであると指示している。
22) 西側通貨を手にすることができるかどうかによって消費水準に大きな差がうまれ、社会的な紛争が生じるようになるのは主にホーネッカー時代のことであり、ここでは取り上げない。Siehe, Jonathan R. Zatlin, Consuming Ideology, S. 555-572.
23) F. Mühlberg, Konformismus oder Eigensinn?, a. a. O., S. 343.
24) *Wir sind doch nicht die Meckerecke der Nation!*, a. a. O., S. 68.
25) 詳しくは、Corey Ross, *Constructing Socialism at the Grass-Roots*, p. 110 ff.
26) Büro Walter Ulbricht, „Probleme der Versorgung der Bevölkerung der DDR" v. 20. 6. 1963, SAPMO-BArch, DY 30/3714/Bl.111.
27) Büro Walter Ulbricht, „Der Lebensstandard der Bervölkerung der DDR" v. 29. 8. 1963, SAPMO-BArch, DY 30/3714. S. 4.
28) Politbüro/„Zu einigen Problemen der Diskussion in der Bevölkerung, Sep. 1962", SAPMO-BArch, DY 30/J IV 2/2 J/869.
29) SAPMO-BArch, DY 30/3714/Bl.113.
30) Politbüro der ZK der SED. Handel, Versorgung und Außenhandel. „Zur Lage in der Versorgung" v. 18. Mai 1961, SAPMO-BArch, DY 30/IV 2/6.10/28/Bl.64.
31) ZK/Handel, Versorgung und Außenhandel/Kurzinformation über die Versorgung der Bevölkerung und die Planerfüllung des Bindenhandels, Monat Feb. 1962 vom Ministerium für Handel und Versorgung/Bereiche Planung und Finanzen, SAPMO-BArch, DY 30/IV 2/6. 10/108/Bl. 106.
32) ZK/Handel, Versorgung und Außenhandel/IIV Deutsche Volkspolizei. Operationsstab, „Information Nr. 12/61 zum Report Nr. 195" vom 17. Juli 1961, SAPMO-BArch, DY 30/IV 2/6. 10/28/Bl. 107.
33) H. ヴェーバー『ドイツ民主共和国史』、前掲、p. 88.
34) SAPMO-BArch, DY 30/IV 2/6. 10/28/Bl. 106.

35) „Informationen über die Lage in der Bevölkerung" vom 27. 10. 1961, SAPMO-BArch, ebd., Bl. 160.
36) „Information" Nr. 12/61, SAPMO-BArch, ebd., Bl. 106.
37) Ebd., Bl. 107.
38) Vgl., Patrick Major, Vor und nach dem 13. August 1961, S. 332.
39) SAPMO-BArch, DY 30/IV 2 6. 10/28/Bl. 106, 208, 252.
40) Baumann zu Ulbricht v. 15. Juni 1962, Ebd., Bl. 208.
41) SED Kreisleitung Berlin-Mitte, „Situationsbericht über die Diskussion im Zusammenhang mit der Erhöhung der Einzelhandelsspanne für Kurzwaren" vom 17. Nov. 1961, SAPMO-BArch, DY 30/IV 2/6. 10/130/Bl. 60.
42) Ebd., Bl. 59.
43) Ebd. 壁が構築から数年を経て、次第に経済が安定化していくにつれて、人々の間に、壁によって閉ざされた世界の中で、自己の利益を最大限に追求しようとする姿勢が顕著となっていくが、その根底には恐らくここにみられた一種の諦めがあっただろう。
44) Zusammenstellung von statistischen Material zu den Fragen der Versorgung der Bevölkerung mit den „Tausend kleinen Dingen des täglichen Bedarfs" vom staatlichen Zentralverwaltung für Statistik beim Ministerrat vom 24. März 1960, SAPMO-BArch, DY 30/IV 2/608/10/Bl. 38.
45) DDR の統計は従来からその信憑性に疑問が持たれてきたが、ここにあげた［表5-1］も先の［表4-4］と若干の食い違いが生じている。ただし、他の様々な証拠からして、1950年代末頃から耐久消費財の普及が拡大していたことは疑いない。
46) この表は Kreis Schonebeck と Bezirk Magdeburug の場合を示したもの。なお、車の待機時間は地域によりかなりの差があり、例えば Schonebeck では約9年かかるのに対してベルリンでは5年程度であった。
47) SAPMO-BArch, DY 30/5200/Bl. 139.
48) ZK der SED/Parteiorgane/Analyse über die Eingaben der Bevölkerung, Bd. 3, SAPMO-BArch, DY 30/IV 2/5/252/Bl. 105.
49) Ministerium für Handel und Versorgung, Entwurf. Anweisung über den Verkauf hochwertigen Industriewaren vom 13. Juli 1971, SAPMO-BArch, DY 30/IV 2/6. 10/130/Bl. 192-194.
50) F. Mühlberg, Konformismus oder Eigensinn?, a. a. O., S. 338 ; Vgl. SAPMO-BArch, DY 30/IV 2/6. 10/83/Bl. 227.
51) DDR におけるモードの文化的な意味合いについては、Dietrich Mühlberg, Haute Couture für alle?, S. 8 ff. また、SED/DDR の消費政策と DDR における消費文化の中でのモードの持つ重要性については、Judd Stitziel, *Fashioning Socialism*, op. cit. ; ders., On the Seam between Socialism and Capitalism pp. 51-86 ; Anna-Sabine Ernst, Von der Bekleidungskultur zur Mode., S. 158-179.
52) D. Mühlberg, Haute Couture, a. a. O., S. 13.
53) Auszug aus dem Beschluß des Präsidiums des Ministerrats vom 24. Aug. 1961,

SAPMO-BArch, DY 30/IV 2/6. 10/130/Bl. 137.
54) „Zur Analyse über die Versorgung der Bevölkerung mit Konsumgütern und die Entwicklung des Einzel-und Konsumgütergroßhandels im Jahre 1959" vom 25. Apr. 1960, SAPMO-BArch, DY 30/IV 2/6. 10/108/Bl. 77.
55) Thomas Lindenberger, Die Dikatatur der Grenzen, S. 13-44, hier, S. 36 ff.
56) „Maßnahmen zur Verbesserung der Versorgung der Bevölkerung mit Konsumgütern" vom 1. Dez. 1960, SAPMO-BArch, DY 30/IV 2/6. 08/10/Bl. 220.
57) Vgl., P. Major, Vor und nach dem 13. August 1961, a. a. O., S. 337, 339.
58) „Information der Genossin Rosemarie Reuß, Abt. Neuer Weg" vom 18. Okt. 1961, SAPMO-BArch, DY 30/IV 2/6. 10/130/Bl. 48.
59) Karl-Marx-Stadt Bezirksleitung an Hochmuth/ZK/Abt. Handel, Versorgung und Außenhandel, „Versorgungslage im Bezirk Karl-Marx-Stadt" vom 5. Juni 1961, SAPMO-BArch, DY 30/IV 2/6. 10/71/Bl. 269. なお、こうした傾向は壁構築前後の供給危機のときだけに見られたのではなく、DDRが存在した全期間にわたっていた。危機の時にはそれが一層強まったのである。
60) Abt. Organisation und Kader, „Einschätzung der Stimmung der Bevölkerung, besonders der Arbeiterklasse, zu Versorgungsfragen" vom 22. Nov. 1960, SAPMO-BArch, ebd., Bl. 233-234.
61) SAPMO-BArch, DY 30/IV 2/6. 10/28/Bl. 106.
62) „Zur Lage in der Bevölkerung" vom 18. Mai 1961, SAPMO-BArch, DY 30/IV 2/6. 10/28/Bl. 63.
63) „Zur Lage in der Versorgung", ebd., Bl. 81-85; IIV Deutsche Volkspolizei. Operationsstab, „Information Nr. 12/61", ebd., Bl. 108.
64) SAPMO-BArch, DY 30/IV 2/6. 10/28/Bl. 266.
65) Baumann an Ulbricht v. 15. Juni 1962, ebd., Bl. 207.
66) Ebd., Bl. 208.
67) Ebd.
68) SAPMO-BArch, DY 30/IV 2/6. 10/28/Bl. 266.
69) Informtionen für das Politbüro. „Bericht über eine Umfrage zu Problemen von Handel und Versorgung" v. 21. Okt. 1967, SAPMO-BArch, DY 30/5203. Bl. 1-21.
70) SAPMO-BArch, DY 30/5436/Bl. 200.
71) „Bericht über die Ergebnisse der Untersuchung des Fragenkomplexes ›Wie beurteilen die Arbeiter die Entwicklung ihres Lebensstandards, die Entwicklung der Arbeits-und Lebensbedingungen im Betriebe und worin sehen sie schwerpunktmäßig zu lösende Probleme?‹". SAPMO-BArch, DY 30/3337, Büro Walter Ulbircht. Bl. 209-226.
72) SAPMO-BArch, DY 30/3337/Bl. 212.
73) SAPMO-BArch, DY 30/5203/Bl. 17.
74) A. Steiner, *Die DDR-Wirtschaftsreform der sechziger Jahre*, a. a. O., S. 308.

75) SAPMO–BArch, DY 30/3337/Bl. 62.
76) A. Steiner, ebd., S. 315.
77) SAPMO–BArch, DY 30/5203/Bl. 18.
78) Ebd., Bl. 19.
79) SAPMO–BArch, DY 30/5201 Information für das Politbüro, Bl. 31-113, „Bericht über eine Umfrage zu einigen Problemen der Wirtschaft und Politik in Bezirk Halle" v. 6. März 1967 ; Bl. 114-196, „Bericht über eine Umfrage zu einigen Problemen der Wirtschaft und Politik in Bezirk Erfurt" v. 13. März 1967.
80) SAPMO–BArch, DY 30/3337/Bl. 222.
81) Ebd., Bl. 270.
82) Ebd., Bl. 271.
83) Politbüro der ZK der SED. Büro Dr. G. Mittag. Abt. Handel, Versorgung und Außenhandel an G. Mittag v. 4. Okt. 1965, SAPMO–BArch, DY 30/IV A 2/2. 021/720/Bl. 131.
84) Vgl., I. Merkel, *Utopie und Bedürfnis*, a. a. O., S. 316.
85) SAPMO–BArch, DY 30/5203/Bl. 7-9.
86) Sekretariat/Beschlußauszüge von Sitzungen des Sekretariats. Nov. 1968, SAPMO–BArch, DY 30/5442 ZK der SED, Bl. 190.
87) SAPMO–BArch, DY 30/3337/Bl. 223.
88) SAPMO–BArch, DY 30/J IV 2/2/941/Bl. 17-18.
89) *füer dich*, 1965, Nr. 18, S. 37.
90) SAPMO–BArch, DY 30/IV A 2/5/99.
91) SAPMO–BArch, DY 30/3714/Bl. 115.
92) SAPMO–BArch, DY 30/5201/Bl. 31-113, 114-196.
93) SAPMO–BArch, DY 30/3337/Bl. 212-213.
94) SAPMO–BArch, DY 30/5201/Bl. 48-49 ; 131-132.
95) SAPMO–BArch, DY 30/3714/Bl. 115.
96) Informationen für das Politibüro, „Bericht über eine Umfrage zu einigen Problemen der technischen Revolution und der Automatisierung" v. 26. Jan. 1966, SAPMO–BArch, DY 30/5199/2-65, hier Bl. 19-20.
97) 1960年頃に西ドイツで流行ったブランコ Hollywood Schaukel が60年代後半に DDR の風刺雑誌に登場するところに、東ドイツにおける「アメリカ」の影響が西ドイツの場合よりも間接的であったことが窺えるだろう。

第6章　消費生活と女性

はじめに

　1961年の12月半ばにSEDの政治局は、DDRにおける女性の位置について、「女性——平和と社会主義」という「コミュニケ」を発表した[1]。それは壁の構築によってもはや西に逃亡できなくなった人々に対して、体制に順応しやすくなる道を提供しようとするSEDの方針の一環であった。「コミュニケ」の中で政治局は、DDRにおいて女性の力が女性自身と社会の発展のために十分に使われてはいない現状を取りあげて、批判した。そこで批判されていることの多くは、結局のところ、DDR崩壊まで妥当し、その意味で、この「コミュニケ」はDDRにおける女性の位置を知る上で非常に重要な史料である。少し長くなるが、その主要な部分を紹介しよう。

　「多くの人々、特に男性の間に社会主義社会における女性の役割について、未だなお過小評価が存在していること」なかでも「16歳から60歳までの女性の68％以上が働いているにもかかわらず、女性が中・上級の役職についていないこと、また技術系の教育を受ける女性の数が減っていることは問題である」。
　経営をはじめとする社会と国家の諸機関で、党や労働組合また大衆団体の指導部が、女性の要求に関わる党や政府の決定を実行していないばかりか、多くの指導的な立場にある女性たちには、母として主婦としてしなければならないことがあるにもかかわらず、しばしば男性よりも多くの負担が科せられている。
　「未婚、既婚の女性を助け、その大きな負担を取り除く代わりに男性たちは、中・上級の役職に女性を就けることが不可能であることは十分に実証されている、という議論をでっち上げている。とくに、家事と育児を行わねば

ならない女性の就労は国民経済的にも『得策』ではないとか、男性の方が信用がおけるし、また女性のように『休む』こともないと主張される。また女性は男性に比べて技術的、組織的問題や経済的な問題を理解するところが少ない、などという『議論』さえ存在している」。こうした議論は全て、女性と社会の発展を阻害するものである。

女性の問題を全社会的に議論するにあたり重要なことは、つぎのことである。すなわち「平等とは、同一労働同一賃金を意味するだけではなく、女性の労働を大切にし、女性に対して丁寧に振る舞うことである。このことが我が国の全市民にとって自明のこととならねばならない」。

見ての通り、「コミュニケ」はDDRにおいて女性が差別されている現状をはっきりと指摘し、その原因が主として、性別役割分担という伝統的な観念や、女性を能力的に劣った存在と見る因習的な見方に囚われている、男性の側にあることを率直に述べている。女性雑誌などで繰り返し取りあげられた問題が、いまようやく、SEDによって問題とされたのである。だが同時にこの「コミュニケ」は、女性が家事や育児に関わることを当然とする見方をも示しており、その意味では批判される男性たちと、根本的には異なるところがないのである。また、女性は男性によって「優しく、丁寧に」遇されるべき存在であるとされているところなどは、今日のわれわれの眼から見れば、ほとんど笑い話といっても良いほどステレオタイプ化された男性―女性関係のイメージを表しているが[2]、他方、女性に対しては「優しく、丁寧」でなければならないと、ことさら強調されていることは、女性に対する男性の側からの威圧的、あるいは場合によっては暴力的な振る舞いが広く見られたことを推測させもする。このように、女性の地位の改善を求めて社会に根を張る伝統的な観念と行動様式を批判する側が、批判される側とほとんど同一の地平に立っている点からも、DDRにおける女性の位置の改善ということが容易ならざる課題であることが窺えるのである。

一読するだけでもいろいろな問題点を含む「コミュニケ」ではあったが、SEDはこれをテコにして、女性の位置に関する討論がSEDの内部だけではな

く、広く国民全体を巻き込む形でわき起こることを期待した。それは何よりも、女性を無理なく労働過程の中に組み込むことを狙いとしていたのである[3]。したがって、女性の家事と育児による負担への言及は、それがこのような目標の達成を阻害しているという認識を表明するものであった。だが、国民の関心は高くはなかったし、労働者や地域住民の間で討論された場合でも、「意識的にコミュニケを学習しようという女性は比較的少なかった」。その結果、討論に参加した女性の多くは「政治的に活動的な」女性ばかりという有様であった。そのような女性たちの間では、専ら女性の資格向上と勤労女性の多重負担の軽減というところに議論の関心は集中していたが、そのことと社会主義の下での女性の役割という、「コミュニケ」本来の主張に関わる部分との関連が自覚的に追求されることは少なかった[4]。女性にとっては「社会主義」のありようではなく、まさに女性を取り巻く現状が問題であったのである。だが女性に不利な現状は、「コミュニケ」にもあるように、主に男性側の態度によるところが少なくなかった。それにも拘わらず、「責任ある地位に就いている男性活動家は、『コミュニケ』は第1に女性に関する問題である」として、積極的に討論を行おうとはしなかった[5]。女性の地位を改善しようとするSEDの意図は、女性の位置を作り出している現状自体によっても制約されていたのである。

　もちろん、この「コミュニケ」に述べられたようなことが全て、DDRが消滅するまで変わることなく存続していた、などということはないだろう。例えば、「コミュニケ」が出されてからほぼ10年を経た後に行われた調査によれば――後述するように――企業の指導部に女性も入るべきであるという意見を持つ男性も少なくはなかったのである。あるいはまた、「既婚の女性を助け、その大きな負担を取り除く」ために、夫が妻に協力するということは工場労働者の間では珍しいことではなかった[6]。だが果たして、そのように女性の社会的地位の向上を当然とし、また女性の多重負担を克服されるべき状況と見なすような考え方は、DDRにおける社会一般の通念を表すものであったのだろうか。この問題を考えるにあたっては次のような課題を設定することができよう。第1に、この「コミュニケ」で批判されたような女性の現状を、女性自身が、あるいはまた男性がどのように理解していたのかを明らかにすることである。言

い換えれば、人々が家庭と社会における女性の位置をどのように理解していたのか、ということである。第2に、そうした理解がこれまで検討してきたような消費生活のあり方とどのように関わっているのかが、明らかにされねばならない。この「コミュニケ」に見る限りでは、性別役割分担的な観念はDDR社会に広く根を張っていた。そうであるならば、女性たちが消費の問題に関わるのは、主として家事や育児との関連においてである。女性たちは家事や育児に関わる消費財の購入を通じて、男性との関係をどのように形成していったのであろうか。本章ではこれら2つの問題を検討しよう。それによってわれわれは、女性の就労と多重負担を人々がどのように受けとめていたのかということだけではなく、これまで見てきたようなDDRにおける消費生活の変化が、女性の生活とどのように関わっているかを理解することができるだろう。

第1節　女性の就労

1.「義務」としての就労

周知の通り、DDRにおける女性就労率は際だって高く、先の「コミュニケ」が発表された1960年代初めでも、就労可能年齢（16～60歳）にある女性の70%近くが働いていた。そして、1980年代末には、学生を含めて就労可能年齢にある女性のおそらくは90%ほどが就労していたと思われる。DDRはまさに女性ゆえに「労働する社会」であったのである[7]。これほどの高い就労率となると、就労にはいわば「社会的強制」、あるいは「義務」としての性格が伴うようになることは避けられないだろう。「労働により女性の社会的な解放が可能になる」というイデオロギーは、実際のところは、就労のそうした強制的な性格を遠回しに表現したものに他ならない[8]。

だが他面では、就労する女性の側に立つならば、例え「義務」としてではあれ、就労によってどのような可能性が女性に対して開かれるか、という問題が現れてくる。家族を養うに足るだけの収入を得られるか、よりよいポストを得るための技術と知識を身につけることができるか、よりよいポストや新しい社会関係を築くことができるか等々、様々な可能性がそこにはある。言うまでもなく、就労が女性に対していかなる可能性を開くかは、女性の就労を取り巻く

諸条件によって左右される。そうした条件のうちには、賃金や労働時間をはじめとする一般的な労働条件、職場で女性が占める位置、特に男女の位置関係、さらに女性が家事と育児に関わることが多いとするならば、家事や育児の条件、また家庭内での男性との関係などがあるだろう[9]。そうした諸条件が女性にとって有利と感じられる状況を作り出すならば、就労は女性にとっての解放をもたらすだろう。女性の就労は男女の平等をもたらすことはあっても、それが直ちに女性の解放をもたらすとは限らないのである。

　本章が主題とする消費生活の展開という点からするならば、家事や育児に密接に関係する食糧品や消費財とりわけ耐久消費財の不足は、女性の行動にとって大きな制約となるはずである。男女の平等、伝統的な性別役割分担、性別分業からの女性の解放が社会主義の重要な理想であるとするならば、女性の就労を取り巻く上述したような様々な条件の改善にどのように取り組んでいくかは、つまり女性の解放に向けて必要な環境をどのように整備していくかは、SEDにとって最も重要な課題の1つであろう。そのように考えるならば、SEDの政治局が女性に関する「コミュニケ」を発表して、女性の置かれている状況を批判するのも当然のことであった。

2. 女性の就労に関する調査

１．さて、SED 中央委員会付属の世論研究所は 1968 年の 6 月半ばから約 5 週間をかけて、11 の経営と 7 つの地区で男女合計約 5,500 人を対象に、「われわれの社会における女性に関するいくつかの問題について」調査を行い（以下「調査 A」[10]）、さらに、1970 年の年末から翌年初めにかけて、男女合わせて約 3,500 人の就労者を対象に「家庭と社会における女性の位置」に関する調査を行った（以下「調査 B」[11]）。調査結果は、前章までに紹介したその他の調査とは異なり、「厳重に秘密」扱いされた。それだけこの問題が SED にとって、あるいは DDR 社会主義のあり方にとって重要であるばかりか、微妙でもあったことを窺わせる。以下に主としてこれらの資料を用いながら、女性たちの行動に即した場合に、政治局の「コミュニケ」に述べられていたような女性が差別される事態を、どのようにとらえることができるのかを検討してみよう。

政治局「コミュニケ」にも現れていたように、女性の就労に関しては60年代初めには未だ否定的な意見が、特に男性の間で少なくはなかった。男性たちは「女性の同権という考えになれて」いなかったのである。その結果、「力強い男らしい言葉こそが（夫婦の間の——引用者）雰囲気をきちんとしたものとするし、（それこそがまた——引用者）男女同権などといっても、実際に力を握っているのは誰かを（女性に対して——引用者）示すことにもなる」などという意見が、未だ女性雑誌の投書欄に載ったりもしていた[12]。このことから、「コミュニケ」が女性に対して「優しく、丁寧に」と言わざるをえなかったような状況が実際にあったことを、推測できるのである。だが、こうしたいわばマッチョ志向ともいうべき意見は、60年代を通じて次第に表には出なくなったようである。とはいえそのことは、実際に人々が「女性の同権という考えになれて」きたことを意味しているとは限らなかった。例えば、DDRの代表的な風刺雑誌『オイレンシュピーゲル』の1967年の号には、「われわれはずっと以前から政治と経済の面では社会主義の下にあるが、結婚生活はまだまだ奴隷制のままである」という言葉がのっていた[13]。こうした表現は確かに今日でもしばしば男性によっても使われるものであるし、それが掲載された場所が風刺雑誌であったこと、また前後の脈絡もないただの言葉であることを考慮してもなお、この言葉は恐らくは、家庭において家事と育児の負担に苦しむ女性の声を代弁したものであろう。そして、さらに一歩踏み込んで考えてみると、こうした表現を女性がとらざるをえないほど、男女が同権であることに違和感を覚え、女性が従属的であることを望むか、あるいはさらに一歩進んで、数年前の上述の投書と同様の、男性による女性に対する支配を当然視する考え方がDDR社会に、特に男性の間で根を張っていたことが、想像されるのである。そして、このような想像は以下のことに関わってくる。

「調査A」によれば、男女の平等について被調査者の圧倒的多数は賛成し、特に職業への参加は全体の70％以上が賛成していた。女性の就労に反対する意見は9％であった。1966年に西ドイツで行われた調査では、66％の人間が女性は家庭にあって家事と育児を行うべきであると答えていたのであり、女性の就労に関する意見の東西両ドイツ間の差異は際だっていた[14]。

「調査B」でも女性の就労について全体としては「本質的に積極的な見方」が支配的ではあった。つまり、50年代に女性が職場に進出してきた時に、ポストを失うのではないかという恐れから、女性の職場進出に反対した男性労働者は少なくなかったが[15]、現実に70％近い女性が働いている状況ではもはや、女性の就労に対してそうした不安からの表だった反対はできなくなっていたということであろう。あるいはまた、DDRにおける労働市場が極端に性別化されており、男女の職場の区分がはっきりとしていたことも、このことに関連するかもしれない[16]。つまり、女性が女性化された領域で就労している限り、男性側にはそれに特に反対を唱える根拠がなくなったということである。

　注目すべきは、女性の就労を拒否する男性の割合が2つの調査では顕著に異なっており、特に男性労働者に拒否者が多かったことである。すなわち1970年末に行われた「調査B」によれば、男性労働者の15％は女性就労に否定的な見方を示していたのである[17]。この調査からは、女性の就労に否定的な見解を持つ男性がなぜ急に増えたのか、特に否定的な男性労働者がどのような職種であるのか、また否定的である理由が何であるかは定かではない。だが、女性の就労時間を短くする必要を、特に男性の場合、女性が家事を行わねばならないことに関連づけていること、また男女を問わず、女性が育児のために時間を取らねばならないことをあげていることからすれば[18]、伝統的な性別役割分担の観念にとらわれている男性が少なくないことが、女性就労への否定的な見方につながっていることが推測できるのである。とりわけ、DDR社会の根幹を形成する男性労働者のうちにそうした見方の少なくなかったことは、社会主義のイデオロギー自体の社会的な浸透力に限界があったことを示しているだろう。そうであるならば、先の風刺雑誌に見られた表現は、女性就労に否定的であるばかりではなく、女性に家事と育児の負担を押しつけて当然とする男性の観念に対する女性側の反発として理解することができる。それと同時にまた、この表現は社会主義が言葉だけとなっている現実を批判するものと解釈することも可能だろう。

　言うまでもないことながら、男性労働者の誰もが女性の就労に否定的な見方をしていたわけではない。女性が就労している場合、家事や育児を分担してい

る労働者家庭も少なくはなかったし[19]、男性のかなり多くは家事を男女共同で行うべきであると考えてもいた[20]。しかし、女性が育児のために時間をとることを当然視する意見と、家事の主要部分は女性が行うことをよしとする意見が、男女を問わず多かったこと[21]を考えるならば、女性が家事や育児に関わることは、例え働いている場合でも、いわば「義務」であったが、男性は当人および相手の考え方次第で家事や育児に関わるのであり、その意味で彼らの関わりはいわば「オプション」であったと言えるだろう。逆に言えば、女性にそうした「義務」がある限り、女性の就労には自ずと制約があったということになろう。他方、家事や育児が男性にとって「オプション」であるならば、家事を男女共同で行うべきであるという男性の意見を文字通りに受け取ることはできないだろう。そもそも、「男性の方が女性よりも多く、女性の同権について語る」という皮肉[22]からも窺えるように、家事を共同でという男性の主張は建前だけと受け取ることもできるのである。「調査A」によれば、男女を問わず、男女の同権を実現する上で困難が生ずる場として家庭を挙げるものが多く——特に男性ではそのように考えるものが多い——、また圧倒的多数の男女が、女性の資格向上を妨げる最大の要因は家事と育児にあると答えていた[23]。こうした回答は、男性の家事への関わりが多少なりとも建前であり、「オプション」であるという上の推測を支えると言えるだろう。

　以上挙げたような様々な問題点があるにも拘わらず、とにかく男性の中に、自身が家事や育児に関わることに反対しない意見があるとすれば、その意味で、就労している女性の負担を軽減する必要を認める意見があるとすれば、そして他方では、先に見たように、女性の就労に反対する男性労働者がいたとすれば、そこから推測できることは、男性労働者の職種や経歴によって女性の就労に関するとらえ方が異なるということである[24]。ただし、本研究で用いている資料からでは、より詳細な把握は残念ながらできない。

2． なお、女性の就労や家事、育児の負担に関連しては次の事情も重要である。すなわち、60年代後半に第3次高等教育改革がなされ、70年代に入ると女性で大学に進学する者の数が急激に増大してくる[25]ことに典型的に現れてくる

ように、女性の場合は企業内での教育課程への参加も含めて、ただに働くだけではなく、教育と技術を身につけることを当然視する傾向が強くなっていた。68年に行われた「調査A」でも、男女を問わず、職業上の資格を高めることに強い関心を示していた[26]。このことは女性の側に自らの生き方に関する新たな可能性を求める姿勢が強まっていることを意味していた。男性が家事や育児にも関わるという意見が増えるのは、女性を取り巻く状況がこのように変化してきていることとも無関係ではないだろう。

ただし、こうした状況がはっきりと形を取り始めるのは、ホーネッカー時代に入ってからのことであり、ここで扱っている時期について言えば、確かに働きながらも教育と技術を身につけようとする女性は存在していたが、まだ、それははっきりとした潮流となってはいなかっただろう。1960年代半ばでもむしろ、工場で働く女性の間ではまだ、家事と育児に責任を負わねばならない女性は、自分で働くよりも夫に働いてもらい、夫がよりよい地位と収入を得ることができるようになる方がよい、とする意見は少なくなかった。また、男性工場労働者の間には女性は結婚して子供を産むのであるから、フルタイムで働くべきではないし、勉強をする必要などないと考えるものも多かったのである[27]。10年制総合技術学校の導入に関して、特に比較的単純な作業に従事している既婚就労女性の間から、そうした制度が本当に必要なのかという声が上げられていたことも[28]、女性の本来あるべき場所を家庭と考える女性が多かったことを意味しているだろう。ウルブリヒト時代には教育や技術を巡っては、新経済システムとも絡めて、その高度化の必要性が強く叫ばれていたにも拘わらず[29]、女性の間の意見は未だ方向が定まってはいなかったのである。このように男女とも非常に強く性別役割分担の観念にとらわれているものが少なくはなかった。そうであるからこそ、そこから離れて、男性も家事や育児に参加すべきであるとする考えに立つ男性は、もしもそれが単なる建前ではないとするならば、DDR社会の中の新しい潮流を示す存在でありえたのである。

それでは、いかなる理由から女性は就労するのであろうか。先に述べたように、DDRでは女性の就労に関する社会的な圧力はきわめて強かったが、そうであるからといって、就労する女性が就労を「強制」によるとばかり受け止

ていたわけではなかった。注目すべきは、半数以上の女性が「家計の足しにするため」に働いていたことであり、さらに全体の3分の1の女性は「自分の生活もしくは家族の生活を自分でまかなわねばならない」という理由で働いていたことである[30]。両者を合わせるならば、女性たちの多くは必要に迫られて働いていたことになる。したがって、女性たちが就労を社会的な圧力の結果と受け止めていたとは限らないのである。言い換えれば、就労を通じて女性の社会的な解放を達成するというDDR社会主義の根本目標の1つは、女性たちにとって、いわば「スローガン」以上の意味を持たなかったことが窺えるのである。

ところで、一方で必要に迫られて就労せざるをえなかった女性たちには、他方では、家事と育児の負担がのしかかっていたから、少なからぬ女性はフルタイムではなく、パートタイムの就労であり、その割合は20％に近かった[31]。ドイツ民主婦人同盟（DFD）指導部によれば、1967年末で、子供を持ちながら働いている女性の48％はパートタイマーであり、今後「その数はいっそう増えるものと思われる」のであった。2交代や3交代勤務では子供の世話や教育ができないがゆえに、子供のいる女性たちはフルタイムでの就労を嫌ったのである[32]。子供以外の理由としては、買い物に時間がかかるがゆえに、パートタイムで就労せざるをえないと答えた人も少なくなかった[33]。

だが、パートタイム就労によって、よりよい生活のための物質的な条件が確保できるようになると考える女性は、決して多くはなかったのである[34]。ここには家事や育児という女性に課せられた負担が、家計を満たすという女性就労の基本的動機を阻害する構図が現れていた。言うまでもなく、それはまた女性の二重―多重負担が女性の社会的な解放を困難にすることをも意味していた。こうして、DDR社会主義にとって女性の二重―多重負担は、社会主義の理念の上からも、また女性の現実からも、解消されるべき課題であったのである。だが実際には、一方に就労への圧力があり、他方で家事や育児に女性が責任を負うことが当然視されているような社会では、そうした多重負担の解消は社会全体で解決すべき問題であるよりは、就労する個々の女性の才幹の問題であり、夫が家事や育児に参加することはせいぜいのところ望ましいということに止まらざるをえなかったのである[35]。

3.最後に、就労が女性にどのような積極的可能性を開くのかという問題について考えてみよう。「調査B」によれば、就労を女性の経済的な自立や、自分を高めるためにということに関連づけている女性は、全体で20～22％程度であった。換言すれば、就労に積極的な意味や可能性を見いだす女性は必ずしも多くはなかったのである。就労が一種の社会的な強制であるとするならば、これは当然のことであろう。ちなみに、男性側から見た場合、女性が就労するのは圧倒的に家計の足しにするためであり、女性の経済的な自立を理由に挙げるものはきわめて少なかった。他方、自分を高めるために女性が就労していると考える男性の割合は女性よりも多かった。これはおそらく、男性も家事や育児に参加すべきであるとする男性の意見と同次元のもの、つまり建前と見なすべきであろう[36]。

女性の就労理由に関する男女間のこのような受け止め方の相違は、自立とか同権という考え方が男性にはなじまないものであったことばかりではなく、女性の側には、例え少数ではあっても、男性への経済的な依存から抜け出したいとする志向性があったことをも窺わせる。もちろん、前述したとおり、少なからぬ女性労働者は夫の収入で暮らせるようになることを良しとしていたのであり、それを夫に対する経済的な従属とは考えなかったであろう。したがって、経済的な自立性を求める女性の存在は、社会主義的な解放された女性の像に合致する存在ではあっても、少数派であっただろう。それと共に、就労によっては「自分を高める」可能性はさほど得られないという現実認識が女性の側にあることが窺えることも重要である。なぜなら、そこには1つには、職場での男女関係ないしは職場における女性の位置が、女性にとって必ずしも好ましくはないことが反映していると考えられるからである。

実際、例えば女性を責任ある地位に就ける問題について、経営内の女性からは女性の職業的な資質を高めるための措置が「計画的かつ体系的になされてはいない」という批判の声が上げられていたし[37]、せっかく資格を取っても、「しばしばそれに見合う地位に就くことができなかった」ばかりか、「男性を中・上級の役職から追い出すつもりなのかという非難を浴びせられる」こともあったのである[38]。自分の上司は男女どちらでも構わないという意見は6割前

後の人間が述べていたが[39]、それは建前であり、現実には女性の上司がくること、したがって女性が資格を取ることには強い抵抗が社会には存在していたのである。なかには上司が女性であるならば、仕事を辞めるなどという者もいたではあろうが[40]、女性が指導的なポストに就くならば、家庭がおろそかになるであろうという不安を70%近くの男女が感じていたことが、女性が資格を取ることへのブレーキとして働いただろう。そして、そうした不安が一般的であることを背景に、女性の資格向上を助ける体系的な措置を執ることがなおざりにされたのである。

　なお、就労が必ずしも「自分を高める」ことにはつながらないという認識からは、そもそも女性にはそうしたことは必要なしとする伝統的な観念が根強く残存していることも窺える。とりわけ若い娘を持つ親の間には、60年代後半になっても、女性は将来は結婚して家事と育児を行うのであるから、技術的な知識を身につける必要はないとする考えが根強く、また娘たちの方も商店員のような「伝統的な女性の職業」に就こうとし、それがだめなとき初めて技術的な方面にも目を向けたのである。60年代後半、DDRでは女性の職業的能力を向上させる必要性が叫ばれたが、その際主に考えられていたのは工業分野に就労する女性のことであった。工業を中心とした社会主義建設に女性を動員しようとする——それが「コミュニケ」の狙いでもあった——党と国家の方針に、性別役割分担とジェンダー化された労働分割の観念が対置されたのである。就労を通じて女性の解放を、というSEDの方針は社会的浸透力の面できわめて大きな壁にぶつからざるをえなかったのである。

第2節　消費生活

1. 買い物と共助のネットワーク

1． 前節で見たように、DDRにおいては女性の多重負担は、女性の社会的解放というその喧伝されたイデオロギーにも拘わらず、いわば自明のことであった。もちろん、個々の女性にとって多重負担をいかに乗り切るかが、その女性の「才幹」であった以上、負担は必ずしも負担とは受け止められなかったかも

図6-1 「レジのない社会のかなり長い週末」
(出典) *Eulenspiegel*, 14, Jg. 1967, Nr. 21, S. 5.

しれない。

　ところで女性の生活にとって、家事の中でも特に重要な意味を持っていたのが日常行われる買い物であった。買い物にあたって、人々はしばしば商店の前で行列をする。社会主義国における行列は有名であり、その物質的生活の貧しさ、生産力の低さを象徴していると——少なくとも西側資本主義国においては——見なされてきた。だが、行列をするのは商店の前とばかりは限らない。商品を選ぶ段階、レジで支払いをする段階、さらに包装をしてもらう段階でそれぞれ行列をしなければならないことは珍しくはなかった。当の東ドイツの人々にとっても、このように至るところで行列をしなければならないという状況は、確かに異様ではあった。なかでも、セルフサービスによって短縮された時間が、レジでの待ち時間によって帳消しになるのは東ドイツの人々にとっても、耐え難いことであった。とりわけ週末のパン、肉、野菜の購入にかかる待ち時間は「長すぎた」から、人々の不満はより強まったであろう[41]（図6-1参照）。だがそれでも、人々は商店の前に行列があれば、そこに並ぶという独特の「消費文化」を作り出していた。行列はそこに——必ずしも自分の求めているものではなかったとしても——なにがしかの品物があることを表しているばかりではな

く、その品物を巡って人間関係が形成されたからである[42]。

 そもそも品不足と品揃えの悪さとを前提とするとき、つまり必要なときに、必要なものを手にすることができるとは限らないとき、DDRの女性、特に比較的時間に余裕がある働いていない主婦にとって、必要な品物を求めて、だが可能ならばよりよい品物を求めて、さらには——第5章第2節で述べたように——必要でないものまで求めて、とにかく品物があればそれを買うために、いくつもの店を回ることは当然のことであった[43]。1967年の調査によれば、毎日の買い物にかかる時間は1時間であったが、そのうちの40分は移動に当てられていたといわれる[44]。それだけでも時間がかかったが、加えて行列である。買い物とは単に物を買うことではなく、時間を浪費することでもあった。そしてそのような無駄な時間のために、もし働くとすれば就労をパートタイムにする女性も少なくなかったのである[45]。

 しかし買い物をこのように時間との関係だけでみることは事柄を見誤ることになるだろう。DDRのような「不足の社会」では、買い物とは品物がどこにあるかについての情報を持つことを意味しており、したがって、情報を得るための何らかの手段——多くの場合は人間関係——を持つことが必要不可欠でもあった。つまり、買い物には情報とそれを得るために手段が伴っていたのである。DDRは人々の共助のネットワークが発達した社会であるということはしばしば指摘されてきたが、買い物との関連でいえば、それはこのように品物が不足していること——しかも第4章で述べたような独特な形での品不足——の反面であった。言うまでもなく、人々はネットワークを通じて、商店や商品に関する情報を得、それに基づいて一定の商品を購入する、つまり利益を得るのであるから、買い物とネットワークとの関係を一般化するならば、人々は他者との共助のネットワークの中にあることで、自己の利益を達成できるのである。共助のネットワークと自己利益の実現とが同時的に存在すること、ここに買い物を通じて見えるDDR社会の特徴があるだろう。

 ここで行列が「消費文化」であるということについて、さらに別の側面を取り上げておこう。先に述べたように、行列は確かに時間の浪費ではあったが、その中で必要な情報が得られることは少なくなかったはずであるし、加えて、

望んでいたものが得られるならば買い物は喜びでもあった。とりわけ、DDRで一貫して不足していた衣料品や靴などについて、期待通りの品物を購入できた場合には、喜びの気持ちはいっそう強まったことであろう。したがって、買い物時間を確保するためにパートタイム就労にするというのは、女性にとってはやむをえないと同時に、家族の生活に大きな責任を負っていた以上、重要な選択でもあっただろう。

　以上の通り、行列が独特の「消費文化」であるのは、それが品物の存在を示すばかりではなく、まさに以上に述べたようなネットワークを通じての自己利益の実現や喜びなどを伴う行為であったからである。そして、そのような「消費文化」の中で、多重負担を乗り切るための女性の「才幹」も試されることになったのである。

　言うまでもなく、DDRにおける女性就労はパートタイム就労が増える傾向にあったとはいえ、多くはフルタイムの就労であった。フルタイム就労によって「職業生活の中で自分を高める」可能性が女性にもたらされるとしても、そうした可能性は、先述したような様々な制約に加えて、買い物にかかる時間によっても大きく制限されざるをえなかったと言わねばならないだろう。確かに大規模な経営に就労すれば、経営内の販売所で必要品特に食糧品を、しばしば、街の商店よりも品質のよいものを購入することができたが、それでも全てを経営内の購買所でまかなうことはできなかったし、ましてそうした購買所を持たない小規模の経営に就労すれば、街の商店で買い物をせざるをえなかった。このような条件の下で、買い物にかかる時間を短縮することができないとすれば、したがってまた行列の解消にも見込みがないとすれば、働く女性は「自分を高める」ことができるためには、何らかの手段で自分のための時間を作り出さねばならなかったし、また夫や子供のための時間をより多く確保する必要があった。

　そのための1つの方策が洗濯、特にシーツ類の洗濯を外部のクリーニング業者に任せることであった。言うまでもなく洗濯、なかでも「大きな洗濯」は古くから、家事の中でも最も強く女性の時間と肉体的な力を奪ってきたから、耐久消費財の普及に時間のかかるDDRにおいて、かつまたDDRで一般的な洗

濯機が乾燥機と一体型ではない、きわめて旧式なものであったことを考えるならば、女性がそれを外部に委託しても、何ら不思議なことではなかった。1970年に DFD が行った調査によれば、小物の洗濯だけでも週に 8 時間と、食事の準備と掃除に次いで家事の内で 3 番目に時間がかかることを考えれば[46]、シーツやカーテン、テーブルクロスなどの洗濯をクリーニング業者に出すことは当然のことであっただろう。そして政府もまたクリーニング業の普及に力を入れていた。だが興味深いのは女性のこのような姿勢に対する男性の反応であり、女性の 2 倍以上の男性が「クリーニング屋は金がかかりすぎる」として、洗濯の外注に反対していたことである[47]。少なからぬ男性が、家事を女性が行うことを当然視していたことが、ここからも窺えよう。他方、女性の方は時間がかからないことを理由に、特にフルタイム勤務の場合には圧倒的多数がクリーニング業者を利用していた[48]。ただ、一般的に DDR におけるクリーニングの質は悪く、多くは水準以下であった。例えば、DFD の調査によれば、「洗濯の質、仕事の継続性、できあがりまでの時間」の点で、クリーニング業は住民の要求を満たしていなかったのである。できあがりまでに 2 週間かかる例も珍しくはなかった！[49]

2．話を行列に戻そう。言うまでもなく、人々は行列のできる原因が物不足にあることを認識していた[50]。新経済システムの導入によっても物不足、それも日常生活に必要な品物の不足は解消されないままであったのである。ここにはDDR の経済政策に一貫する傾向、つまり消費政策を犠牲にする傾向が新経済システムの下でも継続していたことが現れていた。

とはいえ、われわれは DDR における物不足があらゆるものの絶対的な不足や、恒常的な物不足を意味するのではなかったことを確認しておかねばならないし、また例えば記念日やライプツィヒの国際見本市など、何らかの国家的な行事があるときには、その前後に比較的潤沢な商品供給がなされていたことも重要である。こうした状況に対しては国民の側からも、「来年は選挙も建国 30 年（記念日）もないから（食糧の供給は）いったいどうなるのだろうか」というようなことがささやかれたのである[51]。要するに、DDR における物不足とは

必要なときに必要なものが存在しない、あるいは「今ここで」購入したいと思うものが必ずしも商品として存在するとは限らないという、特殊な、選択的とも言えるような物不足であったのである。時期は少しずれるが、1つの例を次に挙げよう。

人気雑誌『マガジン』[52]の1963年1月号に女性の下着についての写真入り特集記事が掲載された。それによれば、ナイロンの生産不足、弾性ゴムの輸入不足、製品の多くが輸出に回されること——これらのこと自体がDDR経済の構造的な弱点を表している（斎藤）——などの結果、品不足ではあるが、例えば、ベルリンのフランクフルター・アレーにある洋品店ならば購入可能である、とされた[53]。ところが同誌4月号の投書欄に、品物が存在しないという投書が載ったのである。投書者は妻とともに雑誌の記事を見てすぐにベルリンの件の店に出かけたのであるが、そこで見かけたのは「目的にかない頑丈」ではあるが、「現代的で美しい」下着ではなかったのである。引用された言葉は消費財の生産に関してウルブリヒトが第6回党大会で述べたものであるが、投書者はその言葉を引いてDDRにおける商品が旧態依然であることを批判しただけではなく、そもそも雑誌に掲載された下着が製品化されているのかどうかに疑問を呈したのである[54]。

ライプツィヒの見本市について研究したK.ペンスによれば、家電製品やモードなどに関してDDRでは実際に存在しない物があたかも存在するかのように展示されたり、宣伝されたりすることが珍しくはなかった[55]。こうした傾向がDDRに絶えず存在していたことはSEDの内部文書によっても確認できる。すなわち、「まだ十分に供給できない商品」の宣伝や「今日の我が国の発展段階では満たすことのできないような」欲求をかき立てることが、新聞、雑誌、ラジオ、テレビなどを通じて繰り返しなされていることに、党の指導部はいらだちを示していたのである[56]。DFDもまた自らの組織を利用して行った市場調査で、婦人服が見本しか存在せず、実際には商品が存在していない場合があることを確認している[57]。物不足の1つの側面はこの点にかかっていた。つまり、投書者が感じたように、あると思い、かつ欲した商品が、その宣伝にも拘わらず、実際には存在しないことが不足感を強めていたと言えるだろう。前章

図6-2 「お客さん、チョット待ってくださいよ。何せうちは人手不足だものだから」
(出典) *Eulenspiegel*, 9, Jg. 1962, Nr. 2, S. 2.

でみたように、モードに関しては人々の欲求が強く、その分だけ不公平感を引き起こしていたが、ここに紹介したような非存在という事態もまた人々の物不足感を強め、社会主義に対する不信感を強めることになっただろう。

　以上のように、DDR における人びとの、だがとりわけ、家事と育児に責任を負い、それゆえに日常的な消費行動の主たる担い手となっている女性の消費生活は、様々な原因によって生じた物不足あるいは物不足感を背景としながら、独特の「消費文化」のなかで発展した。人びと、とりわけ女性はその消費文化の中で、ある時は買い物に喜びを感じ、何かモノを求めて長時間行列することを余儀なくされたが、行列しながら情報を得、また共助のネットワークを通じて自己利益の実現を図るチャンスを得もした。こうした「消費文化」は、DDR ではいわば社会的な強制にまでなっていた女性の就労を、ある場合にはパートタイムのそれとさせるほどに、女性の行動に強く影響を及ぼしていたのである。

3. ところで行列の根本的な原因は物不足にあったが、それ以外にも消費生活の発展に関わる重大な原因があることをも人々は把握していた。すなわちその1つは、商店の数が少ないこと、あるいはまたそこで働く人間の数が限られていることのように、流通システム自体の不備、第三次産業の未発達ということであった。そしてこのことは特に都市で甚だしかった。隔週5日制が導入された1966年以降も、土曜日に開いている商店は百貨店のような大型店だけであったから、商店の数が少ないことの影響は都市で現れやすかったのである[58]。それゆえに、女性たちの中には買い物のために昼夜交代制の勤務を望む声さえ

あった[59]。
　また、商店特に大型店における販売員の客に対する応対の悪さはDDRではよく知られたことであった[60]。例えば、ベルリンのある主婦は次のように述べている。

> 「買い物に行くと私はしばしば店員に面倒がられているような気がします。私は商店に入ったとき、店員が卑屈で教え込まれたような丁寧さを示すのを見るのは嫌いですけれど、客に対する親しみと、仕事に打ち込む様子を見たいのです」[61] (参照　図6-2)。

　しばしばこうした店員の態度が行列をいっそう長くさせることにもなった。販売員の応対の悪さはDDRの早い時期から見られた現象であったが、言うまでもなくそれは、計画経済の下で、需要を考慮することなく商品が供給されるような「売り手市場」であることと密接に関連していた。そして新経済システム初期の比較的自由な商品供給の時期にあっても、全体としてみるならば品不足と品揃えの悪さは解消されていなかったから、長年の慣行によって成立していた店員の応対の悪さは改められることなく、存続していたのである。他方、品不足と品揃えの悪さは店員の側に客を「選ぶ」余地を作り出してもいた。前章で紹介した投書にもあるように、店員はおそらくは見返りを期待して「上客」に「こっそりと」商品を売ることを行ったのである[62]。
　このように見てくれば、行列は特有の「消費文化」を象徴するばかりか、特権とコネというDDR社会の「暗部」をも象徴していたのである。いうまでもなく、特権といいコネといい、どこの社会にもあるものであるが、収入状況をできるだけ均一にしながら、消費水準を一様に上げていくことで、社会主義的な公正さを実現しようとするDDRの建前に照らすならば、それはまさに「暗部」としか言いようのない状況であった。そしてそのような「暗部」の存在を人々がいかに不快に感じていたかは、DDRが崩壊した後、かつての指導者たちが享受していた「贅沢」に対して人々の怒りが集中したことにも現れていよう。ちなみに、指導者の「贅沢」たるや、およそ「贅沢」とは言い難い程度、

つまり西ドイツのごくありふれた市民の日常生活と大きく変わるところがなかったのである。

2. 週休2日制と余暇

1. 買い物に時間がかかることに典型的に現れるように、働く既婚女性にとっては就労と家事の二重負担、さらには育児まで加わった多重負担がのしかかってくる。このとき女性にとって、余暇とはどのような意味を持つのであろうか。周知の通り、資本主義の下では消費生活の発展と余暇の形成とは不可分に結びついていた。20世紀に入って特に第1次世界大戦後、余暇の時間は、労働時間の短縮と共に、労働や休息のための時間からは独立した、それ自体として過ごされるべき時間として発展してきた。そして人々が物を購入し、様々なサービスの提供を受けるという意味での消費行動はもっぱらこの余暇の中で果たされた。そして何よりも、人々は余暇を過ごす手段を商品の形で手に入れなければならなかったのである[63]。

さて、DDRにおいても、耐久消費財、特に洗濯機および自家用車の普及拡大と、週休2日制の導入は人々の余暇を増大させていた[64]。週休2日制については、まず1966年に隔週5日制が導入され、ついで翌67年には完全な5労働日制が導入された。これに伴い週労働時間も66年までの45時間制から67年には43時間45分へと短縮された。また16歳以下の子供が二人以上いる場合には、女性の労働時間は週40時間であった[65]。さらに有給休暇も1966年には年に12日から15日へ、1972年には15日から18日へと拡大された。すでに述べたように、耐久消費財への人々の要求は強かったし、また5労働日制にしても、工場内部からわき上がる労働者の声はもはや無視できない強さになっていたのである[66]。

いずれにせよ、耐久消費財の普及は時間の節約の形で、週休2日制は労働時間の短縮の形で、それぞれ人々の自由になる時間の拡大に寄与するはずであった。だが、まさに行列の背後に品不足があったように、余暇に関わる消費生活の発展という面で、DDRにおける余暇の拡大は西ドイツにおけるそれとは同一ではありえなかった。加えて、多重負担という条件の下にある女性たちにと

って、週休2日制の導入は必ずしも余暇を思うように過ごす可能性を与えるものではなかったのである。すなわち男性に比べればはるかに多くの就労女性が、仕事の疲れと、家庭の事情、つまり家事や育児のために、余暇をそれとして過ごすことはできないと考えていたのである[67]。そもそも5日制導入以前には休日は休養のために過ごすという女性が少なくなかった[68]。休日に関する女性たちのこうした受け止め方を前提とするとき、余暇に関するこれまでの研究がもっぱら「男性」に焦点を当ててなされていたことに注目せざるをえない。G. イルムシャーはこれまでの研究を総括して、「余暇とは男性の事柄であった」と述べているが、至言である[69]。実際女性たちが伝統的に家庭内で果たしてきた再生産の担い手としての役割を、女性から取り除いてしまえば、自ら家事を行わねばならばならなくなる男性にとっても、さしたる時間が「余暇」として残ることがないのは明らかであろう。

　このように二重負担のもとにある女性にとって、本来の意味での余暇の可能性が、いささか乏しかったことは否定できない。とはいえ、DDRの就労女性にとっても、全く余暇がなかったわけではない。土曜日が休みとなれば、その日をいかに過ごすかを休日前から考える人は特に女性に多かったし[70]、制限されていたとはいえ、彼女たちもまた余暇を享受していた。それでは彼女たちは余暇をどのように過ごそうとしたのだろうか。

　総じて女性は、週休2日制の導入によって生じた時間を、男性に比べるとはるかに多く家族のために、あるいは家事に関わることに使っており、余暇が女性には十分に存在しなかったことは明らかであった。だが、それ以外の時間、したがって本来の余暇については、世論調査からは2つの傾向を読み取ることができるだろう。第1に、余暇をどのように過ごすべきかという問いに対して、「自分の個人的な勉強のために使う」、「自分の文化的な欲求を満たすために使う」という回答が女性に比べ、男性の方に遙かに多いことである[71]。特に「個人的な勉強のために」という回答が女性に顕著に少ないのは、女性の就労が必ずしも男女の平等を実現していない状況を反映しているだろう。第2に、実際に余暇に何をしているかという問いについて、男性ではスポーツを行ったり観戦したりすること、あるいは庭いじりなどの回答が多いのに対して、第1の傾

向とは逆に女性では読書、観劇や音楽会、趣味等、教養に当てる時間が男性よりも顕著に多かった[72]。言うまでもなく、こうした行動には、必ずしも大きな出費は必要としないが、それにしてもこうした行動への出費があること自体、例えば新経済システムが導入された当時なお、収入の多くが食糧品や嗜好品に支出されていた状況に変化が生じたことを表していた。

一般に自由な時間を「社会的活動」、つまりSEDや労働組合その他の団体の組織する活動に参加するよりも、「勉強」（Weiterbildung）のように自分の目的のためにあてる人間の方が多かったが、特に女性の場合、これが顕著であった[73]。ただしこれについては後述するとおり、余暇の過ごし方に関して夫婦の間に役割分担が存在していたことが窺えるのであり、女性が自ら望んでこうした「勉強」や教養のために時間を当てていたのかどうかは不明である。ある研究によれば、女性には元来そうした勉強や教養に当てることのできる時間が乏しかったと言われる[74]。また「勉強」や教養に関しても、女性におしなべて、そのような傾向があったというわけではない。余暇に関する調査によれば、繊維工場のように圧倒的に女性の多い職場では、女性たちの間で専門教育への要求や関心が著しく低かった。だが、化学工場のように女性についても交代勤務がある職場では、そうした要求や関心は女性の間でもかなり高かった[75]。ただし、化学工場における女性のこうした姿勢が、昇進の可能性を求めてのことであるのか、それとも女性にとってより魅力的な職業に就くための準備であるのかは、資料からは不明である。このような事例は、DDRにおける就労女性の余暇に関する研究はかなり複雑なものとならざるをえないことを示唆しているだろう。

仕事に疲れ、加えて家事や育児という負担を負わねばならない女性が、休日に「社会的活動」に参加する気持ちをもてないのは、いわば当然のことであろう。逆に男性の方がそうした活動に参加する者が多いということは、家の外と内で、男女の間に——意識的にかどうかは不明であるとはいえ——役割分担がなされていたことを窺わせる。そしてこの推測が正しければ、DDRにおいては、SEDについては言うまでもなく、その他の多くの大衆団体が組織する社会活動が、元来人々を政治的に動員することを狙いとしていたとしても、そう

した意図は完全に空洞化し、人々の非政治化が進んでいたと言えるだろう。「壁龕(へきがん)社会」ということが言いうるとするならば、それはこうした社会のありようを指しているのである[76]。

2. このような性別役割分担と同時に興味深いことは、上に述べたような女性の時間の使い方が、――組織されているか否かに重要な相違があるとはいえ――ドイツ労働運動の伝統的な要求、すなわち自由な時間を個人の精神的、文化的な発展のために使う、ということに合致していることである。それは明らかに、「経済の奇跡」の中で見られた西ドイツにおける消費社会の発展が女性に及ぼした影響とは異なっていた。西ドイツの場合、簡単に言えば、消費物質の購入を通じて女性は自らを物の操作主体、家族内での意志決定の重要な担い手へと形成していった[77]。これに対してDDRの場合は、資料が世論調査研究所の調査だけであり、確定的なことは言えないにせよ、女性の時間の使い方のうちにはDDR社会が、消費生活の向上と共に余暇が拡大する現代工業社会のどこにでも見られる傾向に沿いながらも、なお、古い労働社会的な特徴、あるいはまた教養市民社会的な刻印を残す社会であることが、現れているように思える。そして、このことをDDRの支配政党であるSEDのあり方に関わらせるならば、この政党が少なくともイデオロギー的には19世紀からヴァイマル時代までのドイツ労働者政党の伝統に連なる政党であることが、このような余暇の有り様のうちに反映していると言えよう。

　なぜ、DDRにおいては西ドイツのような発展がはっきりとは現れてこなかったのか。言うまでもなく、耐久消費財購入までにかかる待機時間の長さに象徴されるような、DDR社会における生産力の低さに根本的な原因があっただろう。党と国家の指導部が繰り返し労働生産性の向上によって初めて生活の向上も望めると主張するのに対して、労働者は機械を新しくし、工場を近代化し、きちんとした労働組織を作り、資材を用意するならば、労働生産性は自ずと上がるとして、党と国家の指導部が繰り返す主張に激しく反発していた[78]。労働者から見れば、党と国家の指導者の主張することは、まさしく労働者から余暇を奪いとることに他ならなかったのである。余暇を巡る両者のベクトルの相違

はいかんともしがたいものがあったといえよう。

しかしそれにしてもなぜ、ドイツ労働運動の伝統が DDR に、特にその女性に強く及んだのかという問題は残る。この問題の検討は今後の課題であるが、DDR では女性にとっても労働は一種の社会的な「義務」ないしは「強制」となっていたこと、しかしそうした労働を果たすことで逆に、余暇を積極的に過ごす、つまり、余暇が労働運動に伝統的な意味での人間の「解放」につながる可能性も生まれてくること、したがって労働と余暇との関係が、単純に両者を切り離せるような関係ではなかったことが、重要であろう。また余暇を過ごすに当たっては保養所の利用等、休暇において労働組合の果たす役割が大きいことなども検討のポイントとなるだろう。労働組合と休暇の関係を見ていくならば、余暇の過ごし方の中にどのような歴史的な特徴が現れているかということが、より鮮明に把握できるのではないだろうか。

注
1) *Dokumente der SED*, Bd. VIII, Berlin 1962, S. 504 ff.
2) とはいえ、こうした理解の仕方が男性労働者にごく普通であったことは、例えば次を参照。L. Niethammer u. a., *Die volkseigene Erfahrung*, a .a. O., S. 118. 他方、女性に対しては「優しく、丁寧」でなければならないとことさら強調されていることは、女性に対する男性の側からの暴力的な振る舞いが広く見られたことを推測させもするが、資料的に確認できなかった。
3) Ulrike Enders, „......damit sie ihre Pflichten als Berufstätige, Ehefrau und Mutter immer besser vereinbaren kann, Bonn 1984, S. 40 ff.
4) 討論に参加していた「活動的な」女性の間では女性の資格向上が重要な課題として取り上げられたということは、実は壁建設後の東ドイツ経済の必要に応えようとするものであり、「コミュニケ」を出した SED の意図に沿っていた。つまり、壁の構築によって相対的に孤立した経済を建設することを余儀なくされた DDR にとって技術革新は必要不可欠であり、それに対応して質の高い労働力も求められたのである。Vgl., Susanne Kreutzer, „Sozialismus braucht gebildete Frauen", S. 23-37; Donna Harsch, Squaring the circle, p. 158 ff.
5) 以上、SAPMO-BArch, DY 30/IV 2/17-20, ZK der SED/Frauen, Bl. 6-7, 33-34. なお、ここに挙げた男性活動家の意見は、第2帝政時代のドイツ社会民主党以来、ドイツ労働運動に一貫してみられた典型的意見である。Vgl., Akira Saito, Die Geschlechterpolitik in der KPD pp. 19-36.
6) Leonore Ansorg, ›Irgend wie war da eben kein System drin‹, S. 117.

7) Leonore Ansorg u. a., The Myth of Female Emancipation p. 164.
8) Vgl., Irene Dölling, Die Bedeutung von Erwerbsarbeit für weibliche Identität in der ehmaligen DDR, S. 40 ; Martin Kohli, Die DDR als Arbeitsgesellschaft? S. 41.
9) 例えば、ある退職女性労働者（職場主任）は自己の人生を振り返りながら、そうした条件がどれほど自分の人生に影響したかについて述べている。Gerda Szepansky, *Die stille Emanzipation* S. 126-140.
10) Bericht über eine Umfrage zu einigen Problemen der Frau in unserer Gesellschaft v. 30. Sep. 1968, SAPMO-BArch, DY 30/5204/Bl. 78-107.
11) Die Umfrage des Instituts für Meinungsforschung beim ZK der SED zur Stellung der Frau in Familie und Gesellschaft vom Dezember 1970, SAPMO-BArch, DY 30/5207/Bl. 1-25.
12) *Das Magazin*, 1962, H. 8, S. 30-31.
13) *Eulenspiegel*, 14. Jg. 1967, Nr. 1, S. 12.
14) SAPMO-BArch, DY 30/5204/81, 86. Vgl. Heinz Niemann, *Hinterm Zaun*, a. a. O., S, 83.
15) Vgl., Annegret Schüle, Industriearbeit als Emanzipationschance? S. 103.
16) Vgl., Hildegard Maria Nickel, 〉Mitgestalterinnen des Sozialismus〈, S. 239 ff.
17) SAPMO-BArch, DY 30/5207/Bl. 3.
18) Ebd., Bl. 4.
19) Vgl., L. Niethammer, u. a., *Die volkseigene Erfahrung*, a. a. O., S. 121.
20) SAPMO-BArch, DY 30/5207/Bl. 5. DDR の男性は西ドイツの男性よりもはるかに多い割合で、このように考えていた。Vgl., Katrin Rohnstock, Der Bierbauch oder das Konstrukt „Männlichkeit", S. 123.
21) SAPMO-BArch, DY 30/5207/Bl. 17.
22) *Eulenspiegel*, 14. Jg. 1967, Nr. 28, S. 8.
23) SAPMO-BArch, DY 30/5204/85, 88.
24) これについて、時期は DDR 末期から崩壊期であり、本章で扱っている時期とは異なるが、具体的な事例を知る上で参考となるものに次の論文がある。Irene Dölling, Die Bedeutung von Erwerbsarbeit für weibliche Identität in der ehemaligen DDR, S. 40-54.
25) Vgl., Hildegard Maria Nickel, a. a. O., S. 242, Tab. 7.
26) SAPMO-BArch, DY 30/5204/87.
27) Braucht man Mut zur Offenheit?, in : *für dich*, 1966, Nr. 15, S. 10-13, hier S. 13.
28) Politbüro/Einschätzung über die Teilnahme der Frauen an der Diskussion zum Entwurf der sozialistschen Verfassung, vom 20. Aug. 1968, SAPMO-BArch, DY 30/J IV 2/2 J/2319, S. 4.
29) Cf. R. G. Stokes, *Constructing Socialism*, op. cit., p. 142 ff.
30) SAPMO-BArch, DY 30/5207/Bl. 15.
31) Ebd., Bl. 25. なお、80年代にはパート就労の割合は増加し、25％を超えていた。

Vgl., H. M. Nickel, a. a. O., S. 245.
32) ZK der SED/Frauen, DFD Bundesvorstand, Vorschläge des DFD zur Teilnahme an der Verfassungsdiskussion, den 8. Jan. 1968, SAPMO-BArch, DY 30/IV A 2/17/25, S. 5.
33) SAPMO-BArch, DY 30/5207/Bl. 16.
34) Ebd.
35) ただし、80年代に入ると、むしろ積極的にパート就労を選び、自余の時間を家事や育児、さらには自分自身のために当てる女性も増えてきている。ここでは児童手当の増額や、保育所などの充実といった家事や育児に関わる条件の整備が進んだことだけではなく、家事や育児に対する女性のとらえ方に変化が生じたことが推測できる。Vgl., *Alltagskultur der DDR*, a. a. O., S. 44.
36) 以上、SAPMO-BArch, DY 30/5207/Bl. 15.
37) SAPMO-BArch, DY 30/J IV 2/2 J/2319, S. 4.
38) SAPMO-BArch, DY 30/IV A 2/17/25, S. 4.
39) SAPMO-BArch, DY 30/5204/Bl. 90.
40) Vgl., SAPMO-BArch, DY 30/IV 2/17/20/Bl. 162 これは女性に関する政治局の「コミュニケ」を巡る職場での討論の中で出された意見である。
41) ZK der SED/Frauen, Einige Angaben über die Lage und Entwicklung der Frauen in der DDR, vom 17. Feb. 1966, SAPMO-BArch, DY 30/IV A 2/17/82, S. 7. Vgl., SAPMO-BArch, DY 30/IV 2/2. 112/4/Bl. 31.
42) I. Merkel, *Utopie und Bedürfnis*, a. a. O., S. 279.
43) Vgl., Informationen für das Politbüro. Bericht über eine Umfrage zu Problemen von Handel und Versorgung vom 23. Okt. 1967, SAPMO-BArch, DY 30/5203, Bl. 14.
44) A. Kaminsky, „Adrett auf große Fahrt", a. a. O., S. 234.
45) SAPMO-BArch, DY 30/5207/Bl. 16 によれば、回答者の内女性の5分の1強が、パートタイム勤務が多いのは買い物時間を確保するためであるとしている。
46) SAPMO-BArch, DY 31/1058, DFD/Bundesvorstand, Bericht über Untersuchungen unter die Frauen zu Fragen der örtlichen Versorgungswirtschaft und Dienstleistungen, 1970-1975. Bl. 101, Abt. Frau u. Staat, „Argumentation zur Unterstützung der Herausbildung neuer Einstellungen zur Verlegung der großen Wäsche in industriellen Wäschereien", vom 22. Juni 1973.
47) SAPMO-BArch, DY 30/5207/Bl. 7.
48) SAPMO-BArch, DY 31/1058/Bl. 4.
49) Ebd., Bl. 72-75.
50) SAPMO-BArch, DY 30/5203/Bl. 15.
51) Ch. Kleßmann u. a. (Hg.), *Das gespaltene Land*, a. a. O., S. 379. (　) 内は引用者。
52) *Das Magazin*. この雑誌については以下を参照。Evemarie Badstübner, „Zeig', wie das Leben lacht und leibt", S. 432-470.
53) *Das Magazin*, 10. Jg. 1963 H. 1, S. 72-74.

第 6 章　消費生活と女性　291

54) *Das Magazin*, 10. Jg. 1963 H. 4, S. 3.
55) Katherine Pence, "A World in Mineature", S, pp. 21-50.
56) Politbüro/Informationen zu einigen Problemen der Versorgung der Bevölkerung mit Kosumgütern vom 10. Aug. 1970. Abt. Handel, Versorgung und Außenhandel des ZK, Abt. Forschung und Wissenschaftsorganisation des ZK, SAPMO-BArch, DY 30/J IV 2/2 J/3085, S. 12.
57) DFD/Bundesvorstand, Abt. Frau und Staat, „Information über die Ideenberatung mit Frauen, die in ehrenamtlichen Gremien des Handels bzw. den neugebildeten Erzeugenräten der Nahrungsgüterwirtschaft mitarbeiten, in Erfurt am 15. Aug. 1967", SAPMO-BArch, DY 31/1047 Bl. 71.
58) SAPMO-BArch, DY 30/5203/Bl. 15 ; Vgl., I. Merkel, *Utopie und Bedüerfnis*, a. a. O., S. 203 ff.
59) *für dich*, 1966, Nr. 25, S. 19.
60) SAPMO-BArch, DY 30/5203/Bl. 10.
61) *Das Magazin*, 1965, H. 4, S. 29.
62) Vgl., *50 Jahre DDR. Der Alltag der DDR*, S. 126.
63) 以上、詳しくは本書第 1 章を参照されたい。
64) 資本主義社会、例えば戦後西ドイツでの余暇の発展が、余暇を過ごすための物的手段の拡大に伴って余暇の個人化を進展させていったのに対して、DDR では余暇を過ごすためのインフラの整備が遅れ、かつまた余暇が集団的に過ごされることが多かったことをもって、DDR における余暇を政治的に操作された余暇であるとか、現代的でない余暇というとらえ方がある。しかし、本章では労働から独立した時間としての余暇が成立していたことから、DDR においても 1960 年代から余暇について論じることは可能であるという立場に立っている。DDR におけるこれまでの余暇のあり方に関する研究については、以下を参照。
　　Wolfgang Kaschuba Forschungsbericht „Freizeitverhalten in der DDR und den neuen Ländern", S. 659 ff.
65) 40 時間労働は交代勤務に就いている男性も含め、就労者全体の 20% 程度が適用を受けていた。Vgl., Gerlinde Irmscher, Freizeitleben., S. 361.
66) Vgl., SAPMO-BArch, DY 30/IV A 2/5/99. 詳しくは、P. Hübner, *Konsens*, a. a. O., S. 89-1129.
67) Informationen für Politbüro/Bericht über eine Umfrage zu einigen Problemen der Freizeit, SAPMO-BArch, DY 30/5200, Bl. 135.
68) Vgl., Gerlinde Irmscher, „Arbeitsfrei mit Küßchen darauf", in : *Wunderwirtschaft*, a. a. O., S. 40.
69) Vgl., Gerlinde Irmscher, ›Frei Zeit—Was nun?‹ Alltägliche Modernisierung in der Arbeitsgesellschaft DDR, in : *MKF*, 1993. H. 33, S. 156.
70) SAPMO-BArch, DY 30/5200/Bl. 132.
71) SAPMO-BArch, DY 30/5207/Bl. 20 ; DY 30/5204/Bl. 99.

72) SAPMO-BArch, DY 30/5207/Bl. 21.
73) SAPMO-BArch, DY 30/5207/Bl. 8.
74) Helmut Hanke, Freizeit in der DDR—Tendenzen und Perspektiven, in: *Weimarer Beiträge*, 33. Jg. 1987, S. 1070.
75) SAPMO-BArch, DY 30/5200/Bl. 138.
76) 本章で用いた資料からは確認できないが、男性は週末にしばしば修理のアルバイトや、あるいは家庭菜園その他での同じくアルバイト的な作業としての工作などを行い、収入を得ていたといわれる。そうであるならば、週末の余暇を女性が家事と育児のために利用するのも当然であっただろう。いずれにしても、余暇の使い方の中に、「社会活動」の場合だけではない夫婦間の役割分担が見えるのである。Vgl., Hildegard Maria Nickel, Geschlechtertrennung durch Arbeitsteilung, S. 16.
77) 詳しくは本書第2章を参照されたい。
78) Vgl., SAPMO-BArch, DY 30/IV A 2/5/99.

第2部　まとめ

　第2部で述べてきたことを、整理しておこう。
1．これまで見てきたように、DDRにおいては国民の消費生活の向上が無視されるということは決してなかったが、重工業を中心とした計画的な経済建設という基本的な枠組みの中で、消費生活の発展は常に重大な制約を被ってきた。端的に言えば、消費財の生産は重工業生産の犠牲にされてきたのである。だがこのことは単に経済的な資源面からの条件だけによるものではなかった。
　SED/DDRの指導者は一方では国民の消費生活向上に気を配りながらも、他方では国民の消費生活が資本主義的な「豊かな社会」を作り出すことには強い嫌悪感を示してきた。このことがDDRでは一貫して不足していた衣服—服装に関して顕著であったことは、例えばSED中央委員会研究・科学組織部門が出した報告の一節が示している。すなわちそれによれば、1970年代初めのDDRでは「資本主義国のモード傾向を無批判に受容することで服装が急速に道徳的な退廃に向かっている」のである[1]。ここには華美な流行を嫌う小市民的な潔癖性と生活態度が見事に現れているだろう。そしてこうした潔癖性から消費に関しては、計画的に国民の必要とする消費財を供給すればよしとする発想がうまれた。このことを言い換えるならば、SED/DDRの指導者は、国民の消費への欲求をコントロールしうると考えていたことを意味する。こうした考え方は明らかに、消費が新たな消費を作り出すという資本主義的消費社会に内在的なメカニズムにはまったく沿わないものであった。それだけではなく、そもそもこのような考え方で、原理的にどこまで人々の消費への欲求に応えていけるのかも不明である。
　加えて、実際に商品が供給される際には、消費者の欲求への十分な配慮がなされないことが珍しくはなかった。というよりも、自由な商品流通のもとでの消費者による選好が欠如していたがゆえに、消費者の望むところを把握する手段がなかったのである。女性団体、女性雑誌、さらにはテレビ等は商品流通や

品質を監視する役割を一定程度果たしていたとはいえ、結局のところそうした役割も、生産者や販売者に対して消費者の欲求に配慮するよう求めることで終わっていた。言うまでもなく、それによっては消費財の不足は一時的、個別的にしか解消されることがなかったのである。また、このように消費者の欲求に応える術が十分ではなかったことだけではなく、外貨獲得のために商品は国内にではなく、国外へと輸出され、それによっても消費物資の不足は強められた。日常的な消費物質の場合、例えば常に不足していた化繊の衣類、特にナイロン製の製品や、あるいは高級モードが輸出に回されていた[2]。こうして国民の前には品不足、品揃えの悪さということが常態化するのである。

　だが問題は品不足だけではなかった。耐久消費財を初めとする多くの商品の品質の悪さは眼を覆うばかりであった。第4章で衣料品の品質の劣悪さを示す例を挙げたが、衣料品と並んで評判が悪かったのが家電製品であった。第5章で述べたように家電製品を購入できるまでの待機時間の長さも尋常ではなかったが、ようやく手に入れることのできた製品の品質もしばしば非常にお粗末であった。例えば、「DDRのラジオとテレビの修理専門工場では、1967年7月から1968年8月までの間に、有効保証期限内のテレビ79万383台を修理し、そのために常時450名の修理工を雇用することになった。1968年の5〜7月までの間にハレにあるDDR最大のテレビ工場では（製品の——引用者）販売前に38％のテレビを修理しなければならなかった」。メーカーが収益の多い部品しか作ろうとしないため、全体としては部品不足となり欠陥商品が作られたり、修理にきわめて時間がかかるという事態になるのである。部品メーカー側もまたこの事態の中で発注者である人民所有企業との間に、「期限内に部品を供給できない場合には経済的な違約金支払いの義務を負うという契約を結ばない」ことによって、事態を一層悪化させていたのである[3]。こうした状況はDDR経済に一貫してみられたのであり、結局、DDRが崩壊するまで何ら改善されないままであった。

　消費者の側から見た場合、物の不足はウルブリヒト時代を通じて、絶えずみられる状態であったが、物の不足という一種の「飢餓感情」は西ドイツのとの比較を通じて、また耐久消費財の購入に関連して特に顕著に感じられる不公平

感によって、消えることなく人々の意識の中に沈殿していった。そしてそのことがまた、東ドイツの政策担当者の意識と行動を制約することにもなったのである。とりわけ、新経済システム（NÖS）が導入される以前には、こうした物不足感と実際の物不足は、人々の社会主義体制への支持、あるいは同調を制限し、しばしば体制の安定を損ねることになった。まさに満たされない国民の消費意欲は、支配政党にとっては危険な爆薬であったのである。

　それではウルブリヒト時代のDDRにおいて、1953年を別とすれば、なぜこの危険な爆発物の爆発を押さえることができたのか。ソ連の存在という根本的な条件は別として、言うまでもなく1つの理由は、SEDの指導者が国民の消費意欲を刺激すること、その前提となる消費財の生産に力を──重工業をはじめとする基幹産業に重点を置く経済政策の根本原則に手をつけることはないままに──注いだことである。その最も成功した例が新経済システムであった。そして1950年代後半からの耐久消費財の普及拡大、さらには新経済システムの中での消費生活の向上は、それによって物不足を解消することはなかったとはいえ、それでも豊かな生活への人々の激しい渇望感を一定程度和らげることになった。同時に、そうした生活向上にもかかわらず存在した行列に象徴されるような、独特の消費文化が形成されることにもなったのである。そしてこのことが、不満の爆発を押さえるもう1つの原因となった。なぜなら、この消費文化の中には物不足を補うような、人々による共助のネットワークの形成が含まれ、人々はそれを前提にして自己の利益の実現を図るか、あるいは実現可能性を見通すことができたからである。

　ところで、人々が自己の利益を実現するに際して重要であったのは、ささやかな「特権」の存在であった。それは「特権」保持者のみが利益を得るという意味においてではなく、むしろ、彼らの存在が消費財の生産と供給に関する計画の──ある場合には偏った──達成を助けたという意味においてである。人々の共助のネットワークもこれを前提に機能したのである。DDR社会主義は、消費生活という面から見れば、SED/DDRの支配システムと「下から」のネットワークという2分化された構造ではなく、両者がささやかな「特権」を媒介に相互に結びついているところに特徴があったのである。なお、投書や

雑誌、テレビ、女性団体等々の役割は、この支配とネットワークの中間部分を拡大させ、そのゆがみをただそうとするところに意義があっただろう。

2. 本書ではドイツにおける消費社会の展開を考察するに当たり、1つの焦点を労働者においてきた。第1部で述べたように、ヴァイマル時代から戦後西ドイツの「経済の奇跡」までの間に、少なくともドイツの西半分では労働者階級の「消滅」というような事態が、必要なものではなく欲するものを消費するような消費社会の発展の中で生じた。それでは、消費水準の面で到底西ドイツに及ばなかった東ドイツにおいては、労働者階級の「消滅」という事態は生じなかったのであろうか。言うまでもなく、労働者と農民の国家である東ドイツにおいて、労働者階級の「消滅」はありえなかった。東ドイツの社会を見る際に、公表されている資料から誰が労働者であるのかを規定することは難しく、事実労働者に代わって広範な「勤労者」というカテゴリーが用いられることが多かった。労働者階級はこの中に含まれていたが、ホーネッカー時代にはその割合は全就労者中の大体38％程度であった[4]。明らかに労働者階級は消滅していないのである。しかし、労働者に代わって「勤労者」という用語が登場してくることには、消費生活という面から見るとき、ある現実、すなわち西ドイツにおける労働者階級の「消滅」とは意味の異なるDDRに独自の現実が反映していた。

　繰り返し述べてきたように、東ドイツにおける商品、なかでも耐久消費財の品揃えは悪く、種類も少なかった。有名な車「トラバント」がマイナーチェンジとも呼べないほどの品質改善もなしに、数十年間にわたって同一モデルのまま提供されてきたことからもわかるように、必要を満たすという観点から商品が供給されている限り、人々の購入できるモノに大きな差はない。その結果、消費財の購入に関する限り、基本的に、一種の平等性がDDRでは支配することになった。ヴァイマル時代以降ドイツの労働者階級に生じてきたことは、必要な消費財に欠ける状況から欲する消費財を入手できるようになったことであった。東ドイツでは特殊な物不足のゆえに、直ちに必要なものや欲するものを入手できるとは限らなかったが、それでも他の人々――その中には労働者以外

の人々が含まれる――と同じように、労働者もまた必要であったり、あるいは欲するような消費財を入手することができた―できなかったのである。このような特別な意味で、東ドイツにおける労働者はもはやモノを持たない特殊な存在ではなくなり、労働者階級は「消滅」したのである。もちろん、消費水準の面で西ドイツと同等ではありえなかったのは言うまでもない。しかしそのことは労働者に限定されることではなかったから、特に問題とすべきことではなかったのである。要するに西ドイツにおいては消費生活の発展が労働者階級の「消滅」をもたらしたのに対して、東ドイツでは消費水準の向上にも拘わらず存在していた物不足の特殊なあり方が、消費生活の面で他と区別された存在という限定的な意味での労働者階級の「消滅」を引き起こしたのである。

　だが、「不足の社会」は消費に関連して、「労働者」とは別の新たな区分のカテゴリーを生み出した。これまでみてきたように、都市と農村のいずれに居住するか、就労する企業の規模はどの程度か、「特権」を持つか持たないか、労働者であるかインテリであるか、男であるか女であるか、どのような共助のネットワークを持つか等々、いろいろな区分枠が生まれ、人はそのどこに位置するかで消費水準に大きな違いが出てくるのである。なかでも耐久消費財の場合、それを入手するまでの待機時間に大きな差が生まれた。

　西ドイツで消費生活の発展が労働者階級を「消滅」せしめたことは、もちろん、個々の労働者が例えばホワイトカラーよりも消費水準において低いことを否定するものではなかったが、それなりに欲するものを手に入れることができないわけではなかったし、まして必要とするものを入手できないわけではなかった。だがDDRでは欲するものはおろか、ときには必要とするものでさえも、人がどのような位置にあるかに応じて、入手できる可能性に大きな差が生まれた。消費の平等化を目指したDDRは実際には大きな不平等を生み出していたのである。先に述べた共助のネットワークもそうした不平等を前提に機能したと考えるべきであろう。かつて労働者階級に固有のミリューが存在していたときには、その中で機能したはずの共助のネットワークは、労働者階級が「消滅」したDDRでは、必要とするもの、欲するものを入手するために、独特の消費文化の中で、消費文化の一部として、人が労働者であるか、ホワイトカラ

ーであるか、あるいはインテリであるかに関わりなく、相互に結びついて形成されるのである。

3．DDRの消費文化の中で見過ごすことのできない問題の１つは、それが男女の性別役割分担に対してさほどの違和感を持っていなかったように見えることである。戦後西ドイツにおける消費生活の発展は、一定の限度内ではあるが、女性の主体意識を強める方向に作用した。確かにその場合でも、女性の主体性は性別役割分担を前提として、家庭における消費生活のあり方へと限定されていたことは否めなかった。だが、それによって女性はまた一定の社会的な役割を果たすこと、すなわち「経済の奇跡」に重要な貢献をしていることが強調されもしたのである。女性の主体性のそのようなあり方は、妻であり母であることを通じて社会に寄与することになるという、女性の役割に関するナチス時代の論理とある連続性を有していた。この点からすれば、政治制度の大きな断絶にも拘わらず、第２次世界大戦後の西ドイツとナチズム期の社会との間に断絶があったとみるべきではないだろう。

　これに対してDDRの場合は、女性の社会的な解放、男女の同権が言われ、ナチズム期との断絶は明らかなように見えたが、実際にはむしろ女性は就労の場においては二次的な存在のままであった。様々な調査によれば、喧伝された「同一労働・同一賃金」という原則でさえも満たされることはなかった。そのような不利な状況の中で、働くことが「義務」でもあれば、社会的な「強制」でもあった女性にとって、二重―多重負担は自明のこととしてのしかかってきたのであり、それをいかに処理していくかは、「才幹」の問題であった。だが男性の場合にはいわば「オプション」としてのみ、家事や育児の問題に関わったのである。性別役割分担のこうしたあり方からして、少なくともウルブリヒト時代のDDRは顕著に保守的な社会であったと言っても過言ではないだろう。

　この保守的な社会の中で、「図6-1」の行列に関する風刺画からもわかるように、独特の消費文化は主として女性によって担われながら形成されてきた。日常的な消費行動が主として家事と育児に関わり、それを担ったのが主に女性であった以上、このことは当然である。この消費文化の中での人々の行動は、

まさに行列に対する不満に表されるように、絶えず「不足」を意識させたが、同時に、消費を支える様々な人間関係を形成させることにもなった。消費に関わる人間のネットワークも主に女性によって担われていたとはいえ、日曜大工や、車や電気製品の簡単な修理など、主に男性が行う活動にも有効であった。人々はその中で初めて、物を買い込む喜びを体験し、一定の消費水準の確保に成功したのである。その限りでこの人間関係は社会の安定化要因でもあった。

東ドイツの女性には、西ドイツの女性が「経済の奇跡」のなかでもっていたような、限定的な主体性を有することは無かったのか？　われわれの見てきた資料からは、この点については何も答えられない。しかし「不足の経済」の中で入手可能なものは何であれ購入するというような「消費文化」が存在するところでは、西ドイツの場合にはみられたような、何を、いつ購入するか、購入した家電製品をどのように使うか等々の点で、女性が特に「主体性」を発揮する理由は存在しないだろう。

性別役割分担が強固に残り、また女性が主体性を発揮する余地が乏しいとするならば、DDRにおける家族は一種家父長的とも言いうるよう家庭であったのだろうか？　これについても確定的な議論をすることはできないが、これまでみてきたように、家事の面で夫婦間の協力は拡大する傾向にあったこと、女性のキャリアアップに賛成する男性も少なくなかったこと、さらに余暇の過ごし方のうちに意図的とも思える役割区分があったことなどからして、女性の二重負担は必ずしも、家庭内での男性支配を意味するものではなかったことが推測できる。結局、DDRが崩壊するまで十分に発達することがなかったとはいえ、コインランドリーの普及、商店のサービスの改善、レストランや調理済み食品の拡充等々による消費生活の向上と、保育園や学校給食制度の充実などがあれば、おそらくは女性の負担ははるかに軽減されたであろう。だが、こうしたことはSED/DDRの指導部が絶えず国民に約束しながら、実現できなかったことであった。まさに、消費生活を犠牲にしての社会主義建設が女性の二重―多重負担を、したがって、性別役割分担を残すことに寄与したのである。

ところで、性別役割分担が牢固に根を張ったDDRにおいて、現代的な消費活動の焦点をなす余暇はまさに男性の事柄であった。ウルブリヒト時代のささ

やかな消費生活の発展は、二重―多重負担が当然であった女性に対しては、決して十分な余暇を保証してはいなかったのである。女性の自由になる時間は一貫して男性の7割程度しかなかった[5]。だがそうであるからこそ、女性が余暇に関わるとき、それは男性との間に顕著な相違を示していたのだろう。これまで見てきたように、女性は男性に比べれば、はるかに自分自身の能力の開発、とりわけ知的能力の陶冶に余暇を充てたのである。こうした傾向がDDR時代を通じて一貫したものであったことは、女性の高等教育への進学率の高さからも窺うことができる。さらに、本章では取り上げなかったが、女性には男性とは異なる分野で余暇活動を行い、そこでの消費を示す傾向が存在していたと言われる。例えばそれは、化粧品のような嗜好品の購入や娯楽的活動、さらには裁縫のような伝統的な女性の趣味に向けられたのである[6]。このような女性に独特の余暇の過ごし方があるとき、それは男女の性別役割分担に対しては、いったいどのような影響を及ぼしたのだろうか。もしも、余暇の時間こそが本来の自分を表す時間であるという、ヴァイマル時代以来時を追うにつれて顕著になってきた精神的な傾向がDDRにおいても認められるとするならば、女性の余暇を制限する二重―多重負担に対して女性も次第に違和感を強め、男性に対して家事と育児への参加を求めることになるだろう。最近の研究は女性就労の拡大が性別役割分担にも影響を及ぼしていたことを明らかにしているが[7]、先に見たように、男性でも家事や育児に参加するべきと考えている男性が少なくなかった。このことは女性就労の拡大ばかりではなく、女性の余暇との関係でも捉えられるべきであろう。

　いくつかの研究は、すでに1960年代から余暇を利用した旅行が人々の視野に入ってきていることを示していた[8]（図6-3参照）。先に見たように、労働者の場合には貯金をする余裕がない人間が多かったが、60年代後半に入ると全体的な傾向としては将来の旅行のために貯金をするという人間が増え、実際に、自営業者やインテリの場合には旅行をする人間も増えていたのである[9]。だがそれでも一般に、女性にとって自由になる時間が乏しかったことを考えるならば、多くの人々にとって旅行が普通のこととなるのはまだ先のことといっても誤りではないだろう。むしろ重要なことは、そのとき、ようやく緒につき始

たばかりの余暇社会に見られた余暇への男女の関わりの相違が、どのように変化するか、そのことが消費生活の発展の中での男女の関係にいかに影響するかである。なぜなら、余暇を利用しての旅行の拡大はDDRの場合にも西ドイツの場合と同様、自家用車の普及とともに、集団的な旅行

図6-3 「テープレコーダーだったよ、お前」[10]
（出典）*Eulenspiegel*, 14. Jg. 1967, Nr. 31, S. 14.

から個人的─家族的旅行へと急速に変化したからである。そうした個人的─家族的な旅行の拡大はいわば余暇が個人化していくことを表現しているが、そのことはこれまでみてきたような消費に関わる人間のネットワークの存在とそれを通じての個人の利益の実現というDDR社会の独特のあり方にどのように影響していくのであろうか。この問題はホーネッカー時代に現れてくる問題であり、したがって、ここでの課題ではない。われわれはむしろ、ウルブリヒト時代のDDRにおける消費生活の発展が、その下で形成されてきた独特の消費文化を否定する可能性をうちに含んでいたことを確認しておけばよい。

　このようにみてくると、DDRにおいては性別役割分担という男女の社会的な関係、ジェンダー秩序はDDR社会を特徴づけてはいるが、「経済の奇跡」の中でジェンダー秩序が完成するとともに、それが変容ないしは解体していくであろう可能性が見えてきた西ドイツの場合のように、社会を根底から変動させていく可能性を含んではいなかったように見える。DDRの社会を根底から揺るがす可能性があった特徴的な構造はジェンダー秩序ではなく、共助のネットワークを通じて自己の利益を実現しようとする人々の行動と支配のシステムとの先に述べたような関係にあるだろう。

注
1) Abt. Handel, Versorgung und Außenhandel des ZK, und Abt. Forschung und Wissenschaftsorganisation des ZK, Information zu einigen Problemen der Versorgung der Bevölkerung mit Konsumgütern vom 10. Aug. 1970, SAPMO-BArch, DY 30/J IV 2/2 J/3085, Politbüro, S. 12.
2) *Magazin*, 1963, H. 1, S. 74 ; 1964, H. 1, S. 82 ff ; 1965, H 4, S. 57 ff.
3) SAPMO-BArch, DY 30/5443, ZK. der SED. Sekretariat/Beschlußauszüge von Sitzungen des sekretariats, Dez. 1968. Bl. 16-17, Komitee der Arbeiter-und-Bauern-Inspektion, „Bericht über die gegewärtige Situation auf dem Gebiet der örtliche Versorgungswirtschaft, insbesondere über die Bereitstellung von Reparaturkapazitäten zur Sicherung des Bevölkerungsbedarfs in Vorbereitung des 20. Jahrestages der DDR" vom 28. Nov. 1968. Vgl., SAPMO-BArch, DY 30/J IV 2/2 J/3085/Bl. 6.
4) Hermann Weber, *Geschichte der DDR*, S. 318.
5) H. M. Nickel, a. a. O., S. 245, Tab. 11.
6) I. Merkel, *Utopie und Bedürfnis*, a. a. O., S. 350 ff.
7) Leonore Ansorg, ›Irgend wie war da eben kein System drin‹, a. a. O., S. 75-118.
8) Gunhild Fuhrmann, Ferienscheck und Balaton, S. 273 ff.
9) W. Kaschuba u. a., Forschugsbericht, a. a. O., S. 715.
10) 男性は当時世界的に流行していた8ミリ撮影機をもってきたつもりなのである。なお、小型テープレコーダーも当時の人気商品であった。

参考文献

略語

AHR	American Historical Review
AfS	Archiv für Sozialgeschichte
APZ	Aus Politik und Zeitgeschichte
DA	Deutschland Archiv
GG	Geschichte und Gesellschaft
GWU	Geschichte in Wissenschaft und Unterricht
HZ	Historische Zeitschrift
JCH	Journal of Contemporary History
JfSS	Jahrbuch für Soziologie und Sozialpolitik
JfWG	Jahrbuch für Wirtschaftsgeschichte
JMH	Journal of Modern History
MKF	Mitteilungen aus der kulturwissenschaftlichen Forschung
NPL	Neue politische Literatur
VfZ	Vierteljahreshefte für Zeitgeschichte
ZfG	Zeitschrift für Geschichtswissenschaft

Abelshauser, Werner [1983] *Wirtschaftsgeschichte der Bundesrepublik Deutschland (1945-1980)*, Frankfurt a. M.

Abelshauser, Werner, Anselm Faust, Dietmar Petzina (Hg.) [1985] *Deutsche Sozialgeschichte 1914-1945. Ein historisches Lesebuch*, München.

Allinson, Mark [2000] *Politics and Popular Opinion in East Germany 1945-1968*, Manchester.

Alter, Peter (Hg.) [1994] *Im Banne der Metropolen. Berlin und London in den zwanziger Jahren*, Göttingen, Zürich.

Ambrosius, Gerold [1977] *Die Durchsetzung der Sozialen Marktwirtschaft in Westdeutschland 1945-1949*, Stuttgart.

Andersen, Arne [1997] *Der Traum vom guten Leben. Alltags-und Konsumgeschichte vom Wirtschaftswunder bis heute*, Frankfurt a. M., New York.

Angster, Julia S. [2003] The Westernization of the Political Thought of the West German Labor Movement, in: J-W-Müller, pp. 76-97.

Ansorg, Leonore [1999] >Irgend wie war da eben kein System drin<. Strukturwandel und Frauenerwerbstätigkeit in der Ost-Prignitz (1968-1989), in: Th. Lindenberger (Hg.), S. 75-118.

Ansorg, Leonore, Renate Hürtgen [1999] The Myth of Female Emancipation: Contradictions in Women's Lives, in: K. Jarausch (ed.), pp. 143-162.

Autorenkollektiv [1974] *Dokumente der revolutionären deutschen Arbeiterbewegung zur Frauenfrage 1848-1974*, Leipzig.

Badstübner, Evemarie [2000] „Zeig, wie das Leben lacht und liebt". Die Unterhaltungszeitschrift *Das Magazin* und ihre Leser zwischen 1954 und 1970, in : dies (Hg.), S. 432-470.

Badstübner, Evemarie (Hg.) [2000] *Befremdlich anders. Leben in der DDR. Mit Nachbetrachtung von Dietrich Mühlberg*, Berlin.

Badstübner, Rolf, Heinz Heitzer (Hg.) [1979] *Die DDR in der Übergangsperiode. Studien zur Vorgeschichte und Geschichte der DDR 1945 bis 1961*, 2. Aufl., Berlin (O.).

Bajohr, Frank, Werner Johe, Uwe Lohalm (Hg.) [1991] *Zivilisation und Barbarei. Die widersprüchlichen Potenziale der Moderne. Detlev Peukert zum Gedenken*, Hamburg.

Bajohr, Stefan [1979] *Die Hälfte der Fabrik. Geschichte der Frauenarbeit in Deutschland 1914 bis 1945*, Marburg.

Bald, Detlef [1998] „Bürger in Uniform": Tradition und Neuanfang des Militärs in Westdeutschland, in : A. Schildt u. a. (Hg.), S. 392-402.

Baldock, Cora, Bettina Cass (eds.) [1983] *Women, Social Welfare and the State*, London, Sydney.

Bahring, Arnulf [1983] *Der 17. Juni 1953*. Neuaufl., Köln, Berlin.

Barthel, Horst [1982] Probleme und Ergebnisse der marxistisch-leninistischen Sozialpolitik in der Übergangsperiode vom Kapitalismus zum Sozialismus, in : R. Badstübner u. a. (Hg.), S. 134-158.

Bauerkämper, Arnd [2005] *Die Sozialgeschichte der DDR*, Oldenbourg.

Becher, Ursula A. J. [1990] *Geschichte des modernen Lebensstils. Essen-Wohnen-Freizeit-Reisen*, München.

Becker, Franziska, Ina Merkel, Simone Tippach-Schneider (Hg.) [2000] *Das Kollekitv bin ich : Utopie und Alltag in der DDR*, Köln, Weimar, Wien.

Becker-Schmidt, Regina [1987] „Nicht wir haben die Minuten, die Minuten haben uns......" Zeit-und Umstellungsprobleme lohnabhängigarbeitender Mütter, in : *MKF* 22, S. 64-73.

Beck-Gernsheim, Elisabeth [1983] Vom ›Dasein für andere‹, zum Anspruch auf ein Stuck ›eigenes Leben‹: Individualisierungsprozeß im weiblichen Lebenszusammenhang, in : *Soziale Welt*, 34/3, S. 306-340.

Begemann, Sabine [1992] Familiäre Bedingungen und Zeitverhalten von Industriearbeiterinnen in den 1920er Jahren, in : *MKF* 30, S. 76-85.

Behrenbeck, Sabine [2003] The Transformation of Sacrifice : German Identity Between Heroic Narrative and Economic Success, in : P. Betts et al. (eds.), pp. 110-136.

Behring, Erna [1985] Wir konnten unser Leben nicht bestimmen, in : I. Weyrather (Hg.), S. 15-61.

Benz, Ute (Hg.) [1993] *Frauen im Nationalsozialismus. Dokumente und Zeugnisse*, München.

Benz, Wolfgang (Hg.) [1983] *Die Bundesrepublik Deutschland. Geschichte in drei Bänden, Bd. 2 Gesellschaft*, Frankfurt a. M.

Berghahn, Volker R. [1995] West German Reconstruction and American Industrial Culture, 1945-1960, in: R. Pommerin (ed.), pp. 65-82.

Berghoff, Hartmut [1996] Konsumgüterindustrie im Nationalsozialismus. Marketing im Spannungsfeld von Profit-und Regimeinteressen, in: *AfS* 36, S. 293-322.

Berghoff, Hartmut (Hg.) [1999] *Konsumpolitik. Die Regulierung des privaten Verbrauchs im 20. Jahrhundert*, Göttingen.

Bernett, Hajo [1987] Die Auseinandersetzung mit dem bürgerlichen Sport, in: H. J. Teichler u. a. (Hg.), S. 57-62.

Bessel, Richard [1993] *Germany after the First World War*, Oxford.

Bessel, Richard, Edgar J. Feuchtwanger (eds.) [1981] *Social change and political development in Weimar Germany*, London.

Bessel, Richard, Ralph Jessen (Hg.) [1996] *Die Grenzen der Diktatur. Staat und Gesellschaft in der DDR*, Göttingen.

Betts, Paul [2000] The Twilight of the Idols: East German Memory and Material Culture, in: *JMH* 72, 2000, pp. 731-765.

Betts, Paul, Greg Eghigian (eds.) [2003] *Pain and Prosperity. Reconsidering Twentieth-Century German History*, Stanford.

Beyer, Jutta, Eberhard Holtmann [1985] „Auch die Frau soll politisch denken"—oder „Die Bildung des Herzens". Frauen und Frauenbild in der Kommunalpolitik der frühen Nachkriegszeit 1945-1950, in: *AfS* 35, S. 385-419.

Blecking, Dietheim (Hg.) [1983] *Arbeitersport in Deutschland 1893-1933. Dokumentation und Analysen*, Köln.

Blos, Anna (Hg.) [1930] *Die Frauenfrage im Lichte des Sozialismus*, Dresden.

Boak, Helene L. [1981] Women in Weimar Germany. The 'Frauenfrage' and the Female Vote, in: R. Bessel, E. J. Feuchtwanger (eds.), pp. 154-175.

Bock, Gisela, Pat Thane (eds.) [1991] *Maternity and Gender Policies. Women and the Rise of European Welfare States, 1880s-1950s*, London.

Boll, Friedhelm (Hg.) [1986] *Arbeiterkulturen zwischen Alltag und Politik. Beiträge zum europäischen Vergleich in der Zwischenkriegszeit*, Wien.

Borsdorf, Ulrich (Hg.) [1987] *Geschichte der deutschen Gewerkschaften. Von den Anfängen bis 1945*, Köln.

Borsdorf, Ulrich, Mathilde Jamin (Hg.) [1989] *Überleben im Krieg. Kriegserfahrungen in einer Industrieregion 1939-1945*, Reinbeck bei Hamburg.

Bouvier, Beatrix [1998] Forschungen zur DDR-Geschichte. Aspekte ihrer Konjunktur und Unübersichtlichkeit, in: *AfS* 38, S. 555-590.

Bouvier, Beatrix [2002] *Die DDR-ein Sozialstaat? Sozialpolitik in der Ära Honecker*, Bonn

Braun, Lily [1979] Reform der Hauswirtschaft, in: G. Brinker-Gabler (Hg.), S. 275-283.

Bredow, Wilfried v. [1999] Sicherheitspolitische und gesellschaftliche Herausforderungen der Bundeswehr vom Kalten Krieg bis zum Beginn des 21. Jahrhunderts, in: Th. Ellwein, E. Holtmann (Hg), S. 297-309, Wiesbaden.

Bremme, Gabriele [1956] *Die politische Rolle der Frau in Deutschland. Eine Untersuchung über den Einfluß der Frauen bei Wahlen und ihre Teilnahme in Partei und Parlament*, Göttingen.

Bridenthal, Renate [1984] Professional Housewives. Stepsisters of the Women's Movement, in: R. Bridenthal et al. (eds.), pp. 153-173.

Bridenthal, Renate, Atinna Grossmann, Marion Kaplan (eds.) [1984] *When Biology Became Destiny. Women in Weimar and Nazi Germany*, New York.

Briesen, Detlef [2001] *Warenhaus, Massenkonsum und Sozialmoral. Zur Geschichte der Konsumkritik im 20. Jahrhundert*, Frankfurt a. M., New York.

Brinker-Gabler, Gisela (Hg.) [1979] *Frauenarbeit und Beruf*, Frankfurt a. M.

Broszat, Martin, Klaus-Dietmar Henke, Hans Woller (Hg.) [1988] *Von Stalingrad zur Währungsreform. Zur Sozialgeschichte des Umbruchs in Deutschland*, München.

Buchheim, Christoph [1990] Wirtschaftliche Hintergründe des Arbeiteraufstandes vom 17. Juni 1953 in der DDR, in: *VfZ* 1990/3, S. 415-433.

Buchheim, Christoph [1999] Kriegsfolgen und Wirtschaftswachstum in der SBZ/DDR, in: *GG* 25, S. 515-529.

Budde, Gunilla-Friedricke (Hg.) [1997] *Frauen arbeiten. Weibliche Erwerbstätigkeit in Ost-und Westdeutschland nach 1945*, Göttingen.

Budde, Gunilla-Friedricke [1999] Heldinnen der Arbeit. Öffentliche Fremd-und Selbstdarstellungen von Arbeiterinnen in der DDR der 50er und 60er Jahre, in: P. Hübner u. a. (Hg.), S. 849-866.

Bude, Heinz [1995] The German Kriegskinder: origins and impact of the generation of 1968, in: M. Roseman (ed), pp. 290-305.

Bundesministerium für inner-deutsche Beziehungen (Hg.) [1985] *DDR Handbuch* 2 Bde., 3. überarb. u. erw. Aufl., Köln.

Bussemer, Herrad U., Sybylle Meyer, Barbara Orland, Eva Schulze [1988] Zur technischen Entwicklung von Haushaltsgeräten, in: Tornieporth (Hg.), S. 116-127, Berlin.

Caldwell, Peter C. [2003] *Dictatorship, State Planning, and Social Theory in the German Democratic Republic*, Cambridge.

Canning, Kathleen [1992] Gender and the Politics of Class Formation: Rethinking German Labor History, in: *AHR* 97, 1992/3, p. 736-768.

Carter, Erica [1997] Alice in the Consumer Wonderland: West German Case Studies in Gender and Consumer Culture, in: R. G. Moeller (ed.), 1997, pp. 347-372.

Carter, Erica [1997] *How German Is She? Postwar West German Reconstruction and the Consuming Woman*, Ann Arbor.
Cattaruzza, Marina [1989] Arbeiterkultur, Arbeiterbewegungskultur, Männliche Kultur, in: *NPL*, Jg. 34/2, S. 256-277.
Chamberlain, Sigrid [1997] *Adolf Hitler, die deutsche Mutter und ihr erstes Kind. Über zwei NS-Erziehungsbücher*, Gießen.
Childs, David [2001] *The Fall of the GDR. Germany's Road to Unity*, Harlow.
Ciesla, Burghard, Michael Lemke, Thomas Lindenberger (Hg.) [2000] *Sterben für Berlin? Die Berliner Krise 1948 : 1958*, Berlin.
Cocks, Geoffrey, Konrad H. Jarausch (eds.) [1990] *German Professions, 1800-1950*, New York, Oxford.
Cohen, Elisabeth [1990] *Making a New Deal : Industrial Workers in Chicago 1919-1939*, Cambridge/Mass.
Confino, Alon, Rudy Koshar [2001] Regime of Cosumer Culture: New Narratives in Twentieth Century German History, in: *German History*, 19/2, pp. 135-161.
Cornelson, Doris [1989] „Die Volkswirtschaft der DDR: Wirtschaftssystem-Entwicklung-Probleme", in: W. Weidenfeld u. a. (Hg.), S. 275-284.
Crew, David F. [1998] Gender, Media and Consumerism in Germany, 1920s-1950s, in: *Journal of Social History* 1998, pp. 395-402.
Crew, David F. [2003] *Consuming Germany in the Cold War*, Oxford, New York.
Crew, David F. [2004] Auftakt zum Kalten Krieg? Wie sich die DDR an die Bombardierung Dresdens in Februar 1945 erinnerte, in: D. Münkel u. a. (Hg.), S. 287-296.
Dammer, Susanne [1981] Kinder, Küche, Kriegsarbeit—Die Schulung der Frauen durch die NS-Frauenschaft, in: Frauengruppe Faschismusforschung (Hg.), S. 215-245.
Daunton, Martin, Matthew Hilton (eds.) [2001] *The Politics of Consumption. Material Culture and Citizenship in Europe and America*, Oxford, New York.
Dehn, Günther [1929] *Proletarische Jugend. Lebensgestaltung und Gedankenwelt der großstädtischen Proletarierjugend*, Berlin.
Dennis, Mike [2000] *The Rise and Fall of the German Democratic Republic, 1945-1990*, Harlow.
Der Deutsche Bundestag [12. Wahlperiode] (Hg.), [1995] *Materialien der Enquete-Kommission „Aufarbeitung von Geschichte und Folgen der SED-Diktatur in Deutschland"*, Baden-Baden.
Der Deutsche Bundestag [13. Wahlperiode] (Hg.) [1999] *Materialien der Enquete-Kommission „Überwindung der Folgen der SED-Diktatur im Prozeß der deutschen Einheit"*, Baden-Baden.
Deutscher Textilarbeiterverband (Hg.) [1930] *Mein Arbeitstag—mein Wochenende. 150 Berichte von Textilarbeiterinnen*, Berlin.
Dickinson, Edward [1996] *The Politics of German Child Welfare from the Empire to the*

Federal Republic, Cambridge.
Dietz, Gabriele [1994] Sozius-Miezen. Halbstarke Mädchen, in: *Hart und Zart*, S. 232-236.
Discher, Gisela (Hg.) [1982] *Eine stumme Generation berichtet. Frauen der dreißiger und vierziger Jahre*, Frankfurt a. M..
Doering-Manteuffel, Anselm [1993] Deutsche Zeitgeschichte nach 1945. Entwicklung- und Problemlagen der historischen Forschung zur Nachkriegszeit, in: *VfZG*, 1993/1, S. 1-29.
Doering-Manteuffel, Anselm [1995] Dimension von Amerikanisierung in der deutschen Gesellschaft, in: *AfS* 35, S. 1-34.
Doering-Manteuffel, Anselm [1999] *Wie westlich sind die Deutschen? Amerikanisierung und Westernisierung im 20. Jahrhundert*, Göttingen.
Doering-Manteuffel, Anselm [2003] Westernisierung. Politisch-ideeller und gesellschaftlicher Wandel in der Bundesrepublik bis zum Ende der 60er Jahre, in: A. Schildt u. a. (Hg.), S. 311-341.
Doering-Manteuffel, Anselm [2003] Eine neue Stufe der Verwestlichung? Kultur und Öffentlichkeit in den 60er Jahren, in: A. Schildt u. a. (Hg.), S. 661-672.
Dölling, Irene [1990] Frauen-und Männerbilder. Eine Analyse von Fotos in DDR-Zeitschriften, in: *Feministische Studien*, 1990/1, S. 35-49.
Dölling, Irene [1993] Gespaltenes Bewußtsein—Frauen-und Männerbild in der DDR, in: G. Helwig u. a. (Hg.), S. 23-52.
Dölling, Irene [1995] Die Bedeutung von Erwerbsarbeit für weibliche Identität in der ehemaligen DDR, in: *MKF* 36, S. 40-54.
Dölling, Irene [1996] Das Veralten der Frauenforschung, in: *MKF* 37, S. 601-619.
Drohsel, Petra [1984] Die Entlohnung der Frau nach 1945, in: A.-E. Freier u. a. (Hg.), S. 202-230.
Drommer, Günther (Hg.) [1999] *50 Jahre DDR. Der Alltag der DDR, erzählt in Fotografien aus dem Archiv des AND. Mit Texten von Helga Königsdorf und Walter Heilig*, Berlin.
Dussel, Konrad [1999] Amerikanisierung und Postmoderne in der Bundesrepublik, in: *GWU* 50, S. 221-238.
Dyke, Elizabeth A. Ten [2001] Tulips in December: Space, Time and Consumption before and after the End of German Socialism, in: *German History* 19/2, pp. 253-276.
Eckart, Christel, Ursula G. Jaerisch, Helgard Kramer [1979] *Frauenarbeit in Familie und Fabrik. Eine Untersuchung von Bedingungen und Barrieren der Interessenwahrnehmung von Industriearbeiterinnen*, Frankfurta. M., New York.
Eichborn, Ulrike [1996] Ehestandsdarlehen. Dem Mann den Arbeitsplatz, der Frau Heim, Herd und Kinder, in: A. Kuhn (Hg.), S. 48-64.
Eisenberg, Christiane [1993] Massensport in der Weimarer Republik. Ein statistischer

Überblick, in : *AfS* 33, S. 137-178.
Eley, Geoff [2004] Frauen und der geschlechtsbezogene nationale Staatsbürgerstatus in Deutschland 1880-1914, in : D. Münkel u. a. (Hg.), S. 217-226.
Ellerkampf, Marlene [1986] Zeiterfahrung von Textilarbeiterinnen : Ein Leben ohne Muße, in : *Bremisches Jahrbuch* 64, S. 169-92.
Ellwein, Thomas, Eberhard Holtmann (Hg.) [1999] *50 Jahre Bundesrepublik Deutschland. Rahmenbedingungen- Entwicklungen- Perspektiven*, Wiesbaden.
Enders, Ulrike [1984] 〉......damit sie ihre Pflichten als Berufstätige, Ehefrau und Mutter immer besser vereinbaren kann.〈 Zu einigen Aspekten der Lebensbedingungen von Frauen in der DDR, in : I. Spittmann (Hg.), S. 37-48.
Ermarth, Michael (ed.) [1993] *America and the Shaping of German Society 1945-1955*, Providence, Oxford.
Ernst, Anna-Sabine [1989] Von der Bekleidungskultur zur Mode. Mode und soziale Differenzierung in der DDR, in : H.-G. Wehling (Red.), S. 158-179.
Evans, Richard J. [1976] *The Feminist Movement in Germany, 1894-1933*, Beverly Hills.
Evans, Richard J. [1979] *Sozialdemokratie und Frauenemanzipation im deutschen Kaiserreich*, Berlin, Bonn.
Evans, Richard J., Dick Geary (eds.) [1987] *The German Unemployed. Experiences and Consequences of Mass Unemployment from the Weimar Republic to the Third Reich*, London, Sidney.
Fehr, Helmut [1984] Sozialistische Lebensweise und gegenkulturelle Orientierungen, in : I. Spittmann u. a. (Hg.), S. 73-82.
Fehrenbach, Heide [1995] *Cinema in Democratizing Germany. Reconstruction National Identity after Hitler*, London.
Fehrenbach, Heide [1997] Cinema, Spectatorship and the Problem of Postwar German Identity, in : R. Pommerin, 1997, p. 165-195.
Fehrenbach, Heide [2001] „Ami-Liebchen" und „Mischlingskinder". Rasse, Geschlecht und Kultur in der deutsch-amerikanischen Begegnung, in : K. Naumann (Hg.), S. 178-205.
Flagge, Ingeborg (Hg.) [1999] *Geschichte des Wohnens. Bd. 5, Von 1945 bis heute. Aufbau-Neubau-Umbau*, Stuttgart.
Franzen-Hellersberg, Lisbeth [1932] *Die jugendliche Arbeiterin. Ihre Arbeitsweise und Lebensform. Ein Versuch sozialpsychologischer Forschung zum Zweck der Umwertung proletarischer Tatbestände*, Tübingen.
Frauengruppe Faschismusforschung (Hg.) [1981] *Mutterkreuz und Arbeitsbuch. Zur Geschichte der Frauen in der Weimarer Republik und im Nationalsozialismus*, Frankfurt a. M.
Franzoi, Barbara [1985] *At the Very Least She Pays the Rent. Women and German*

Industrialization, 1871-1914, Westport.

Freier, Anna-Elisabeth, Annette Kuhn (Hg.) [1984] „*Das Schicksal Deutschlands liegt in der Hand seiner Frauen*". *Frauen in der deutschen Nachkriegsgeschichte*, Düsseldorf.

Frevert, Ute [1981] Traditionale Weiblichkeit und moderne Interessenorganisation: Frauen im Angestelltenberuf 1918-1933, in: *GG* 7, S. 507-533.

Friedlander, Judith, Blanche Wiesen Cook, Alice Kessler-Harris, Carrol Smith-Rosenberg (eds.) [1986] *Women in Culture and Politics. A Century of Change*, Bloomington.

Fromm, Erich [1980] *Arbeiter und Angestellte am Vorabend des Dritten Reiches. Eine sozialpsychologische Untersuchung*, Stuttgart.

Fuhrmann, Gunhild [1993] Ferienscheck und Balaton. Urlaub und Tourismus in den 1960ern, in: *MKF* 33, S. 273-303.

Fulbrook, Mary [1995] *Anatomy of a Dictatorship.Inside the GDR, 1949-1989*, Oxford.

Fulbrook, Mary [1999] Re-Reading Recent (East) German History, in: *German History* 17, pp. 271-284.

Fulbrook, Mary [2001] *20th Century Germany. Politics, Culture and Society 1918-1990*, London.

Fulbrook, Mary [2005] *The People's State. East German Society from Hitler ro Honecker*, New Haven, London

Funk, Alois [1934] *Film und Jugend. Eine Untersuchung über die psychischen Wirkungen des Films um Leben der Jugendlichen*, München.

Gallagher, Ann-Marie, Cathy Lubelska, Louise Ryan (eds.) [2001] *re-presenting the past : Women and History*, Harlow/Essex.

Gassert, Philipp [1997] *Amerika im Dritten Reich : Ideologie, Propaganda und Volksmeinung, 1933-1945*, Stuttgart.

Gassert, Philipp [1999] Amerikanismus, Antiamerikanismus, Amerikanisierung. Neue Literatur zur Sozial-Wirtschafts-und Kulturgeschichte des amerikanischen Einflusses in Deutschland und Europa, in: *AfS* 39, S. 531-561.

Gerhard, Ute [1994] Die staatlich institutionalisierte „Lösung" der Frauenfrage. Zur Geschichte der Geschlechterverhältnisse in der DDR, in: H. Kaelble u. a. (Hg.), S. 383-403.

Gerhard, Ute, Ekkehard Mochmann (Hg.) [1992] *Gesellschaftlicher Umbruch 1945-1999. Re-Demokratisierung und Lebensverhältnisse*, München

Gläßner, Gerd-Joachim [1989] Wissen ist Macht-Macht ist Wissen. Die Kultur-und Bildungsarbeit der Berliner Arbeiterbewegung, in: ders. u. a. (Hg.), S. 237-270.

Gläßner, Gert-Joachim, Detlef Lehnert, Klaus Sühl (Hg.) [1989] *Studien zur Arbeiterbewegung und Arbeiterkultur in Berlin*, Berlin.

Glaser, Hermann [1995] Daily Life and Social Paterns, in: R. Pommerin (ed.), pp. 83-

92.
Glaser, Hermann [2004] *Kleine deutsche Kulturgeschichte von 1945 bis heute*, Frankfurt a. M.
Glaser, Hermann [2005] *Die 50er Jahre. Deutschland zwischen 1950 und 1960*, Hamburg.
Glaß, Frieda, Dorothea Kische [1930] *Die wirtschaftlichen und sozialen Verhältnisse der berufstätigen Frauen. Erhebung 1928/29 durchgeführt von der Arbeitsgemeinschaft Deutscher Frauenberufsverbände*, Berlin.
Goedde, Petra [2003] *GIs and Germans. Culture, Gender, and Foreign Relations, 1945-1949*, New Haven , London.
Gordon, Linda (ed.) [1990] *Women, the State, and Welfare*, Madison.
Görtemaker, Manfred [2004] *Geschichte der Bundesrepublik Deutschland. Von der Gründung bis zur Gegenwart*, Frankfurt a. M. (original München 1999).
Gravenhorst, Lerke, Carmen Tatschmurat (Hg.) [1995] *Töchter-Fragen. NS-Frauen Geschichte*, 2. Aufl., Freiburg i. Br.
Grazia, Victoria de [1989] Mass Culture and Sovereignty : The American Challenge to European Cinemas, 1920-1960, in : *JMH* 61, pp. 53-87.
Grazia, Victoria de [1998] Changing Consumption Regimes in Europe, 1930-1970 : Comprative Perspectives on the Distribution Problem, in : S. Strasser et al. (eds.), pp. 59-84.
Grazia, Victoria de, with Ellen Furlough (eds.) [1996] *The Sex of Things. Gender and Consumption in Historical Perspective*, Berkeley, Los Angeles.
Gries, Rainer [1991] *Die Rationengesellschaft. Versorgungskampf und Vergleichsmentalität. Leipzig, München und Köln nach dem Krieg*, Münster.
Gries, Rainer [2000] Anatomie einer Mangelgesellschaft, *DA* 33/3, S. 462-465.
Gries, Rainer, Volker Ilgen, Dirk Schindelbeck [1995] *„Ins Gehirn der Masse Kriechen!" Werbung und Mentalitätsgeschichte*, Darmstadt.
Grossmann, Atina [1986] *Girlkultur* or Throughly Rationalized Female : A New Woman in Weimar Germany?, in : J. Friedlander et. al. (eds.), pp. 62-80.
Grossmann, Atina [1995] *Reforming Sex : The German Movement for Birth Control and Abortion Reform, 1920-1950*, New York.
Grothewohl, Otto [1954] *Im Kampf um die eigene DDR*, Bd. 1, Berlin.
Grünne, Jutta [2004] Staatliche Überwachung der Lebensmittelqualität. Entstehung ihrer rechtlichen, wissenschaftlichen und institutionellen Prämissen, in : H. J. Teuteberg (Hg.), S. 249-262.
Grüttner, Michael [1984] Arbeiterkultur versus Arbeiterbewegungskultur. Überlegungen am Beispiel der Hamburger Hafenarbeiter 1888-1933, in : A. Lehman, S. 244-282.
Guttsman, W. L. [1984] Arbeiterkultur in der Spannung von Systembejahung und Klassenkampf. Das Beispiel der Weimarer Republik, in : A. Lehmann (Hg.), S. 13-

40.
Haarer, Johanna [1934] *Die Deutsche Mutter und ihr erstes Kind*, o. O. (Berlin).
Hagemann, Karen [1990] *Frauenalltag und Männerpolitik. Alltagsleben und gesellschaftliches Handeln von Arbeiterfrauen in der Weimarer Republik*, Bonn.
Hagemann, Karen [1990] 〉......wir werden alt vom Arbeiten〈 Die soziale Situation alternder Arbeiterfrauen in der Weimarer Republik am Beispiel Hamburgs, in : *AfS* 30, S. 247-295.
Hagemann, Karen [2000] Alltagskultur, Alltagsleben, Wohnkultur, in : G. Kähler (Hg.), S. 183-302.
Hagen, Manfred [1992] *DDR—Juni '53. Die erste Volkserhebung im Stalinismus*, Stuttgart.
Hanke, Helmut [1987] Freizeit in der DDR—Tendenzen und Perspektiven, in : *Weimarer Beiträge* 33, S. 1061-1077.
Harrigan, Renny [1981] Die Sexualität der Frau in der deutschen Unterhaltungsliteratur 1918-1933, in : *GG* 7, S. 412-437.
Harrison, Hope M. [1993] Ulbricht and the Concrete 'Rose': New Archival Evidence on the Dynamics of Soviet-East German Relations and the Berlin Crisis, 1958-1961, in : Working Paper No. 5, Woodrow Wilson Center, Washington, DC.
Harsch, Donna [2000] Approach/avoidance : Communists and women in East Germany, in : *Social History* 25/2, pp. 156-182.
Harsch, Donna [2002] Squaring the circle : the dilemmas and evolution of women's policy, in : P. Major, et al. (eds.), pp. 151-170.
Harvey, Elizabeth [2001] Culture and Society in Weimar Germany : The Impact of Modernism and Mass Culture, in : M. Fulbrook, pp. 58-76.
Haupt, Heinz-Gerhard [2003] *Konsum und Handel. Europa im 19. und 20. Jahrhundert*, Göttingen
Hausen, Karin (Hg.) [1983] *Frauen suchen ihre Geschichte. Historische Studien zum 19. und 20. Jahrhundert*, München.
Hausen, Karin [1984] Mother's Day in the Weimar Republic, in : R. Bridenthal et al. (eds.), pp.131-152.
Hedler, Ernst, Ralf Ulrich [2004] *DDR Design. East German Design. Design de la RDA 1949-1989*, Köln, London, Paris, Madrid.
Heere, Günther [1982] Arbeitersport, Arbeiterjugend und Obrigkeitsstaat 1893 bis 1914, in : G. Huck (Hg.), S. 187-206.
Heinemann, Elizabeth D. [1996] Complete Families, Half Families, No Families at All : Female-Headed Households and the Reconstruction of the Family in the Early Federal Republic, in : *CEH* 29/1, pp. 19-60.
Heinemann, Elizabeth D. [1999] *What Difference Does a Husband Make? Women and Marital Status in Nazi and Postwar Germany*, Berkeley, Los Angels.

Heinemann, Elizabeth D. [2000] Single Motherhood and Maternal Employment in Devided Germany : Ideology, Policy, and Social Pressures in the 1950s, in : *Journal of Women's History* 12/3, pp. 146-172.
Heinemann, Elizabeth D. [2001] Die Stunde der Frauen. Erinnerungen an Deutschlands „Kriegsjahre" und westdeutsche nationale Identität, in : K. Naumann (Hg.), S. 149 -177.
Heinemann, Elizabeth D. [2001] Age and Generation in Women's History. Whose Mothers? Generational Difference, War, and the Nazi Cult of Motherhood, in : *Journal of Women's History* 12/4, pp. 139-163.
Heldmann, Philipp [1999] Konsumpolitik in der DDR. Jugendmode in den sechziger Jahren, in : H. Berghoff (Hg.) S. 135-158.
Heldmann, Philipp [2001] Negotiating Consumption in a Dictatorship : Consumer Politics in the GDR in the 1950s and 1960s, in : M. Daunton et al. (eds.), pp. 185-202.
Heldmann, Philipp [2004] *Herrschaft, Wirtschaft, Anoraks. Konsumpolitik in der DDR der Sechzigerjahre*, Göttingen.
Helwig, Gisela [1987] *Frau und Familie. Bundesrepublik Deutschland--DDR*, Köln.
Helwig, Gisela, Hildegard M. Nickel (Hg.) [1993] *Frauen in Deutschland 1945-1992*, Bonn.
Herf, Jeffrey [1984] *Reactionary Modernism: Technology, Culture, and Politics in Weimar and the Third Reich*, Cambridge.
Hering, Sabine, Kurt Schilde [2000] *Das BDM-Werk „Glaube und Schönheit". Die Organisation junger Frauen im Nationalsozialismus*, Berlin.
Herzog, Dagmar [2001] Antifaschistische Körper. Studentenbewegung, sexuelle Revolution und antiautoritäre Kindererziehung, in : K. Naumann (Hg.), S. 521-551.
Herzog, Dagmar [2003] Post-War Ideologies and the Body Politics of 1968, in : J.-W. Müller (ed.), p. 101-116.
Herzog, Dagmar [2005] *Sex after Fascism. Memory and Morality in Twentieth-Century Germany*, Princeton, Oxford.
Hille, Barbara [1994] Familie in der DDR als Vermittlerin sozialistischer Werte und Normen? in : I. Spittmann u. a. (Hg.), S. 95-104.
Höfig, Willi [1973] *Der deutsche Heimatfilme 1947-1960*, Stuttgart.
Hoffmann, Dierk, Michael Schwartz [2005] *, Sozialpolitische Entwicklungen in Spannungsfeld von Diktatur und Gesellschaft 1945/49-1989*, München.
Hong, Young-Sun [2002] Cigarette Butts and the Building of Socialism in East Germany, in : *CEH* 35/3, pp. 327-344.
Hönig, Klaus [1995] *Der Bund Deutscher Frauenvereine in der Weimarer Republik 1919-1933*, Egelsbach, Frankfurt a. M., Washington.
Hornig, Daphne, Christine Steiner [1995] Der alltägliche Frauenk(r)ampf zwischen Küche, Kirche und Kombination oder : ich weiß, es wird einmal ein Wunder gesche-

hen......, in: *MKF* 36, S. 55-79.

Hübner, Manfred [1992] Zwischen Vereinskneipe und Sportarena. Proletarische Geselligkeit, Arbeiterverein und kommerzielles Massenangebot, in: *MKF* 30, S. 137-164.

Hübner, Peter [1993] Um Kopf und Kragen. Zur Geschichte der innerbetrieblichen Hierarchien im Konstituierungsprozeß der DDR-Gesellschaft, in: *MKF* 33, S. 210-232.

Hübner, Peter [1993] Balance des Ungleichgewichts-Zum Verhältnis von Arbeiterinteressen und SED-Herrschaft, in: *GG* 19, S. 210-232.

Hübner, Peter [1995] *Konsens, Konflikt und Kompromiß. Soziale Arbeiterinteressen und Sozialpolitik in der SBZ/DDR 1945-1970*, Berlin.

Hübner, Peter, Klaus Tenfelde (Hg.) [1999] *Arbeiter in der SBZ/DDR*, Essen.

Huck, Gerhard (Hg.) [1982] *Sozialgeschichte der Freizeit. Untersuchungen zum Wandel der Alltagskultur in Deutschland*, 2. Aufl., Wuppertal.

Huinink, Johannes, Karl Ulrich Mayer u. a. [1995] *Kollektiv und Eigensinn. Lebensverläufe in der DDR und danach*, Berlin.

Irmscher, Gerlinde [1996] Zur Arbeiterfreizeit um 1930. Zwischen Ideologie und Empirie, in: *MKF* 37, S. 263-268.

Irmscher, Gerlinde [2000] Freizeitleben. Muße, Feierabend, Freizeit, in: E. Badstübner (Hg.), S. 350-373.

Jacobeit, Wolfgang und Sigrid [1995] *Illustrierte Alltags-und Sozialgeschichte Deutschlands 1900-1945*, Berlin.

Jacobsen, Wolfgang, Anton Kaes, Helmut Prinzler (Hg.) [1993] *Geschichte des deutschen Films*, Stuttgart, Weimar.

Jarausch, Konrad H. [1998] Realer Sozialismus als Fürsorgediktatur. Zur begrifflichen Einodnung der DDR, in: *APZ* B 20/98, S. 33-46.

Jarausch, Konrad H. (ed.) [1999] *Dictatorship as Experience. Toward a Socio-Cultural History of GDR*, tranl. by E. Duffy, New York, Oxford.

Jarausch, Konrad H., Hannes Siegrist (Hg.) [1997] *Amerikanisierung und Sowjetisierung in Deutschland 1945-1970*, Frankfurt a. M., New York.

Jarausch, Konrad H., Michael Geyer [2003] *Shattered Past. Reconstructuring German Histories*, Princeton/N. J.

Jessen, Ralph [1995] Die Gesellschaft im Sozialismus. Probleme einer Sozialgeschichte der DDR, in: *GG* 21, S. 96-110.

Jones, Larry Eugene, James Retallack (eds.) [1992] *Elections, Mass Politics, & Social Change in Modern Germany. New Perspectives*, Cambridge, New York.

Judt, Matthias (Hg.) [1997] *DDR-Geschichte in Dokumenten. Beschlüsse, interne Materialien und Alltagszeugnisse*, Berlin.

Jüngst, Hildegard [1929] *Die jugendliche Fabrikarbeiterin. Ein Beitrag zur Industriepädagogik*, Paderborn.

Jurczyk, Karin [1978] *Frauenarbeit und Frauenrolle. Zum Zusammenhang von Familienpolitik und Frauenerwerbstätigkeit in Deutschland von 1918-1975, 3. Auf.*, Frankfurt a. M.

Kaelble, Hartmut, Jürgen Kocka, Hartmut Zwahr (Hg.) [1994] *Sozialgeschichte der DDR*, Stuttgart.

Kaes, Anton [1989] *From Hitler to Heimat. The Return of History as Film*, London.

Kaes, Anton, Martin Jay, Edward Dimendberg (eds.) [1994] *The Weimar Republic. Sourcebook*, Berkeley, Los Anseles.

Kähler, Gert (Hg.) [2000] *Geschichte des Wohnens, Bd. 4, 1918-1945 Reform-Reaktion -Zerstörung*, 2. Aufl., Stuttgart.

Kaiser, Helene [1933] *Der Einfluß industrieller Frauenarbeit auf die Gestaltung der industriellen Reservearmees in der deutschen Volkswirtschaft der Gegenwart*, Leipzig.

Kaminsky, Annette [1997] „Adrett auf große Fahrt". Die Erziehung des neuen Verbrauchers der DDR, in: *DA*, 1997/2, S. 231-242.

Kaminsky, Annette [1998] *Kaufrausch. Die Geschichte der ostdeutschen Versandhäuser*, Berlin.

Kaminsky, Annette [2001] *Wohlstand, Schönheit, Glück. Kleine Konsumgeschichte der DDR*, München.

Kaminsky, Annette [2002] Konsumpolitik in der Mangelwirtschaft, in: C. Vollnhals u. a. (Hg.), S. 81-112.

Karlsch, Rainer [1993] *Alleine bezahlt? Die Reparationsleistungen der SBZ/DDR 1945-1953*, Berlin.

Kaschuba, Wolfgang [1995] Popular Culture and Workere's Culture as Symbolic Orders. Comments on the Debate about the History of Culture and Everyday Life, in: Alf Lüdtke (ed.), *The History of Everyday Life. Reconstructing Historical Experiences and Ways of Life*, trl. by W. Templer, Princeton, N. J., p. 169ff.

Kaschuba, Wolfgang, Ina Merkel, Leonore Scholze-Irrlitz, Thomas Scholze [1999] Forschungsbericht „Freizeitverhalten in der DDR und den neuen Ländern: Geselligkeit, Fest-und Konsumkultur", in: Enquete-Kommission, Bd. V, S. 659-744.

Kempf, Rosa [1931] *Die deutsche Frau nach der Volks-, Berufs-und Betriebszählung von 1925*, Mannheim, Berlin, Leipzig.

Kettschau, Irmhild [1988] Zur Theorie und gesellschaftlichen Bedeutung der Haushalt, in: G. Tornieporth (Hg.), S. 98-115.

Kleinau, Elke, Claudia Opitz (Hg.) [1986] *Geschichte der Mädchen und Frauenbildung, Bd. 2: Vom Vormärz bis zur Gegenwart*, Frankfurt a. M., New York.

Kleßmann, Christoph [1982] *Die doppelte Staatsgründung. Deutsche Geschichte 1945-1955*, Göttingen.

Kleßmann, Christoph [1985] Ein stolzes Schiff und krächzende Möwen: Die Geschichte der Bundesrepublik und ihre Kritiker, in: *GG* 11, S. 278-293.

Kleßmann, Christoph [1988] *Zwei Staaten, eine Nation. Deutsche Geschichte 1955-1970*, Göttingen.
Kleßmann, Christoph (ed.) [2001] *The Devided Past. Rewriting Post-War German History*, Oxford, New York.
Kleßmann, Christoph, Georg Wagner (Hg.) [1993] *Das gespaltene Land. Leben in Deutschland 1945 bis 1990. Text und Dokumente*, München.
Kleßmann, Christoph, Bernd Stöver (Hg.) [1999] *1953. Krisenjahr des Kalten Kriegs in Europa*, Köln, Weimar, Wien.
Knapp, Ulla [1984] *Frauenarbeit in Deutschland*, 2Bde., München.
Kocka, Jürgen (Hg.) [1993] *Historische DDR-Forschung. Aufsätze und Studien*, Berlin.
Kocka, Jürgen [1994] Eine durchherrschte Gesellschaft, in: H. Kaelble u. a. (Hg.), S. 547-554.
Kocka, Jürgen, Martin Sabrow (Hg.) [1994] *Die DDR als Geschichte. Fragen, Hypothesen, Perspektiven*, Berlin.
Kocka, Jürgen, Hans-Jürgen Puhle, Klaus Tenfelde (Hg.) [1994] *Von der Arbeiterbewegung zum modernen Sozialstaat. Festschrift für Gerhard A. Ritter zum 65. Geburtstag*, München, New Providence, London, Paris.
Kohli, Martin [1994] Die DDR als Arbeitsgesellschaft? Arbeit, Lebenslauf und soziale Differenzierung, in: H. Kaelble u. a. (Hg.), S. 31-61.
Kolinsky, Eva [1989] *Women in West Germany. Life, Work and Politics*, Oxford.
König, Helmut [2003] *Die Zukunft der Vergangenheit. Der Nationalsozialismus im politischen Bewußtsein der Bundesrepublik*, Frankfurt a. M.
König, Wolfgang [2000] *Geschichte der Konsumgesellschaft*, Stuttgart.
Kopstein, Jeffrey [1997] *The Politics of Economic Decline in East Germany, 1945-1989*, Chapel Hill and London.
Kramer, Dieter [1987] *Theorien zur historischen Arbeiterkultur*, Marburg.
Kramer, Helgard [1986] Weibliche Büroangestellte während der Weltwirtschaftskrise, in: dies. u. a., S. 127-182.
Kramer, Helgard [1987] Frankfurt's Working Women: Scapegoats or Winners of the Great Depression?, in: R. Evans et al. (eds.), pp. 108-143.
Kramer, Helgard, Christel Eckart, Ilke Riemann, Karin Walser [1986] *Grenzen der Frauenlohnarbeit: Frauenstrategien in Lohn- und Hausarbeit, seit der Jahrhundertwende*, Frankfurt a. M., New York.
Kreutzer, Susanne [1999] „Sozialismus braucht gebildete Frauen": Die Kampagne um das Kommunique „Die Frauen—der Frieden und der Sozialismus", in der DDR 1961/62, in: *ZfG*, 1999/1, S. 22-37.
Kriegskorte, Michael [1992] *Werbung in Deutschland 1945-1965. Die Nachkriegszeit im Spiegel ihrer Anzeigen*, Köln.
Kriegskorte, Michael [1995] *100 Jahre Werbung im Wandel: eine Reise durch die*

deutsche Vergangenheit, Köln.
Kroen, Sheryl [2004] Historiographical Reviews. A Political History of the Consumer, in : *The Historical Journal*, 47/3, pp. 709-736.
Krohn, Claus-Dieter [2003] Die westdeutsche Studentenbewegung und das „andere Deutschland", in : A. Schildt u. a. (Hg.), S. 695-718.
Krolzig, Günter [1930] *Der jugendliche in der Großstadtfamilie. Auf Grund von Niederschriften Berliner Berufsschüler und-Schulerinnen. Im Auftrag des Deutschen Archivs für Jugendwohlfahrt*, Berlin.
Krömke, Claus [1996] *Das >Neue Ökonomische Systeme der Planung und Leitung der Volkswirtschaft< und die Wandlungen des Günter Mittag*, (hefte zur ddr-geschichte, Nr. 37), Berlin.
Kuczynski, Jürgen [1954] *Die Lage der Arbeiter in Deutschland von 1789 bis zur Gegenwart, Bd. 1, II. Teil, 1871 bis 1932* 6. Aufl., Berlin (DDR).
Kuczynski, Jürgen [1980/82] *Geschichte des Alltags des deutschen Volkes*, 5 Bde., Berlin (O.)
Kuhn, Annette (Hg.) [1986] *Frauen in der deutschen Nachkriegszeit*, 2 Bde., Düsseldorf.
Kuhn, Annette (Hg.) [1994] *Frauenleben im NS-Alltag. Bonner Studien zur Frauengeschichte*, Pfaffenweiler.
Kuhn, Axel [1990] „Verkauf von Waren und Träumen" Die Warenhausgesellschaft, in : A. Nitschke u. a. (Hg.), Bd. 2, S. 61-75.
Kühne, Thomas [2001] Zwischen Vernichtungskrieg und Freizeitgesellschaft. Die Vetranenkultur der Bundesrepublik (1945-1995), in : K. Naumann (Hg.), S. 90-113.
Kundrus, Birthe [1996] Frauen und Nationalsozialismus, in : *AfS* 36, S. 481-499.
Lamb, Stephen [1995] Women's nature? : Images of women in *The Blue Angel, Pandora's Box, Kuhle Wampe* and *Girls in Uniform*, in : M. Meskimon et al. (eds.), pp. 124-142.
Landsman, Mark [2002] The Consumer Supply Lobby-Did it Exist? State and Consumption in East Germany in the 1950s, in : *CEH* 35/4, pp. 477-512.
Landsman, Mark [2005] *Dictatorship and Demand. The Politics of Consumerism in East Germany*, Cambridge/Mass., London
Lange, Ernst [1953] Die politische Bedeutung und die Aufgaben des Handels, in : *Einheit*, 1953/9, S. 1085-1092.
Langenhan, Dagmar, Sabine Roß [1999] The Socialist Glass Ceiling : Limits to Female Careers, in : K. Jarausch (ed.), pp. 163-176.
Langewiesche, Dieter [1982] Freizeit und >Masssenbildung<. Zur Ideologie und Praxis der Volksbildung in der Weimarer Republik, in : G. Huck (Hg.), S. 223-248.
Langewiesche, Dieter [1984] Arbeiterkultur. Kultur der Arbeiterbewegung im Kaiserreich und in der Weimarer Republik. Bemerkungen zum Forschungsstand, in : *Ergebnisse* 26, Hamburg.

Langewiesche, Dieter [1984] Die Arbeitswelt in den Zukunftsentwürfen des Weimarer Republik, in: A. Lehmann, S. 41-58.

Langewiesche, Dieter [1994] Das neue Massenmedium Film und die deutsche Arbeiterbewegung in der Weimarer Republik, in: J. Kocka, H.-J. Puhle u. a. (Hg.), S. 114-130.

Langhamer, Claire [2001] Towards a feminist framework for the history of women's leisure, 1920-60, in: A. M. Gallagher et al. (eds.), pp. 198-216.

Lehmann, Albrecht (Hg.) [1984] *Studien zur Arbeiterkultur. Beiträge der 2. Arbeitstagung der Kommission „Arbeiterkultur" in der deutschen Gesellschaft für Volkskunde in Hamburg vom 8. bis 12. Mai. 1983*, Münster.

Lemke, Michael [1995] *Die Berlinerkrise 1958 bis 1963*, Berlin.

Lesniczak, Peter [2004] Derbe bäuerliche Kost und feine städtische Küche. Zur Verbürgerlichung der Ernährungsgewohnheiten zwischen 1880-1930, in: H. J. Teuteberg (Hg.), S. 129-147.

Lindenberger, Thomas (Hg.) [1999] *Herrschaft und Eigen-Sinn in der Diktatur. Studien zur Gesellschaftsgeschichte der DDR*, Köln Weimar, Wien.

Lindenberger, Thomas [2001] Everyday Histroy: New Approaches to the History of the Post-War Germanies, in: Ch. Kleßmann (ed.), pp. 43-68.

Loehlin, Jennifer A. [1999] *From Rugs to Riches: Housework, Consumption and Modernity*, New York.

Lohmann, H., >Frisch-Frei-Stark und Treu<. Die hannoverische Arbeitersportbewegung, in: Adelheid v. Saldern u.a. (Hg.), *Wochened & schöner Schein. Freizeit und modenes Leben in den Zwanziger Jahren*, Berlin 1991, S. 63-70.

Losseff-Tillmanns, Gisela [1978] *Frauenemanzipation und Gewerkschaften (1800-1975)*, Wuppertal.

Lübbe, Hermann [1983] Der Nationalsozialismus im deutschen Nachkriegsbewußtsein, in: *HZ* 236, S. 579-599.

Lüdtke, Alf [1987] „Nichtstun", „Gemächtlichkeit", „Hetze". Zeiterfahrung und Zeitaneignung bei Arbeitern, Arbeiterinnen und Arbeiterfrauen in der „großen Industrie", 1860-1945, in: *MKF* 22, S. 31-44.

Lüdtke, Alf (Hg.) [1989] *Alltagsgeschichte*, Frankfurt a, M., New York.

Lüdtke, Alf [1993] *Eigen-Sinn. Fabrikalltag, Arbeitererfahrungen und Politik vom Kaiserreich bis in den Faschismus*, Hamburg.

Lüdtke, Alf [1994] „Helden der Arbeit"-Mühe beim Arbeiten. Zur mißmutigen Loyalität von Industriearbeitern in der DDR, in: H. Kaelble u. a. (Hg.), S. 188-213.

Lüdtke, Alf [1998] Die DDR als Geschichte. Zur Geschichtsschreibung über die DDR, in: *APZ*, B 36/98, S. 3-16.

Lüdtke, Alf, Inge Marßolek, Adelheid v. Saldern (Hg.) [1996] *Amerikanisierung. Traum und Alptraum im Deutschland des 20. Jahrhunderts*, Stuttgart.

Lüdtke, Alf, Peter Becker (Hg.) [1997] *Akten. Eingaben. Schaufenster. Die DDR und ihre Texte. Erkundungen zu Herrschaft und Alltag*, Berlin.
Ludwig-Uhland-Institut für Empirische Kulturwissenschaft der Universität Tübingen [1989] *Der Deutsche Heimatfilm. Bildwelten und Weltbilder. Bilder, Texte, Analysen zu 70 Jahren deutscher Filmgeschichte*, Tübingen.
Lungstrum, Janet Ward [1999] The Display Window : Designs and Desire of Weimar Consumption, in : *New German Critique* 76, pp. 115-160.
Maase, Kaspar [1992] *BRAVO Amerika. Erkundungen zur Jugendkultur der Bundesrepublik in den fünfziger Jahren*, Hamburg.
Maase, Kaspar [1993] ›Amerikanismus ist lächerlich, vor allem aber dumm‹. Über Amerikanisierung von unten, Arbeiterjugendkultur und kulturelle Hegemonie in der Bundesrepublik der fünfziger Jahre, in : *MKF* 33, S. 132-152.
Maase, Kaspar [1997] *Grenzloses Vergnügen. Der Aufstieg der Massenkultur 1850-1970*, Frankfurt a. M.
Maase, Kaspar [1997] ›Amerikanisierung der Gesellschaft‹. Nationalisierende Deutung von Globalisierungsprozessen, in : K. Jarausch et al. (Hg.), S. 219-242.
Maase, Kaspar [2001] Establishing Cultural Democracy : Youth, „Americanization," and irresistable Rise of Popular Culture, in : H. Schissler (ed.), pp. 428-450.
Mählert, Ulrich [1998] *Kleine Geschichte der DDR*, München.
Major, Patrick [1999] Vor und nach dem 13. August 1961 : Reaktionen der DDR-Bevölkerung auf den Bau der Berliner Mauer, in : *AfS* 39, S. 325-354.
Major, Patrick, Jonathan Osmond (eds.) [2002] *The Workers' and Peasants' State. Communism and Society in East Germany under Ulbricht 1945-1971*, Manchester, New York.
Mallinckrodt, Anita M. [1984] Frauenbilder in Kurzgeschichten der Zeitschrift ›*Für Dich*‹ und ›*Das Magazin*‹. Politische Kultur in der DDR-Reflektion und Herausforderungen, in : I. Spittmann u. a. (Hg.), S. 49-59.
Marßolek, Inge [2004] Das Amerikabild im Dritten Reich, in : D. Münkel u. a. (Hg.), S. 15-24.
Mason, Tim [1995] *Nazism, Fascism and the Working Class*, Cambridge UP.
McCormick, Richard W. [1993] From *Caligari* to Dietrich : Sexual, Social, and Cinematic Discourses in Weimar Film, in : *SIGNS*, pp. 640-668.
McCormick, Richard W. [2001] Memory and Commerce, Gender and Restoration : Wofgang Staudte's *Roses for the State Prosecuter* (1959) and West German Film in the 1950s, in : H. Schissler (ed.), pp. 281-300.
McCormick, Richard W. [2002] *Gender and Sexuality in Weimar Modernity : Film, Literature and „New Objectivity"*, New York.
Mehringer, Hartmut (Hg.) [1995] *Von der SBZ zur DDR. Studien zum Herrschaftssystem in der sowjetischen Besatzungszone und in der Deutschen Demokratischen*

Republik, München.
Meister, Angela [1939] Die deutsche Industriearbeiterin. Ein Beitrag zum Problem der Frauenerwerbsarbeit, Jena.
Melis, Dorothea (Hg.) [1998] Sybille. Modefotografie aus drei Jahrzehnten DDR, Berlin.
Merkel, Ina [1994] Leitbilder und Lebensweisen von Frauen in der DDR, in: H. Kaelble u. a., (Hg.), S. 359-382.
Merkel, Ina [1996] Der aufhaltsame Aufbruch in die Konsumgesellschaft, in: Wunderwirtschaft, S. 8-20.
Merkel, Ina [1996] Konsumkultur in der DDR. Über das Scheitern der Gegenmoderne auf dem Schlachtfeld des Konsums, in: MKF 37, S. 314-330.
Merkel, Ina (Hg.) [1998] „Wir sind doch nicht die Meckerecke der Nation": Briefe an das Fernsehen der DDR, Köln, Weimar, Wien.
Merkel, Ina [1999] Arbeit und Konsum im real existierenden Sozialismus, in: P. Hübner u. a., (Hg.), S. 527-553.
Merkel, Ina [1999] Utopie und Bedürfnis. Die Geschichte der Konsumkultur der DDR, Köln, Weimar, Wien.
Merkel, Ina [1999] Working People and Consumption under Really-Existing Socialism: Perspectives from the German Democratic Republic, in: International Labor and Working Class History 55, pp. 92-111.
Merl, Stephan [1997] Staat und Konsum in der Zentralverwaltungswirtschaft. Außland und ost-mitteleuropäischen Länder, in: H. Siegrist u. a. (Hg.), S. 205-244.
Merta, Sabine [2004] „Weg mit dem Fett!". Wege und Irrwege zur „schlanken Linie". Der Kampf gegen die Korpulenz als Phänomen der Moderne, in: H. J. Teuteberg (Hg.), S. 263-281.
Mertens, Lothar (Hg.) [2002] Soziale Ungleichheit in der DDR. Zu einem tabuisierten Strukturmerkmal der SED-Diktatur, Berlin.
Meskimon, Marsha, Shearer West (eds.) [1995] Visions of the Neue Frau. Women and the Visual Arts in Weimar Germany, Hampshire.
Methfessel, Barbara [1988] ......entscheidend bleibt die Arbeitskraft der Frau, in: G. Tornieporth (Hg.), S. 55-85.
Mewes, Bernhard [1929] Die erwerbstätige Jugend. Eine statistische Untersuchung, Berlin, Leipzig.
Meyer, Sibylle, Eva Schulze [1984] „Alleine war's schwieriger und einfacher zugleich": Veränderungen gesellschaftlicher Bewertung und individueller Erfahrung alleinstehender Frauen in Berlin 1943-1955, in: A.-E. Freier u. a., (Hg.), S. 348-385.
Meyer, Sibylle, Eva Schulze [1985] „Als wir wieder zusammen waren, ging der Krieg im Kleinen weiter": Frauen, Männer und Familien in Berlin der vierziger Jahre, in: L. Niethammer u. a. (Hg.), S. 305-326.
Meyer, Sibylle., Eva Schulze [1994] Von Wirtschaftswunder keine Spur. Die ökonomi-

sche und soziale Situation alleinstehender Frauen, in: *Hart und Zart*, S. 280-286.
Meyer-Renschhausen, Elizabeth [1993] Antimodernistischer Protest als Motor der sozialen Rationalisierung? Soziale und alternative Bewegung im späten 19. und frühen 20. Jahrhundert, in: D. Reese u. a. (Hg.), S. 142-169.
Mintz, Sidney W. [1994] Zur Beziehung zwischen Ernährung und Macht, in: *JfWG*, 1994/1, S. 61-72.
Mittelbach, Hans, Jörg Roesler [1989] Entwicklung von Einkommen und Verbrauch der Bevölkerung der DDR in den vergangenen vierzig jahren, in: *JfSS*, 1989, S. 172-201.
Mitter, Almin, Stefan Wolle [1993] *Untergang auf Raten. Unbekannte Kapitel der DDR- Geschichte*, München.
Möding, Nori [1989] Kriegsfolgen. Kriegserfahrungen von Frauen und ihre Verarbeitung, in: U. Borsdorf u. a. (Hg.), S. 50-61.
Moeller, Robert G. [1993] *Protecting Motherhood. Women and the Family in the Politics of Postwar West Germany*, Berkeley, Los Angeles, Oxford.
Moeller, Robert G. [1995] Equality, Differnce, and the Grundgesetz: Women, Famlies, and the Federal Republic's Basic Law, in: R. Pommerin (ed.), pp. 149-164.
Moeller, Robert G. (ed) [1997] *West Germany under Construction. Politcs, Society and Culture in the Adenauer Era*, Ann Arbor.
Moeller, Robert G. [1997] Reconstructing the Family in Reconstruction Germany: Women and Social Policy in the Federal Republic, 1949-1955, in: R. G. Moeller (ed.), pp. 109-134.
Moeller, Robert G. [2001] Remembering the War in a Nation of Victims: West German Pasts in the 1950s, in: H. Schissler (ed.), pp. 83-109.
Moeller, Robert G. [2001] Deutsche Opfer, Opfer der Deutschen Kriegsgefangene, Vertriebene, NS-Verfolgte: Opferausgleich als Identitätspolitik, in: K. Naumann (Hg.), S. 29-58.
Mooser, Josef [1983] Auflösung der proletarischen Milieus. Klassenbindung und Individualisierung in der Arbeiterschaft vom Kaiserreich in die Bundesrepublik Deutschland, in: *Soziale Welt*, 34/3, S. 270-306.
Mooser, Josef [1984] *Arbeiterleben in Deutschland 1900-1970. Klassenlagen, Kultur und Politik*, Frankfurt a. M.
Muchow, Hans-Heinrich [1957] *Sexualreife und Sozialstruktur der Jugend*, Reinbeck bei Hamburg.
Mühlberg, Dietrich [1992] Modernisierungstendenzen in der proletarischen Lebensweise. Neuartige Ansprüche veränderter Menschen, in: *MKF* 30, S. 34-64.
Mühlberg, Dietrich [1993] Die DDR als Gegenstands kulturhistorischer Forschung, in: *MKF* 33, S. 7-85.
Mühlberg, Dietrich [1998] Haute Couture für alle?, in: D. Melis (Hg.), 8-19.
Mühlberg, Felix [1996] Konformismus oder Eigensinn? Eingaben als Quelle zur Erfor-

schung der Alltagsgeschichte der DDR, in: *MKF* 37, S. 331-345.
Mühlberg, Felix [1996] Wenn die Faust auf dem Tisch schlägt. Eingaben als Strategie zur Bewältigung des Alltags, in: *Wuderwirtschaft*, S. 175-184.
Mühlberg, Felix [1999] *Informelle Konfliktbewältigung. Zur Geschichte der Eingabe in der DDR*, Phill. Diss., TU Chemnitz.
Mühlberg, Felix [2000] Eingaben als Instrument informeller Konfliktbewältigung, in: E. Badstübner (Hg.), S. 233-270.
Müller, Jan-Werner (ed.) [2003] *German Ideologies since 1945. Studies in the Political Thought and Culture of the Bonn Republic*, New York.
Müller, Jan-Werner [2003] 1968 as Event, Milieu, and Ideology, in: J.-W. Müller (ed.), pp. 117-143.
Müller, Walter, Angelika Willms, Johann Handl [1983] *Strukturwandel der Frauenarbeit 1880-1980*, Frankfurt a. M., New York.
Münkel, Daniela, Jutta Schwarzkopf (Hg.) [2004] *Geschichte als Experiment. Studien zu Politik, Kultur und Alltag im 19. und 20. Jahrhundert. Festschrift für Adelheid von Saldern*, Frankfurt a. M., New York.
Murray, Bruce [1990] *Film and the German Left in the Weimar Republic: From Caligali to Kuhle Wampe*, Austin.
Naumann, Klaus (Hg.) [2001] *Nachkrieg in Deutschland*, Hamburg.
Neef, Anneliese [1986] Zur kulturellen Situation der Arbeiterfrauen in der Sicht feministisch orientierter Sozialgeschichtsschreibung, in: *MKF* 20, S. 21-26.
Neef, Anneliese [1987] Feierabend und Freizeit in Arbeiterfamilien. Kontinuität und Wandel in der Nutzung und Wertschätzung lohnarbeitsfreier Zeit in den 1920er Jahren, in: *MKF* 30, S. 65-75.
Neef, Anneliese [1996] Wohlfahrtspflege in der Weimarer Republik. Kulturelle Wunschbilder und soziale Einflußnahme, in: *MKF* 37, 256-262.
Neue Gesellschaft für Bildende Kunst (Hg.) [1996] *Wunderwirtschaft. DDR-Konsumkultur in den 60er Jahren*, Köln.
Neumann, Vera [1999] *Nicht der Rede wert. Die Privatisierung der Kriegsfolgen in der frühen Bundesrepublik. Lebensgeschichtlichen Erinnerungen*, Münster.
Nickel, Hildegard Maria [1990] Geschlechtertrennung durch Arbeitsteilung. Berufs- und Familienarbeit in der DDR, in: *Feministische Studien*, 1990/1, S. 10-19.
Nickel, Hildegard Maria [1993] >Mitgestalterinnen des Sozialismus<- Frauenarbeit in der DDR, in: G. Helwig u. a. (Hg.), S. 233-256.
Niehuss, Merith [1994] Verhinderte Frauenarbeit? Arbeitsschutzmaßnahmen für Frauen in den 1950er Jahren, in: J. Kocka u. a. (Hg.), S. 750-764.
Niehuss, Merith [2001] *Familie, Frau und Gesellschaft. Studien zur Strukturgeschichte der Familie in Westdeutschland 1945-1960*, Göttingen.
Niemann, Heinz [1995] *Hinterm Zaun. Politische Kultur und Meinungsforschung in der*

DDR—die geheimen Berichte an das Politibüro der SED, Berlin.
Nienhaus, Ursula [1996] Rationalisierung und Amerikanismus in Büros der zwanziger Jahre: Ausgewählte Beispiele, in: A. Lüdtke u. a. (Hg.), S. 67-77.
Niethammer, Lutz [1990] *Bürgerliche Gesellschaft in Deutschland. Historische Einblicke, Fragen, Perspektiven*, Frankfurt a. M.
Niethammer, Lutz [2001] „Normalization" in the West: Traces of Memory Leading Back into the 1950s, in: H. Schissler (ed.), pp. 237-265.
Niethammer, Lutz, Alexander v. Plato (Hg.) [1985] *„Wir kriegen jetzt andere Zeiten" Auf der Suche nach der Erfahrung des Volkes in nachfaschistischen Ländern, Lebensgeschichte und Sozialkultur im Ruhrgebiet 1930-1960, Bd. 3*, Berlin.
Niethammer, Lutz, Alexander v. Plato, Dorothee Wierling [1991] *Die volkseigene Erfahrung. Eine Archäologie des Lebens in der Industrieprovinz der DDR*, Berlin.
Nitschke, August, Gerhard A. Ritter, Detlev J. K. Peukert, Rüdiger vom Brun (Hg.) [1990] *Jahrhundertwende. Der Aufbruch in die Moderne 1880-1930, 2 Bde.*, Hamburg.
Nolan, Mary [1990] ›Housework Made Easy‹: The Taylorized Housewife in Weimar Germany's Rationalized Economy, in: *Feminist Studies* 16/3, pp. 549-577.
Nolan, Mary [1994] *Visions of Modernity. American Business and the Modernization of Germany*, New York, Oxford.
o. N. [o. J.] *Den Frauen von heute und morgen. Gewidmet zum 75. Geschäftsjubilium der Rudolf Karstadt Aktien Gesellschaft*, Hannover.
Oehlandt, Elisabeth [1937] *Deutsche Industriearbeiterinnen-Löhne 1928-1935. Ein Beitrag zum Problem des gerechten Lohnes*, Rostock.
Oertzen, Christine von, Almukt Rietzschel [1997] Comparing the Post-War Germanies: Breadwinner Ideology and Women's Employment in the Devided Nation, 1948-1970, in: *International Review of Social History* 42, pp. 175-196.
Orland, Barbara [1990] *Haushalts Träume. Ein Jahrhundert Technisierung und Rationalisierung im Haushalt*, Königstein i. Ts.
Orland, Barbara [1991] *Wäsche waschen. Technik-und Sozialgeschichte der häuslichen Wäschepflege*, Reinbeck bei Hamburg.
Orland, Barbara [1993] Emanzipation durch Rationalisierung? Der „rationale Haushalt" als Konzept institutionalisierter Frauenpolitik in der Weimarer Republik, in: D. Reese u. a. (Hg.), S. 222-250.
Palmowski, Jan [2002] Between Conformity and *Eigen-Sinn*: New Approaches to GDR History, in: *German History* 20/4, pp. 494-502.
Peesch, Reinhard [1957] *Das Berliner Kinderspiel der Gegenwart. Mit 24 Bildtafeln und 8 Karten*, Berlin.
Pells, Richard [1997] *NOT LIKE US. How Europeans Have Loved, Hated, and Transformed American Culture Since World War II*, New York.

Pence, Katherine [1997] Schaufenster des sozialistischen Konsums : Texte der ostdeutschen „consumer culture", in : A. Lüdtke u. a. (Hg.), S. 91-118.
Pence, Katherine [1999] *From Rations to Fashions : The Gendered Politics of East and West German Consumption, 1945-1961*, Phi. Diss., Univ. of Michigan.
Pence, Katherine [1999] Building Socialist Worker-Consumers : The Paradoxical Construction of the Handelsorganisation-HO, 1948, in : P. Hübner u. a. (Hg.), S. 497-526.
Pence, Katherine [2001] 'You as a Woman Will Understand': Consumption, Gender and the Relationship between State and Citizenry in the GDR's Crisis of 17 June 1953, in : *German History*, 19/2, pp. 218-252.
Pence, Katherine [2003] "A World in Mineature". The Leipzig Trade Fairs in the 1950s and East German Consumer Citizenship, in : D. F. Crew (ed.), pp. 21-50.
Petersen, Vibeke Rützou [2001] *Women and Modernity in Weimar Germany. Reality and Representation in Popular Fiction*, New York, Oxford.
Petro, Patrice [1989] *Joyless Streets : Women and Melodramatic Representation in Weimar Germany*, Princeton, N. J.
Petzina, Dietmar (Hg.) [1986] *Fahnen, Fäuste, Körper. Symbolik und Kultur der Arbeiterbewegung*, Essen.
Petzina, Dietmar, Werner Abelshauser, Anselm Faust [1978] *Sozialgeschichtliches Arbeitsbuch, Bd. III, Materialien zur Statistik des Deutschen Reiches 1914-1945*, München.
Petzoldt, Gerlinde [1993] >Freie Zeit- was nun?< Alltägliche Modernisierung in der Arbeitsgesellschaft DDR, in : *MKF* 33, S. 153-189.
Peukert, Detlev J. K. [1987] *Jugend zwischen Krieg und Krise. Lebenswelten von Arbeiterjungen in der Weimarer Republik*, Köln.
Peukert, Detlev J. K. [1990] „Mit uns zieht die neue Zeit......" Jugend zwischen Disziplinierung und Revolte, in : A. Nitschke u. a. (Hg.), Bd. 1, S. 176-202.
Peukert, Detlev J. K. [1990] „Wir leben provisorisch, die Krise nimmt kein Ende" Die Erfahrung der Weltwirtschaftskrise 1929 bis 1933, in : A. Nitschke u. a. (Hg.), Bd.2, S. 61-76.
Peukert, Detlev J. K. [1994] Das Mädchen mit dem >wahrlich metaphysikfreien Bubikopf< Jugend und Freizeit in Berlin der zwanziger Jahre, in : P. Alter, S. 157-175.
Pfister, Gertrud [1983] Die Frau im Arbeiter-Turn-und Sportbund, in : D. Blecking (Hg.), S. 35-42.
Pine, Lisa [1997] *Nazi Family Policy 1933-1945*, Oxford, New York.
Plato, Alxander von [1999] Arbeiter-Selbstbilder in der DDR, in : P. Hübner u. a. (Hg.), S. 867-881.
Poiger, Ute G. [1997] Rock'n Roll, Female Sexuality, and the Cold War Battle over German Identities, in : R. G. Moeller (ed.), pp. 373-412.

Poiger, Ute G. [1997] Amerikanischer Jazz und (ost) deutsche Respektabilität, in: A. Lüdtke u. a., (Hg.), S. 119-136.

Poiger, Ute G. [1997] Rebels with a Cause? American Popular Culture, the 1956 Youth Riots, and New Conception of Masculinity in East and West Germany, in: R. Pommerin (ed.), pp. 93-124.

Poiger, Ute G. [1997] Rock'n Roll, Kalter Krieg und deutsche Identität, in: K. Jarausch u. a., (Hg.), S. 275-290.

Poiger, Ute G. [2000] *Jazz, Rock and Rebels. Cold War Politics and American Culture in a Devided Germany*, Berkeley, Los Angeles.

Poiger, Ute G. [2001] A New Western Hero? Reconstructing German Masculinity in the 1950s, in: H. Schissler (ed.), pp. 412-427.

Poiger, Ute G. [2001] Krise der Männlichkeit. Remaskulinisierung in beiden deutschen Nachkriegsgesellschaften, in: K. Naumann (Hg.), S. 227-263.

Polkehn, Klaus [1997] *Das war die Wochenpost. Geschichte und Geschichten einer Zeitung*, Berlin.

Pommerin, Reiner (ed.) [1995] *The American Impact on Postwar Germany*, Providence, Oxford.

Pommerin, Reiner (ed.) [1996] *Culture in the Federal Republic of Germany, 1945-1995*, Oxford, Washington D. C.

Port, Andrew [1997] When workers rumbled: the Wismut upheaval of August 1951 in east Gemany, in: *Social History*, 22/2, pp. 145-173.

Poutrus, Patrice G. [1999] Lebensmittelkonsum, Versorgungskrisen und die Entscheidung für den ›Goldbroiler‹. Problemlagen und Lösungsversuche der Agrar-und Konsumpolitik in der DDR 1958-1965, in: *AfS* 39, S. 391-442.

Poutrus, Patrice G. [2002] *Erfindung des Goldbroilers. Herrschaftssicherung durch Konsumentwicklung in der DDR*, Köln, Weimar, Wien.

Pringle, Rosemary [1983] *Women and Consumer Capitalism,* in: Baldock, C. et. al. (eds.), pp. 85-103, London.

Projektgruppe Arbeiterkultur Hamburg [1982] *Vorwärts und nicht vergessen. Arbeiterkultur in Hamburg um 1930*, Hamburg.

Prokop, Siegfried [1986] *Übergang zum Sozialismus in der DDR. Entwicklungslinien und Probleme der Geschichte der DDR in der Endphase der Übergangsperiode vom Kapitalismus zum Sozialismus und beim umfassenden sozialistischen Aufbau (1958-1963)*, Berlin (O.).

Prokop, Siegfried [2000] Zur Entwicklung des Lebensstandards in der DDR (1958-63/64), in: E. Badstübner (Hg.), S. 167-194.

Quataert, Jean H. [1979] *Reluctant Feminists in German Social Democracy 1885-1917*, Princeton/N. J.

Rabinbach, Anson [2004] Die Debatte um die deutsche Schuld in den Kulturzeitschriften nach 1945, in: D. Münkel u. a. (Hg.), S. 135-144.

Rauhut, Michael, [1993] *Beat in der Grauzone. DDR-Rock 1964 bis 1972 : Politik und Alltag*, o. O. (Berlin).

Reagin, Nancy R. [1998] Comparing Apples and Oranges. Housewives and the Politics of Consumption in Interwar Germany, in: S. Strasser et. al. (eds.), pp. 241-262.

Reagin, Nancy R. [2001] *Marktordnung* and Autarkic Housekeeping : Housewives and Private Consumption under the Four-Year Plan, 1936-1939, in: *German History* 19/2, pp. 162-184.

Reck, Siegfried [1972] *Arbeiter nach der Arbeit. Sozialhistorische Studie zu den Wandlungen des Arbeiteralltags*, Gießen.

Reese, Dagmar [1981] Bund Deutscher Mädel—Zur Geschichte der weiblichen deutschen Jugend im Dritten Reich, in: Frauengruppe, S. 163-187.

Reese, Dagmar, Eve Rosenhaft, Carola Sachse, Tila Siegel (Hg.) [1993] *Rationale Beziehungen? Geschlechterverhältnisse im Rationalisierungsprozeß*, Frankfurt a. M.

Reichel, Peter [1996] *Der schöne Schein des dritten Reiches. Faszination und Gewalt des Faschismus*, 3. Aufl., München, Wien.

Reichel, Peter [1998] Zwischen Dämonisierung und Verharmlosung : Das NS-Bild und seine politische Funktion in den 50er Jahre. Eine Skizze, in: A. Schildt u. a. (Hg.), S. 679-692.

Reinig, Elke [1990] Hauswirtschaftsunterricht in der Mädchenberufsschule (1920-1946). Zur historischen Kontinuität der „Berufsbildung" der ungelernten Arbeiterin, in: L. Gravenhorst u. a. (Hg.), S. 271-290.

Reulecke, Jürgen [1986] „Auch unsere Körper müssen einen Sabbat, auch unsere Seelen einen Sonntag haben" Arbeitszeit, Freizeit, Urlaub, in: W. Ruppert (Hg.), S. 146-156.

Ritter, Gerhard A. (Hg.) [1979] *Arbeiterkultur*, Königstein i. Ts.

Roberts, Mary L. [1998] Gender, Consumption, and Commodity Culture, in: *AHR*103, 1998, pp. 817-844

Roesler, Jörg [1988] Butter, Margarine und Wirtschaftspolitik, in: *JBfWG*, 1988/1, S. 33-47.

Roesler, Jörg [1989] "The Balck Market in Post War Berlin and the Methods Used to Counteract it", in: *German History* 7, pp. 92-107.

Roesler, Jörg [1990] Die Wirtschaftsreform der DDR in den sechziger Jahren, *ZfG* 1990/11, S. 979-1003.

Roesler, Jörg [1993] *Das Neue Ökonomische System-Dekorations-oder Paradigmenwechsel? hefte zur ddr-geschichte, Nr. 3*, Berlin.

Roesler, Jörg [1998] Privater Konsum in Ostdeutschland 1950-1960, in: A. Schildt u. a. (Hg.), S. 290-303.

Roesler, Jörg [1998] Das NÖS als Wirtschaftskonzept. Sichten, Tatsachen, Inter-

pretationen, in: *DA* 31/3, S. 383-398.
Roesler, Jörg [2000] Das Brigadetagebuch--betriebliches Rapportbuch, Chronik des Brigadelebens oder Erziehungsfibel? in: E. Badstübner (Hg.), S. 151-166.
Rohnstock, Katrin [1995] Der Bierbauch oder das Konstrukt „Männlichkeit". Vorwissenschaftliche Annährung an ein nicht zu übersehendes Phänomen, in: *MKF* 36, S. 121-130.
Roseman, Mark [1995] The generation conflict that never was: young labour in the Ruhr mining industry 1945-1957, in: M. Roseman, (ed.), pp. 269-289.
Roseman, Mark (ed.) [1995] *Generations in Conflict. Youth revolt and generationformation in Germany 1770-1968*, Cambridge, New York.
Rosenbaum, Heidi [1996] Frauenarbeit im Arbeiter-Milieu und ihre Bewertung, in: *MKF* 37, S. 620-627.
Rosenhaft, Eve [1992] Women, Gender, and the Limits of Political History in the Age of ›Mass‹ Politics, in: L. E. Jones etc. (Eds.), pp. 149-174.
Ross, Corey [2000] *Constructing Socialism at the Grass-Roots. The Transformation of East Germany, 1945-65*, London.
Ross, Corey [2002] *The East German Dictatorship. Problems and Perspectives in the Interpretation of the GDR*, London.
Ross, Corey [2003] Zwischen politischer Gestaltung und sozialer Komplexität-Überlegungen zur Debatte über die Sozialgeschichte der DDR, in: *Jahrbuch für Historische Kommunismus-Forschung 2003*, S. 140-164.
Ruhl, Klaus-Jörg (Hg.) [1985] *Unsere verlorenen Jahren. Frauenalltag in Kriegs-und Nachkriegszeit 1939-1949*, Darmstadt.
Ruhl, Klaus-Jörg (Hg.) [1988] *Frauen in der Nachkriegszeit 1945-1963*, München.
Ruhl, Klaus-Jörg (Hg.) [1992] Frauenerwerbsarbeit und Gewerbeaufsicht in Nordrhein-Westfalen, in: *VSWG* 79/4, S. 483-505.
Rupieper, Hermann-Josef [1991] Bringing Democracy to the Fräuleins. Frauen als Zielgruppe der amerikanische Demokratisierungspolitik in Deutschland 1945-1952, in: *GG* 17, S. 61-91.
Ruppert, Wolfgang (Hg.) [1986] *Die Arbeiter. Lebensformen, Alltag und Kultur*, München.
Ruppert, Wolfgang [2003] Zur Konsumwelt der 60er Jahren, in: A. Schildt u. a. (Hg.), S. 752-767.
Rytlewski, Ralf, Manfred Opp de Hipt [1987] *Die Deutsche Demokratische Republik in Zahlen 1945/49-1980*, München.
Saito, Akira [1989] Zur kommunistischen Frauenpolitik am Ende der Weimarer Republik. Einige Aspekte des Scheiterns der RGO-Politik. Arbeiten von Mitgliedern des Instituts für Sozialwissenschaften der Universität Mannheim, Nr. 164, Mannheim.
Saito, Akira [2004] Die Geschlechterpolitik in der KPD. Zum Verhältnis von der

Politisierung der proletarischen Frauen und der kommunistischen Bewegung, 明治大学『政経論叢』72/2・3, pp. 19-36.
Saldern, Adelheid v. [1990] „Daheim an meinem Herd......" Die Kultur des Wohnens, in: A. Nitschke u. a. (Hg.), Bd. 2, S. 34-60.
Saldern, Adelheid v. [1991] ›Statt Kathedoralen die Wohnmaschine‹. Paradoxien der Rationalisierung im Kontext der Moderne, in: F. Bajohr u. a. (Hg.), S. 168-192.
Saldern, Adelheid v. [1993] Masssenfreizeitkultur im Visier. Ein Beitrag zu den Deutungs-und Einwirkungsversuchen während der Weimarer Republik, in: AfS 33, S. 21-58.
Saldern, Adelheid v. [1996] Neue Bedürfnisse veränderter Menschen. Massenfreizeitkultur und Geschichtsschreibung, in: MKF 37, S. 271-286.
Saldern, Adelheid v. [2000] Gesellschaft und Lebensgestaltung. Sozialkulturelle Streiflichter, in: G. Kähler, S. 45-182.
Saldern, Adelheid v. [2002] *The Challenge of Modernity. German Social and Cultural Studies, 1890-1960*, trsl. by B. Little, Ann Arbor.
Saldern, Adelheid v., Sid Auffarth (Hg.) [1991] *Wochenende und schöner Schein. Freizeit und modernes Leben in den zwanziger Jahren: das Beispiel Hannover*, Berlin.
Saldern, Adelheid v., Dietrich Mühlberg [1992] Kontinuität und Wandel der Arbeiterkultur, in: *MKF*, Nr. 30, S. 226-259.
Salomon, Alice, Marie Baum (Hg.) [1930] *Das Familienleben in der Gegenwart. 182 Familienmonographien*, Berlin.
Sanders-Brahms, Helma [1994] Tanzstunde mit Sartre, in: *Hart und Zart*, S. 256-259.
Schäfer, Hans Dieter [1981] *Das gespaltene Bewußtsein. Deutsche Kultur und Lebenswirklichkeit 1933-1945*, München.
Schäfers, Bernd [2004] *Sozialstruktur und sozialer Wandel in Deutschland*, 8. Aufl., Stuttgart.
Scheel, Daniela [1984] Zeitschriftenstrategie zur Entwicklung des Frauenbildes, in: I. Spittmann u. a. (Hg.), S. 61-72.
Schildt, Axel [1995] *Moderne Zeiten. Freizeit, Massenmedien und Zeitgeist in der Bundesrepublik der 50er Jahre*, Hamburg.
Schildt, Axel [1998] Von der Not der Jugend zur Teenager-Kultur: Aufwachsen in den 50er Jahren, in: A. Schildt u. a. (Hg.), 1998, S. 335-348.
Schildt, Axel [1999] *Zwischen Abendland und Amerika. Studien zur westdeutschen Ideenlandschaft der 50er Jahre*, München.
Schildt, Axel [2004] „German Angst": Überlegungen zur Mentalitätsgeschichte der Bundesrepublik, in: D. Münkel u. a. (Hg.), S. 87-98.
Schildt, Axel, Arnold Sywottek [1997] "Reconstruction" and "Modernization": West German Social History during the 1950s, in: R. G. Moeller (ed.), pp. 413-443.

Schildt, Axel, Arnold Sywottek (Hg.) [1998] *Modernisierung im Wiederaufbau. Die westdeutsche Gesellschaft der 50er Jahre*, Bonn.
Schildt, Axel, Detlef Siegfried, Karl Christian Lammers (Hg.) [2003] *Dynamische Zeiten. Die 60er Jahre in den beiden deutschen Gesellschaften*, 2. Aufl., Hamburg.
Schissler, Hanna [1993] Rebuilding West German Society : A Gendered View, in : *CEH* 26/3, pp. 326-334.
Schissler, Hanna (ed.) [2001] *The Miracle Years. A Cultural History of West Germany, 1949-1968*, Princeton, Oxford.
Schissler, Hanna [2001] "Normalization" as Project : Some Thoughts on Gender Relations in West Germany during the 1950s, in : H. Schissler (ed.), pp. 359-375.
Schissler, Hanna [2001] Rebels in Search of a Cause, in : H. Schissler (ed.), pp. 459-467.
Schlechtgel-Matthies, Kirsten [1995] *Im Haus und am Herd. Studien zur Geschichte des Alltags*, Stuttgart.
Schlechtgel-Matthies, Kirsten [2004] „Liebe geht durch den Magen": Mahlzeit und Familienglück im Strom der Zeit. Geht die alte häusliche Tischgemeinschaft zu Ende?, in : H. J. Teuteberg (Hg.), S. 148-161.
Schmidt, Hans-Walter [1994] Schaufenster des Ostens. Anmerkungen zur Konsumkultur der DDR, in : *DA* 1994/4, S. 364-372.
Schmidt-Waldherr, Hiltraud [1988] Rationalisierung der Hausarbeit in den zwanziger Jahren, in : G. Tornieporth (Hg.), S. 32-54.
Schmidt-Waldherr, Hiltraud [1990] Konflikte um die „neue Frau" zwischen liberalbürgerlichen Frauen und den Nationalsozialisten, in : L. Gravenhorst u. a. (Hg.), S. 167-182.
Schneider, Michael [1984] *Streit um Arbeitszeit. Geschichte des Kampfes um Arbeitszeitverkürzung in Deutschland*, Köln.
Schneider, Michael [1989] *Kleine Geschchite der Gewerkschaften. Ihre Entwicklung in Deutschland von den Anfängen bis heute*, Bonn.
Schneider, Ursula [1982] ›Wie richte ich meine Wohnung ein?‹ Wohnen und Haushalt, in : Projektgruppe Arbeiterkultur Hamburg, *Vorwärts und nicht vegessen* S. 73-44.
Schock, Eva C. [1977] *Arbeitslosigkeit und Rationalisierung. Die Lage der Arbeiter und kommunistische Gewerkschaftspolitik 1920-1928*, Frankfurt a. M., New York.
Scholze, Thomas [1987] Zur Ernährungssituation der Berliner nach dem zweiten Weltkrieg. Ein Beitrag zur Erforschung des Großstadtalltags (1945-1952), in : *Jahrbuch für Geschichte* 35, S. 539-564.
Schröder, Hans-Jürgen (Hg.) [1990] *Marshall Plan und Westdeutscher Wiederaufstieg : Positionen-Kontroversen*, Stuttgart.
Schubert, Doris [1984] *Frauen in der deutschen Nachkriegszeit*, 2 Bde., Düsseldorf.
Schüle, Annegret [1997] Industriearbeit als Emanzipationschance? Arbeiterinnen im Büromaschinenwerk Sömmerda und in der Baumwollspinnerei Leipzig, in : G.-F.

Budde (Hg.), S. 100-120.

Schüle, Annegret [1999] Mächtige Mütter und unwillige Töchter. Ein Generationsvergleich unter Arbeiterinnen eines Textilbetriebs der DDR, in: P. Hübner u. a. (Hg.), S. 709-739.

Schüle, Annegret, Thomas Ahbe, Reiner Gries (Hg.) [2006] *Die DDR aus generationgeschichtlicher Perspektive. Eine Inventur*, Leipzig.

Schüre, Gerhard [1994] Die Wirtschafts-und Sozialpolitik der DDR, in: *ANsichten zur Geschichte der DDR*, Bd. III, S. 131-172, Berlin, Bonn.

Schwarzer, Oskar [1995] Der Lebensstandard in der SBZ/DDR 1945-1989, in: *JfWG* 1995/2, S. 119-146.

Seitz, Nobert [2004] Was symbolisiert das ›Wunder von Bern‹?, in: *APZ*. B 26/2004 v. 21. Juni 2004, S. 3-6.

Siegfried, Detlef [2003] Vom Teenager zur Pop-Revolution. Politisierungstendenzen in den westdeutschen Jugendkultur 1959 bis 1968, in: A. Schildt u. a. (Hg.), S. 582-623.

Siegrist, Hannes, Hartmut Kaelble, Jürgen Kocka (Hg.) [1997] *Europäische Konsumgeschichte. Zur Gesellschafts-und Kulturgeschichte des Konsums (18. bis 20. Jahrhundert)*, Frankfurt a. M., New York.

Siepmann, Eckhard (Hg.) [1981] *Kalter Krieg und Cappri-Sonne: Die Fünfziger Jahre. Politik-Alltag-Opposition*, Berlin.

Soden, Kristine v., Maruta Schmidt (Hg.) [1988] *Neue Frauen. Die Zwanziger Jahre*, Berlin.

Spittmann, Ilse, Gisela Helwig (Hg.) [1984] *Lebensbedingungen in der DDR. 17. Tagung zum Stand der DDR-Forschung in der Bundesrepublik Deutschland 12. bis 15. Juni 1984*, Bonn.

Stachura, Peter (ed.) [1978] *The Shaping of the Nazi State*, London.

Staewen-Ordermann, Gertrud [1933] *Menschen der Unordnung. Die proletarische Wirklichkeit im Arbeitsschicksal der ungelernten Großstadtjugend*, Berlin.

Staritz, Dietrich [1996] *Geschichte der DDR*, 2. Autl. Frankfurt a. M.

Stearns, Peter N. [2001] *Consumerism in World History. The Global Transformation of Desire*, London, NewYork.

Steiner, André [1995] Beständigkeit oder Wandel? Zur Entwicklung der Industriestruktur der DDR in den sechziger Jahren, in: *JfWG* 1995/2, S. 101-118.

Steiner, André [1996] Zwischen Frustration und Verschwendung. Zu den wirtschaftlichen Determinanten der DDR Konsumkultur, in: *Wunderwirtschaft*, S. 21-36.

Steiner, André [1998] Dissolution of the "Dictatorship over Needs?" Consumer Behavior and Economic Reform in East Germany in the 1960s, in: S. Strasser et al. (eds.), pp. 167-186.

Steiner, André [1999] *Die DDR-Wirtschaftsreform der sechziger Jahre. Konflikt zwischen Effizienz-und Machtkalkül*, Berlin.

Steiner, André [2000] Vom Überholen eingeholt: Zur Wirtschaftskrise 1960/61 in der DDR, in: B. Ciesla u. a. (Hg.), S. 245-262.
Steiner, André [2004] *Von Plan zu Plan. Eine Wirtschaftsgeschichte der DDR*, München.
Stephenson, Jill [1975] *Women in Nazi Society*, New York.
Stephenson, Jill [1978] The Nazi Organization of Women, 1933-1939, in: P. Stachura (ed.), pp. 186-209.
Stephenson, Jill [1990] Women and the Professions in Germany, 1900-1945, in: G. Cocks et al. (eds.), pp. 270-288.
Stephenson, Jill [2001] *Women in Nazi Germany*, London.
Stern, Frank [2001] Film in the 1950s: Passing Images of Guilt and Responsiblity, in: H. Schissler (ed.), pp. 266-280.
Sternheim, Andries [1932] Zum Problem der Freizeitgestaltung, in: *Zeitschrift für Sozialforschung*, Jg. 1, S. 336-355.
Stitziel, Judd [2003] On the Seam between Socialism and Capitalism: East German Fashon Shows, in: D. F. Crew (ed.), pp. 51-86.
Stitziel, Judd [2005] *Fashioning Socialism. Clothing, Politics and Consumer Culture in East Germany*, Oxford, New York.
Stockmann, Reinhard [1985] Gewerbliche Frauenarbeit in Deutschland 1875-1980. Zur Entwicklung der Beschäftigtenstruktur, in: *GG* 1985/4, S. 447-475.
Stoehr, Irene [1991] Housework and Motherhood. Debates and Policies in the Women's Movement in Imperial Germany and Weimar Republic, in: G. Bock, P. Thane (eds.), pp. 213-232.
Stokes, Raymond G. [1997] In Search of the Socialist Artefact: Technology and Ideology in East Germany, 1945-1962, in: *German History* 15/2, pp. 221-239.
Stokes, Raymond G. [2000] *Constructing Socialism. Technology and Change in East Geramny, 1945-1990*, Baltimore, London.
Stollberg, Gunnar [1981] *Die Rationalisierungsdebatte 1908-1933. Freie Gewerkschaften zwischen Mitwirkung und Gegenwehr*, Frankfurt a. M., New York.
Stolper, Wolfgang [1960] *The Structure of the East German Economy*, Cambridge/Mass.
Strasser, Susan, Cahrles McGovern, Matthias Judt (eds.) [1998] *Getting and Spending. European and American Consumer Societies in the Twentieth Century*, Cambridge, New York.
Strien, Renate [2000] *Mädchenerziehung und-sozialisation in der Zeit des Nationalsozialismus und ihre lebensgeschichtliche Bedeutung*, Berlin.
Sühl, Klaus, Rita Meyhöfer [1989] >Von der Wiege bis zur Bahre......<. Die Kultur-, Freizeit-und Selbsthilfsorganisationen der sozialdemokratischen Arbeiterbewegung, in: G.-J. Gläßner u. a. (Hg.), S. 203-236.
Suhr, Susanne [1979] Die weiblichen Angestellten, in: G. Brinkler-Gabler (Hg.), S. 328-

338.
Sywottek, Arnold [1993] Freizeit und Freizeitgestaltung- ein Problem der Gesellschaftsgeschichte, in: AfS 33, S. 1-19.
Sywottek, Arnold [1993] The Americanization of Everyday Life? Early Trends in Consumer and Leisure-Time Behavior, in: M. Ermarth (ed.), pp. 132-152.
Sywottek, Arnold [1998] Wege in die 50er Jahre, in; A. Schildt u. a. (Hg.), S. 13-39.
Sywottek, Arnold [2001] From Starvation to Excess? Trends in the Consumer Society from the 1940 to the 1970s, in: H. Schissler (ed.), pp. 341-358.
Szepansky, Gerda [1995] *Die stille Emanzipation. Frauen in der DDR*, Frankfurt a. M.
Teichler, Hans J., Gerhard Huck (Hg.) [1987] *Illustrierte Geschichte des Arbeitersports*, Bonn.
Teuteberg, Hans Jürgen (Hg.) [2004] *Die Revolution am Esstisch. Neue Studien zur Nahrungskultur im 19./20. Jahrhundert*, Stuttgart.
Thonnessen, Werner [1969] *Frauenemanzipation. Politik und Literatur der deutschen Sozialdemokratie zur Frauenbewegung 1863-1933*, Frankfurt a. M..
Tornieporth, Gerda (Hg.) [1988] *Arbeitsplatz Haushalt. Zur Theorie und Ökologie der Haushalt*, Berlin.
Tränkle, Margret [1999] Neue Wohnhorizonte. Wohnalltag und Haushalt seit 1945 in der Bundesrepublik, in: I. Flagge (Hg.), S. 687-806.
Trappe, Heike [1995] *Emanzipation oder Zwang? Frauen in der DDR zwischen Beruf, Familie und Sozialpolitik*, Berlin.
Überhorst, Horst [1986] Die Arbeitersportbewegung in Deutschland (1893-1933), in: D. Petzina (Hg.), S. 61-67.
Ulbricht, Walter [1952] *Die gegenwärtige Lage und die neuen Aufgabe der SED*, Berlin.
Ulbricht, Walter [1963] *Das NÖS der Planung und Leitung der Volkswirtschaft in der Praxis*, Berlin (O.).
Usborne, Cornelie [1992] *The Politics of the Body in Weimar Germany: Women's Reproductive Rights and Duties*, Ann Arbor.
Usborne, Cornelie [1994] *Frauenkörper-Volkskörper*, Hamburg.
Vollnhals, Clemens, Jürgen Weber (Hg.) [2002] *Der Schein der Normalität. Alltag und Herrschaft in der SED-Diktatur*, München.
Vorstand des Deutschen Metallarbeiterverband (Hg.) [1930] *Die Frauenarbeit in der Metallindustrie*, Stuttgart.
Weber, Hermann (Hg.) [1964] *Der Deutsche Kommunismus. Dokumente*, Köln, Berlin.
Weber, Hermann [2000] *Geschichte der DDR*, 2. Aufl., München.
Weber, Marianne [1907] *Ehefrau und Mutter in der Rechtsentwicklung. Eine Einführung*, Tübingen.
Wehler, Hans-Ulirch [2003] *Deutsche Gesellschaftsgeschichte, IV. Bd. Vom Beginn des Ersten Weltkrieges bis zur Gründung der beiden deutschen Staaten 1914-1949*,

München.
Wehling, Hans-Georg (Red.) [1989] *Politische Kultur in der DDR*, Stuttgart, Berlin, Köln.
Weidenfeld, Werner, Hartmut Zimmermann, (Hg.) [1989] *Deutschland-Handbuch. Eine doppelte Bilanz 1949-1989*, Bonn.
Wellenkampf, Elmar [1991] ›Mit dem Handwagen nach Großvaters Garten...‹ Schrebergärten in Hannover, in: A. v. Saldern u. a. (Hg.), S. 53-62.
Wellner, Gabriele [1981] Industriearbeiterinnen in der Weimarer Republik, in: *GG* 1981, S. 534-554.
Welzer, Harald [2004] Über das allmähliche Verfertigen der Vergangenheit im Geschpräch, in: D. Münkel u. a. (Hg.), S. 157-168.
Westphal, Uwe [1994] *Berliner Konfektion und Mode 1836-1939. Die Zerstörung einer Tradition*, Berlin.
Weyrather, Irmgard (Hg.) [1985] *„Ich bin noch aus dem vorigen Jahrhundert." Frauenleben zwischen Kaiserreich und Wirtschaftswunder*, Frankfurt a. M..
Weyrather, Irmgard [1993] *Muttertag und Mutterkreuz : Der Kult um die „deutsche Mutter" im Nationalsozialismus*, Frankfurt a. M.
Wierling, Dorothee [1999] Das weibliche-proletarische Tüchtigkeitsideal der DDR, in: P. Hübner u. a. (Hg.), S. 831-848.
Wiesen, S. Jonathan [2003] Miracles for Sale : Consumer Displays and Advertising in Postwar West Germany, in: D. F. Crew (ed.), pp. 151-178.
Wildt, Michael [1987] Die Zeichen des Geschmacks. Eine Skizze zum Essen in den 50er Jahren, *Geschichtswerkstatt* 12, S. 43-48.
Wildt, Michael [1994] *Am Beginn der ›Konsumgesellschaft‹. Mangelerfahrung, Lebenshaltung, Wohlstandhoffnung in Westdeutschland in den fünfziger Jahren*, Hamburg.
Wildt, Michael [1995] Plurarity of Taste : Food and Consumption in West Germany during the 1950s, in: *History Workshop Journal* 39, pp. 23-41.
Wildt, Michael [1996] Technik, Kompetenz, Modernität. Amerika als zwiespaltiges Vorbild für die Arbeit in der Küche, 1920-1960, in: A. Lüdtke u. a. (Hg.), S. 78-95.
Wildt, Michael [1996] *Vom kleinen Wohlstand. Eine Konsumgeschichte der fünfziger Jahre*, Frankfurt a. M.
Wildt, Michael [1998] Privater Konsum in Westdeutschland in den 50er Jahren, in: A. Schildt u. a. (Hg.), S. 275-289.
Wildt, Michael [1998] Changes in Consumption as Social Practice in West Germany During the 1950s, in: S. Strasser u. a. (Hg.), pp. 301-316.
Willett, Ralph [1989] *The Americanization of Germany, 1945-1949*, London, New York.
Windeln, Orlaf [1994] „Die NS-Frauenschaft ist das scharf geschliffene Instrument der Partei zur Eroberung der Familie." Die NS-Frauenorganisation, in: A. Kuhn (Hg.),

S. 157-169.
Winkler, Heinrich August [1985] *Der Schein der Normalität. Arbeiter und Arbeiterbewegung in der Weimarer Republik 1924 bis 1930*, Berlin, Bonn.
Wittkowski, Grete [1960] Zu einigen Fragen der Versorgung mit den tausend kleinen Dingen, in: *Einheit*, 1960/2, S. 256-267.
Wodarz, Corinna [2003] *Nierentisch und Petticoat. Ein Bummel durch die 50er Jahre*, Oldenbourg.
Wolf, Herbert, Friederike Sattler [1995] Entwicklung und Struktur der Planwirtschaft der DDR, in: Der Deutsche Bundestag (Hg.), *Enquete-Kommission*, Bd. II, 4, Baden-Baden, S. 2889-2940.
Wunderer, Hartmann [1980] *Arbeitervereine und Arbeiterparteien. Kultur-und Massenorganisationen in der Arbeiterbewegung (1908-1933)*, Frankfurt a. M., New York.
Wurm, Clemens (ed.) [1995] *Western Europe and Germany. The Beginnings of European Integration 1945-1960*, Oxford, Washington D. C..
Zatlin, Jonathan R. [1997] The Vehicle of Desire : The Trabant, the Wartburg, and the End of the GDR, in: *German History* 15/3, pp. 358-380.
Zatlin, Jonathan R. [1997] Ausgaben und Eingaben. Das Petitionsrecht und der Untergang der DDR, in: *ZfG* 1997/10, S, 902-917.
Zatlin, Jonathan R. [1999] Consuming Ideology. Socialist Consumerism and the Intershops, 1970-1989, in: P. Hübner u. a. (Hg.), S. 555-572.
Zdatny, Steven [1993] Fashion and class struggle : the case of Coiffure, in: *Social History* 18/1, pp. 54-72.
アーベルスハウザー、ヴォルフガング [1994]『現代ドイツ経済論——1945-80年代にいたる経済史多構造分析』酒井昌美訳、朝日出版社。
石田勇治 [2002]『過去の克服——ヒトラー後のドイツ』白水社。
井関正久 [2005]『ドイツを変えた68年運動』白水社。
ヴェーバー、ヘルマン [1991]『ドイツ民主共和国史——「社会主義」ドイツの興亡』斎藤哲・星乃治彦訳、日本経済評論社。
上野千鶴子 [1994]『近代家族の成立と終焉』岩波書店。
上野千鶴子 [2002]『差異の政治学』岩波書店。
ヴェブレン、ソースティン [1998]『有閑階級の理論——制度の進化に関する経済学的研究』高哲男訳、筑摩書房。
大岡昇平 [1984]『ルイズ・ブルックスと「ルル」』中央公論社。
川喜田敦子 [2005]『ドイツの歴史教育』白水社。
川越修 [2004]『社会国家の生成——20世紀社会とナチズム』岩波書店。
チャールズ・P. キンドルバーガー、ピーター・H.リンダート [1983]『国際経済学』第6版、相原光ほか記、評論社。
クーンズ、クローディア [1999]『『もっと男らしい男、もっと女らしい女』——ナチ人種憎

悪のイコノグラフィー」 岩波書店『思想』No. 898, pp. 104-135。

クーンズ、クローディア［1990］『父の国の母たち――女を軸にナチズムを読む』姫岡とし子監訳・翻訳工房「とも」訳、時事通信社。

クラカウアー、ジークフリート［1979］『サラリーマン――ワイマル共和国の黄昏』神崎巌訳、法政大学出版局。

クラカウアー、ジークフリート［1996］『大衆の装飾』船戸満之・野村美紀子訳、法政大学出版局。

クレスマン、クリストフ［1995］『戦後ドイツ史――1945-1955 二重の建国』石田勇治・木戸衞一訳、未来社。

斎藤哲［1997］「ドイツ民主共和国」成瀬治・山田欣吾・木村靖二編『世界歴史大系ドイツ』3、山川出版社、pp. 427-526。

斎藤哲［1986］「日常史を巡る諸問題――J. クチンスキー『ドイツ民衆の日常史』に寄せて」 明治大学『政経論叢』55/1・2、 pp. 233-322。

斎藤哲［2000］「最近のDDR研究――女性史、ジェンダー研究を中心に」明治大学『政経論叢』68/5・6、 pp. 277-288。

斎藤哲［1998］「ヴァイマル時代末期のドイツ共産党とジェンダー」 明治大学『政経論叢』67/1・2。

斎藤哲［2004］「第1次世界大戦前のバーデン繊維産業と女性労働――労働・技術・家庭」吉田恵子ほか『女性と労働』、日本経済評論社、pp. 87-189。

斎藤哲［2006］「「過去の克服」―空襲―『ヒトラー』または歴史の偽造」 明治大学軍縮研究所編　季刊『軍縮地球市民』第4号。

斎藤哲・八林秀一・鎗田英三編［2005］『20世紀ドイツの光と陰――歴史からみた経済と社会』芦書房。

斉藤道子［1988］『羽仁もと子――生涯と思想』ドメス出版。

ゾンバルト、ヴェルナー［2000］『恋愛・贅沢・資本主義』金森誠也訳、講談社。

田丸理砂［2004］「駆ける――ベルリンのモダンガール」田丸・香川編『ベルリンのモダンガール』三修社、pp. 6-38。

田丸理砂・香川檀編［2004］『ベルリンのモダンガール――1920年代を駆け抜けた女たち』三修社。

野田昌吾［1998］『ドイツ戦後政治経済秩序の形成』有斐閣。

姫岡とし子［1993］『近代ドイツの母性主義フェミニズム』勁草書房。

姫岡とし子［2004］『ジェンダー化する社会――労働とアイデンティティの日独比較史』岩波書店。

深川美奈［2001］「非ナチ化とドイツ人――バイエルン州アンスバッハの非ナチ化政策（1945-1948）」 歴史学研究会編『20世紀のアメリカ体験』〈シリーズ　歴史学の現在、第6巻、青木書店、pp. 67-100。

フレーフェルト、ウーテ［1990］『ドイツ女性の社会史――200年の歩み』若尾祐司ほか訳、晃洋書房。

フリーダン、ベティ［1965・2004］『新しい女性の創造』三浦冨美子訳、大和書房。

ポイカート、デートレフ［1993］『ワイマル共和国——古典的近代の危機』小野清美・田村栄子・原田一美訳、三修社。

ポイカート、デートレフ［1991］『ナチス・ドイツ——ある近代の社会史』木村靖二・山本秀行訳、三元社。

星乃治彦［1991］『東ドイツの興亡』青木書店。

星乃治彦［1994］『社会主義国における民衆の歴史——1953年6月17日東ドイツの情景』法律文化社。

ボードリヤール、ジャン［1979］『消費社会の神話と構造』今村仁司・塚原史訳、紀伊國屋書店。

水戸部由枝［2000］「ヘレーネ・シュテッカーと帝政ドイツ期の堕胎論争」『西洋史学』第198号。

山本秀行［1995］『ナチズムの記憶——日常生活からみた第三帝国』山川出版社。

油井大三郎・中村政則・豊下楢彦編［1994］『占領改革の国際比較——日本・アジア・ヨーロッパ』三省堂。

吉田恵子・斎藤哲・東條由紀彦・岡山礼子［2004］『女性と労働——雇用・技術・家庭の英独日比較史研究』日本経済評論社。

ラカー、ワルター［1980］『ワイマル文化を生きた人びと』脇圭平・八田恭昌・初宿正典訳、ミネルヴァ書房。

ランデス、デヴィット・S［1980、1982］『西ヨーロッパ工業史1、2』石坂昭雄・富岡庄一訳、みすず書房。

あとがき

　現在、いわゆる先進諸国では就労者の中に占める農林漁業および工場労働従事者の割合は 30％以下である。本書では、この生産労働に従事する少数者も含め就労者の圧倒的多数は、第 1 次世界大戦後から石油ショックの頃までに、いわば必要のないものまで含めて、何を、いかに消費するかということに生活の基軸をおくようになったと仮定している。私はこの仮定を改める必要はないと考えているし、ドイツについてこの仮定の妥当性を論証してきたと思う。つまり、先進社会は人々のこうした意識に則するならば、消費社会となったのである。

　だが、消費社会に暮らす私たちはその費消する膨大なモノとサービスをいったいどこから調達してきているのであろうか？　30％以下の製造業従事者による生産労働だけからではないことは、私たちが日常生活で消費する衣食住に関わるモノの産地をみれば明らかである。「世界の工場」中国だけではなく、アジアの多くの国々からの産品無くしては私たちの生活、したがって消費生活は成り立たない。

　消費社会化した先進諸国では人々の生活の外面上の差異は縮小し、その結果、所得格差は厳然として存在するにも拘わらず、消費生活の発展は民主主義の安定化に寄与していると主張されることも少なくない。しかし私たちの消費生活を支えている多くの国々では、人々の生活上の格差は大きく、また民主主義の定着に問題があるのもまた事実である。それでは、先進諸国に対する「工場」の役割を果たし続けることで、これらの諸国における人々の生活上の差異は次第に縮小し、それと共に民主主義も定着・深化するのであろうか？　この問いに肯定的に答えることも可能であろうが、仮にそうとしても、そのことが先進諸国とこれらの国々との生活上の格差を解消するという保証はどこにもないのである。格差が解消すると考えるより、生産する者と消費する者との世界大での格差が固定されると考える方が私には、はるかに正確であるように思える。

　そもそも、消費社会化した先進社会において、なぜ膨大な失業者が存在し、

生存ぎりぎりのあるいはそれ以下の低所得者が——年金生活者も含め——大量に存在するのか？　こうしたいわば底辺に位置する人々にとっても、もちろん、いつ何を、どのように消費するかは重大な問題である。否それは、「普通」の人々にとって以上に重大であるはずである。なぜならそれは必要なモノの消費であって、消費社会を特徴づける「必要でない」モノの消費ではないからである。私のみるところでは、消費社会（化）について論ずるとき、人は社会のこの底辺部分をほとんど無視しているように思える。仮に底辺部分に位置する人々の割合が社会の3分の1に達するとして、消費社会とは彼らの犠牲の上に残りの3分の2の人々が社会の富を費消する社会に他ならないのではないか？　表面的には生活上の格差をほとんどみえなくしている消費社会とは、その内実において巨大な生活格差を隠した社会に他ならないのである。底辺に位置する少数者をよってたかって踏みにじる社会が健全であるはずがない。私たちの快適な生活は3分の1の人々、そして私たちに多くのモノを提供している何十億という人々の犠牲の上に成り立っていることを、私は忘れないようにしたいと思う。

　私が政治や社会についての研究を始めてほぼ30年になろうとしている。政治学を専攻する者として、常に歴史学的な研究ばかりを行ってきたわけではないが、どのような研究を行うとしても、私自身も含め、この30年ほどの間には以前にも増して、上に述べたような社会に対する「批判的な」視点、ないし問題関心が希薄化してきているように思える。私が研究への道に踏み込むかどうか迷っていた時期、最初に取り上げたのは山本秀行氏が言う「忘れられた革命家」の1人カール・ラーデクについてであった。その頃は山本氏も含め、そして私もまた、眼の前にある社会をそのまま無批判に取り上げるようなことはしていなかったように思う。概念を覆すことで世界が変わるとは言わないにせよ、研究をすることと世界を覆すこととの間に通底するものを探そうと、もがく研究者は少なくなかったのではないか？　2004年に同志社大学で行われた第27回ドイツ現代史学会で山本氏は社会を構成する概念としての、そしてまた現実に存在する人間としての「（労働者）階級」、あるいは「貧しい人々」へ

の関心を、歴史学者はあまりに安易に放棄してきたのではないかという意味の発言をされた。山本氏は 30 年以上前のご自身の発言を決して忘れてはいなかったのである。本書を書き上げた今、私は研究生活の中で次第に置き忘れてしまった視点を改めて取り戻したいという思いに駆られている。

本書は以下の諸論文をもとに作成された。
　序論　書き下ろし。
　第 1 部　第 1 章　「ヴァイマル時代における勤労女性と余暇」明治大学『政経論叢』第 65 巻 5/6 号（1997. 3、pp. 87-124）を大幅に加筆修正。
　　　　　第 2 章　「家事と消費生活──ヴァイマル時代から『経済の奇跡』まで」明治大学『政経論叢』第 71 巻 1/2 号（2002. 12、pp. 1-50）を大幅に加筆修正。
　　　　　第 3 章　「第 2 次世界大戦後の西ドイツにおけるアメリカ化と消費生活の展開──1950 年代の若者文化を中心に」明治大学『政経論叢』第 75 巻 1/2 号（2006. 9、pp. 1-49）を一部加筆の上で改題。
　第 1 部まとめ　書き下ろし。
　第 2 部　「東ドイツにおける消費生活の変化」明治大学『政経論叢』第 72 巻 6 号（2004. 3、pp. 49-138）を大幅に加筆修正し、3 章に分割。
これらの研究のうち、第 1 部第 2 章は明治大学社会科学研究所総合研究『女性と労働』（1997〜99）による成果の一部である。私のもう 1 つの成果は吉田恵子・斎藤哲・東條由紀彦・岡山礼子『女性と労働──雇用・技術・家庭の英独日比較史研究』（日本経済評論社 2004. 3）に収録されている（「第 1 次世界大戦前のバーデン繊維産業と女性労働──労働・技術・家庭」）。またこの章と第 3 章に関連する研究については、財団法人桜田会による研究助成（2003）を受けている。記して謝意を表したい。
　第 1 部第 2 章は、ドイツ現代史を消費生活に焦点を当てることで、政治的な変換・断絶とは異なる時期区分が可能になること、つまりヴァイマル時代から

戦後の「経済の奇跡」までの時期を一括りにできること——この認識自体はL.ニートハマーらが1980年代に行った研究によって確立されている——を確認することを意図していた。だが少なくとも私に関して言えば、こうした認識は旧西ドイツがヴァイマル時代以来の、あるいは第2帝政以来のドイツ史の「正統な」流れの中にあるという仮定を暗黙の内に引きずっていた。換言すれば、旧東ドイツはドイツ史の「正統な」流れの中にはないことになる。東ドイツについて少しでも関心を寄せたことのある人間ならわかるように、東ドイツと西ドイツはしばしば双子の兄弟のように似ていたことが少なくない。東ドイツについて、その歴史をドイツ史の流れのなかに位置づける作業がなされる必要があるのである。本書の第2部ではこの第2章との対比を多少なりとも意識することによって、「暗黙の仮定」の修正を試みたとはいえ、未だそれを十分になしえたとは言えない。この問題は東西両ドイツを全体としてのドイツと捉え、その戦後史の包括的な見直しという作業と結びついており、今後の課題としていきたい。

　第1部第3章は2004年9月に行われた第27回ドイツ現代史学会シンポジウム「『アメリカ化』、『アメリカニズム』とドイツ現代史研究」で筆者が行った報告をもとにしている。カルチュラル・スタディーズに初めて関心を向けた研究でもある。なお、この章の1部は斎藤哲・八林秀一・鎗田英三編著『20世紀ドイツの光と影——歴史からみた経済と社会』（芦書房、2005）の第23章「『過去の克服』と若者文化」を大幅に取り入れている。

　第2部は科研費（2000〜02）基盤研究（C）による成果の一部である。我が国における旧東ドイツ研究は、かつて星乃治彦氏（福岡大学教授）と共にH・ヴェーバーの著作を翻訳した際（『ドイツ民主共和国史』日本経済評論社、1991）、「訳者あとがき」で私が述べたこと、つまり「ヨーロッパの東半分を40年間にわたって占めてきた社会主義体制について……ほとんど何も知ろうとはしない」ところには「われわれの世界理解の歪み」が反映しているという状況を、今日でもあまり越えてはいないように思う。確かに最近では新しい東ドイツ研究者も出ているとはいえ、逆に東ドイツ研究から撤収したかに見える研究者も存在する。上に述べたように私は、東西両ドイツを1つのドイツとして扱う戦

後ドイツ史が可能なのではないかという問題の考察も含めて、今後も東ドイツ史の研究を進めたいと思う。なぜ現代社会主義という実験が成立し、かつそれが、長年にわたって人々の希望と恐怖をかき立てつつ、結局のところ失敗したのかという問題を、社会主義——それがたとえ「現実に存在する社会主義」ではなかったとしても——に関心を寄せた人間として、これからも考えることが自分の責務であろうと考える。

　なお、明治大学の柳澤治教授および佐賀大学の田村栄子教授にはこれらの旧稿を書き改めた本書の草稿を読んでいただき、貴重なご意見を賜った。ここに記して、感謝の意を表したい。

　先に述べたように、私が研究生活に入ってからすでに30年近い年月がたっている。この間に多くの先生方や同僚、さらに院生諸君からいろいろのことを学んできた。とりわけ、浪人時代の私に研究者になろうとするならば、社会に対するどのような姿勢が必要であるのか考えるようにと繰り返し諭された立正大学の清水多吉名誉教授、故後藤総一郎明治大学政経学部教授のお2人には、今ようやく恩返しができる思いである。

　実際にドイツ現代史研究と政治学について、私を厳しく見守ってくださったのは恩師である故西尾孝明明治大学政経学部名誉教授と倉塚平、三宅正樹のお2人（いずれも明治大学政経学部名誉教授）であった。西尾先生のご存命中に何の業績を上げることもできなかったのはひとえに私の非力さのゆえであり、恥じ入るばかりである。また、1988年にマンハイム大学に明治大学から派遣されて在籍して以来、今日までいろいろな交流を続けることになった同大学のヘルマン・ヴェーバー教授にも、多くの学恩を負っている。教授の東ドイツ史あるいはドイツ共産党史への研究姿勢と私のそれとにはかなりの隔たりがあるにも拘わらず、教授は常に辛抱強く私の考えを聞いてくださり、多くのコメントをくださった。そればかりか、ドイツでの論文発表の機会を与えてくださるなど、私にとって教授はかけがえのない恩師の1人である。

　以上の諸先生に加え、現代史研究会に属する諸先生、あるいはドイツ現代史学会や西洋史学会のおりにいろいろと教えを受けることのできた諸先生、さら

には明治大学政治経済学部の同僚諸氏など、いちいちお名前を挙げることは控えさせていただくが、多くの方々の支えがあって何とかここまで研究生活を続けることができたのであり、その意味でこれらの方々には心から感謝している。

本書の刊行に当たっては日本経済評論社の栗原哲也社長、出版部の新井由紀子、谷口京延両氏にひとかたならぬお世話になった。とりわけ本書の校正中に悪性リンパ腫という思いもかけぬ病気で入院生活を余儀なくされ、同社には大変なご迷惑をおかけすることになったが、病気療養中で遅々として進まぬ作業の進捗を辛抱強くまって下さり、ここまでこぎつけられたことについて、ここに改めてお礼を申し上げる。

最後になったが、いつも変わらぬ厳しい眼で私の教育と研究を含む日常生活を見守ってくれている、大学の同僚でもある妻の綱子、3人の娘たちに心から感謝し、「ありがとう」。

本書の刊行にあたり明治大学社会科学研究所の出版助成を受けた。

索　引

ア行

アイデンティティ　3, 7, 13, 22, 23, 48, 57, 88, 114, 173
アイロン　58, 85, 86
新しい女性　39, 41, 46, 48
アデナウアー（政権、時代）　101, 126, 144, 146, 149, 160, 163, 167ff.
アメリカ映画　153ff.
アメリカ化　78ff., 89, 91, 98, 137ff., 147, 159, 165ff., 171ff., 185, 188, 189
アメリカ的生活　15
アメリカニズム　137ff., 189
意識調査　249
衣料品（産業）　81, 153, 209, 210, 245, 253, 254, 294
ウィンドウショッピング　41, 62ff.
ウルブリヒト、ワルター　190, 199, 201, 205, 206, 215, 218, 221, 236, 243, 250, 251, 259, 281
エアハルト、ルードヴィヒ　5, 103, 104, 122
映画　25, 26, 28, 39, 40, 43ff., 47, 48, 61ff., 66, 143, 144, 146, 156, 163
映画館　42
大きな洗濯の日　64
オーブン　58, 86
オペレッタ映画　47

カ行

買いだめ　246, 247, 256, 258
街頭映画　47
買い物　55, 61, 82, 90, 277, 279, 282
核家族　75, 76, 83
学生運動　164, 165
過去の克服　16, 93, 107, 108, 115, 123, 142, 144ff., 160, 164, 165, 168, 172, 187
家事　15, 22, 30, 31, 36, 39, 40, 54ff., 58, 77, 78, 80, 81, 84, 86, 93ff., 97, 114, 123, 124, 181, 266ff., 282, 284, 286
家事の共同化　56
家事の合理化　15, 55ff., 61, 80, 85, 86, 88, 90ff., 113, 117, 118, 122, 140, 181
ガス　57, 85, 109
家族　22, 56ff.
家族賃金　113, 114, 119, 128, 180
家族の再生産　33ff., 39, 49
家族問題省　146, 151
家庭菜園　62, 63
歓喜力行団　93, 103, 115, 122
「監獄ロック」　154
既婚女性　22, 36, 37, 39, 41, 53, 57, 64, 78, 81, 91, 116, 181, 123
奇跡の経済　1, 216
休暇（長期休暇）　28, 36, 41
教育　33ff., 61, 81, 141, 273, 274
境遇映画　47
郷土　145
郷土映画　145ff., 152, 153, 158, 159
行列　238, 277, 278, 280, 283, 284, 299
グラフ雑誌　26
クリーニング（業）　279, 280
グローテヴォール、オット　199
計画経済（社会主義的）　7, 186, 216, 219, 230, 245ff., 283
経済の奇跡　1, 5, 8, 9, 11ff., 21, 22, 75ff., 78, 83, 93, 96ff., 103ff., 107, 115, 116, 119ff., 128, 137, 143, 148, 151ff., 157, 158, 164ff., 168, 169, 171, 173, 179, 180ff., 205, 212, 215, 217, 220, 244, 287, 298, 299
健康　90, 91, 95, 96, 111, 115, 120ff.
権力の限界　231
工業社会　3ff., 61, 139, 142, 156, 164, 165
広告　26
公正さ（社会的）　236ff., 244, 283
購買力　250ff.
合理化　22, 33, 38, 47, 56, 97, 139, 140
国営商店（HO）　186, 203, 207ff., 213, 238
コミュニケ　265ff., 270, 276

サ行

再軍備　147, 148
ジェンダー（秩序）　6, 8, 9, 12, 13, 23, 24, 54, 61, 81, 140, 146, 152, 159, 160, 163, 168, 169, 182, 301
自家用車　105, 123, 151, 236ff., 243, 244, 256, 284, 301
時間の節約　55ff., 57, 58, 90
嗜好品　105, 106, 114, 207, 214, 215, 218, 286
自己利益　6, 16, 246, 247, 278, 279
自分のため（の生活、時間）　15, 41ff., 47, 48, 50, 52, 53, 55, 56, 63ff., 83, 90, 91, 179ff.
市民的女性解放運動　80, 83, 97, 122, 181
社会史　1, 9, 16
社会主義統一党（SED）　16, 186, 189, 199, 202, 204ff., 208ff., 236, 248, 250, 265ff., 269, 287, 293, 299
社交ダンス　161, 162
ジャズ　25
週休2日制　284
主婦（専業主婦）　39, 49, 53, 57, 76, 78, 82ff., 88ff., 91, 95, 97, 98, 109ff., 113ff., 118ff., 123ff., 152, 278
商業文化　39, 209
消費協同組合　186
消費行動　4, 5, 7, 22ff., 61, 84, 192, 195, 212, 229, 246, 247, 282
（大衆）消費社会　2, 3ff., 7ff., 11, 15, 21, 22, 25, 28
消費政策　16, 213, 219, 239
消費文化　8, 9, 16, 24, 39, 164, 277ff., 282, 283, 295, 299
職員（層）　28, 30ff., 36, 37, 39, 40, 44, 45, 52
食生活　105, 107, 108, 113ff., 124, 208
食料配給券　211ff.
女性解放　34, 60, 181, 193, 194, 269
女性雑誌　16, 105ff., 109, 113, 116, 117, 119, 121, 125, 126, 149, 162, 168, 233, 266, 270, 293
女性の就労　268ff., 272
女性の賃金　40
新経済システム（NÖS）　215ff., 222, 229, 230, 249ff., 253ff., 273, 280, 283, 286, 295
新コース　207ff.

スポーツ　26, 39,
西欧化　141, 142, 147, 165, 168
請願　230ff., 236ff., 244
正常への復帰　101ff.
性別役割分担　7, 13, 15, 22, 24, 33, 34, 42, 57, 60, 77, 90, 91, 111, 115, 120, 146, 150, 168, 172, 173, 181, 194, 266, 268, 269, 271, 273, 276, 298ff.
セクシュアリティ　11, 48ff.
節約　16, 23, 82, 88, 92, 96, 103, 110, 111, 117, 118, 120, 121, 126, 153, 157, 158, 165, 170ff., 180, 252
世論調査　148, 230, 232, 285
全国母親奉仕団（RMD）　93ff.
戦争映画　144, 145, 147ff.
洗濯機　58, 86, 116ff., 121, 284
専門化（主婦業の）　23, 89ff., 124
掃除機　58, 85, 86, 110, 116, 279
痩身　124

タ行

耐久消費財　15, 23, 220ff., 237, 242ff., 252, 255, 256, 284, 287
大衆（的消費）文化　15, 26, 28, 31, 35, 37, 43, 52, 142, 163, 182
台所　89, 91
他者のため（の生活、時間）　42, 43, 48, 49, 52, 55, 66, 83, 84, 90, 180, 181
脱政治化　127
男女同権　150, 156, 270, 298
ダンス（ホール）　25, 39, 41ff., 61, 66
長期休暇　35
調理器具　84
賃金政策　213
陳情　230ff., 238
通貨改革　76, 203
通勤時間　36
店員　283
デパート　105
デモンタージュ　200
テレビ　116, 212, 221, 236, 243, 255
電気　57, 85, 86, 109
ドイツ主婦連盟　88, 91, 106, 140
ドイツ民主婦人同盟（DFD）　209, 230, 238,

索　引　345

274, 280, 281
ドイツ労働運動　287, 288
投書　230ff., 237, 238
党の指導性　217
逃亡者　214
特権　237, 238, 244ff., 283, 295
共稼ぎ反対　65
鶏肉　112ff.

ナ行

ナイロン・ストッキング　157, 212, 257
『嘆きの天使』　48
ナショナル・アイデンティティ　137, 159, 170
ナチス女性政策　93, 95
ナチズム（ナチス、ナチス時代）　27, 49, 57, 65, 76, 83, 87, 92ff., 97, 98, 101, 102, 115, 120, 127, 144ff., 158, 179, 201
7カ年（経済）計画　211, 214, 240
南国果物　106, 254
二重負担　32ff., 36, 37, 60, 64, 65, 180, 181, 274, 284, 285
日常史（研究）　1, 2, 9, 10
日常生活　195
ネットワーク　256, 258, 278, 279, 282, 295, 299, 301
農業集団化　192, 239, 241, 242
農業生産組合　191

ハ行

ハイキング　62ff., 66
賠償　200
『橋』　144
バター　208, 209, 235, 240, 241
『08/15』　144, 147, 148
パック旅行　93, 122
パートタイム（パートタイマー）　39, 274, 278, 279, 282
『パンドラの箱』　48
ピーク、ヴィルヘルム　233
『ヒースは緑』　146
不公正（社会的）　245
不足の経済　8, 209, 210, 247, 299
不足の社会　299, 230, 238, 278
普通の生活　213

フランクフルト・キッチン　89, 91
フランクフルト社会調査研究所　44
『プリズム』　233, 234
不良　153ff., 157ff., 167
フルシチョフ、ニキータ　205, 215, 240, 241
ブレジネフ、レオニード　200
プレスリー、エルビス　154, 159, 160, 162, 171
兵役　148, 149, 155
平準化　75, 76, 103, 104, 115ff., 152, 163, 171
壁龕社会（論）　231ff., 287
ベルリンの壁　215, 216, 235, 242
『ベルンの奇跡』　166
『暴力教室』　154
補助金　213, 219
ホーネッカー、エーリヒ　199, 200, 236, 259
ホワイトカラー　4, 27, 41, 42, 79

マ行

マーシャル・プラン　137, 200
ミキサー　110, 120, 121
未婚女性　39, 42, 49
見本市　105, 280, 281
メロドラマ　46, 48
モード　39, 162, 219, 244, 245, 281, 282
物不足　211, 212, 229, 230, 280, 282, 294

ヤ行

『Uボート』　144
余暇　3, 10, 15, 21, 22, 25ff., 29, 38, 39, 41, 42, 47, 50, 51, 56, 58, 61ff., 77, 103, 105, 179, 182, 284, 285, 287, 288, 299ff.

ラ行

ラジオ　25, 26, 28, 58, 86ff.
『乱暴者』　154, 159
『理由なき反抗』　154
冷戦　1, 9, 16, 141, 191, 200
冷蔵庫　86, 110, 113, 116, 117, 120, 123, 124, 221
労働運動　51, 56, 59ff., 63, 139, 152
労働時間　35ff., 55, 61
労働者階級　4, 52, 65, 82
労働者階級の消滅　8, 15, 22, 139, 179
労働者スポーツ（運動）　43, 49ff.
労働者文化（運動）　15, 23, 26, 27, 29, 31, 34,

35, 37, 41, 43ff., 49ff., 52, 63, 66, 156, 179, 180
6月17日事件　185, 204, 206ff., 230, 248
ロックン・ロール　143, 159ff., 167, 171

ワ行

若者文化　16, 23, 24, 137, 143, 148

著者紹介

斎藤　哲（さいとう　あきら）
1944年生まれ。明治大学政治経済学部教授
主要業績：「ドイツ民主共和国」（成瀬治・山田欣吾・木村靖二編『ドイツ史』3, 所収、山川出版社、1997年）。「ヴァイマル時代末期のドイツ共産党とジェンダー」（明治大学『政経論叢』第67巻第1／2号、1998年）。「第1次世界大戦前のバーデン繊維産業と女性労働──労働・技術・家庭」（吉田恵子・東條由紀彦・岡山礼子と共著『女性と労働──雇用・技術・家庭の英独日比較史研究』日本経済評論社、2004年）
斎藤哲・八林秀一・鎗田英三編『20世紀ドイツの光の影──歴史から見た経済と社会』（芦書房、2005年）

消費生活と女性
──ドイツ社会史（1920-70）の一側面──
　　　　　　　　　　　　　明治大学社会科学研究所叢書

2007年11月20日　第1刷発行

定価（本体4700円＋税）

著　者　　斎　藤　　哲
発行者　　栗　原　哲　也
発行所　　㈱日本経済評論社
〒101-0051 東京都千代田区神田神保町3-2
電話 03-3230-1661　FAX 03-3265-2993
振替 00130-3-157198

装丁＊渡辺美知子　　　　シナノ印刷・山本製本所
落丁本・乱丁本はお取替えいたします。　Printed in Japan
Ⓒ Saitou Akira 2007
ISBN978-4-8188-1951-1

・本書の複製権・譲渡権・公衆送信権（送信可能化権を含む）は㈱日本経済評論社が保有します。
・JCLS〈㈳日本著作出版権管理システム委託出版物〉
　本書の無断複写は著作権法上での例外を除き禁じられています。複写される場合は、そのつど事前に、㈳日本著作出版権管理システム（電話 03-3817-5670、FAX03-3815-8199、e-mail : info@jcls.co.jp）の許諾を得てください。

吉田恵子・斎藤哲・東條由紀彦・岡山礼子著
女性と労働
―雇用・技術・家庭の英独日比較史研究―
A5判　293頁　4200円

労働・家庭生活基盤の歪みは、なぜ生じてきたのか。資本主義的工業化の仕組みに女性がどのように取り込まれたのか。

H. ヴェーバー著　斎藤哲・星乃治彦訳
ドイツ民主共和国史
―「社会主義」ドイツの興亡―
A5判　326頁　3800円

第二次大戦後の占領、1949年東西分裂を経て東ドイツは誕生した。社会主義の建設をめざしつつも停滞・崩壊へと追いこまれ再び統一することになった。国家の興亡をたどる。

永岑三千輝著
独ソ戦とホロコースト
A5判　528頁　5900円

「普通のドイツ人」の反ユダヤ主義がホロコーストの大きな要因とする最近のゴールドハーゲンの論説に対し、第三帝国秘密文書を詳細に検討しながら実証的に批判を加える。

柳澤治著
資本主義史の連続と断絶
―西欧的発展とドイツ―
A5判　360頁　4500円

ヨーロッパ資本主義の展開過程における連続性と断絶性の問題を比較経済史的に分析。日常的な経済活動を営む普通の人々の時代転換に関わる意識と行動の解明を試みる意欲作。

工藤春代著
消費者政策の形成と評価
―ドイツの食品分野―
A5判　220頁　4200円

食品の安全が問われる今、消費者参加の食品安全政策を中心とした消費者政策の強化が重要課題となっている。本書はその政策プロセスを問いなおし、その要件を確定していく。

平井進著
近代ドイツの農村社会と下層民
A5判　381頁　5600円

本書は17世紀末から19世紀中頃の地域の自律性の一側面に、下層民に対する定住管理問題という観点から接近する試みである。

今井けい著
イギリス女性運動史
―フェミニズムと女性労働運動の結合―
[オンデマンド版]
A5判　457頁　5500円

英国資本主義社会発展における女性の闘いの経緯の中で、労働運動とフェミニズムがどのような形で結びついていったか。それはどのような人々の力によっていたのかを解明。

M. ミース著　奥田暁子訳
国際分業と女性
―進行する主婦化―
A5判　382頁　3800円

女性の敵は資本主義的家父長制である。今日、"植民地化"され収奪されているのは女性や途上国の人々などではないか。「主婦化」の概念を軸に搾取・従属関係を鮮やかに分析。

クラウディア・フォン・ヴェールフォフ／伊藤明子訳
女性と経済
―主婦化・農民化する世界―
A5判　293頁　4200円

資本主義は必ずある地域や人間の「植民地化」「農民化」「主婦化」を条件とする。グローバル化が進むなか、男性でさえも周辺部へ追いやられる現状を検証する。

表示価格に消費税は含まれておりません。